国家重点基础研究发展计划(973计划)项目资助研究成果

国家自然科学基金(高铁联合基金)重点项目资助研究成果

车辆—轨道耦合动力学

（第四版）

下册

Vehicle-Track Coupled Dynamics

(Fourth Edition)

Volume 2

翟婉明 著

by Zhai Wanming

科学出版社

北京

内 容 简 介

本书系统而全面地阐述了作者提出的车辆－轨道耦合动力学理论及其在现代铁路工程中的应用实践。全书共十九章，分上、下两册。上册（前十章）完整论述了车辆－轨道耦合动力学的理论体系，包括学术思想、理论模型、求解方法、仿真方法、试验方法及评价方法等；下册（后九章）介绍车辆－轨道耦合动力学的工程应用，以机车车辆与线路动态性能匹配设计为主线，重点围绕机车车辆与轨道结构动态相互作用安全问题，紧密结合中国铁路发展实际，全面阐述该理论在现代高速铁路、重载铁路、提速铁路及城市地铁工程中的应用概况，并选取一系列典型工程应用实例予以介绍。

本书不仅理论学术水平高，而且工程实用性强，适合于机车车辆和铁路轨道专业的科研、设计人员及工程技术人员阅读参考，并可兼作高等院校车辆工程、铁道工程、载运工具运用工程等专业相关方向的博士、硕士研究生教学用书。

图书在版编目(CIP)数据

车辆－轨道耦合动力学（下册）＝ Vehicle-Track Coupled Dynamics (Volume 2)/翟婉明著. —4 版. —北京：科学出版社，2015
 ISBN 978-7-03-042600-0

Ⅰ.①车… Ⅱ.①翟… Ⅲ.①轮轨关系-耦合-动力学 Ⅳ.①U211.5

中国版本图书馆 CIP 数据核字(2014)第 275517 号

责任编辑：余 丁 / 责任校对：郭瑞芝
责任印制：赵 博 / 封面设计：陈 敬

科学出版社 出版
北京东黄城根北街 16 号
邮政编码：100717
http://www.sciencep.com

北京厚诚则铭印刷科技有限公司印刷
科学出版社发行 各地新华书店经销
*
1997 年 6 月中国铁道出版社第一版
2002 年 1 月中国铁道出版社第二版
2007 年 2 月科学出版社第三版
2015 年 1 月第 四 版 开本：720×1000 1/16
2025 年 1 月第十一次印刷 印张：18 3/4
字数：352 000
定价：**160.00 元**
(如有印装质量问题，我社负责调换)

第 一 版 序

《车辆—轨道耦合动力学》是我国运用大系统观点研究铁路轮轨接触式运输系统相互作用的第一部著作,标志着我国机车车辆—轨道相互作用研究已经从独立子系统简化研究的初级层次跨入了完整大系统综合研究的高层次。毫无疑问,我们已经与国际系统铁路动力学站在了同一水平线上。

世界机车车辆—轨道系统动力学的发展,只有到了现代计算机技术日臻完善的今天,才有可能不完全依赖实验动力学的唯一手段,而进入仿真模拟的高级阶段。借助于模拟方法的日益逼近真实,加之计算机可以包容庞大的自由度,系统的仿真模拟有可能完全取代昂贵的实验。当然,要实现这一最终目标,尚须经历相当长的艰苦历程。

仿真模拟取代实验的关键,除了必需的实验支持之外,是要从大系统的综合和概括的观点出发,对系统每一环节以及环节与环节之间相互联系的性状,用普遍成立的规则和定理予以逼真的描述。只要有效地控制系统的运作条件在科学界定的范围之内,这一前景会确定无疑给我们的事业带来不可估量的效益。

传统的子系统简化研究是历史的局限,也是大系统综合研究的必由之路。无论是机车车辆子系统还是轨道子系统,我国的实验动力学和仿真模拟都已积累了丰富的和有效的经验。在这一基础上,学科发展的必然趋势,一定要向大系统综合模拟进军。

该书的贡献在于不失时机地迎接这种大趋势的挑战,有效地在子系统研究成果的基础上开发了大系统仿真模拟的模型,并取得一批有价值的基础成果。它不仅与国内实验动力学的结果有较好的一致性,而且也与国际现有的专业基础成果相容。无论是从学科建设的角度,还是从工程应用的角度,本书都显示了广阔的应用价值和发展潜力。尤其是重载货运和高速客运的历史使命,已为本书的出版提供了浓郁的环境氛围和坚实的社会基础。

著者作为机车车辆动力学领域内卓有成效的研究工作者,无疑拥有机车车辆动力学的深厚根基。问题是如何把轨道子系统真实地模型化,并有机地将其与机车车辆子系统对接,并构成反映真实物理过程的统一数学大系统,还不能不说是一件非常艰巨的工程。据我所知,德、英、日、美、瑞典、波兰、加拿大等国的许多著名学者都在试图建立这种物理真实的轨道数学模型,其中以德国的 Knothe 和英国的 Grassie 最为著名。因此,当著者翟婉明教授(孙翔教授为其导师)的博士论文在第十三届 IAVSD(国际车辆系统动力学协会)学术年会上一经发表,立刻在国际铁路动力学学术界引起反响,除了在国际车辆系统动力学协会论文集、《Vehicle System Dynamics》学报上刊载外,1994 年 9 月在捷克举行的"车辆/轨道相互作用"会议上被列入专题报告,其垂向统一模型被英、德、瑞典和加拿大等国学者广泛引用,并被誉为当代轮轨相互作用的四大典型模型之一。

  模型的正确性首先取决于物理逼真性。显然,传统的集总参数法是出于人工计算的无奈,它与复杂分散参数体系的轨道结构相距甚远,集总参数描述的实际上是一种理想的均匀分布条件。把钢轨作为连续均匀弹性基础梁来模拟,虽然比集总参数模型更接近真实,但却无法描述由轨枕间距所确定的分布支承特性,而轨下基础各组成部件,如轨枕、垫层、道床和路基在实现轨道功能中所扮演的角色是互不相同的。无疑,离散点支承的分层连续弹性梁模型最能逼近轨道结构的真实情况,现代计算机技术也完全有可能胜任如此庞大系统的仿真计算。

  该书的研究表明,轨道模型的细化揭示了工程上早已公认的真理,即轨道柔度参数激励具有很强的动力学效应,因为它的响应频带很窄,而由轨道不平顺引起的动态作用力却有一个很宽的频率范围,因此,避开共振区将是轮轨耦合系统设计的重要课题。此外,作为一种启迪,利用有理分式函数,在充分研究了 0~2000 Hz 频带内的响应特性的共性和个性之后,用一种既简单又真实的轨道模型取代细化的轨道模型,恐怕会有特殊的价值。西南交通大学的吴永芳在柏林工业大学的工作,已经取得了可喜的初步成果。

  正确的模型需要正确的计算分析方法。如此庞大自由度的模型,无疑要耗费巨大的计算机机时和内存。利用国外现成的方法,要在普通微机上实施仿真,似乎是不可能的。尤其是,当时正值"七五"国家重载动力学攻关之际,极需适时输出分析结果,否则机车操纵模拟器就将无法实时运作。尽管显式法可以实现快速运算,但稳定性和精度稍差,而隐式法虽然稳定性和精度都好,但运算极慢。针对这种两难的选择,著者创造了一类新型显式两步数值积分方法,在质量矩阵为对角阵的条件下,可以省去高阶线性代数方程组的联立求解过程,大幅度地提高了计算速度,有效地节省了计算机内存。在此基础上,著者又构造了一类显—隐式预测—校正积分格式,既充分发挥了显式法快速运算的潜力,又保持了隐式积分的精度和稳定性功能。这种显—隐式预测—校正积分法是对著名 Newmark-β 法的创造性发展,在国际上具有十分重要的学术价值,尤其是在处理大型非线性动力学的系统分析方面,它显著地优于目前广泛使用的 Newmark-β 法、Wilson-θ 法、Park 法、Runge-Kutta 法以及 Gill 法。此两种方法被国际权威刊物《国际工程中的数值方法学报》刊载。

  模型的正确仿真,还必须解决耦合系统激励源的数学和物理描述。著者对车轮和轨道不平顺激励源的所有可能形态都作了数学逼近描述。因此所得到的响应几乎包罗了铁路运用和维护的所有可能状态,而在此基础上提出的评价程序和判据都具有强烈的工程应用针对性,物理概念一目了然,具体指标可操作性强。

应该说,该书的前五章是基础,而研究工作的指导意义在于后五章,体现了研究工作的归宿是应用的思想。后五章以常见轮轨激励源及曲线激扰所导致的耦合振动规律为纲,具体地对低动力作用的轮轨系统设计和系统维护、大轴重货车动态作用及其改善途径、高速机车车辆簧下质量控制和轨道结构减振措施,以及实际轨道结构不平顺安全限度等,提出了耦合大系统综合模拟的建设性建议,将无疑会对我国重载货运和高速客运的系统规划起到指导和参考作用。当然,这些建议的普遍正确性以及理论框架的完善,还有待于未来实践和试验验证的不断积累和修正,对此,我们拭目以待。

必须指出,该书的学术和应用潜力还相当深广。至少在下列两个方面还大有发展前景:

1. 在模型中进一步考虑轮轨表面的粗糙度。由于轮轨之间的干摩擦作用,高频接触振动和机车的张弛振动响应,有可能发展成一种稳定和不稳定极限环的交替或交错状态;

2. 高速条件的脱轨条件在本质上有别于低速的爬轨形态。当钢轨的横向阻抗受到大规模削弱时,有可能发展成为一种混沌状态。

当然,上述内容的研究将涉及更深层次的基础科学研究发展问题,模型的适用性将会受到更严峻的考验。但因为它们同隶属于耦合大系统,提出这些问题,在逻辑上是合乎情理的。

热忱地期望本书能对关心这一命题的读者有所教益。

铁道科学研究院研究员、博士生导师

詹斐生

1995 年 12 月 31 日于北京

前　言

随着铁路列车提速及高速、重载铁路的迅速发展,机车车辆与轨道结构之间的动态相互作用日益增强,由此而引发的动力学与振动问题更加严重,也更趋复杂。列车运行速度越高,机车车辆在线路上的行车安全性与运行平稳性问题越显突出,既要保证机车车辆高速(快速)运行时不颠覆、不脱轨,又要确保提速列车、高速列车具有良好的乘坐舒适度;车辆运载重量越大,轮轨之间的动力作用越强,车辆对线路结构的动力破坏作用也越严重,这就要求减轻重载列车与线路之间的动态相互作用。中国铁路长期处于高负荷运输状态,导致了更为突出的车辆/轨道相互作用问题。显然,解决上述复杂、大系统、动态相互作用问题,单单从车辆系统或轨道系统本身研究,已难以胜任;而将车辆系统与轨道系统作为一个相互作用、相互依存的整体大系统加以考察,则为研究此类耦合动力学问题开辟了新途径,也使理论研究更能反映铁路轮轨系统实际。这便是本书所论述的车辆—轨道耦合动力学理论之初衷。

笔者提出开展车辆—轨道耦合动力学的研究设想始于1989年,并于次年得到国家自然科学基金的资助,1991年完成了博士学位论文《车辆—轨道垂向耦合动力学》,1992年在《铁道学报》上首次公开发表并阐述了车辆—轨道耦合动力学的基本原理,1993年在第十三届国际车辆系统动力学协会学术年会上宣读了相关研究论文并被收入《Vehicle System Dynamics》专刊。紧接着,笔者及其研究组在原国家教委"跨世纪优秀人才计划"首批专项基金资助下,着重开展了车辆—轨道横向耦合动力学的研究工作。1995年底,笔者完成了《车辆—轨道耦合动力学》书稿,于1997年夏由中国铁道出版社出版发行,1998年该书获得第十一届"中国图书奖"。1996~2001年间,笔者带领研究组(包括研究生们)在国家杰出青年科学基金、高等学校博士学科点科研基金、霍英东教育基金、四川省青年科技基金、教育部"高等学校骨干教师资助计划"及铁道部科技研究开发计划等不断资助下,进行了多方面的后续研究工作,主要包括客车—轨道空间耦合模型、轮轨空间动态耦合模型及其试验验证、车辆—轨道随机耦合振动、车辆与道岔相互作用、轮轨相互作用脱轨等方面的研究,并于2002年1月由中国铁道出版社出版了本书第二版。在随后的几年中,笔者在该研究领域继续得到了国家自然科学基金创新研究群体项目(50521503)、教育部长江学者和创新团队计划(IRT0452)及国家自然科学基金项目(50475111)的进一步资助,对车辆—轨道耦合动力学理论体系框架进行了研究与完善,于2007年2月诞生了系统介绍该理论体系和工程应用的第三版

《车辆—轨道耦合动力学》。

近年来,随着我国铁路跨越式发展,特别是高速铁路的迅猛发展,车辆—轨道耦合动力学有了更多、更广的应用需求。同时,新的问题也不断涌现,例如,既有线提速至 200~250km/h 后的行车安全问题、高速行车条件下轨道几何不平顺的影响及敏感波长问题、新一代时速 120km 重载货运机车通过小半径曲线的动态安全问题、30t 轴重货车对线路的动力作用问题、大运量重载铁路曲线钢轨侧磨问题、城市地铁线路轮轨动态相互作用相关问题等。通过对这些实际工程问题的广泛研究,一方面车辆—轨道耦合动力学理论研究更加深入、更加完善;另一方面,其应用范围更加广泛,应用范例更加丰富,而且紧密结合中国铁路工程实际。在此背景下,才催生了这本新的第四版《车辆—轨道耦合动力学》。

本书共十九章,分上、下两册。上册(前十章)论述车辆—轨道耦合动力学的理论体系,包括学术思想、理论模型、求解方法、计算机仿真方法、现场试验方法、动力性能评价方法、模型验证及其与传统模型的分析比较、车辆与轨道的耦合振动特征等;下册(后九章)介绍车辆—轨道耦合动力学的工程应用,以机车车辆与线路动态性能最佳匹配设计为主线,重点围绕车辆与轨道动态作用安全问题,阐述该理论在现代高速铁路、重载铁路、提速铁路及城市地铁工程中的应用,并选取有代表性的一系列具体工程应用实例予以介绍。书末附录还给出了常见铁道机车车辆和轨道结构基本参数。

借本书出版之机,作者要向资助、支持和关心过本研究工作及本书出版的各有关单位和个人致以诚挚的谢意!首先要感谢国家自然科学基金,国家博士学科点基金,霍英东教育基金,科技部基础司、教育部人事司、科技司、人才办,铁道部科技司(现中国铁路总公司科技部),四川省科技厅以及有关机车车辆工厂、铁道设计院、铁路局和朔黄铁路公司等应用部门对本研究工作所提供的各方资助,尤其是近年来新获得的国家重点基础研究发展计划(973 计划)项目(2013CB036200)资助和国家自然科学基金(高铁联合基金)重点项目(U1234209)资助。其次要感谢中国铁道科学研究院对作者的大力支持,特别是钱立新研究员、康熊研究员、徐涌研究员、黎国清研究员、江成研究员、王卫东研究员、倪纯双研究员、黄成荣研究员、姚建伟研究员、韩自力研究员、张格明研究员等,他们为作者提供了相关铁路现场动力学试验报告及一些十分宝贵的第一手测试数据,或为作者提供了现场试验上的帮助,为验证和完善车辆—轨道耦合动力学理论起到了十分关键的作用。还要感谢中国科学院院士、中国工程院院士沈志云教授,中国工程院院士曾庆元教授和已故的中国铁道科学研究院詹斐生研究员等前辈长期以来对作者的关心、指导与帮助。最后特别要感谢我的研究团队(包括历届研究生),特别是王开云研究员、蔡成标研究员、高建敏副研究员以及博士后韦凯、博士生刘鹏飞、硕士生涂贵军,他们全程参与了本书的修订(包括大量的算例分析)工作,为书稿的整理和图表制作付出了辛勤劳动,本书的出版是大家共同努力的结果。

限于作者水平,书中不妥之处在所难免,敬请广大读者批评指正。

翟婉明

2014 年 5 月 22 日于成都西南交通大学

目 录

第一版序
前言

第十一章 机车车辆与线路动态性能最佳匹配设计原理和准则 …………… 255
11.1 机车车辆与线路动态性能匹配设计理念 …………………………… 255
11.2 机车车辆与线路动态性能最佳匹配设计原理 ……………………… 256
11.3 机车车辆与线路动态性能最佳匹配设计方法 ……………………… 257
  11.3.1 基于最佳匹配设计原理的机车车辆动态设计方法 …………… 257
  11.3.2 基于最佳匹配设计原理的线路动态设计方法 ………………… 258
11.4 机车车辆与线路动态性能最佳匹配设计准则 ……………………… 258
  11.4.1 机车车辆的低动力作用设计准则 ……………………………… 259
  11.4.2 轨道结构的低动力作用设计准则 ……………………………… 262
参考文献 …………………………………………………………………… 267

第十二章 列车提速对线路的动力影响及其对策 ……………………………… 268
12.1 我国既有铁路列车提速概况及其意义 ……………………………… 268
12.2 既有铁路列车提速给线路带来的动力问题 ………………………… 271
12.3 提速线路道岔处轮轨冲击作用问题及其对策 ……………………… 271
12.4 提速线路钢轨焊接区不平顺的动力效应及其控制 ………………… 274
12.5 提速线路路桥连接段的动力问题及其对策 ………………………… 277
12.6 提速列车车轮擦伤对线路的动力影响及其对策 …………………… 279
12.7 200～250km/h 提速线路轨道几何不平顺的安全控制研究 ……… 280
参考文献 …………………………………………………………………… 283

第十三章 高速铁路车辆与轨道的动态相互作用 ……………………………… 285
13.1 高速铁路及其在中国的发展 ………………………………………… 285
  13.1.1 世界高速铁路及其发展 ………………………………………… 285
  13.1.2 中国高速铁路的发展 …………………………………………… 287
13.2 高速铁路车辆与轨道垂向动态相互作用特征 ……………………… 289
  13.2.1 高速铁路轮轨冲击振动响应特征 ……………………………… 289
  13.2.2 高速行车条件下偏心轮的动态效应 …………………………… 291
  13.2.3 高速列车车轮不圆引起的轮轨动力作用及其控制 …………… 291
  13.2.4 高速铁路钢轨波浪形磨耗引起的轮轨动力作用特征 ………… 293

13.3 高速铁路车辆与轨道横向动态相互作用特征 …………………………… 296
　　13.3.1 列车运行速度对轮轨横向动态作用性能的影响 ………………… 296
　　13.3.2 曲线参数对高速列车与轨道横向动态相互作用性能的影响 …… 297
13.4 高速铁道车辆簧下质量的动力学效应及控制 …………………………… 300
13.5 高速列车与轨道过渡段的动态作用问题及技术对策 …………………… 304
　　13.5.1 高速铁路轨道过渡段常用技术方法 ……………………………… 305
　　13.5.2 高速铁路轨道过渡段结构设计方案 ……………………………… 305
　　13.5.3 高速铁路轨道过渡段长度的理论设计 …………………………… 306
　　13.5.4 高速铁路轨道过渡段折角的控制标准 …………………………… 307
13.6 高速行车条件下轨道几何不平顺的敏感波长问题 ……………………… 309
　　13.6.1 分析方法与分析对象 ……………………………………………… 309
　　13.6.2 高速铁路轨道几何不平顺波长对行车动力性能的影响规律 …… 310
　　13.6.3 高速铁路轨道几何不平顺的敏感波长分析 ……………………… 314
参考文献 …………………………………………………………………………… 316

第十四章 重载铁路车辆与轨道的动态相互作用 ……………………………… 317
14.1 关于我国重载铁路运输及货车大型化问题 ……………………………… 317
14.2 大型重载货车对线路的动力影响 ………………………………………… 319
14.3 减轻大型重载货车对线路动力作用的基本途径 ………………………… 321
　　14.3.1 减轻大型重载货车对线路动力作用的两种途径 ………………… 321
　　14.3.2 英国低动力作用重载货车 LTF 的成功经验 …………………… 322
14.4 我国新型重载货车设计及其轮轨动力性能评价 ………………………… 324
　　14.4.1 SWJ 转向架方案及轮轨动力作用性能预测与评价 …………… 324
　　14.4.2 我国 25t 轴重低动力作用货车转向架的研制 ………………… 327
　　14.4.3 我国 30t 轴重货车轮轨动力作用分析 ………………………… 330
14.5 重载铁路曲线钢轨侧磨问题及其对策 …………………………………… 335
　　14.5.1 重载铁路曲线段钢轨的磨耗问题 ………………………………… 335
　　14.5.2 基于轮轨动态相互作用的曲线段钢轨非对称打磨型面设计原理 …… 337
　　14.5.3 钢轨非对称打磨型面设计原理的数值实现 ……………………… 341
　　14.5.4 工程实践及其效果 ………………………………………………… 346
参考文献 …………………………………………………………………………… 350

第十五章 山区铁路小半径曲线轮轨动态相互作用 …………………………… 352
15.1 我国山区铁路小半径曲线轨道动力问题 ………………………………… 352
15.2 山区铁路小半径曲线轮轨相互作用特征 ………………………………… 353
　　15.2.1 静态轮轨接触几何特征 …………………………………………… 355
　　15.2.2 轮轨动态相互作用特征 …………………………………………… 356

15.3 山区铁路小半径曲线安全改造对策及实践效果 ·············· 359
  15.3.1 强化前后轮轨动力性能的理论分析 ·················· 359
  15.3.2 强化前、后轮轨动力性能的现场试验分析 ············ 364
  15.3.3 工程应用实践效果 ································ 367
参考文献 ·· 368

第十六章 地铁线路轮轨动态相互作用 ························ 369
16.1 地铁线路的特点及其动力学问题 ······················· 369
  16.1.1 地铁轨道结构的特点 ······························ 369
  16.1.2 地铁线路的动力学问题 ···························· 381
16.2 地铁线路钢弹簧浮置板轨道的动力特性及减振适用性分析 ···· 383
  16.2.1 钢弹簧浮置板轨道的自振特性 ······················ 383
  16.2.2 浮置板下钢弹簧支点力的特性 ······················ 387
  16.2.3 钢弹簧浮置板轨道的适用性分析 ···················· 392
16.3 地铁线路钢轨焊接接头区的轮轨动力问题及其对策 ·········· 398
  16.3.1 地铁线路钢轨焊接接头不平顺实测结果及分析 ········ 399
  16.3.2 地铁线路钢轨焊接接头不平顺引起的轮轨动力响应特征 ·· 400
  16.3.3 地铁钢轨焊接不平顺参数对轮轨动力响应的影响 ······ 402
  16.3.4 轨道弹性对焊接区轮轨动力作用的影响 ·············· 403
16.4 地铁线路极小半径曲线的行车安全分析评估 ·············· 407
  16.4.1 极小半径曲线地铁行车安全性分析评估 ·············· 407
  16.4.2 小半径复曲线地铁行车安全性研究 ·················· 412
参考文献 ·· 415

第十七章 车辆—轨道耦合动力学在行车安全研究中的应用 ········ 417
17.1 车辆—轨道耦合动力学在线路不平顺安全限值研究中的应用 ··· 417
  17.1.1 轨道几何不平顺安全限值的理论分析方法 ············ 418
  17.1.2 轨道方向不平顺安全限值分析 ······················ 418
  17.1.3 轨距不平顺安全限值分析 ·························· 419
  17.1.4 轨道高低不平顺安全限值分析 ······················ 420
  17.1.5 轨道水平不平顺安全限值分析 ······················ 420
  17.1.6 轨道三角坑不平顺安全限值分析 ···················· 421
  17.1.7 轨道复合不平顺安全限值分析 ······················ 422
17.2 车辆—轨道耦合动力学在列车通过道岔安全性评估中的应用 ···· 425
  17.2.1 机车车辆侧向通过12号提速道岔时运行安全性分析 ···· 425
  17.2.2 行车速度对机车车辆侧向通过道岔安全性的影响 ······ 426
  17.2.3 评估结论 ·· 427

17.3 车辆—轨道耦合动力学在脱轨评判研究中的应用 ……………… 427
   17.3.1 现行脱轨评判标准及其缺陷 …………………………………… 428
   17.3.2 根据车轮抬升量判定车辆脱轨的原理 ………………………… 433
   17.3.3 单轮对脱轨仿真研究 …………………………………………… 434
   17.3.4 整车脱轨仿真研究 ……………………………………………… 440
   17.3.5 评判车辆脱轨的新准则 ………………………………………… 442
17.4 车辆—轨道耦合动力学在重载列车脱轨研究中的应用 ……… 445
   17.4.1 车钩纵向压力作用下车体的受力分析及振动方程 …………… 446
   17.4.2 车钩大自由摆角状态下的轮轨动态相互作用性能分析 ……… 448
   17.4.3 车钩自由摆角对重载机车运行安全性的影响及其安全设计 … 449
参考文献 ……………………………………………………………………… 451

第十八章 车辆—轨道耦合动力学在机车车辆设计中的应用 … 453

18.1 提速客运机车 SS_{7E} 动力性能改进设计 ………………………… 453
   18.1.1 工程背景 ………………………………………………………… 453
   18.1.2 SS_{7E} 原型机车横向异常振动现象的理论模拟 ……………… 453
   18.1.3 改进 SS_{7E} 机车横向振动性能的技术方案研究 ……………… 455
   18.1.4 改进设计后 SS_{7E} 提速机车的实际效果及运用情况 ………… 457
18.2 时速 200km 天梭号电力机车动力性能优化设计 ……………… 459
   18.2.1 天梭号机车动力学参数优化设计 ……………………………… 459
   18.2.2 天梭号机车动力性能仿真预测与评估 ………………………… 461
   18.2.3 天梭号机车对线路动力作用分析评估 ………………………… 463
   18.2.4 天梭号机车实车运行试验考核结果 …………………………… 465
18.3 新一代重载货运机车 HX_D2C 动力学性能改进设计 ………… 466
   18.3.1 工程背景 ………………………………………………………… 466
   18.3.2 HX_D2C 原型机车通过小半径曲线的运行安全性分析 ……… 467
   18.3.3 改善 HX_D2C 重载机车曲线通过性能的优化方案研究 …… 467
   18.3.4 HX_D2C 重载机车改进设计后的实际运用效果 …………… 470
参考文献 ……………………………………………………………………… 473

第十九章 车辆—轨道耦合动力学在铁路线路设计中的应用 … 474

19.1 秦沈客运专线无砟轨道建设工程应用与实践 ………………… 474
   19.1.1 秦沈客运专线及其桥上无砟轨道结构概况 …………………… 474
   19.1.2 高速列车与桥上无砟轨道的动态相互作用模型 ……………… 476
   19.1.3 秦沈客运专线桥上无砟轨道动力特性及列车走行性能预测 … 477
   19.1.4 秦沈客运专线桥上无砟轨道动力特性及列车走行性能预评估 … 480
   19.1.5 秦沈客运专线桥上无砟轨道现场实际效果 …………………… 481

19.2 京秦铁路时速 200km 提速改造工程应用与实践 ………………… 482
19.2.1 京秦铁路基本状况及提速改造初步方案 ………………… 483
19.2.2 京秦铁路提速试验列车及其参数 ………………… 483
19.2.3 试验区间轨道几何不平顺状态 ………………… 485
19.2.4 列车与线路动力性能评定标准 ………………… 486
19.2.5 京秦铁路时速 200km 提速改造工程路基加固动力仿真计算结果 … 487
19.2.6 对京秦铁路时速 200km 提速改造工程路基加固方案的预评估与建议 ………………… 490

19.3 福厦客货共线高速铁路设计应用与实践 ………………… 492
19.3.1 工程与研究背景 ………………… 492
19.3.2 平面曲线关键参数对高、低速行车动力性能的影响分析 ………………… 493
19.3.3 高低速客货共线铁路平纵面匹配设计 ………………… 496
19.3.4 高、低速列车对客货共线高速铁路轨道结构动力影响研究 ………………… 497
19.3.5 减轻货物列车对客货共线铁路轨道动力作用的技术措施研究 ………………… 500
19.3.6 工程实施与运营实践效果 ………………… 501

19.4 广深港高速铁路平纵断面设计应用与实践 ………………… 502
19.4.1 工程与研究背景 ………………… 502
19.4.2 沙仔岛长隧方案与桥隧方案高速行车性能对比分析 ………………… 504
19.4.3 海鸥岛长隧方案与桥隧方案高速行车性能对比分析 ………………… 506
19.4.4 沙仔岛与海鸥岛长隧方案比选 ………………… 507
19.4.5 工程实施与运营实践效果 ………………… 507

参考文献 ………………… 508

附录 ………………… 509
附录1 轮轨接触椭圆参数表 ………………… 509
附录2 Kalker 线性蠕滑理论之系数 C_{ij} ………………… 511
附录3 常见铁道机车车辆基本参数 ………………… 512
附录4 常用轨道结构基本参数 ………………… 517

索引 ………………… 521

第十一章 机车车辆与线路动态性能最佳匹配设计原理和准则

上册系统阐述了车辆—轨道耦合动力学的理论体系,包括学术思想、理论模型、数值方法、仿真方法、试验方法及评价方法;下册将介绍车辆—轨道耦合动力学理论方法在工程实践中的应用,包括在铁路提速、高速铁路、重载铁路、山区铁路及地铁等工程领域中的应用,并对一些典型工程(产品)应用实例进行简要介绍。

作为贯穿整个工程应用始终的一种基本理念和共性技术,本章首先介绍作者提出的机车车辆与线路动态性能最佳匹配设计原理和方法,在此基础上,阐述运用这一最佳匹配设计原理研究得出的机车车辆与线路匹配设计中应遵循的七项基本准则。

11.1 机车车辆与线路动态性能匹配设计理念

现代铁路运输发展趋势是行车速度不断提高,运载重量不断增大,运行安全平稳性不断提高。由此而导致机车车辆与线路结构之间的动态相互作用日益增强。一方面,机车车辆对线路的动力破坏作用加剧;另一方面,轨道结构振动及线路几何状态对机车车辆运行品质(平稳性)乃至运行安全性的影响也越来越强。对于中国铁路而言,由于长期处于超负荷运输状态,反复提速和货运重载化更加剧了机车车辆与线路的动态相互作用,因此需要特别重视减轻这种有害作用。

中国铁路承担着全国客运总量的1/3以上、货运总量的1/2以上。而路网密度低(仅为0.56km/万人),仅为美国的1/10,德国、法国的1/8;运输密度高(平均换算运输密度达3217换算万吨公里/km),居世界铁路之首。主要铁路干线长期处于超负荷状态,就这样也只能满足社会需求的60%。在如此高的运输负荷下,中国铁路客、货运量仍以年均8%和4%的速率不断增长,据初步预测,到2020年,全国铁路旅客、货物运输需求将分别达40亿人次、40亿吨。然而,对于如此高的运输负荷,中国既有铁路的技术装备水平却很低,线路标准又不高,与发达国家相比差距较大。对于既有铁路而言,双线里程仅占铁路总里程的38.3%,电气化率仅为28.6%,重载铁路比重仅为9%。长期超负荷运输对机车车辆运行安全可靠性构成严重威胁,线路几何状态日益恶化,养护维修工作量剧增。

众所周知，轮轨运输系统的功能中心是轮轨间的相互作用，而轮轨间的动作用力则是这种功能发挥得好坏的关键因素，它是引起机车车辆与轨道线路系统振动、冲击、疲劳、损伤的直接根源，从而也是导致轮轨系统状态破坏与功能丧失的主要原因。因此，最大限度地减轻轮轨间的动力作用，是确保铁路轮轨运输系统长期处于良好状态并高效运转的关键。我国发展现代化铁路，应以此作为技术突破口，发展低动力作用的高速、重载铁路轮轨系统。

影响轮轨相互动力作用的因素是多方面的，既有机车车辆的，如结构型式、悬挂参数；又有轨道结构的，如支承方式与基础弹性；而且牵涉到轮轨界面状态，如轨面几何不平顺、接头状态、车轮擦伤、踏面圆顺度等。由于车辆系统与轨道结构相互影响、相互制约，构成了一个相当复杂的动力学闭环反馈系统，因此，两个子系统的动态性能匹配关系是影响轮轨相互作用的关键。由此可见，要减轻轮轨相互作用，需要运用系统工程的方法，综合考虑轮轨大系统的结构、参数及其匹配关系。

为了最大限度地降低机车车辆与线路之间的动态作用，作者提出了机车车辆与线路动态性能最佳匹配设计理念[1]。这里所谓的"最佳匹配设计"，指机车车辆系统和线路系统在动态性能设计上要相互适应、相互匹配，以期实现现代铁路机车车辆和线路系统动态性能的最优设计。

11.2 机车车辆与线路动态性能最佳匹配设计原理

为了实现机车车辆与线路系统动态性能的最佳匹配，必须采用系统设计思想，将机车车辆系统和线路系统作为一个相互作用、相互耦合的整体大系统，以整体系统动态性能指标作为优化目标，进行综合优化设计。这是匹配设计的总体原理，但在具体设计过程中仍然是以某个子系统（机车车辆或线路）为主体设计对象，并非是两个子系统同时交互化设计（这还受限于目前专业划分和设计部门分工等因素）。与传统子系统设计不同的是，在设计某一系统时，并非是孤立考虑该系统，而是要充分考虑与之密切相关的另一系统的动态作用影响；在进行动态设计过程中，除了考虑自身系统动态性能之外，也必须要考察该系统对另一系统的动态作用影响，即考察该系统是否与相关系统相匹配。为了实现上述匹配设计构想，需要借助于机车车辆—轨道耦合动力学理论及其计算机仿真分析平台。

图 11.1 给出了机车车辆与线路匹配设计基本原理。无论设计主体对象是机车车辆还是线路，都将对方视为主体对象的动态环境，通过机车车辆—轨道耦合动力学理论方法考虑对方的动态影响因素，进行主体对象动力性能优化设计，同时分析评估主体设计对象对另一系统的动态作用影响，再根据动态作用影响的评估结果改进主体对象结构设计参数，重新考察主体对象的动力性能，重新评估

主体对象对另一系统的动态影响指标,如此反复,直到整体系统动态性能最优为止。

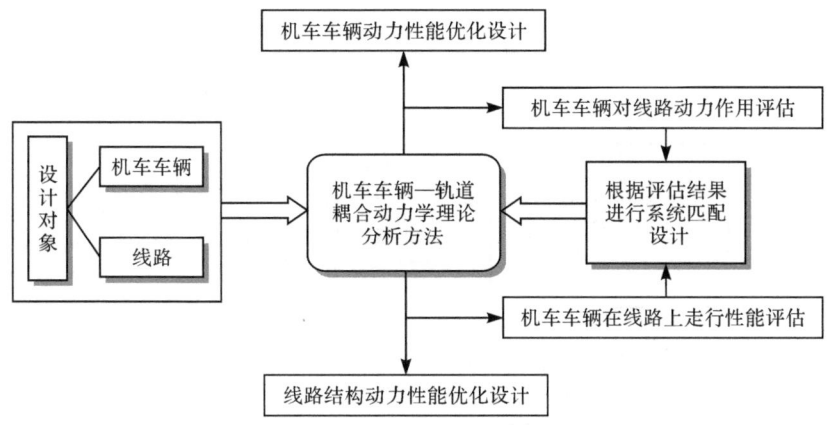

图 11.1 机车车辆与线路动态性能最佳匹配设计原理框图

需要进一步说明的是,当设计主体对象为机车车辆时,其对线路动态影响指标可主要考虑机车车辆对线路动力作用性能指标,即轮轨动作用力及线路动态变形指标等;而当设计主体对象是线路时,其对机车车辆动态影响指标可定义为机车车辆在线路上的走行性能指标,即运行平稳性及轮轨动态安全性指标。

11.3 机车车辆与线路动态性能最佳匹配设计方法

基于上述匹配设计原理,借助于机车车辆—轨道耦合动力学仿真设计技术平台,可以提出实现系统最佳匹配的机车车辆动态设计方法和线路动态设计方法。

11.3.1 基于最佳匹配设计原理的机车车辆动态设计方法

如图 11.2 所示,将机车车辆初始设计方案(机车车辆动力学模型参数),连同该车将来运营的线路条件(轨道结构参数及线路平纵断面参数),输入到机车车辆—轨道耦合动力学仿真分析系统之中;分析预测机车车辆动态响应,包括运动稳定性、运行平稳性及曲线通过性能,同时分析得出机车车辆对线路的动力作用指标(轮轨动作用力、轨道动态变形量及轨道动应力);根据有关机车车辆动力学性能评定标准及轮轨动力作用评价标准,对上述动态响应指标进行综合评估,并由此评价机车车辆设计的合理性;若非理想设计,找出动力性能较差的指标及对这些指标敏感的机车车辆结构参数(如机车车辆悬挂刚度、阻尼及簧下质量等参数);优化相关结构参数,重新输入仿真设计平台进行动力性能分析与评估;如此反复改进设计方案直至满意为止,即可获得既能满足机车车辆自身动力性能要求又能保证机车车辆对线路动力作用小的最佳设计方案。

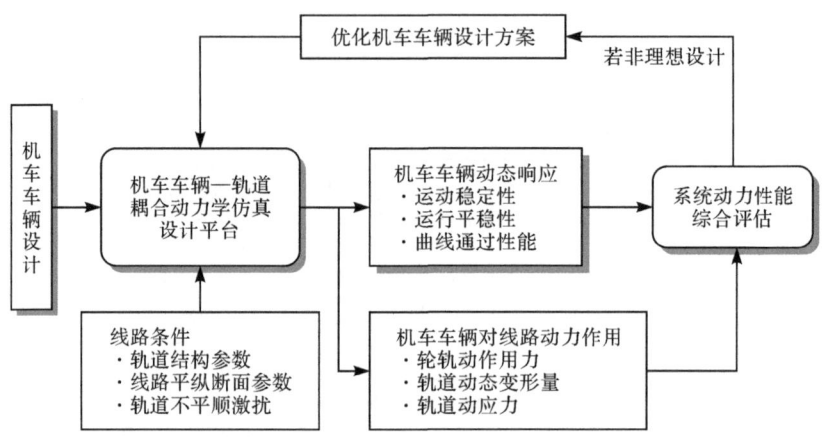

图 11.2　基于最佳匹配设计原理的机车车辆动态设计方法

11.3.2　基于最佳匹配设计原理的线路动态设计方法

　　基于机车车辆与线路动态性能最佳匹配设计原理的线路动态设计方法如图11.3所示。将线路初始设计方案(平纵断面参数及轨道结构参数)连同未来将要运营的机车车辆条件(机车车辆动力学参数及运行速度)输入至机车车辆—轨道耦合动力学仿真分析系统;分析预测轨道结构动力响应,包括轨道振动特性、轨道受力特性及轨道变形特性,同时分析得出机车车辆在该设计线路上的走行性能指标(运行平稳性及运行安全性指标);根据相关机车车辆及线路动力性能评定标准(规范)对上述动力响应指标进行综合评估,并由此评价线路设计的合理性;若非理想设计,寻找动力性能较差的指标及对这些指标敏感的线路结构参数(如最小曲线半径、超高、缓和曲线长度及轨道刚度参数等);优化相关结构参数,重新输入仿真设计平台进行动力性能分析与评估;如此反复改进直至满意为止,即可获得既能满足线路自身动力性能要求又能保证机车车辆在该设计线路上安全平稳运行的最佳设计方案。

11.4　机车车辆与线路动态性能最佳匹配设计准则

　　运用上述机车车辆与线路动态性能最佳匹配设计原理和方法,借助于第五章所建立的机车车辆—轨道耦合动力学仿真分析平台,可以方便地进行机车车辆与轨道结构参数的最佳匹配设计。本节通过参数研究的方法,得出了轮轨系统关键

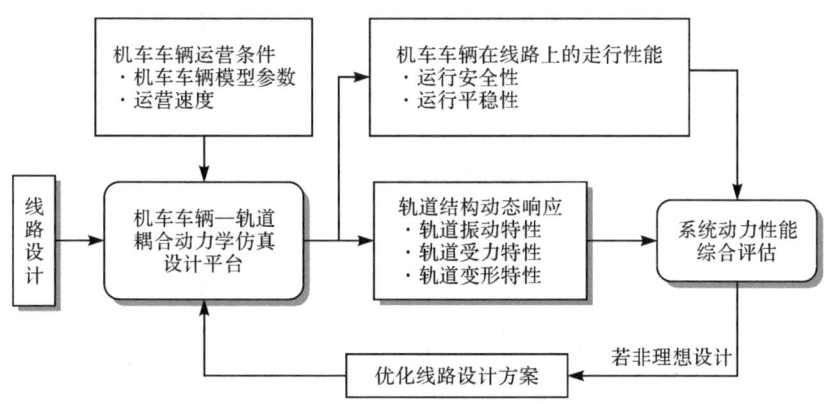

图 11.3 基于最佳匹配设计原理的线路动态设计方法

结构参数对机车车辆/轨道相互动力作用的影响规律,在此基础上总结出了机车车辆与线路动态性能最佳匹配设计必须遵循的七项基本准则。

11.4.1 机车车辆的低动力作用设计准则

参数研究结果表明,对轮轨垂向动力作用起主要影响的机车车辆参数是簧下质量和一系悬挂阻尼;对轮轨横向动力作用影响较大的机车车辆参数是簧下质量和一系悬挂横向刚度。基于参数研究结果,可以总结出下列四项机车车辆方面的匹配设计基本准则。

1. 最大限度地降低机车车辆簧下质量(准则一)

簧下质量对轮轨垂向动作用力特别是低频作用力 P_2 影响很大[2]。如图 11.4 所示,若每轮对簧下质量 M_w 增加 100kg,则 P_1 力增加 1kN 左右,而 P_2 力增加达 4~5kN。因此,对于低动力作用机车车辆的设计,第一条准则就是要尽可能地降低其簧下质量。这将能有效地减轻机车车辆对轨下基础结构的动力作用。对此最为奏效的措施是采用一系悬挂。例如,对于重载货车而言,采用一系轴箱悬挂取代二系中央悬挂,可以减少簧下质量30%以上。对于高速机车车辆,应视其行车速度等级,分别限制簧下质量大小,以防止高速轮轨系统动力作用的剧增,第十三章第 13.4 将详细讨论这一问题。

图 11.5 给出了簧下质量对轮轨横向力 Q 的影响情况。由图可见,在分析范围(1750~3750kg)之内,随着簧下质量的增大,轮轨之间的横向相互作用力也明显加大。因此,减小簧下质量,对减轻轮轨横向动态相互作用同样具有不可忽视的作用。

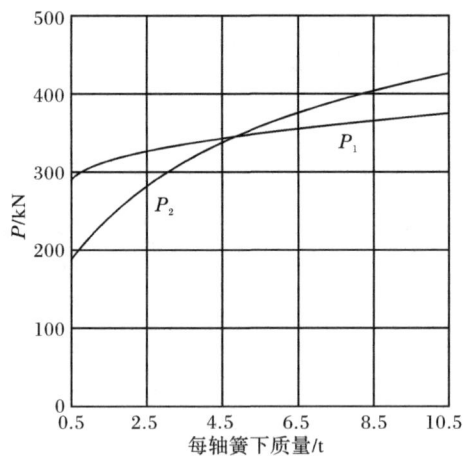

图 11.4 机车车辆簧下质量对轮轨垂向力的影响规律

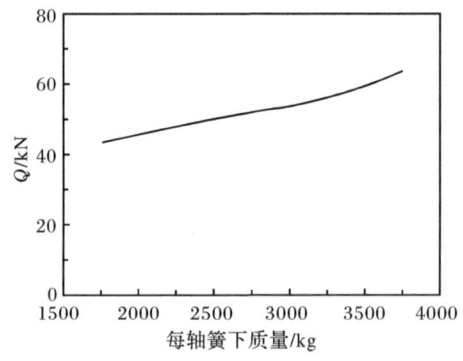

图 11.5 机车车辆簧下质量对轮轨横向力的影响

2. 优选机车车辆一系悬挂垂向阻尼（准则二）

轮轨高频垂向冲击力 P_1 的降低，一直被认为是一个难题，因为 P_1 力随轴重、速度及激扰的增长几乎是无条件的。我们研究发现，在一系悬挂阻尼 C_{pz} 的高量值范围（大于 10^4 N·s/m）内增加其阻尼值，可以减小轮轨作用力，特别是对减小高频力 P_1 的效果更为明显（图 11.6）。然而，一系悬挂阻尼的过分增大，在减轻轨道结构振动的同时，又导致了机车车辆自身振动的加剧，如图 11.7（图中 a_w 为轮对振动加速度，a_b 为道床振动加速度）。因此，低动力作用机车车辆的第二条设计准则是，从轮轨大系统的角度对一系减振装置的阻尼系数进行优化。据图 11.7，兼顾上述两个方面的因素，较理想的一系悬挂阻尼系数范围是每轮轴 $10^5 \sim 10^6$ N·s/m，亦即每轴箱处 $5 \times 10^4 \sim 5 \times 10^5$ N·s/m。

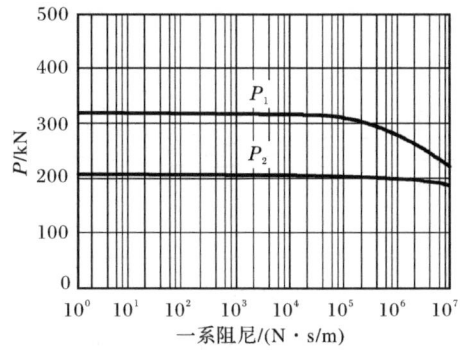

图 11.6　机车车辆一系悬挂阻尼对轮轨力的影响

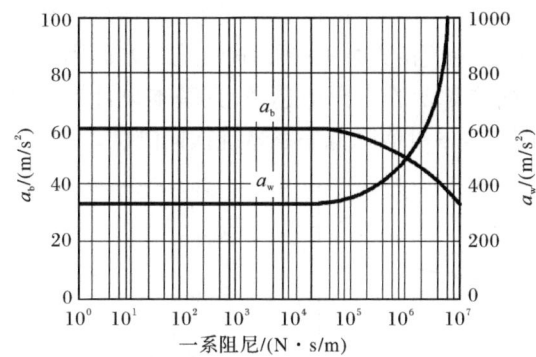

图 11.7　机车车辆一系悬挂阻尼对轮轨系统振动的影响

3. 采用磨耗型车轮踏面外形(准则三)

车轮半径和踏面形状对轮轨垂向作用力基本无影响,但能影响轮轨接触应力 σ。加大轮径仅使接触应力略有下降,例如车轮直径从 840mm 增至 915mm,轮轨接触应力仅降低 2% 左右。而将锥形踏面(TB)改为磨耗型踏面(LM),则可使轮轨接触应力 σ 减少 30% 之多,如图 11.8 所示。所以,低动力作用的机车车辆车轮踏面宜采用磨耗型,其轮径可不必加大,以免增加簧下质量。

4. 合理选取机车车辆一系悬挂横向刚度(准则四)

研究表明,一系悬挂横向定位刚度对轮轨横向动力作用影响较大。图 11.9 给出了车辆通过曲线时轮轨横向力 Q 随一系横向刚度变化的关系,由图可见,轮轨横向力随着一系悬挂横向刚度的增加而明显增大,可见,降低一系横向刚度对改善车辆曲线通过性能很有好处。另一方面,一系横向定位刚度对车辆运动稳定

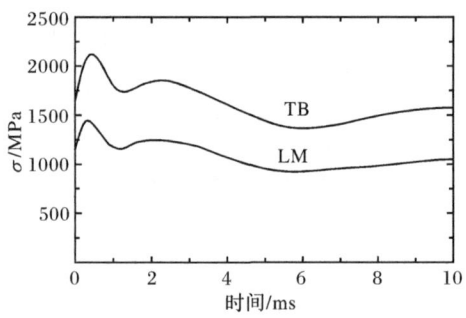

图 11.8 车轮踏面型式对轮轨接触应力的影响

性的影响也很大[3]，如图 11.10 所示，小的横向刚度将导致车辆临界速度 v_{cr} 迅速下降，特别是当刚度值小于 5MN/m 时，对车辆运动稳定性极为不利。因此，机车车辆一系悬挂横向定位刚度的选取必须要兼顾此二方面因素，在轮轨横向动力作用和车辆运动稳定性这对矛盾中折中选择，其基本设计原则是，在充分满足车辆运行临界速度的前提下，尽可能降低一系悬挂横向刚度。

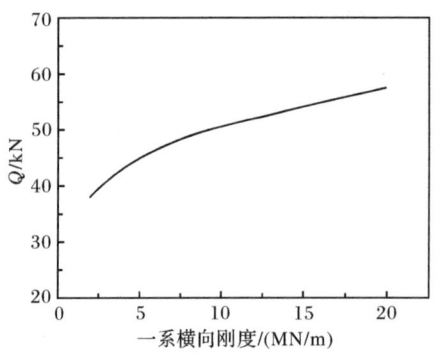

图 11.9　一系横向刚度对轮轨横向力的影响

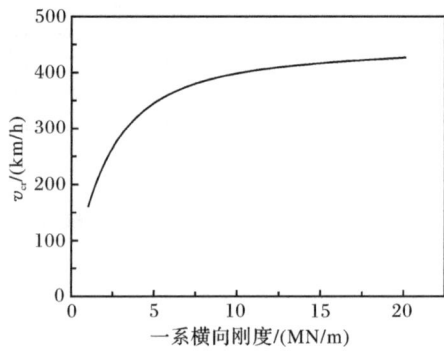

图 11.10　一系横向刚度对车辆临界速度的影响

11.4.2　轨道结构的低动力作用设计准则

车辆—轨道耦合动力学理论研究表明，影响轮轨动力作用的轨道结构参数十分广泛，包括钢轨质量、轨枕质量、道床密度以及轨下基础弹性与阻尼等众多因素[2]。根据参数研究结果，我们着重从轨道结构减振设计及其与车辆动态性能匹配设计方面总结出三项基本准则。

1. 提高轨道体系质量（准则五）

随着钢轨质量 m_r 的增加，P_1 力略有增大，P_2 力几乎无变化，而钢轨振动加速

度 a_r 有所减小,如图 11.11 所示。轨枕质量 M_s 增大,P_1 力几乎不受影响,P_2 力则有所减小,轨枕振动加速度 a_s 将显著下降,而钢轨－轨枕动反力 F_{rs} 增加较少,如图 11.12 所示。

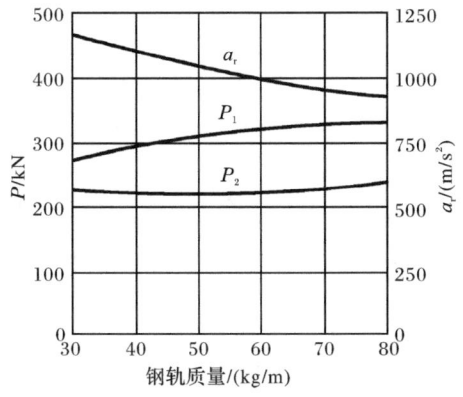 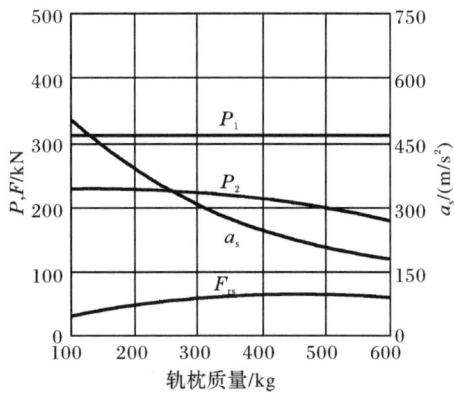

图 11.11 钢轨质量对轮轨动力作用的影响　　图 11.12 轨枕质量对轮轨动力作用的影响

道床密度 ρ_b 可影响 P_2 力及道床振动加速度 a_b。由图 11.13 可知,道床密度的增加可有效地减小道床加速度,与此同时,P_2 力增加很少。可见选用重质道砟比采用轻质道砟更为有利。文献[4]所介绍的有关花岗岩道砟和石灰石道砟的轨道下沉量试验观测结果(图 11.14)也充分地说明了这一点。

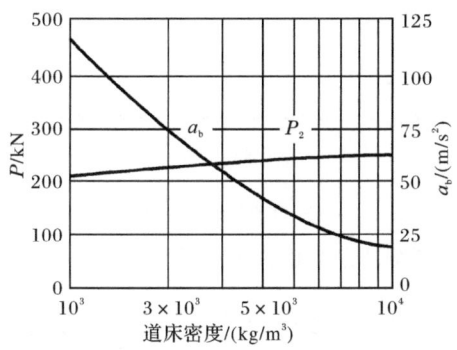 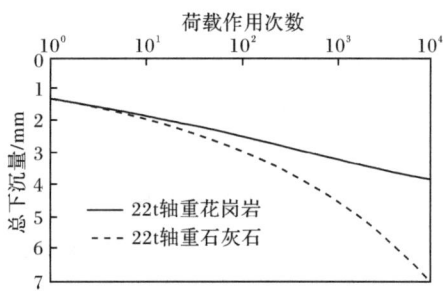

图 11.13 道床密度对轮轨动力作用的影响　　图 11.14 轻、重质量道砟的试验比较

2. 降低轨下基础垂向刚度(准则六)

轨道结构刚度对轮轨动力作用影响甚大。图 11.15 给出了轨下胶垫垂向刚度 K_p 对轮轨垂向动力作用主要指标的影响情形。由图可见,受轨下胶垫刚度影响最大的指标是轨枕振动加速度 a_s 和道床振动加速度 a_b。随着 K_p 增大,a_s 和 a_b 迅速增大[图 11.15(a)、(b)],特别是当 $K_p \geqslant 100\mathrm{MN/m}$ 之后其增长速度更快,而

钢轨振动加速度 a_r 反而有所减小,但减幅不大[图 11.15(c)]。因此,采用高弹性胶垫对降低轨下基础结构振动极为有效。由图 11.15(d) 可见,当 $K_p \geqslant 200 \text{MN/m}$ 之后,P_1、P_2 力随 K_p 增长明显,而轨下胶垫老化后的刚度常处于这一范围,由此也说明了及时更换老化胶垫的必要性。

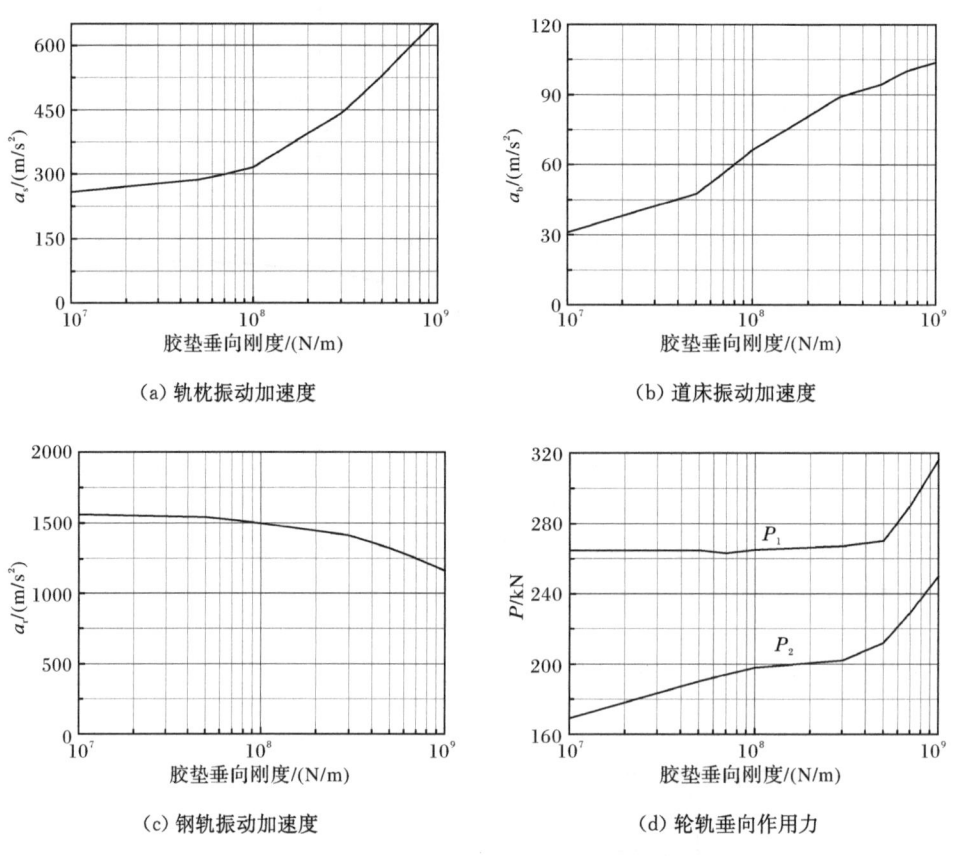

图 11.15　轨下胶垫垂向刚度对轮轨垂向动力作用的影响规律

道床弹性模量 E_b 对轮轨高频冲击力 P_1 无影响,主要影响道床振动加速度,如图 11.16 所示。因此,设法降低道床弹性模量(亦即增加道床弹性)能有效地抑制道床振动。若道床弹性模量固定不变,适当增加道床厚度,同样可以获得增加道床弹性的效果,而且这是一种颇为有效的措施。图 11.17 是道床厚度 h_b 对道床振动加速度的影响关系,由图可见,道床加厚 10cm,可使道床加速度降低 30% 左右。

路基刚度主要影响线路变形和道床振动加速度。如图 11.18(a)所示,随着路基模量 E_f 增大,钢轨位移 Z_r 减小,且仅当 $E_f < 100 \text{MPa/m}$ 时,Z_r 随 E_f 的变化较为明显;图 11.18(b)表明,仅当路基模量很大时(如 $E_f \geqslant 300 \text{MPa/m}$)时,$E_f$ 对道床加

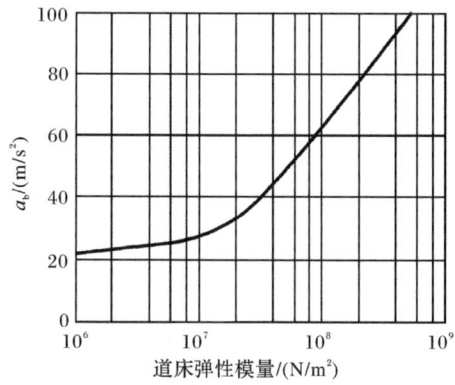
图 11.16 道床弹性模量对道床振动加速度的影响

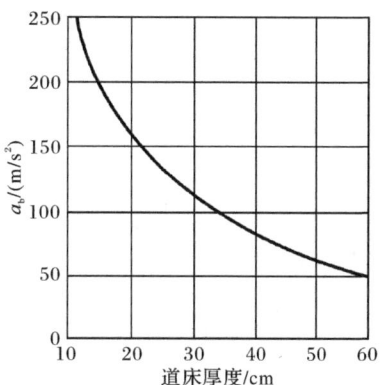
图 11.17 道床厚度与道床振动加速度的关系

速度的减小才起作用,这在实际中难以做到;另一方面,路基模量太大时也会导致路基基床表面应力 σ_f 及轮轨力 P_2 有所增加,而对道床顶面应力 σ_b 及 P_1 力并无影响[图 11.18(c)、(d)]。总起来看,路基模量在 100~200MPa/m 范围取值对减小轨道变形和轨下基础动力作用有较好的综合效果。

3. 合理选取钢轨扣件横向刚度(准则七)

众所周知,钢轨扣件系统是轨道结构减振的重要环节,对轮轨动力作用有较大影响。车辆—轨道耦合动力学理论分析结果显示,扣件横向刚度 K_{ph} 越小,轮轨横向力 Q 越小,与此同时钢轨横向弹性变形越大,轨距动态扩大量 ΔY_r 也就越大(图 11.19),尤其是当 $K_{ph}<50$MN/m 时,这种相互之间的变化关系更加明显。可见,扣件横向刚度过大将导致轮轨横向动力作用增强,加剧对轨道结构的动力破

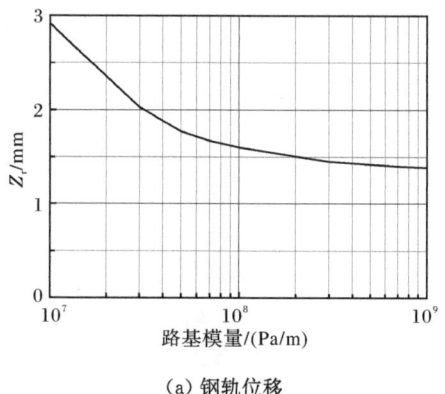
(a) 钢轨位移

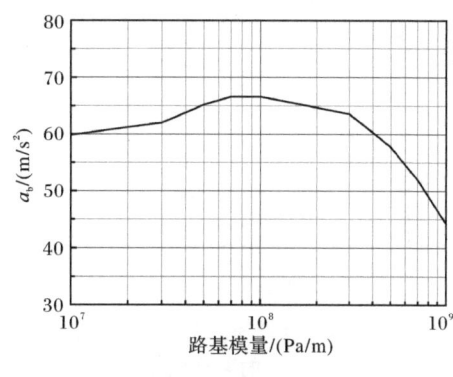
(b) 道床加速度

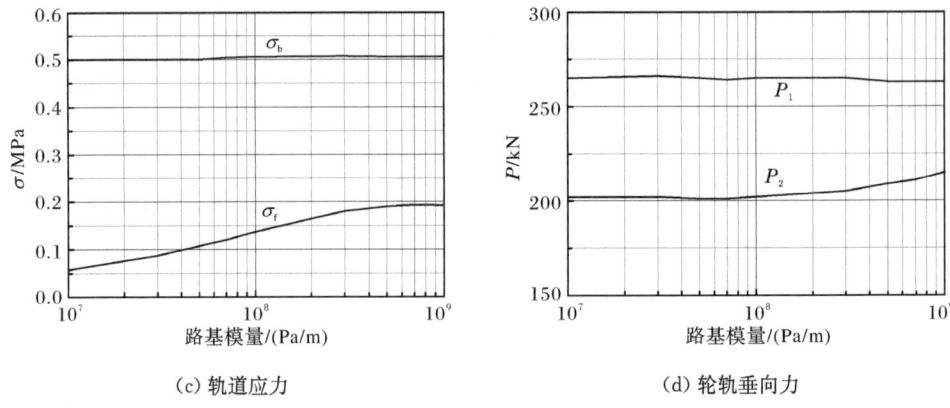

(c) 轨道应力 (d) 轮轨垂向力

图 11.18 路基刚度对轮轨动力作用的影响规律

坏,因此应尽可能降低扣件横向刚度以减轻轮轨横向动力作用,但与此同时,过小的扣件横向刚度又会加大钢轨横向弹性变形,增大轨距动态扩大程度,对列车高速运行条件下的轮轨动态接触状态及轮轨动态安全性造成不利影响。因此应合理选取扣件横向刚度。

另一方面,钢轨扣件横向刚度对运行于钢轨上的车辆横向稳定性也有影响[5]。图 11.20 给出了扣件横向刚度对车辆临界速度 v_{cr} 的影响规律,由图可见,车辆临界速度随着扣件横向刚度增加而增大,当横向刚度小于 50MN/m 时,随着刚度增加,临界速度增加幅度较大;当横向刚度超过 50MN/m 后,随着刚度增加,临界速度提高幅度趋于平缓。可见,扣件横向刚度越大(表明轨道横向越稳固),越有利于车辆运动稳定性。

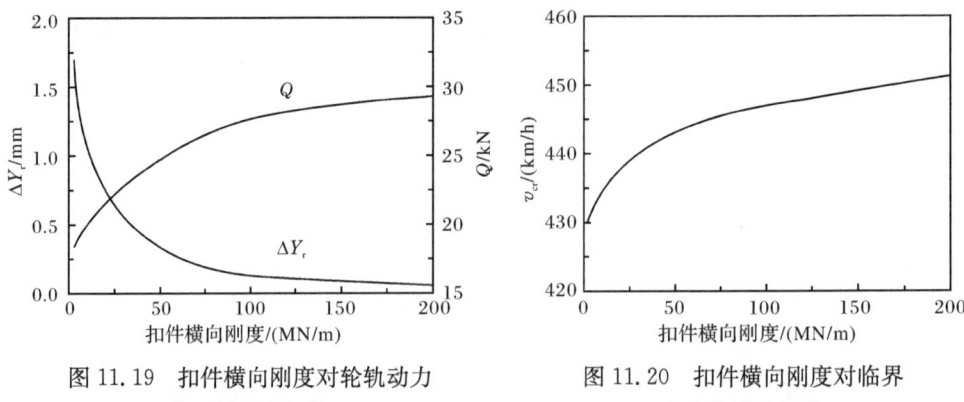

图 11.19 扣件横向刚度对轮轨动力作用的影响规律   图 11.20 扣件横向刚度对临界速度的影响规律

综上所述,选取扣件横向刚度时,既要充分考虑刚度值变化对轮轨动态相互作用的影响,又要兼顾横向刚度对列车蛇行运动稳定性的影响,必须进行综合匹配设计。

参 考 文 献

[1] 翟婉明. 机车车辆与线路最佳匹配设计原理、方法及工程实践. 中国铁道科学,2006,27(2): 60~65
[2] 翟婉明,孙翔. 低动力作用轮轨系统垂向动力参数研究与设计. 铁道学报,1993, 15(3):1~10
[3] 王开云,翟婉明,蔡成标. 轮轨结构参数对运动稳定性影响的研究. 中国铁道科学,2003, 24(1):43~48
[4] Frederick C O. 轨道几何形态的恶化. 中国铁道科学,1982,3(1):113~119
[5] 王开云,翟婉明,蔡成标. 车辆在弹性轨道结构上的横向稳定性分析. 铁道车辆,2001, 39(7):1~4

第十二章　列车提速对线路的动力影响及其对策

列车提速是我国铁路为了提高运能而实施的具有战略意义的重大举措。由于提速是在设计标准并不高的既有线上进行的，提速后机车车辆对线路结构的动力影响将不可避免地增强，给轨道结构强度和线路日常养护维修工作带来不利影响。本章运用车辆—轨道耦合动力学理论，对提速线路上较为突出的动力学问题——提速道岔处的轮轨冲击问题、钢轨焊接区的动力效应、路桥连接段的动力问题、车轮擦伤对线路的动力影响、既有线提速至 200～250km/h 后轨道短波不平顺的动态效应，分别进行较细致的分析研究，在此基础上提出了解决这些问题的基本对策。

12.1　我国既有铁路列车提速概况及其意义

铁路列车运行速度是铁路生存和发展的关键性因素，直接决定着铁路与其他运输方式的竞争力以及铁路在运输市场中所占份额。自有铁路以来，列车运行速度总是随着社会与经济的发展和技术装备的现代化而逐步提高。特别是第二次世界大战后，世界发达国家经济复苏，对交通运输提出新的、更高的要求，西方国家纷纷改造客货运输繁忙的既有干线，争相提高列车运行速度。到 1962 年，世界铁路旅客列车的平均技术速度已达到 62km/h，其中法国达到 104km/h。自 1964 年日本建成世界上第一条高速铁路以来，列车运营速度有了突飞猛进的提高，而发达国家在修建高速铁路专线的同时，也十分重视既有线的提速改造，以扩大和建立本国或国际快速(高速)旅客列车运送系统。据不完全统计，至 1994 年初，已有 25 个国家的旅客列车最高速度达到和超过 140km/h，旅行速度超过 100km/h。

在我国，由于铁路运输长期处于主导地位，速度问题反映并不十分强烈。直到 20 世纪 90 年代，随着高速公路和航空运输业的崛起和发展，铁路运输受到了空前严峻的挑战，铁路在运输市场中的份额逐渐减少。根据国家统计局统计，1994 年与 1980 年相比，铁路旅客周转量在运输业中所占比重下降了 18.3%，货运周转量所占比重下降了 10.1%；铁路的客运量所占比重下降了 17.1%，货运量所占比重减少了 7.1%。而时隔仅一年，铁路客运周转量在运输业中所占比重又由 1994 年的 42.3%降至 39.4%。铁路运输地位已由原来的第一变为第二位，从而引起了全路乃至全国各界的广泛关注[1]。

出现这种局面,除公路、航空、水运的建设规模和运输能力迅速增长,运输市场发生了变化的原因外,铁路列车速度太低是其重要因素之一。我国铁路列车运行速度长期在低水平上徘徊。表12.1列出了1949～1995年间我国铁路客货列车旅行速度变化情况。由表可见,1949年至1970年,旅客列车的旅行速度由28.2km/h提高到42.1km/h,前21年增长了13.9km/h,年递增1.9%;而至1995年仅上升到49.0km/h,后25年仅增长6.9km/h,年递增仅0.6%。货物列车的旅行速度前21年由25.5km/h提高到30.3km/h,年递增0.8%;至1995年还继续维持在30.2km/h的低水平上。如此低的客货列车旅行速度,尚不及20世纪60年代初世界铁路的平均水平,无疑使铁路在当前运输市场的激烈竞争中处于极为不利的地位。

表12.1 我国铁路提速前旅行速度变化情况(单位:km/h)

年份	1949	1957	1962	1965	1970	1975	1980	1985	1990	1995
旅客列车	28.2	34.8	—	38.5	42.1	42.2	43.4	43.9	46.3	49.0
货物列车	25.5	25.2	26.1	28.2	30.3	28.5	28.7	28.1	29.2	30.2

为了尽快改变铁路这一落后面貌,20世纪末我国铁路开始实施既有线列车提速策略。1995年6月铁道部做出决定,将对京沪(北京—上海)、京广(北京—广州)、京哈(北京—哈尔滨)三大繁忙干线提高列车速度。三大干线总长5046km,仅占全路营业里程9.5%,却占全路客运周转量的39.4%,占全路货运周转量的34.4%,在铁路交通运输中占有极为重要的地位,因而提高三大干线客货列车速度对提高铁路运输能力具有重大意义。

为此,铁道部相继组织开展了一系列提速试验。1995年9月16～22日及10月8～20日,在沪宁(上海—南京)线进行了首次提速试验,旅客列车最高试验速度分别达到151km/h和173km/h。同年11月2～4日在京秦(北京—秦皇岛)线进行了最高速度175.7km/h的旅客列车提速试验。随后在北京、沈阳、郑州等局相继开展了不同路况的提速试验。1997年1月5日,铁道部在北京东郊环线铁道试验基地进行了高速综合试验,列车试验速度达到212.6km/h,创造了环形线试验速度新高。1998年6月24日,铁道部在郑武(郑州—武昌)线再一次组织大规模提速试验,将列车最高试验速度提高到了240km/h,在既有线上创造了当时我国铁路"第一速"。2000年12月5～10日,铁道部组织有关试验人员在京秦线螺山—丰润间再一次进行提速试验,试验最高速度达214.3km/h,目的在于考核京秦线时速200km提速改造工程中路基和桥梁加固方案的可行性,从而为构建京沈(北京—沈阳)快速客运通道作准备。

在此基础上,我国铁路拉开了提速运营序幕。1996年4月1日在沪宁线,全国第一列提速列车"先行号"以 140km/h 速度正式运营,全程(303.6km)运行 2h48min,比原特快列车缩短 1h11min。1996 年 7 月 1 日京秦线正式开行"北戴河号"快速列车,全程(277km)运行 2h30min,比原运行时间缩短 1h18min。1997 年 4 月 1 日,新的列车运行图正式启用,标志着铁路第一次全面提速正式开始,迄今为止已实施了六次铁路大提速。历次提速的基本情况如下:

① 1997 年 4 月 1 日,铁路第一次大面积提速,以沈阳、北京、上海、广州、武汉等大城市为中心,京沪、京广、京哈三大干线全面提速,旅客列车最高速度达到 140km/h。

② 1998 年 10 月 1 日,铁路第二次大面积提速。京沪、京广、京哈三大干线的提速区段最高速度达到 140~160km/h;广深线通过租用瑞典 X2000 摆式列车,最高速度达到 200km/h。

③ 2000 年 10 月 21 日,铁路第三次大面积提速,重点是欧亚大陆桥、陇海、兰新线、京九线和浙赣线。允许速度超过 120km/h 的线路延长为 9581km,速度超过 140km/h 的线路延长为 6458km,速度超过 160km/h 的线路为 1104km。

④ 2001 年 11 月 21 日,铁路第四次大提速,提速范围主要是京九线、武昌—成都(汉丹、襄渝、达成)、京广线南段、浙赣线和哈大线。这次提速将西部地区人口最多的四川、重庆纳入提速网络,使进出西南地区更快捷。提速后,全国铁路提速总里程达到 13000km,提速网络基本覆盖全国较大城市和大部分地区。

⑤ 2004 年 4 月 18 日,铁路第五次大提速。此次提速范围是京沪、沪杭、京广、京哈、京九、陇海等铁路线,铁路新增提速线路 3000km。提速后,全国铁路提速网络总里程达到 16500km 以上,其中速度 160km/h 及以上的提速线路 7700km。

⑥ 2007 年 4 月 18 日,铁路第六次大提速。这次大提速在京哈、京沪、京广、京九、陇海、浙赣、兰新、广深、胶济等干线展开,首次在既有线上开行速度 200km/h 及以上动车组,有条件的线路区段列车最高运行速度达到了 250km/h,将中国铁路带入了高速时代,也使我国既有线列车运行速度一举达到了世界领先水平,在我国铁路发展史上具有里程碑意义。经过这次提速后,全国铁路速度 120km/h 及以上的线路延展里程达到了 22000km。依据速度等级划分,速度 160km/h 及以上提速线路延展里程为 14000km;速度 200km/h 及以上线路延展里程为 6003km;速度 250km/h 线路延展里程有 846km,分布在京哈、京广、京沪、胶济线部分区段。

我国既有铁路提速的基本策略是,繁忙干线旅客列车最高速度一般为 200km/h,其他线路旅客列车最高速度为 120~160km/h;货物列车最高速度为 90~120km/h,轻快货物列车最高速度为 160km/h。

12.2 既有铁路列车提速给线路带来的动力问题

一般来说,随着列车运行速度的日益提高,轮轨相互作用将不断加强,机车车辆与线路系统的振动加剧,列车对线路的动力影响将不可避免地增加。特别是对中国铁路既有线提速而言,线路结构状况未作大的变动,而原先的设计标准又不高,因此这种动力影响的增加尤为显著[2]。

列车提速给线路结构带来的动力问题,突出表现在以下几个方面:

首先是道岔结构的振动冲击问题。当列车快速通过既有道岔固定式辙叉时,由于有害空间的存在,车轮与辙叉之间将形成较以前运营速度更为剧烈的冲击作用,致使道岔部件疲劳伤损加剧,使用寿命大大缩短。

其次是钢轨接头焊接区的动力效应问题。由于焊接区轨面不可避免地存在短波几何不平顺,而短波不平顺引起的轮轨动力效应对行车速度的变化极为敏感,因此在提速线路上钢轨焊接接头成为不可忽视的薄弱部位。

第三是桥台与路基连接处的动力问题。由于桥上轨道和路基轨道的支承条件不同(一边是混凝土基础,一边是土质路基),线路刚度及变形就会不同,致使路桥连接段常常产生轨道折角不平顺,因此当列车快速通过路桥连接段时,将产生动轮载的较大变化,并激起机车车辆附加振动,从而影响行车的平稳性和舒适性。

此外还有一个较突出的问题,即是车轮擦伤对线路的动力影响。实践表明,列车提速后车轮擦伤变得十分普遍,镟轮几率大大增加,而擦伤车轮对轨道结构部件的冲击效应较以前要严重得多,因而给线路养护维修带来不利影响。

诚然,列车提速给线路带来的其他动力问题还有很多,这里不一一列举。以上所述问题均是提速实践中客观存在的,对线路影响较大的动力学问题,有必要认真研究加以解决。下面拟从动力分析的角度,运用车辆—轨道耦合动力学理论及 VICT 分析系统逐一进行研究探讨,并试图提出相应的对策方案,以期为我国铁路列车提速的安全顺利实施提供理论指导与必要参考。

12.3 提速线路道岔处轮轨冲击作用问题及其对策

道岔是铁路轨道结构的关键部件,是使列车从一股轨道转换到另一股轨道所必需的线路设备。由于道岔结构的特殊性,其几何不平度大,因此当列车通过道岔时将引起强烈的冲击与振动,致使道岔主要部件使用寿命短,维修工作量大。例如,整铸辙叉的平均使用寿命约为 60~80Mt 通过总重,仅为区间线路同型钢轨使用寿命的 1/8～1/10。毫无疑问,列车提速进一步恶化了道岔的工作条件。

研究表明[3]:当货车速度由 60km/h 提高到 90km/h 时,轮/岔冲击力峰值增大 34%,车轮和钢轨的振动加速度均增大 60% 左右;而当客车速度由 80km/h 提高到 140km/h 时,轮/岔冲击力增加 55%,车轮、钢轨和道床振动加速度的增幅均在 1 倍左右。可见,提速客车对道岔的动力作用比提速货车的要大,这与文献[4]对提速道岔心轨垂向振动加速度的测试结论是一致的。究其原因,是因为客车的提速幅度远比货车的提速幅度大。图 12.1 给出了列车运行速度对道岔辙叉冲击振动影响的试验[5]与仿真结果一例。

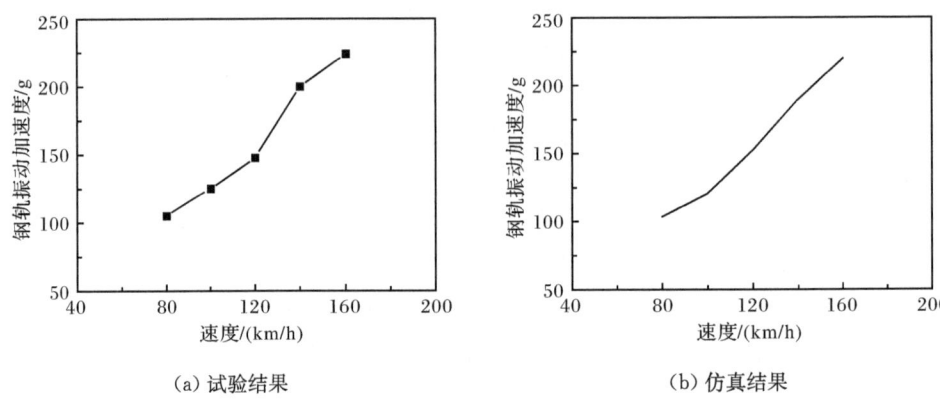

图 12.1　列车速度对道岔心轨振动加速度的影响

为了改善提速线路道岔的动态环境,我国研制了 60kg/m 钢轨 12 号提速单开道岔,包括两种基本类型——固定式辙叉和可动心轨式辙叉提速道岔。固定式辙叉采用高锰钢整铸辙叉,趾跟端为全鱼尾板联结;可动心轨用 60AT 轨制造,长心轨跟端为弹性可弯式,短心轨跟端为滑动端。为了具体比较固定式辙叉和可动心轨式辙叉动力性能,图 12.2 模拟了提速货车和提速客车通过 60kg/m 钢轨 12 号提速道岔两种辙叉时的轮/叉冲击力的动态变化过程。由图可见,无论是提速客车还是提速货车,可动心轨式辙叉均大大减轻了轮/叉垂向相互作用力,与固定式辙叉相比,最大垂向力的降幅均在 100kN 以上,有效地改善了道岔的工作状态。这是因为可动心轨式辙叉保持了轨线的连续性,从根本上消除了有害空间,显著地减少了辙叉处垂向几何不平顺。表 12.2 进一步比较了提速客车与两种类型辙叉垂向相互作用的各项主要动力学性能指标。由表可见,可动心轨式辙叉的垂向动力性能显著地优于固定式辙叉的性能。因此,大力推广可动心轨式辙叉道岔,是解决提速线路道岔动力作用问题的关键。

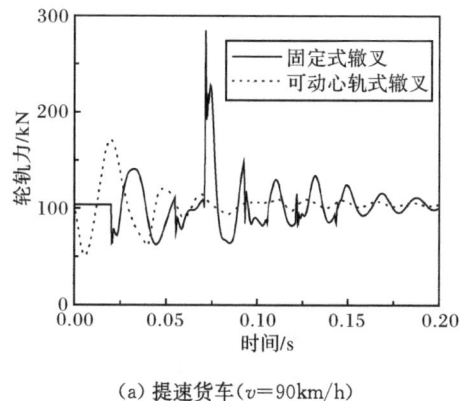 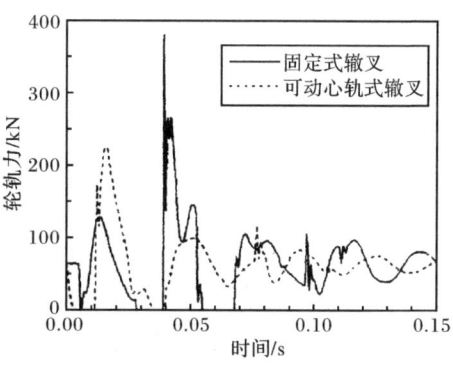

(a) 提速货车($v=90$km/h)　　　　(b) 提速客车($v=140$km/h)

图 12.2　固定式辙叉和可动心轨式辙叉处冲击力的比较

表 12.2　固定式辙叉与可动心轨式辙叉动力性能比较

性能指标	轮轨作用力 P/kN	车体加速度 a_c/(m/s^2)	车轮加速度 a_w/(m/s^2)	钢轨加速度 a_r/(m/s^2)	道床加速度 a_b/(m/s^2)
固定式辙叉	380.4	0.61	369.0	2264.9	141.6
可动心轨式辙叉	224.2	0.63	162.4	770.2	98.3

图 12.3 是我们在沈阳铁路局沈山线上更换可动心轨式辙叉提速道岔的一个试验实例。1999 年 9 月 10 日,在饶阳河车站(K104+271.01～K104+496.40)铺设 12 号可动心轨提速道岔,同时对道岔进行了无缝化改造。由于采用了可动心轨式辙叉,加之道岔内全部钢轨接头均被焊接,从而确保了道岔内轨条的连续性,彻底改善了轮轨动态作用条件,大大减轻了列车对道岔的冲击破坏作用。运营观测显示,道岔区的养护维修工作量仅为原来的 1/3 左右,辙叉磨耗大幅度减轻,其寿命基本与区间钢轨相同,历经多年运用考验,状况良好,提高了列车运行平稳性和乘坐舒适性。

在线路养护维修中,严格控制道岔主要部件的磨耗是降低提速道岔动力作用的有效途径。从动力作用的角度来看,道岔磨耗,特别是辙叉磨耗,恶化了车轮在道岔上的滚动轨迹,加深了道岔垂向不平度,因而使车轮对道岔的动力作用增加。图 12.4 给出了固定式辙叉、可动心轨式辙叉和尖轨磨耗量对提速客车与道岔垂向相互作用主要动力指标的影响关系。

可见,随着道岔磨耗量的增大,轮/岔垂向动力作用均有不同程度的增长。其中,辙叉磨耗对轮/叉冲击力的影响十分敏感,特别是当磨耗量较大(大于 7mm)时,可动心轨式辙叉所引起的冲击力已超过固定式辙叉存在相同磨耗情形时的水平,因此需特别引起重视。相比之下,尖轨磨耗对轮载的影响较小。图 12.4(b)表

图 12.3　沈山线饶阳河车站 12 号可动心轨提速道岔

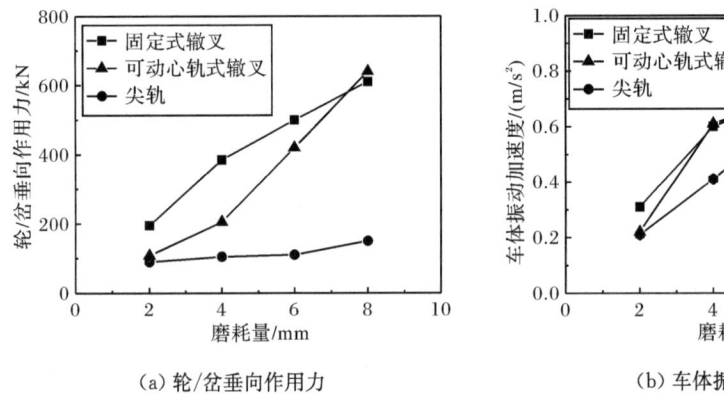

(a) 轮/岔垂向作用力　　　　　　　(b) 车体振动加速度

图 12.4　道岔磨耗对轮/岔垂向相互作用的影响

明,车体振动加速度随道岔磨耗增大而迅速增大,且三种情形的增长速率相差不大,可见道岔磨耗对机车车辆运行舒适度有较大的不利影响。所以,对提速道岔的磨耗量加以限制显得十分必要。若以 P_1 力限值(400kN)作为冲击力限值,则据图 12.4(a)可知,固定式辙叉的磨耗量宜限制在 5mm 之内,可动心轨式辙叉磨耗量不应超过 6mm。

12.4　提速线路钢轨焊接区不平顺的动力效应及其控制

目前,我国工务部门对快速线路长钢轨焊接不平顺规定的作业验收标准是 1m 直尺范围内凸凹矢度不大于 0.3mm。动力分析显示,在非高速行车条件下,这样的焊缝不平顺所引起的动荷效应是极其微弱的,说明这样的标准是较严的。若将日常养护维修标准控制在 0.5mm 以内(1m 直尺),即使对提速线路(最高车速 160km/h),其轮轨动力效应(图 12.5)也能够很好地满足强度及安全性要求。

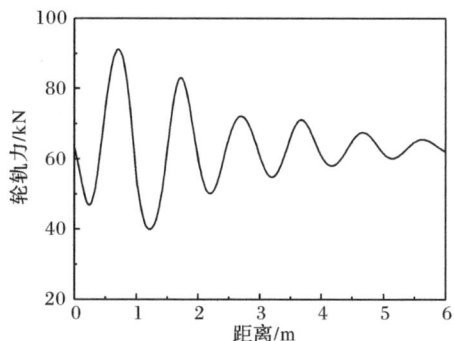

图 12.5　接头焊缝不平顺($\lambda=1$m, $a=0.5$mm)的动荷效应

值得注意的是,焊缝区短波(波长小于 0.2m)不平顺的动力效应尚未被引起重视。根据日本新干线的调查统计[6],长钢轨焊接区普遍存在如图 12.6 所示的不平顺,其特点是在长 1m 的余弦波上叠加有短波(波长 $\lambda=0.1\sim0.2$m)不平顺。我国铁道科学研究院对焊缝不平顺的观测中也发现了类似的现象。而这种形式的焊接区不平顺可以导致如图 12.7(a)所示的轮轨冲击力效应,并引起较大的轨道结构振动,如图 12.7(b)。这种冲击作用完全是由短波不平顺所激发,不仅可引起车轮瞬时减载,而且可产生数倍于静轮载的冲击力,对焊缝强度与可靠性构成威胁。图 12.7 所示工况($\lambda=0.1$m, $\delta_1=0.3$mm, $\delta_2=0.2$mm, $v=160$km/h)所产生的最大轮轨力接近静轮载 P_0 的 3 倍达 183kN,最小轮轨力仅 3kN。倘若短波波深 δ_2 大于 0.2mm,则动力作用将显著加大,并可出现轮轨瞬时脱离($P=0$)这一不利于行车安全的现象。因此,我们建议对提速线路焊缝不平顺的日常维修管理标准可规定为:1m 直尺范围内凸凹总矢度不大于 0.5mm,其中短波不平顺($\lambda\leqslant 0.2$m)波深不大于 0.2mm。

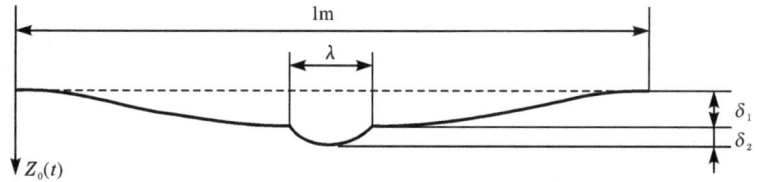

图 12.6　钢轨焊接区短波不平顺模型

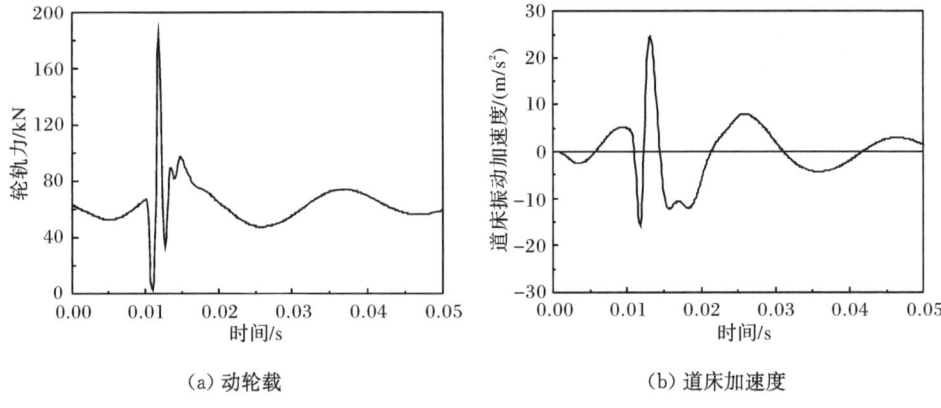

图 12.7　钢轨焊接区短波不平顺的动力效应

此外,为了降低提速线路接头区轨道结构的振动与冲击,根据我们以前的理论研究与试验结果[7~9],可以尝试用高弹性轨下胶垫来减振。图 12.8 是我们在成昆(成都—昆明)线双流至公兴间(K35+045～K35+320)无缝线路缓冲区钢轨接头处,试验测得的高弹性胶垫(ZnOw 轨下胶垫)与既有胶垫减振效果(以道床加速度为例)的对比结果[9]。与成昆线既有胶垫(刚度值 140～150MN/m)相比,高弹性胶垫一般可降低轨枕和道床振动加速度 25% 以上,证明其能有效地降低轮轨冲击振动向轨下基础的传播。因此,建议将我国提速干线铁路接头部位既有的 60-10-11 型 TB 轨下胶垫逐步更换成静刚度为 50～80MN/m 的高弹性胶垫,该技术简单、经济、易行。

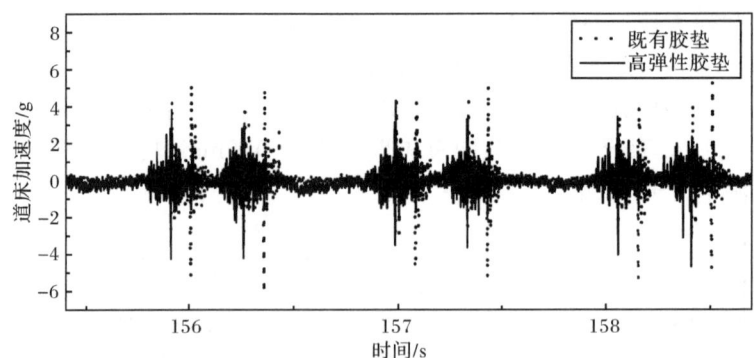

图 12.8　高弹性胶垫与既有胶垫在钢轨接头处减振效果的试验结果对比

12.5 提速线路路桥连接段的动力问题及其对策

在列车进（出）桥梁过程中，由于轨下基础支承刚度的突然变化以及桥台与路基的沉降量不同（反映出轨面高差变化），客观上形成了一种特有的附加动力作用。以往，由于行车速度不高，轴重小，路桥连接段的动力问题并不明显；而今，随着列车提速及快速列车的开行，这一问题日益突出，表现为乘车舒适度下降（有所谓"桥头跳车"感），严重时甚至会影响行车安全，同时使该处养护维修工作量增加。这一问题在世界各国高速（快速）铁路中普遍存在。因此，我国在实施列车提速过程中，应对此予以足够的重视。

日本铁路常以图12.9所示轨面折角变化形式来近似描述路桥过渡段轨道垂向不平顺。事实上，采用限制轨道折角来进行过渡段的设计与养护，是偏于安全的。在本节中，我们也采用这种形式的不平顺作为路桥连接段激扰的输入，从而进行动力仿真分析，以突出问题的主要矛盾。

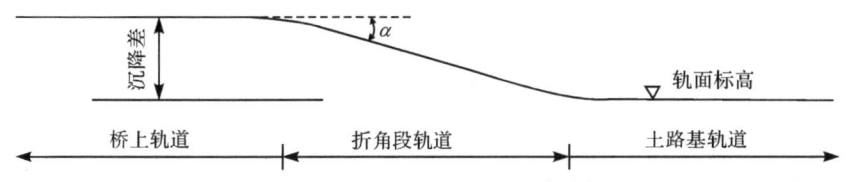

图 12.9　路桥连接处轨道折角不平顺示意图

图12.10是我国提速客车以160km/h速度通过长度为10m、折角为4‰的路桥连接段时轮轨力和车体垂向振动加速度的时域仿真结果（未考虑轨道随机不平顺的影响）。由图12.10(a)可见，当车辆驶出桥梁进入折角段时轮载迅速减小并反复波动，而车轮减载过大不利于行车安全；当车辆行驶在折角段中间时轮载缓慢增加，到达连接段末端折角处时车轮又瞬时增载，接近静轮载的二倍，对轨道结构形成较强的冲击作用。图12.10(b)表明列车通过路桥连接段时车辆被激起较强的附加垂向振动，致使乘车舒适性下降。

为了防止提速线路路桥连接处出现动力恶化，确保提速列车安全平稳通过，有必要将提速线路路桥连接处轨道折角控制在一定限度内，为此可以对各种折角状态下提速列车与线路的动态相互作用进行仿真并结合国外经验加以确定，从而纳入提速线路养护维修标准之中。图12.11是路桥连接处轨道折角对提速列车（速度160km/h）轮轨力 P 和车体垂向振动加速度 a_c 的影响关系之分析结果。若取动轮载限值 $[P_2]=250$kN，车体加速度的舒适度限值（半峰值）$[a_c]=1.25$m/s²，则可由图获得提速线路（最高时速160km/h）路桥连接处轨道折角的理论限值为 6.5‰。

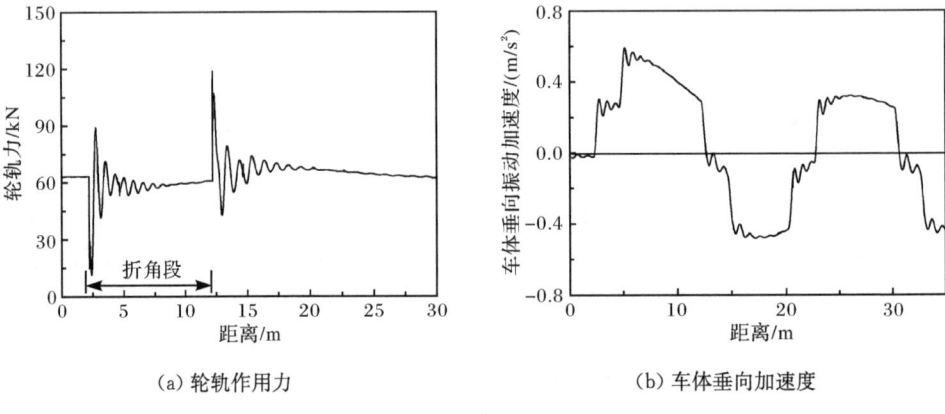

图 12.10 提速客车通过路桥连接段时的动力响应

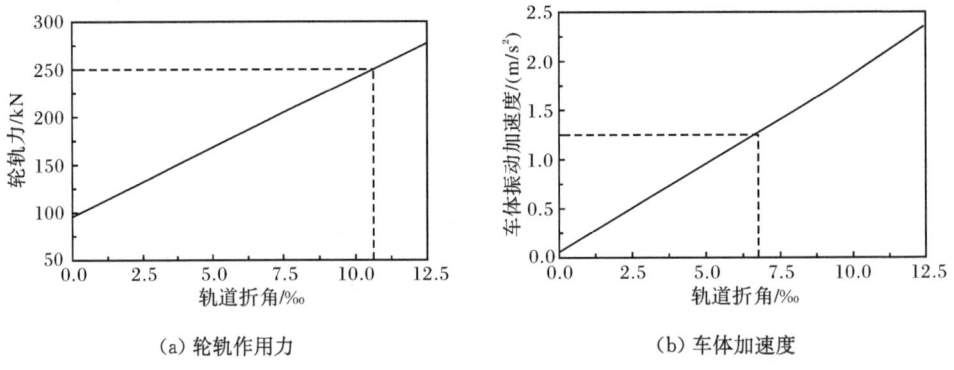

图 12.11 路桥连接处轨道折角对提速列车轮轨动力性能的影响

控制提速线路路桥连接处轨道折角,改善路桥连接处动力性能的根本措施是:加固提速线路关键桥梁端部路基基础(即增大桥头路基刚度),降低桥台与路基连接段刚度不平顺变化梯度,减小轨面沉降差,并在可能条件下增设路桥过渡段。有关桥头路基加固办法及过渡段的设置方案有多种多样,文献[10]和[11]对国内外现状作了详细介绍,可以借鉴,而第三章第 3.4 节图 3.32 所示结构形式和第十九章第 19.2 节图 19.13 所示结构方案,则分别是当前我国新建快速铁路和既有线时速 200km 提速铁路路桥过渡段的典型技术方案。

迄今为止,车辆—轨道耦合动力学理论方法已被应用于我国沈大(沈阳—大连)线下行 K207+591 既有线提速改造工程盖县河桥两端路桥过渡段设计和京秦线时速 200km 提速改造工程路桥过渡段加固等实际工程建设领域,有关前者可参考文献[8],有关后者将于第十九章第 19.2 节中加以介绍。

12.6 提速列车车轮擦伤对线路的动力影响及其对策

车轮擦伤是世界各国铁路普遍存在且难以解决的问题。我国铁路列车提速以后车轮擦伤更显严重,不仅困扰车辆运用部门,而且困扰线路养护部门,它给钢轨、轨枕带来间歇性的打击和伤害。

理想的新擦伤类似于车轮踏面圆周上的弦割线,当列车以较低速度行驶时,车轮擦伤面可以完全接触轨面而对线路形成撞击作用;当车速较高时,由于车轮转速较快,擦伤面可能接触不到轨面,而在擦伤端点处撞击钢轨形成冲击(参见第三章图 3.1 和图 3.2)。研究表明[12],新擦伤车轮对线路的动力影响在低速时随速度的增加而增大,而在较高速度(如 80km/h 以上)时随车速的增加不再增大,反而还略有下降。

然而,在实际运营中,理想新擦伤并非经常出现,且一旦出现,经过一段时间运行后,车轮擦伤棱角受冲击荷载作用而很快被磨圆。因此,实际中车轮擦伤不平顺大多可近似用余弦函数来描述,Lyon[13]曾建议用下式描述圆化后的旧擦伤,即

$$\eta = \frac{1}{2} D_f [1 - \cos(2\pi x/L)] \tag{12.1}$$

式中,L 为擦伤长度;D_f 是有效擦伤深度,且有

$$D_f = \frac{L^2}{16R} \tag{12.2}$$

旧擦伤对线路的动力影响规律(轮轨力响应可参见第七章第 7.1.3 节图 7.5)与新擦伤迥然不同,图 12.12 是车轮旧擦伤引起的轮轨冲击力随车速的变化规律。可见,轮轨力在 30～40km/h 低速范围内出现一个峰值,随后随速度提高而逐渐增大,在 140～160km/h 速度范围内基本趋于平稳,到达第二个峰值。Newton 等[14]曾通过试验获得了 0～120km/h 速度范围的轮轨力变化规律,与图 12.12 所示结果基本一致。文献[14]同时指出:"一般来说,曲线应有两个波峰,第一个峰出现在速度约 30km/h 处,由道床弹性激起,第二个峰对应于最大的冲击效应,超出了所研究的速度范围(0～120km/h)。"我们的研究证实了这一点。

由于我国铁路旅客列车提速目标(140～160km/h)正对应于车轮擦伤动力影响的敏感速度区(图 12.12),因此应特别重视提速列车的车轮擦伤问题。大量研究表明[12~14],车轮擦伤冲击作用随擦伤长度的增加而线性增大,因此,对提速列车应制定出比常速列车更严格的车轮擦伤长度限制标准,以使提速线路受车轮擦伤的动力影响控制在普通线路水平。为了能够快速有效地检测出超限擦伤车轮,有必要开发适合于我国提速列车运用的车轮擦伤在线自动检测装置。

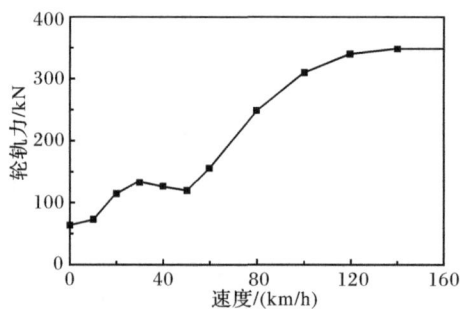

图 12.12 车轮旧擦伤引起的轮轨冲击力随车速的变化规律

日本、德国、丹麦等曾研制成功不同类型的车轮擦伤自动检测装置,并已在实际运营中发挥了重要作用,有的已成为车轮踏面状态监控与检测的基本工具,并据此建立起数据库,可以查询任一车轮服役情况及踏面状态。我国哈尔滨铁路局和郑州铁路局分别采用钢轨加速度检测法和轮轨力检测法研制出了各自的车轮扁疤动态检测装置,并分别投入现场试用。其原理是通过测量车轮擦伤引起的轮轨动态作用如钢轨加速度、车轮冲击荷载等反求车轮擦伤长度,其反求原理便是车辆—轨道耦合动力学理论。例如,郑州铁路局郑州科研所研制的"兰猫一号车轮扁疤动态检测系统",采用了 VICT 软件计算得出的不同车速、不同类型车辆和不同轨道条件下的各种车轮擦伤所引起的轮轨作用力数表,通过测量扁疤冲击力大小由数表确定扁疤大小。该装置于 1999 年 12 月开始在洛阳东站试用取得良好效果后,至今已在全局全面推广使用,对检测出有超大尺寸扁疤的车辆及时实施了扣车修理措施,从而大大提高了列车运行安全性,有效地控制了扁疤车轮对轨道的动力伤害。

12.7 200～250km/h 提速线路轨道几何不平顺的安全控制研究

在我国铁路即将实施第六次大提速之际,某型动车组以时速 200～250km 在提速线路上运行试验时,发现车辆的轮重减载率(衡量行车安全性的重要指标之一)多次达到或超出其安全标准(动态安全限值为 0.8)[15],严重威胁时速 200km 及以上的提速运行安全,图 12.13 为轮重减载率的实测结果。作者及其课题组针对这一突出问题,运用车辆—轨道耦合动力学理论,重点分析了轨道不平顺对提速列车(某动车组空车)以 250km/h 速度运行时轮重减载率的影响及其安全控制策略[16]。本节对此予以简要介绍。

首先,对比分析了不同波长轨道不平顺激扰下轮重减载率特性。对于所分析

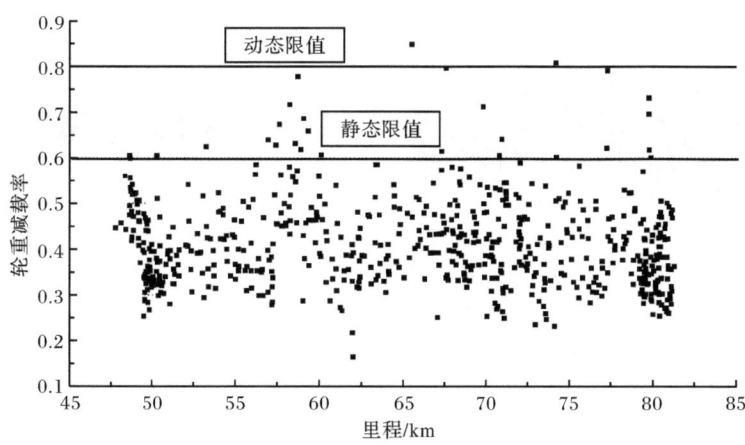

图 12.13　既有铁路时速 200~250km 提速试验时车辆轮重减载率的实测结果

的速度等级,可选取轨道随机不平顺的波长范围为 1~45m,分别计算动车组以 160km/h、180km/h、200km/h、210km/h、220km/h、230km/h、240km/h、250km/h、260km/h、270km/h、300km/h 速度运行的轮重减载率指标值。运用频谱分析方法,得到了 160~300km/h 速度范围内减载率的主频,如表 12.3 所示。结果表明,160~300km/h 速度下的减载率主频集中在 30~40Hz。根据波长、速度与频率三者之间的关系,计算得到了 160~300km/h 速度下减载率的敏感波长为 1~2.5m(具体见表 12.3)。

表 12.3　不同行车速度下轮重减载率的主频及不平顺的敏感波长

速度/(km/h)	160	180	200	210	220	230	240	250	260	270	300
主频/Hz	32.2	34.0	36.5	34.8	35.8	36.5	37.3	37.3	37.8	35.0	34.4
波长/m	1.38	1.47	1.52	1.68	1.71	1.75	1.79	1.86	1.91	2.14	2.42

由表 12.3 可知,2.5m 波长是一个界限值,因此,拟定三个不同波长范围的轨道不平顺,即 1~2.5m、2.5~45m、1~45m,进一步分析不同波长范围的不平顺对轮重减载率的影响,图 12.14 给出了动车组以 250km/h 速度运行时三种波长范围不平顺激扰下轮重减载率的计算结果。

由图 12.14 可见,在 1~45m 波长范围的不平顺激扰下,减载率超出动态合格限值(0.8)的现象非常普遍,个别时刻的减载率达到了 1.0(表明车轮瞬时脱离钢轨),不能满足安全行车要求;在 2.5~45m 波长范围的不平顺激扰下,轮重减载率均在 0.8 以下,可以满足安全行车要求;在 1~2.5m 波长范围的不平顺激扰下,在

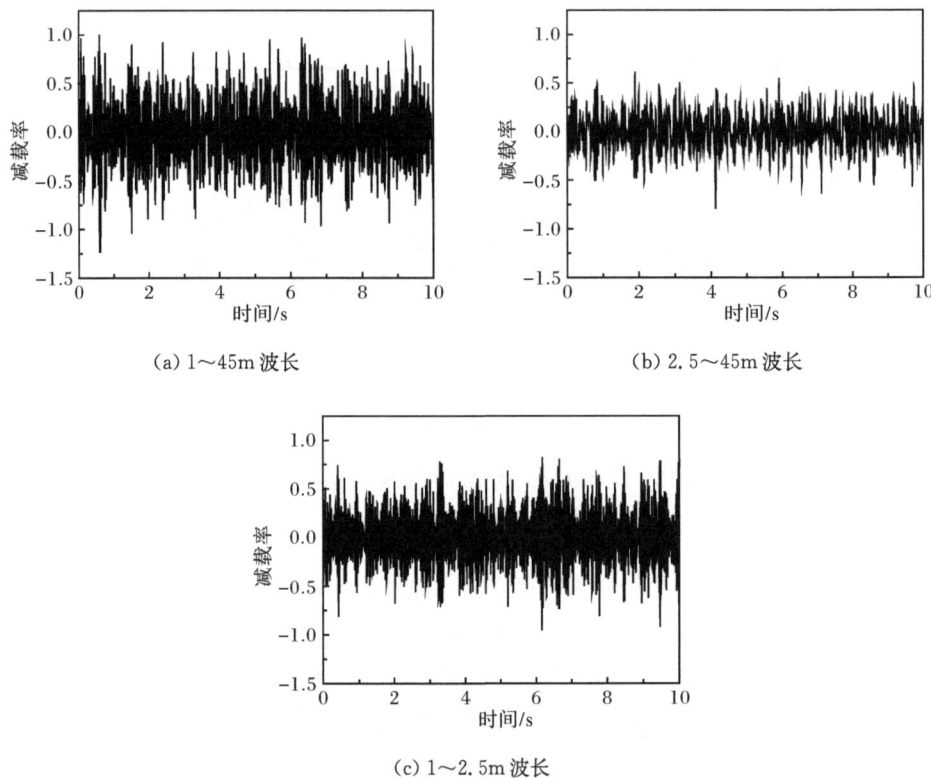

图 12.14　250km/h 速度条件下不同波长范围的减载率

少数时刻,轮重减载率达到了 0.8,不能满足高速行车安全要求。由此表明,1～2.5m 波长范围的不平顺是引起轮重减载率超标的根本原因,对动车组高速行车安全有非常明显的影响。

找到了动车组以 200～250km/h 速度等级在既有提速线路上运行时轮重减载超标的主因之后,就可从源头上研究解决策略,即控制 1～2.5m 波长范围不平顺幅值。为此,需要进一步分析 1～2.5m 波长的短波不平顺幅值对动车组减载率的影响规律。计算时,随机不平顺波长范围仍取为 1～45m,但假设其所包含的 1～2.5m 波长不平顺幅值在原来的基础上依次以 30%、40%、50%、60%、80% 幅度减小,如表 12.4 所示。

表 12.4　1～2.5m 波长不平顺幅值的设置工况

不平顺减小幅度	原值不变	30%	40%	50%	60%	80%
最大值/mm	0.80	0.56	0.48	0.40	0.32	0.16

在波长范围为 1～45m 的随机不平顺激扰下,改变 1～2.5m 波长不平顺幅值,动车组以提速目标值 250km/h 速度在既有线上运行时轮重减载率最大值的计算结果如表 12.5 所示。

表 12.5 不同的 1～2.5m 波长不平顺幅值下轮重减载率的最大值

不平顺减小幅度	原值不变	30%	40%	50%	60%	80%
轮重减载率	1.00	0.81	0.74	0.68	0.63	0.55

由表 12.5 结果可以看出:相对于原有不平顺状态(轮重减载率最大值为 1.0),1～2.5m 波长不平顺幅值降低 30% 后,轮重减载率明显减小,最大值为 0.81;当短波不平顺幅值降低 40% 后,轮重减载率均小于 0.8,最大值为 0.74,满足其动态合格限值;随着幅值进一步降低,轮重减载率不断减小;当幅值降低 80% 后,减载率最大值仅为 0.55,甚至小于静态限值。

综上所述,降低 1～2.5m 波长范围的短波不平顺幅值可以有效减小轮重减载率,短波不平顺幅值降低幅度超过 40%(即幅值减小 0.32mm 以上)后,轮重减载率能够满足其安全标准,并且短波不平顺幅值降低幅度越大,轮重减载率越小,行车安全越有保障。因此,对于既有线提速到 200～250km/h 后,我们提出的具体对策是,将 1～2.5m 波长范围的短波不平顺幅值较提速前降低 40% 及以上。

在铁路第六次大提速之初,该对策已被采纳,提速运营实践表明,该措施有效地提高动车组在既有提速干线上以时速 200～250km 运行的行车安全性能。同时,这也为既有提速线路钢轨几何状态养护维修提供了重要的理论依据。

参 考 文 献

[1] 闵耀兴,黄俊武,于新安.既有铁路列车提速.北京:中国铁道出版社,1997
[2] 翟婉明,蔡成标,王其昌,等.列车提速对线路的动力影响研究与对策.中国铁道科学,2000,21(3):11～20
[3] 翟婉明,任尊松.提速列车与道岔的垂向相互作用研究.铁道学报,1998,20(3):33～38
[4] 史玉杰,林吉生,等.提速道岔动力特性的试验研究.铁道标准设计,1997,(3):29～32
[5] 史玉杰.道岔与转换设备动力作用的仿真研究.铁道学报,1995,17(4):92～97
[6] Abe N,Fukui Y,Nagafuji T,et al. Maintenance of rail welded part by grinding its irregularities for elongation of rail service life. RTRI Report,1994,8(11):17～22
[7] 翟婉明,孙翔.低动力作用轮轨系统垂向动力参数研究与设计.铁道学报,1993,15(3):1～10
[8] 翟婉明,蔡成标,王其昌.提速线路强化技术对策、理论基础与工程实践.中国铁道科学,2002,23(6):78～85
[9] 牵引动力国家重点实验室.氧化锌晶须轨下胶垫线路动力学试验报告.成都:西南交通大学

牵引动力国家重点实验室,2001
[10] 杨庆广,刘树山,刘田明. 高速铁路路基设计与施工. 北京:中国铁道出版社,1999:95～111
[11] 王其昌. 高速铁路土木工程. 成都:西南交通大学出版社,1999:329～340
[12] 翟婉明. 铁路车轮扁疤的动力学效应. 铁道车辆,1994,(7):1～5
[13] Lyon D. The calculation of track forces due to dipped rail joints, wheel flats and rail welds. The Second ORE Colloquium on Technical Computer Programs, 1972
[14] Newton S G, Clark R A. An investigation into the dynamic effects on the track of wheel flats on railway vehicles. Journal of Mechanical Engineering Science, 1979, 21(4):287～297
[15] 中华人民共和国铁道部. 时速200公里和300公里动车组主要技术条件. 北京:中华人民共和国铁道部,2006
[16] 王开云,翟婉明,曾京,等. 线路不平顺(线路谱)对CRH动车组行车安全性影响分析. TPL2007-23. 成都:西南交通大学牵引动力国家重点实验室,2007

第十三章 高速铁路车辆与轨道的动态相互作用

高速铁路的最大特点是可以在地面上快速、稳定地实现大批量的旅客运输,早已成为世界铁路客运发展的方向。与高速公路及航空相比,高速铁路具有运能大、能耗低、污染轻、安全系数高、不受气候影响等综合优势,因而在世界上发展很快。然而,高速行车条件下的轮轨动态相互作用较普通速度时要剧烈得多,也复杂得多,它直接影响高速列车在轨道结构上运行的安全性与平稳性。本章在介绍国外特别是我国高速铁路的发展现状基础上,阐述应用车辆—轨道耦合动力学理论研究高速情形下轮轨间的垂向、横向动态相互作用特征以及高速铁路实际中遇到的一些动力学问题。

13.1 高速铁路及其在中国的发展

13.1.1 世界高速铁路及其发展

日本于 1964 年在东海道新干线(东京—大阪)建成了世界上第一条正式投入运营的高速铁路,试验速度为 256km/h,最高运营速度为 210km/h,后经改造,目前列车最高运行速度达到 270km/h。20 世纪 80 年代初建成了山阳新干线(新大阪—博多)、东北新干线(东京—新青森)、上越新干线(大宫—新潟),1997 年 10 月又新建完成北陆新干线(高崎—长野)。2011 年 3 月 12 日九州新干线(鹿儿岛—博多)全线通车,实现了与山阳新干线的直通运营。目前,投入运营的六条新干线营业里程合计 2387.7km,另有秋田新干线和山形新干线等两条迷你新干线营业里程 275.9km。除了迷你新干线外,列车运行速度可达到 270km/h 或 300km/h,2013 年 3 月 16 日起,东北新干线运行时速提高到 320km/h。日本新干线的最高试验速度是 443km/h,由高速试验车 955 系(300X)于 1996 年 12 月获得。

法国 20 世纪 80 年代研制出 TGV 高速电动车组,并进行了大量的高速行车试验。1981 年 9 月,巴黎—里昂间的高速铁路(TGV 东南线)部分通车营业,1983 年全线通车营业,最高运营速度为 270km/h,而这期间的试验速度已达 380km/h,创下当时的世界纪录。1989 年 9 月,更高标准的 TGV 大西洋线大部分区段通车营业,最高运营速度为 300km/h,同年 12 月,TGV 动车组在大西洋线上又创下 482.4km/h 的试验记录。时隔不久于 1990 年 5 月,又用 TGV-A(№325)动车组创造了 515.3km/h 的世界铁路最高速度记录。2007 年 4 月 3 日,阿尔斯通公司制造的 TGV3 "V150" 列车在刚刚竣工的巴黎—斯特拉斯堡东线一段经特殊加固的铁路线上，最高实验速度达到了 574.8km/h，创下新的有轨铁路行驶速度的世界纪录。目前，法国投入运营的高速铁路有七条，营业里程合计 1903km，列车最高运行速度为 280～320km/h。

德国于 1976 年开始修建汉诺威—维尔茨堡（327km）和曼海姆—斯图加特（99km）两条高速铁路新线，80 年代竣工，1991 年投入运营。与此同时，由联邦科技开发部主持的关于轮轨关系极限的研究全面展开，包括高速行车的理论与试验研究。1982 年开始研制的城间高速试验动车组 ICE/V（ICExperimental）是德国政府轮/轨关系研究计划的一部分，于 1985 年研制完成，并在既有线哈姆—比勒菲尔德之间的奎特尔斯勒—诺伊贝库姆进行了最高速度达 317km/h 的首次试运行试验。1986 年 11 月，在汉诺威—维尔茨堡新线创造了 345km/h 的速度纪录。1988 年 5 月，ICE/V 突破了 400km/h 的"速度界限"，在维尔茨堡—富尔达新线的霍恩瓦特—莫特格斯试验区段，获得了 406.9km/h 的试验速度。用于高速运营的城间特别快车 ICE（ICExpress）于 1988 年开始生产，1991 年 6 月开始在新线投入运营，行车速度是 250～300km/h。从 1998 年 9 月至 2006 年 12 月，先后建成了柏林—汉诺威、科隆—法兰克福和纽伦堡—因戈尔斯塔特高速新线。目前，德国投入运营的高速铁路新线有五条，营业里程合计 949km，列车最高运行速度为 250～300km/h。此外，德国于 2007 年改建完成了汉堡—柏林等既有线路，列车运行速度达 230km/h，还开通了连接六个国家的高速铁路线路，新建和改建的高速铁路线总长超过 1560km。

西班牙第一条高速铁路马德里—塞维利亚线全长 471km，于 1987 年开工建设，1992 年全长开通，最高运营速度 300km/h，运行列车为从法国引进 TGV 高速列车技术的 AVE S100 高速列车以及从德国引进的 S25 电力机车牵引的 Talgo 200 摆式列车。1995 年西班牙又开建马德里—巴塞罗那高速铁路，线路全长 650km，于 2008 年 2 月 21 日全线开通运营，最高运营速度为 300km/h，采用德国西门子设计制造的 Velaro E 列车获得的最高试验速度达 403.7km/h，为西班牙的最高试验速度。2013 年 1 月，西班牙又开通了巴塞罗那至西班牙与法国边境的费格拉斯高速铁路，使得西班牙高铁和法国高铁正式汇合。

意大利第一条高速铁路罗马—佛罗伦萨于 1970 年开始修建，全长 316km，历经 22 年，于 1992 年建成通车，最高运营速度为 250km/h。经过经验总结，于 1994 年正式开始规划高速铁路网工程。1998 年意大利对米兰—博洛尼亚段（180km）铁路进行重大升级，车速提高至 300km/h。目前，意大利高速铁路网已将意大利经济发展最快的城市连接在一起，主要线路有博洛尼亚—佛罗伦萨高速铁路、都灵—米兰高速铁路、罗马—那不勒斯高速铁路、米兰—佛罗伦萨高速铁路、罗马—米兰高速铁路、那不勒斯—米兰高速铁路、罗马—都灵高速铁路，总里程近

1500km,最高运营时速为 300km/h。意大利最新型的 ETR500 高速列车,又称"意大利欧洲之星",于 2009 年 2 月 9 日在佛罗伦萨与博洛尼亚之间试验最高速度达到 362km/h。

到目前为止,已有日本、德国、法国、西班牙、意大利、中国、比利时、荷兰、瑞典、英国、俄罗斯、澳大利亚及韩国等十余个国家和地区的高速铁路投入运营;而正在积极规划建设高速铁路的国家还有巴西、美国、瑞士、奥地利、丹麦、加拿大、印度、土耳其和沙特阿拉伯等。

13.1.2 中国高速铁路的发展

我国幅员辽阔,人口众多,客运任务重,而高速公路和航空运输尚不能从根本上解决我国客运严重紧张状况,因此,修建大运力、低能耗、高速度的高速铁路,是一种经济、有效、符合国情民情的选择,是面向 21 世纪的中国交通运输发展战略的重要内容,具有深远的意义和影响。2006 年《国家中长期科学和技术发展规划纲要》就把高速轨道交通列为优先主题;2008 年调整后的《国家中长期铁路网规划》提出,到 2020 年,我国铁路营业里程将达到 12 万 km 以上,其中新建客运专线(高速铁路)将达到 1.6 万 km 以上。2012 年 3 月,国务院《"十二五"综合交通运输体系规划》更是明确提出"十二五"期间将建成以高速铁路为骨架、总规模 5 万 km、完善发达的国家快速铁路网,快速铁路包括高速铁路、城际铁路和既有线提速线路等。到 2020 年,我国将建成以省会城市及大中城市间的快速通道为主干的"四纵四横"高速客运专线以及 13 个城际快速客运系统。

"四纵"高速客运专线为:

① 北京—上海客运专线:全长 1318km,简称京沪高速铁路,纵贯京津沪三市和冀鲁皖苏四省,连接环渤海和长江三角洲两大经济区,全线于 2011 年 6 月 30 日正式通车运营。京沪高速铁路是世界上一次建成线路最长、标准最高的高速铁路。

② 北京—武汉—广州—深圳—香港客运专线:全长约 2260km,连接华北和华南地区。2009 年 12 月 26 日,中国第一条一次建成里程最长、运营速度最高的高速铁路——武广客运专线开通运营,在此基础上,北京至深圳全线于 2012 年 12 月 26 日通车运营,深港段预计 2015 年通车。

③ 北京—沈阳—哈尔滨(大连)客运专线:全长约 1700km,连接东北和关内地区,其中哈尔滨至大连段(904km)于 2012 年 12 月 1 日通车运营,这是世界上第一条投入运营的高寒地区高速铁路。

④ 杭州—宁波—福州—深圳客运专线:全长约 1600km,连接长江、珠江三角洲和东南沿海地区,预留跨越台湾海峡、连接台湾的设计条件。目前,宁波到厦门段已经通车运营,全线于 2013 年内实现通车。

"四横"高速客运专线为：

① 徐州—郑州—兰州客运专线：全长约 1400km，连接西北和华东地区。西安到郑州段 455km 于 2010 年 2 月 6 日通车运营。

② 上海—杭州—南昌—长沙—昆明客运专线：全长约 2264km，是中国东西向线路里程最长、经过省份最多的高速铁路，是东起上海，西至云南昆明的东西向铁路大动脉。沪杭段于 2010 年 10 月 26 日通车，全线预计于 2015 年建成通车。

③ 青岛—石家庄—太原客运专线：全长约 770km，连接华北和华东地区，胶济段和石太段已分别于 2008 年 12 月和 2009 年 4 月通车，全线预计于 2015 年建成通车。

④ 上海—南京—武汉—重庆—成都客运专线：全长约 2078km，连接西南、华中和华东地区，预计在 2014 年全部建成启用。

我国的城际快速客运系统规划经过了三次调整。2004 年《中长期铁路网规划》规划了三个城际客运系统：环渤海地区、长江三角洲地区、珠江三角洲地区。2008 年《中长期铁路网规划》(2008 年调整)新增了六个城际客运系统：武汉城市群、长株潭城市群、成渝城市群、中原城市群、关中城市群、海峡西岸经济区。2011 年《铁路"十二五"发展规划》新增了四个城际客运系统：呼包鄂地区、滇中地区、北部湾地区、鄱阳湖生态经济区。目前，我国已正式规划的城际客运系统达 13 个。

近年来，我国高速铁路发展突飞猛进，取得了举世瞩目令的成就，为国民经济发展做出了不可磨灭的贡献。自 2008 年开通第一条速度 250km/h 的合宁客运专线、第一条速度 350km/h 的京津城际高速铁路以来，我国已经开通运营京沪、京广、郑西、沪杭、哈大等一大批高速铁路新线，绝大部分线路的开通运营速度最高达到了 350km/h，属于同期世界高速铁路的最高运营速度。截至 2012 年年底，我国投入运营的新建高速铁路总里程达到了 9356km，居世界第一位。截至 2013 年年底，我国高速铁路营业里程为 11152km，其中速度 300～350km/h 的线路 6354km，速度 200～250km/h 的线路 4798km。"四纵四横"主骨架中，京沪、京广、哈大、东南沿海、沪汉蓉、陇海郑宝段等线路已开通运营，可见"四纵"干线全部贯通。目前，我国高速铁路运营里程已经超过了世界其他国家高速铁路里程总和。与此同时，我国正在建设和即将建设的高速铁路里程超过 10000km。毫无疑问，我国已成为世界上高速铁路运营里程最长、在建规模最大的国家。

自 20 世纪 90 年代初开始，我国开展了大量的高速铁路前期研究、试验与规划论证工作。1994 年 12 月，我国第一条准高速铁路——广深（广州—深圳）铁路建成通车，最高时速为 160km。1998 年，通过租用瑞典 X2000 摆式列车，从而将广深铁路行车速度提高至 200km/h。1997 年和 1998 年，我国先后在北京环形试验线和郑武（郑州—武昌）线进行了高速行车综合试验，最高试验速度分别达

212.6km/h和240km/h。1999年，我国第一条设计速度为200km/h的快速客运专线——秦沈（秦皇岛—沈阳）客运专线开工兴建，2003年建成通车。秦沈客运专线全长404.6km，其中包括山海关—绥中北间66.8km最高速度250～300km/h的高速试验段，2002年8月和11月，在该试验段上分别由"先锋号"高速动车组（动力分散型）和"中华之星"高速试验列车（动力集中型）创造了292km/h和321.5km/h的中国铁路最高试验速度记录。2008年6月24日，CRH3型高速动车组在我国第一条高速铁路——京津城际铁路上创造了394.3km/h的最高试验速度纪录。2010年9月28日，CRH380A型高速动车组在沪杭高速铁路运行试验中，将最高试验速度纪录改写为416.6km/h。2010年12月3日，新一代动车组CRH380A在京沪高速铁路枣庄至蚌埠间的先导段试验速度达到486.1km/h，刷新了中国纪录。

高速铁路是对常规铁路的突破和挑战，必然面临大量新问题，需要加以认真研究与认识。特别是，中国高速铁路起步晚而发展快，高速铁路运营时间刚满五年，国内高速铁路基础理论研究和应用基础研究比较薄弱，可以说滞后于其发展；另一方面，我国虽然在引进消化吸收国外高速铁路先进技术的基础上，通过自主创新逐步获得了先进、成熟的高速铁路设计与建造技术，但在高速铁路运营安全管理与科学维护方面，尚缺乏经验，相关基础理论与关键技术研究还没有跟上。因此，针对我国国情及高速铁路的特点，广泛开展自主研究已成为当务之急。就轮轨关系而言，运行速度的大幅提高，大大强化了轮轨系统的动态相互作用，对高速行车安全性和轮轨系统运用可靠性提出更高、更苛刻的要求，必须要在理论研究与应用研究及运营实践的基础上，进一步优化系统动力学设计，并建立一套科学维护标准体系，才能确保高速度、高安全、高平稳的长期稳定运营。本章将应用车辆—轨道耦合动力学理论模型，着重研究探讨高速情形下轮轨间的垂向、横向动态相互作用特征，以及降低高速列车与轨道动态作用的技术原理与方法。

13.2 高速铁路车辆与轨道垂向动态相互作用特征

本节在对高速铁路实际中普遍存在的几种激扰——钢轨接头焊缝凹凸不平顺、偏心轮、车轮表面不圆顺及钢轨表面波浪形磨耗等引起的轮轨系统动力响应计算的基础上，分析说明高速铁路车辆与轨道垂向动态相互作用特征。

13.2.1 高速铁路轮轨冲击振动响应特征

研究表明，机车车辆与轨道系统受脉冲型激扰（如钢轨接头焊缝凸台）产生的轮轨冲击振动，对列车运行速度变化十分敏感。图13.1是运用车辆—轨道耦合动力学理论计算得出的列车运行速度对轮轨垂向冲击力的影响关系。低速（$v=$

40km/h)时,轮轨作用力响应曲线十分平坦,P_1、P_2力值相差无几,说明轮轨间的冲击作用很小;而高速($v \geqslant 200$km/h)情形下,轮轨间的动作用力明显增强。例如,当列车速度由 80km/h 分别提高到 160km/h 和 250km/h 时,轮轨间的高频冲击力 P_1 增大 45% 和 100%,低频响应力 P_2 增大 38% 和 80%。图 13.2 进一步给出了轮轨力 P_1、P_2 随速度的线性递增规律。由图可见,P_1 力斜率大于 P_2 力斜率,说明高频冲击力 P_1 随速度的增长幅度大于低频力 P_2 的变化幅度,亦即高频冲击力的速度效应很强。

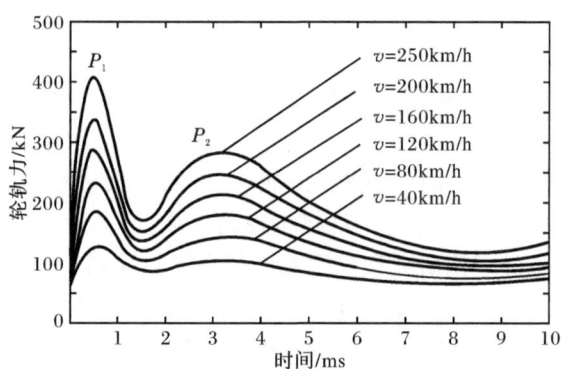

图 13.1 列车运行速度对轮轨垂向冲击力的影响

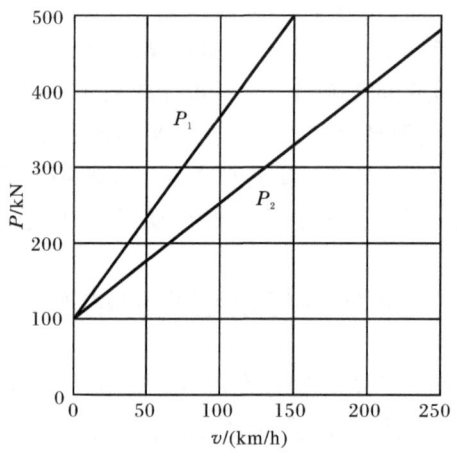

图 13.2 P_1、P_2 力随速度的变化规律

显然,高速行车条件下,必须努力降低上述有害的轮轨冲击作用,以避免轮轨系统部件伤损破坏,而轮轨之间的高频冲击作用只有通过控制轮轨界面的脉冲激扰源才能得到抑制。所以,高速铁路必须严格进行定期监测与钢轨打磨程序,以消除钢轨接头焊缝不平及其他轨面局部凹凸不平现象。

13.2.2 高速行车条件下偏心轮的动态效应

若高速列车车轮质心偏离其几何中心（即所谓偏心轮），将产生周期性的惯性力激扰，这种激扰随着列车运行速度的平方关系增强，并随车轮偏心距 r_0 的增大而增大[1]。因此，在高速行车条件下，偏心轮将形成剧烈的附加轮轨动作用力，如图 13.3 所示。这种附加动荷载对高速轮轨系统运用安全可靠性具有极大的危害。因此，高速机车车辆车轮必须经过严格的动平衡试验，以使偏心轮的偏静矩控制在规定限度内。

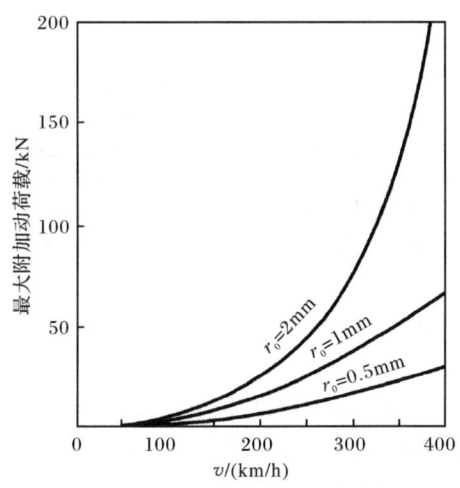

图 13.3 偏心轮附加动荷载与行车速度及偏心距的关系

13.2.3 高速列车车轮不圆引起的轮轨动力作用及其控制

高速行车条件下，车轮不圆所引起的轮轨系统周期性动力作用同样不容忽视。对于不圆顺的车轮而言，附加动作用力反复作用于同一部位，而对于轨道而言，则间歇性地作用于各个不同部位。表 13.1 给出了高速铁路轮轨系统对车轮不圆顺（波长 $L=500\text{mm}$，波深 $a=0.5\sim2.0\text{mm}$）的垂向动态响应最大值之计算结果。

表 13.1 高速铁路轮轨系统对车轮不圆顺的垂向动态响应

波深 a/mm	速度 $v/(\text{km/h})$	轮轨垂向力 $P_{\max}/\text{kN}$	轮对加速度 $a_\text{w}/(\text{m/s}^2)$	钢轨加速度 $a_\text{r}/(\text{m/s}^2)$	轨枕加速度 $a_\text{s}/(\text{m/s}^2)$	道床加速度 $a_\text{b}/(\text{m/s}^2)$
	160	141.9	110.7	87.3	30.3	14.5
0.5	200	151.3	139.7	137.0	45.1	16.7
	250	168.9	180.8	211.8	65.4	19.8

续表

波深 a/mm	速度 v/(km/h)	轮轨垂向力 P_{max}/kN	轮对加速度 a_w/(m/s²)	钢轨加速度 a_r/(m/s²)	轨枕加速度 a_s/(m/s²)	道床加速度 a_b/(m/s²)
	160	205.7	222.2	179.9	61.2	27.1
1.0	200	224.3	279.7	285.5	91.2	33.6
	250	258.1	360.5	446.2	132.7	39.6
	160	334.2	446.3	375.9	123.3	54.6
2.0	200	370.8	561.2	604.2	184.0	68.5
	250	435.7	716.4	954.3	268.0	79.3

从表 13.1 中数据可见，车轮不圆顺引起的轮轨垂向动态作用，随行车速度和不圆顺深度的增大而增大，且波深比速度的影响更为显著。例如，在相同的波深（$a=1$mm）下，速度从 160km/h 提高到 250km/h，最大轮轨力 P_{max} 增大了 25%，道床加速度 a_b 增大了 46%，而在相同的速度（$v=200$km/h）下，波深由 1mm 增至 2mm，P_{max} 增大 65%，a_b 增大一倍之多。因此，对高速机车车辆的车轮不圆度应规定严格的限度。

必须指出，就波长为 400～800mm 的车轮不圆顺而言，数值计算的轮轨力频率范围，相应于 160～250km/h 的速度，大致是 50～170Hz，这样的频率域与 P_2 力的频率域（30～100Hz）相近，其作用性质也类似，都能直接向轨下基础传递。因此，类似于 P_2 力，可以将车轮不圆顺作用下的轮轨力最大许用值定为 $[P_{max}]=$ 250kN。若选取高速行车条件下的有砟轨道道床振动加速度最大允许值为 $[a_b]=$ 50m/s²，则可将 $[P_{max}]$ 和 $[a_b]$ 作为控制准则，由图 13.4 及图 13.5 联合确定出对应于 $v=160$km/h，200km/h 和 250km/h 三种速度下的车轮不圆顺最大允许深度依次是 1.4mm、1.2mm 和 0.9mm。超过上述限度时必须镟轮。

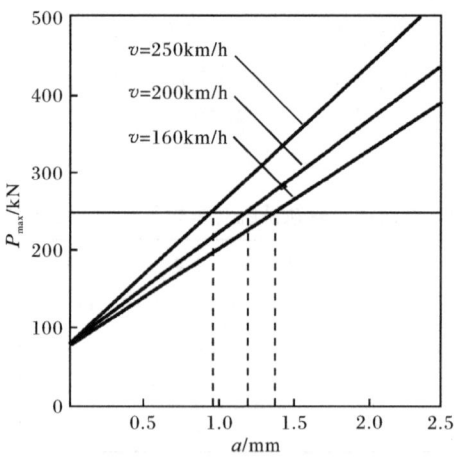

图 13.4　基于轮轨垂向力限值确定车轮不圆顺允许深度的图解

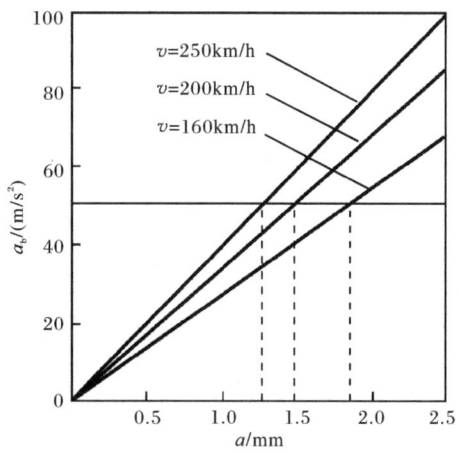

图 13.5 基于道床加速度限值确定车轮不圆顺允许深度的图解

13.2.4 高速铁路钢轨波浪形磨耗引起的轮轨动力作用特征

众所周知,钢轨波浪形磨耗现象在世界各国铁路上普遍存在且危害很大,其产生和发展与轮轨之间的作用力及其变化密切相关。当机车车辆在波浪形磨耗钢轨上行驶时,轮轨间将产生持续变化的附加动作用力。而对于短波长波浪形磨耗或波纹磨耗,还能出现轮轨相互瞬时脱离现象,导致间歇性的高频轮轨冲击与振动,产生很大的轮轨冲击力,因而其危害较长波长波浪形磨耗更为严重(参见第九章第 9.2 节)。

在高速运行条件下,由于波浪形磨耗的强迫激振频率的提高,例如,对于波长 $\lambda=50\text{cm}$ 的波浪形磨耗,其激扰频率由 $v=100\text{km/h}$ 的 55Hz 提高到 $v=250\text{km/h}$ 的 139Hz,事实上相当于 100km/h 速度下 $\lambda=20\text{cm}$ 的短波长波浪形磨耗之激扰频率,因此,高速情形下大大增加了轮轨脱离的可能性。常规速度意义下的长波长波浪形磨耗在高速条件下已不再保持其原有动力作用特征。图 13.6(a)及(b)是同样波深($a=0.5\text{mm}$)下长波长($\lambda=50\text{cm}$)和短波长($\lambda=20\text{cm}$)波浪形磨耗钢轨上轮轨垂向作用力的数值计算结果,图中同时给出了高速($v=250\text{km/h}$)和常规速度($v=100\text{km/h}$)下的轮轨力响应曲线。通过对比不难发现,两种速度下轮轨力响应峰值相差很大,如 $\lambda=20\text{cm}$ 时二者之差为 354.7kN。这是因为高速时长、短两种波长情形下均出现了轮轨瞬时脱离(轮轨力为零)和撞击现象;与此相反,常规速度下,由于波深 a 较小,轮轨保持常接触状态,未形成冲击作用。比较图 13.6(a)及(b)还可以发现,在高速情形下,波浪形磨耗不平顺波长的影响仍然是显著的。例如,在 $v=250\text{km/h}$ 时,对于同样波深 $a=0.5\text{mm}$,短波长($\lambda=20\text{cm}$)引起的最大轮轨力达 514.42kN,约为长波长($\lambda=50\text{cm}$)情形时的 2.6 倍。

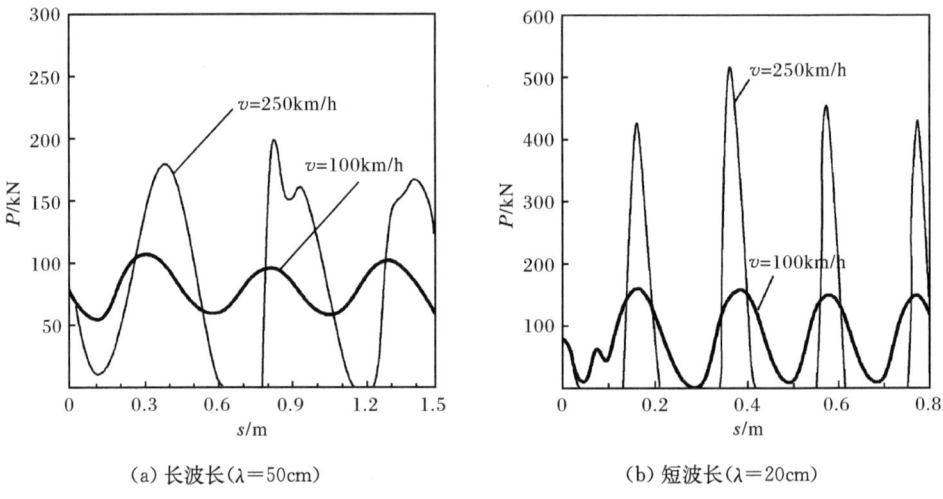

(a) 长波长($\lambda=50\text{cm}$)　　　(b) 短波长($\lambda=20\text{cm}$)

图 13.6　高速及常规速度运行条件下波浪形磨耗钢轨上的轮轨垂向力响应

一旦出现轮轨瞬时脱离,便会导致轮轨冲击。当相互脱离的轮轨再次接触时,不仅产生很大的轮轨冲击力,而且伴随有很大的钢轨冲击加速度,如图 13.7 所示,对钢轨伤损造成严重影响。

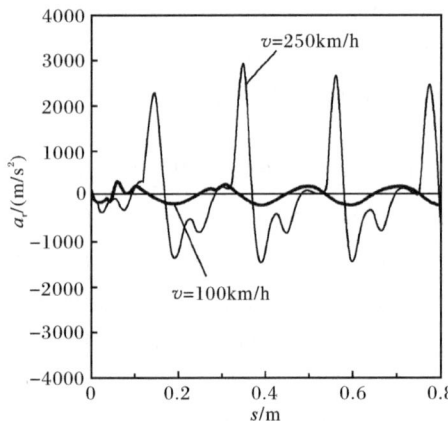

图 13.7　高速及常规速度运行时波浪形磨耗钢轨振动加速度响应

图 13.8 是我国某高速铁路曲线轨道内股钢轨波浪形磨耗的一个实测样本[2],实测得到的钢轨波浪形磨耗不平顺波长约为 15cm,波深约为 0.08mm(全幅值)。图 13.9(a)给出了该线路上实际运营的某型高速动车组以 300km/h 速度通过这一波浪形磨耗区段时内股钢轨上轮轨垂向力响应的计算结果,为了对比,图 13.9(b)给出了相同条件下无波浪形磨耗时轮轨垂向力响应的计算结果。由

图13.9可知,在高速行车条件下,实际存在的微小波深的波浪形磨耗不平顺将会激起十分剧烈的轮轨动力作用,形成巨大的附加动荷载,并且反复出现轮轨瞬时脱离(轮轨力为零)现象,轮轨冲击力峰值可达231kN,超出了我国《高速动车组整车试验规范》规定的合格限值(170kN)[3],而无波浪形磨耗不平顺时,轮轨垂向力最大值仅为105kN,满足安全运营要求。

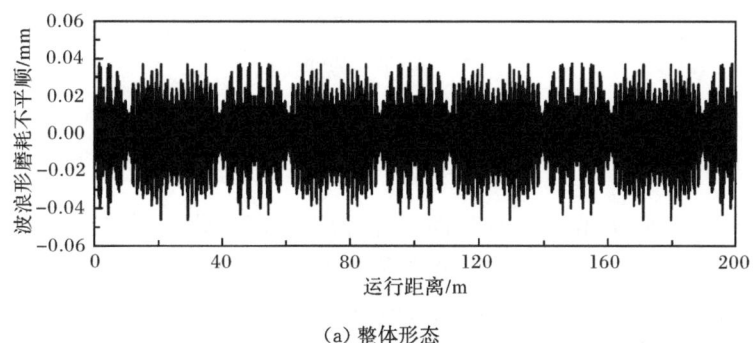

(a) 整体形态

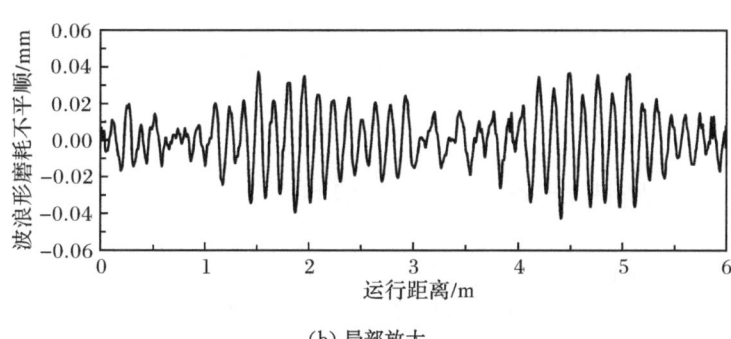

(b) 局部放大

图13.8 现场实测的高速铁路钢轨波浪形磨耗不平顺样本

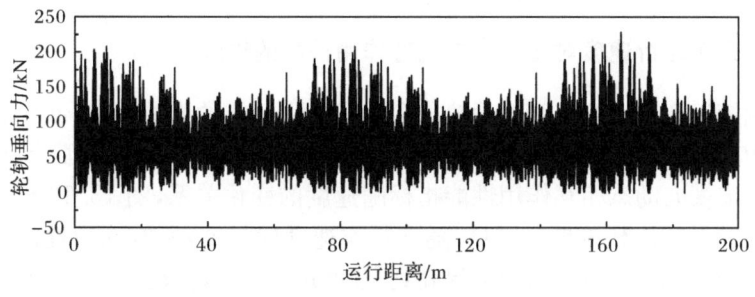

(a) 波浪形磨耗不平顺激扰

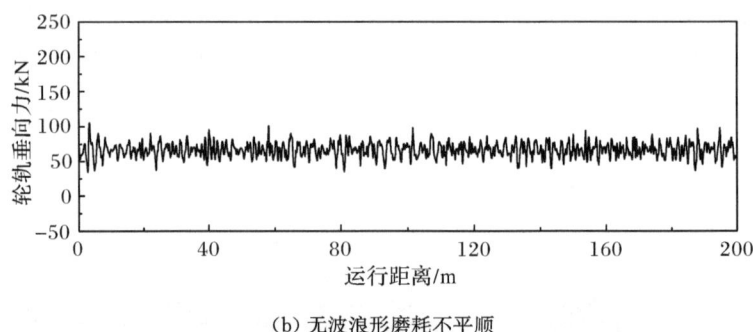

(b) 无波浪形磨耗不平顺

图 13.9 实际高速铁路有、无波浪形磨耗不平顺时轮轨垂向力响应的对比

以上分析表明,在高速行车条件下,波浪形磨耗钢轨的危害远大于在常规速度时的影响,即或是长波长、小波深的情形也有可能出现轮轨脱离进而导致强烈的冲击振动。在这种剧烈动荷载的长期作用下,将严重恶化轨道结构部件的使用条件,极有可能导致部件疲劳破损(如扣件折断)等影响行车安全的问题。因此,定期检测并及时打磨钢轨,对防止波浪形磨耗钢轨上轮轨动力作用恶化、保护轨道结构部件免遭损坏,具有积极意义,应作为高速铁路养护维修的一项重要内容。

13.3 高速铁路车辆与轨道横向动态相互作用特征

在高速运营条件下,轮轨横向动态相互作用势必加强,特别是当列车高速通过曲线轨道时,剧烈的轮轨横向相互作用将会直接影响高速列车的运行安全性、乘坐舒适性及轨道结构的横向稳定性。因此,对高速机车车辆与轨道横向动态相互作用特征进行研究,具有重要意义,可以为我国正在实施的高速铁路工程提供科学理论指导。

13.3.1 列车运行速度对轮轨横向动态作用性能的影响

为例探讨列车运行速度对轮轨横向动态作用性能的影响规律,我们以高速列车通过 4000m 半径的曲线轨道为例,运用车辆—轨道耦合动力学理论方法,分析车辆与轨道横向动态相互作用性能指标随速度的变化关系,图 13.10 给出了主要的横向性能指标计算结果。可见,随着行车速度的提高,所有动力性能指标值均无一例外的增加,特别是,当速度提高到 300km/h 以后,轮轨横向相互作用性能指标随速度的增长幅度变得非常快,例如,当速度由 300km/h 提高到 350km/h 时,轮轨横向力和脱轨系数均增大一倍左右,车体横向振动加速度增加近 30%,而轨距动态扩大量由 0.57mm 增加到了 1.68mm,后者是前者的三倍。这些指标值的严重增大,将对行车安全性和乘坐舒适性构成很大威胁,严重时不仅可能引起列车脱轨和倾覆的危险,更有可能导致轨排大幅度的横移,从而破坏轨道结构的稳定性。

上述分析表明,高速铁路轮轨横向动态相互作用非常明显,并且速度越高,相互作用越强,在涉及高速铁路行车安全性及舒适性等动力学问题的研究中,必须对轮轨横向动态相互作用引起足够的注意。事实上,这些现象均与曲线参数(曲线半径、缓和曲线长度及曲线外轨超高)设置有关,因此,有必要对高速行车条件下的曲线参数与轮轨横向动态相互作用之间的关系进一步开展研究。

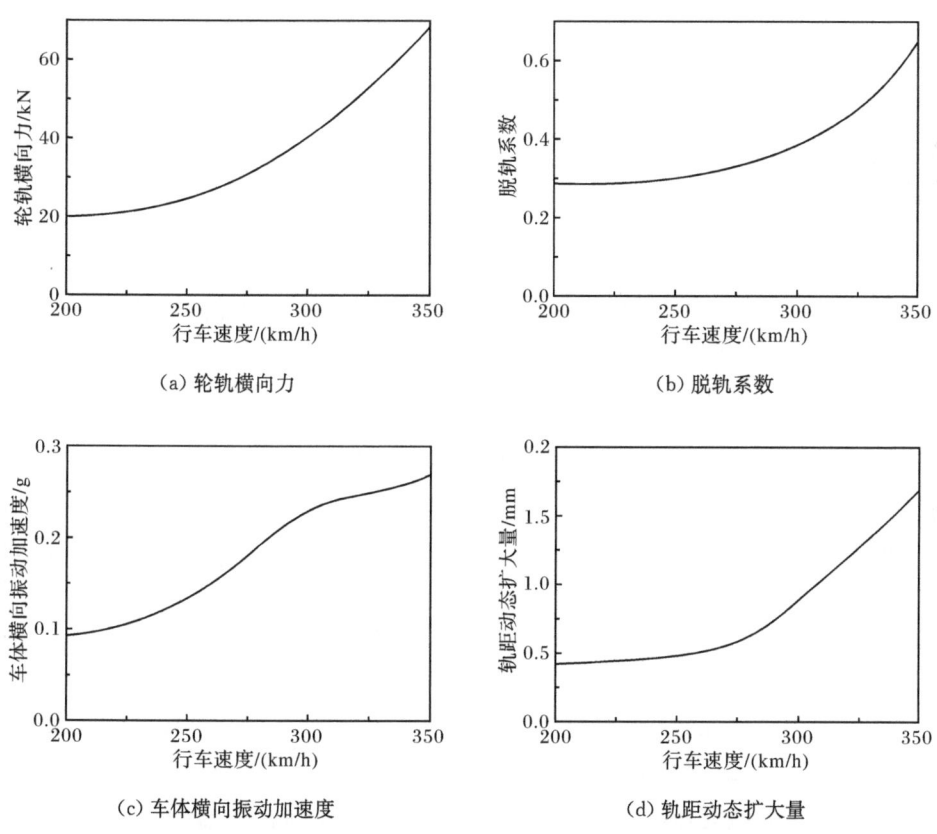

图 13.10 高速列车曲线通过性能指标与行车速度的变化关系

13.3.2 曲线参数对高速列车与轨道横向动态相互作用性能的影响

高速列车能够安全、舒适地通过多大半径的曲线?其外轨超高如何设置?连接直线和圆曲线的缓和曲线长度对行车性能指标的影响规律如何?这些均是高速列车与轨道横向动态相互作用的理论问题,本节将予以分析和讨论。

1. 曲线半径的影响

众所周知,线路曲线半径对列车横向运行性能具有较大影响。为了探明高速行车条件下曲线半径的影响情况,我们以 300km/h 速度为例,计算了高速列车分别通过不同半径(4500～8000m,超高参数按《京沪高速铁路设计暂行规定》选取)曲线轨道时的车辆与轨道横向动态相互作用性能指标,如图 13.11 所示。由图可见,随着曲线半径的增大,轮轨横向力、脱轨系数、倾覆系数及车体横向振动加速度等指标均减小,其中车体横向振动加速度的减少幅度最大。

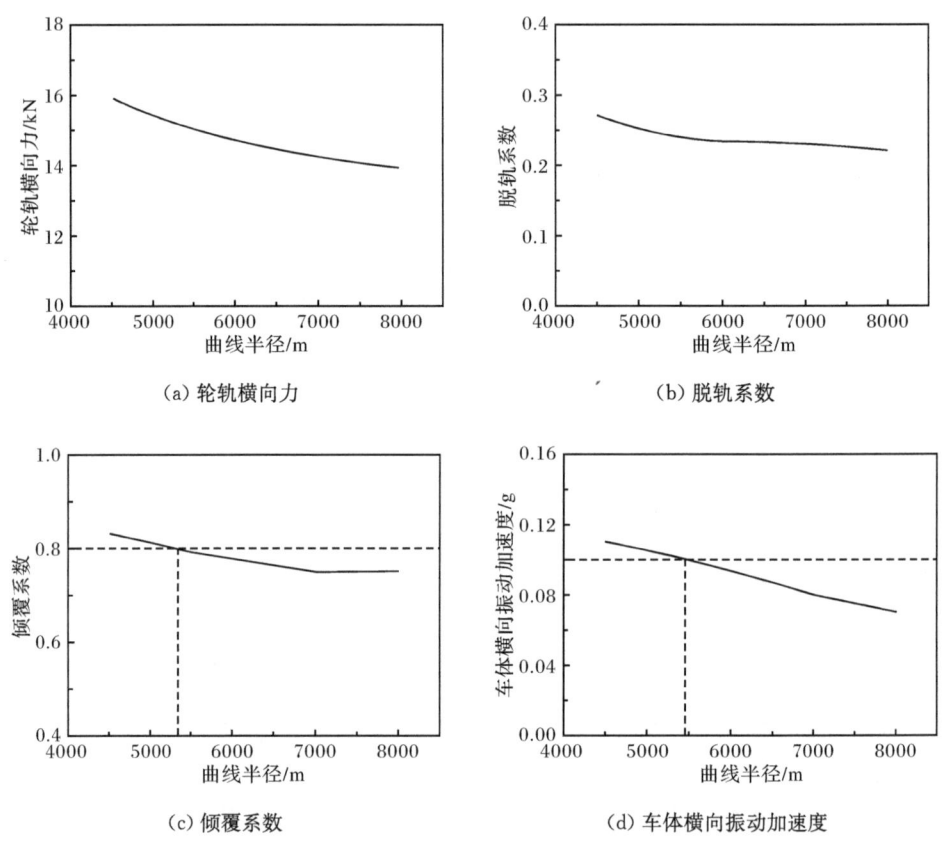

图 13.11 高速列车曲线通过性能指标与曲线半径的变化关系

值得注意的是,当曲线半径小于 5500m 时,车体横向加速度及倾覆系数均大于各自的合格限值,不能满足时速 300km 高速行车安全及舒适性要求。换言之,速度等级为 300km/h 的高速铁路,其曲线半径不应小于 5500m。这与我国《京沪高速铁路设计暂行规定》中结论是一致的。

2. 缓和曲线长度的影响

图 13.12 给出了缓和曲线长度对高速列车通过曲线时($v=300$km/h,$R=7000$m)行车安全性及舒适性指标的影响规律。可知,缓和曲线越长,轮轨横向动力性能越优,越有利于高速列车安全、平稳地由直线过渡到圆曲线,例如,当缓和曲线长度为 150m 时,脱轨系数及车辆横向平稳性指标值分别是 0.33 和 2.68,而当缓和曲线长度为 450m 时,二者指标值分别是 0.18 和 2.42,安全性指标减小了 40% 左右,舒适性指标由良好级提高到优级。

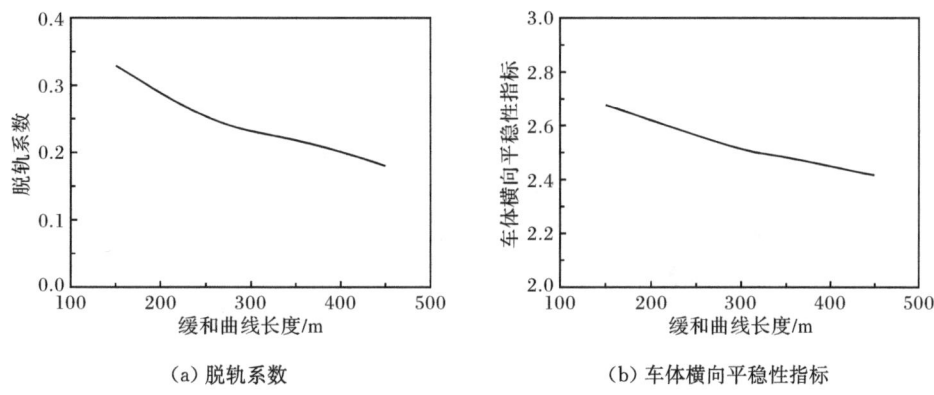

(a) 脱轨系数　　　　　　　　(b) 车体横向平稳性指标

图 13.12　高速列车曲线通过性能指标与缓和曲线长度的变化关系

因此,在缓和曲线设计过程中,应充分考虑车辆与线路的横向动态相互作用,合理选取缓和曲线长度,确保高速列车具有良好的乘坐舒适度。

3. 曲线外轨超高的影响

一般而言,为了保证机车车辆通过曲线时保持动态平衡,需要在轨道的外侧钢轨上设置适当的超高,通过车辆的倾斜而得到的重力分力来平衡(或部分平衡)惯性力(离心力),从而提高列车通过曲线轨道时的安全性及乘坐舒适性。显然,高速行车条件下超高的作用更重要。这里从车辆—轨道耦合动力学角度,分析超高值变化对轮轨动态运行安全性的影响规律。

图 13.13 给出了高速列车以 300km/h 速度通过半径为 7000m 曲线轨道时,倾覆系数及车体横向振动加速度随超高变化的关系曲线。图 13.13 可以看出,动力性能指标与超高值之间的变化关系呈抛物线非线性,并在某一超高值下达到最优,超高太大或太小均对高速行车安全性及舒适性不利。因此,在设置超高时,有必要运用动力学分析手段进行优化设计。

需要说明的是,每个速度下均存在一个均衡超高。因此,对于高低速客货共线或高中速客车混跑的运输模式,需要综合考虑各种运营速度,兼顾不同速度等级下的行车安全性及舒适性,合理设计超高。

当然,上述针对高速铁路车辆与轨道横向动态相互作用特性的分析,仅为高速铁路中的一个速度等级和车型的例子,而具体情况则要根据高速铁路实际运营等条件,进行大量的动力学性能计算、评估和比选,方能设计出经济合理、安全舒适的方案。

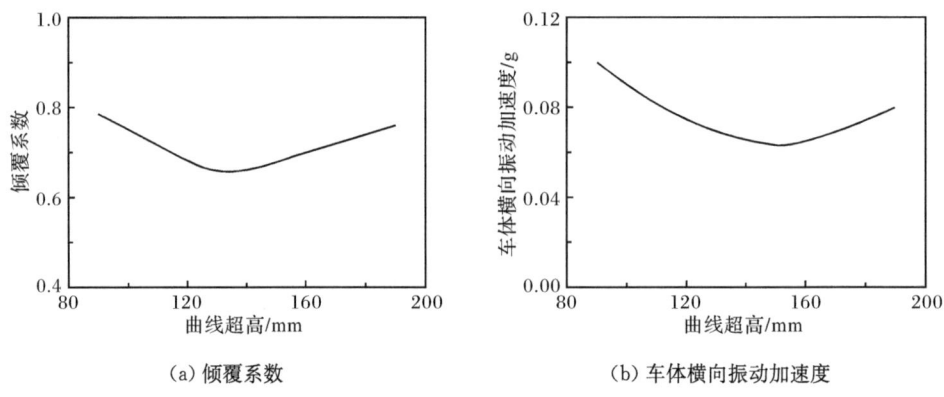

(a) 倾覆系数 　　　　　　　(b) 车体横向振动加速度

图 13.13　高速列车曲线通过性能指标与外轨超高的变化关系

13.4　高速铁道车辆簧下质量的动力学效应及控制

第十一章第 11.4 节将"最大限度地降低机车车辆簧下质量"作为低动力作用机车车辆的第一设计准则。原因是机车车辆的簧下质量对轮轨垂向动力作用的影响极大,具体体现在机车车辆对轨道的中低频作用力 P_2 将随簧下质量的增加而迅速增大(见图 11.4)。由于 P_2 力能充分地向轨下深层基础传递,因而对轨道变形及轨下基础结构破坏起主要作用,直接影响到轨道寿命和日常的保养维修工作量。另一方面,列车运行速度对 P_2 力的影响也极为敏感(图 13.2),故提高行车速度必然需要降低并控制簧下质量,以防高速情形下簧下质量的动力学效应的剧增而破坏轨道线路。

世界上一些高速铁路技术发达国家,对高速铁道机车车辆簧下质量的限制历来都很重视。表 13.2 列出了世界若干典型高速机车和动车的簧下质量比较,由表可见,行车速度的提高,对簧下质量降低的要求十分苛刻,速度由 160km/h 增至 300km/h,每轴簧下质量几乎降低了 1t 之多。高速行车实践充分证明了对簧下质量限制的必要性。

表 13.2 世界若干典型高速机车和动车的簧下质量比较

国家	高速机车或动车	最高速度/(km/h)	每轴簧下质量/kg
德国	E111 电力机车	160	2 675
英国	HST 内燃机车	200	2 300
法国	TGV-A 动力车	270	2 128
德国	ICE 动力车	280	1 877
意大利	ETR500 电动车	300	1 800
日本	300 系列电动车	300	1 650

然而,要制定簧下质量限度的严格参量表达式,无论是从轮轨系统动力学的基础理论,还是从高速行车实践经验的积累,都不具备充分的条件。因为轮轨接触机制的强非线性和不平顺输入的复杂性以及轨道结构形式的多样性等,都严重影响着轮轨动力作用的水平。为此,对簧下质量最大值的限制可根据类比法原理,应用数值仿真法加以确定,即规定新型机车车辆在更高速度下的 P_2 力响应不应超过传统机车车辆在基准速度下的 P_2 力水平。诚然,对于不同的高速机车车辆,其簧下质量的数值只具有相对界定的意义。英国规定的基准速度是 177km/h(55 级 Deltic 内燃机车),而加拿大规定的基准速度为 145km/h(LP1R 客运内燃机车)。

加拿大国家铁路公司(CN Rail)还提出了等效簧下质量的概念[4],通过限制等效簧下质量来限制 P_2 力。等效簧下质量的确定遵循如下原则:集中在轮轴上的等效簧下质量作用于轮对使其产生某一给定加速度所需之力,应与实际轮对和牵引电机对轮对产生同样大小的加速度所需的力相等。因而对高速电动车而言,其等效簧下质量需将各轴牵引电机的转动惯量以及经由齿轮传动的电枢转动惯量的影响包含在内。每轮的等效簧下质量可用下式表示:

$$W_{ue}=\frac{W_1}{2}+\frac{W_2W_3l_1^2+g(W_2+W_3)[I_1+I_2(1+i)^2]}{2[W_2l_1^2+W_3(l_1+l_2)^2+I_1g+I_2g(1+i)^2]} \tag{13.1}$$

式中,W_1 为轮对、齿轮和轴承体的质量;W_2 为电机壳架质量;W_3 为电枢和齿轮质量;I_1 为电机壳架对其齿轮轴心的转动惯量;I_2 为电枢和齿轮对其转轴的转动惯量;l_1 为轮轴至电机壳架轴心距离;l_2 为电机壳架轴心至电枢轴心距离;i 为齿轮传动比。

图 13.14 是每轮允许的等效簧下质量 W_{ue} 作为静轮重 P_0 与速度 v 的函数图像,图中的各曲线均是以 LP1R 机车以 145km/h 速度通过低接头($2\alpha=0.02$rad)时的 P_2 力为基准而绘制的。图中还同时标出日本 JNR(200km/h)、英国 HST(200km/h)和 APT(240km/h),以及法国 BB-15000(200km/h)等高速机车或动车的坐标点,加拿大 LP1R(145km/h)和英国 AL-6(86 级,145km/h)普通速度机车也予以标出以作参考对比之用。由图 13.14 可见,JNR、HST 及 APT 动车均可以

240km/h 以上速度运行而未超出 LP1R 基准的 P_2 力水平；法国 BB-15000 机车以 200km/h 速度运行所产生的 P_2 力略大于 LP1R 机车在 145km/h 时的 P_2 基准值；而英国 AL-6 机车在 145km/h 速度时产生的 P_2 力将大于所用基准值，由此也就不难发现它以 160km/h 速度运行对轨道产生破坏的原因。作为例子，图 13.15 进一步给出了用于确定 200km/h 速度下不向轮径和不同静轮载所对应的最大等效簧下质量数值的函数图。

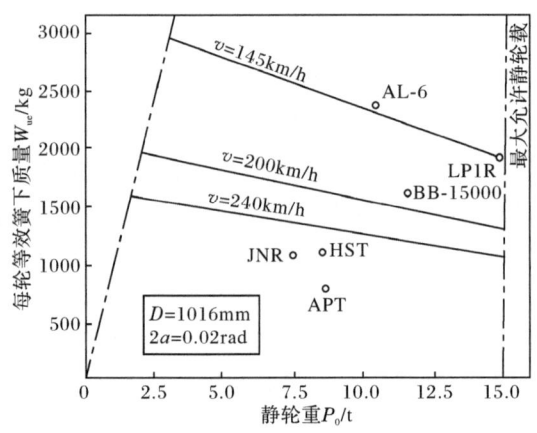

图 13.14　以 LP1R 机车的 P_2 力为基准时等效簧下质量作为速度 v 与静轮重 P_0 的函数图像

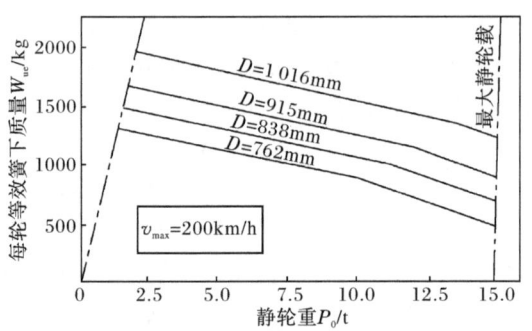

图 13.15　200km/h 速度时等效簧下质量作为静轮重 P_0 和轮径 D 的函数图

针对我国铁路实际，作者曾在 20 世纪 90 年代初提出建议，以韶山$_5$（SS$_5$）型电力机车的设计簧下质量（每轴 3500kg）和运行速度 $v=140$km/h 作为当时的衡量基准[5]，并假定其最大 P_2 力可以为轨道结构所允许，则新型高速机车车辆的 P_2 力水平不应超出 SS$_5$ 型在 140km/h 时的 P_2 力数值。利用机车车辆与轨道垂向相互作用仿真系统 VICT,可以得到如图 13.16 所示的各种速度下 P_2 力增长率(相对于 SS_5 型机车的 P_2 力基准值)随着簧下质量而变化的关系图线。图中具有零增长率的点显然即为 SS_5 型机车在 140km/h 时的 P_2 力基准,因此零线与诸曲线之交点所对应的横坐标量,便是对应速度下簧下质量的限值,详见表 13.3,表中同时还给出经圆整后的建议值。由表 13.3 可见,若选择 300km/h 作为我国高速铁路的最高运行速度,则要使 P_2 力响应不大于 SS_5 型机车在 140km/h 时的 P_2 力基准,高速机车车辆的每轴簧下质量不宜大于 1600kg。

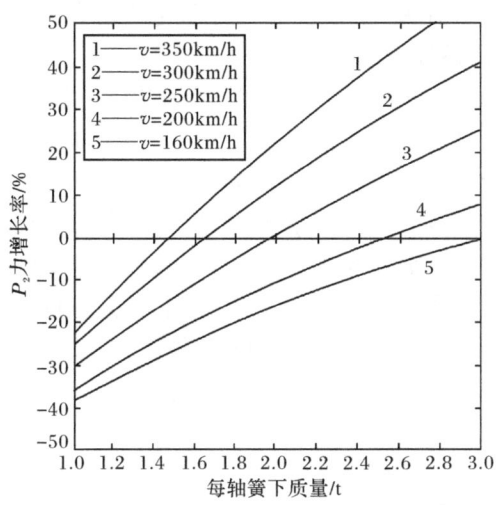

图 13.16 P_2 力增长率作为簧下质量和速度的函数图像

表 13.3 高速机车车辆最大簧下质量的计算值和建议值

最高运行速度/(km/h)	160	200	250	300	350
每轴簧下质量的计算值/kg	3070	2500	1950	1640	1470
每轴簧下质量的建议值/kg	3000	2500	1900	1600	1400

为了降低高速列车簧下质量,除应在车轮、车轴、传动装置及基础制动装置等方面采取轻量化结构外,对高速动力车更重要的是要合理选择牵引电机的布置方式及悬挂方式,因为牵引电机质量大,其悬挂方式直接决定高速动力车簧下质量的大小。理论研究与应用实践均表明,轴悬方式因其簧下质量大而对线路的动力作用很大[6],只适用于较低运行速度机车;而架悬方式和体悬方式对减轻轮轨动力作用效果显著[6],可适合于高速运行条件,在高速动力车设计中应根据最高设计速度予以合理选择。

13.5 高速列车与轨道过渡段的动态作用问题及技术对策

在高速铁路桥梁、涵洞、隧道、道岔等工程结构物与路基的连接处，由于轨下基础的巨大差异导致线路的刚度和变形在线路纵向产生突变，在过渡点将出现沉降差，其中桥台与路基连接处最为突出。当列车高速通过此类连接处(过渡段)时，在轨道动力不平顺(刚度差)和轨道几何不平顺(沉降差)的复合作用下，机车车辆与轨道动态相互作用将更加突出，一方面轮轨动力作用增强，另一方面列车振动加剧，旅客乘坐舒适度下降。

图 13.17 和图 13.18 分别给出了在我国秦沈客运专线高速试验段石河二号特大桥桥台与路基过渡段实测得到的高速列车车体垂向振动加速度及钢轨支点动作用力随车速的变化情况。从图中结果可以看出，当列车高速通过路桥过渡段时，车体垂向振动加速度随速度提高而迅速增大，几乎呈线性增长，200km/h 以上速度的加速度值均超出了乘车舒适度标准(0.13g)，当速度超过 300km/h 时，加速度值甚至达到了舒适度限值的 2 倍以上，高速列车通过过渡段时运行品质严重下降；过渡段钢轨支点动作用力也有类似的变化规律。

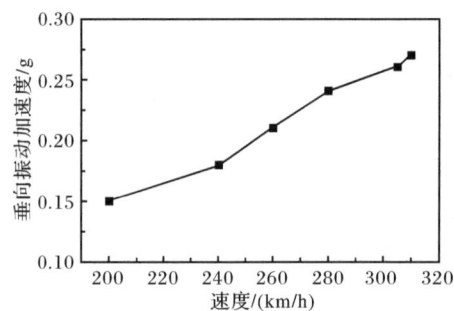
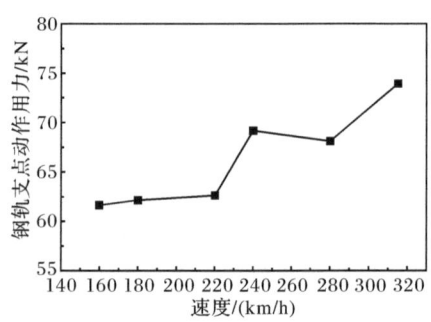

图 13.17 高速列车通过秦沈客运专线路桥过渡段时车体垂向振动加速度的实测结果

图 13.18 高速列车通过秦沈客运专线路桥过渡段时钢轨支点动作用力的实测结果

因此，研究并抑制高速列车与轨道过渡段的动态相互作用，从而提高列车运行品质，降低高速铁路轨道过渡段动力破坏与变形，应是高速铁路动力学研究领域的重要课题之一。本节在介绍国内外常见高速铁路轨道过渡段结构形式的基础上，重点针对影响高速行车舒适性的敏感因素——过渡段长度和过渡段折角，运用车辆—轨道耦合动力学理论方法，研究提出相应的确定方法和建议标准。

13.5.1 高速铁路轨道过渡段常用技术方法

实践证明,在高速铁路中设置合理的轨道过渡段,对提高高速行车舒适性,降低过渡段轨道结构动力作用,具有至关重要的作用。设置轨道过渡段的基本技术原理是,在轨下基础刚度突变处增设一定长度的过渡区,使刚度缓慢变化或按一定梯度逐渐变化,从而降低轨道动力不平顺(刚度差)和几何不平顺(沉降差)的变化幅度,减轻轮轨动力作用。

设置轨道过渡段一般应遵循如下原则:①增大轨道刚度较小一侧的路基刚度;②增大轨道刚度较小一侧的轨道刚度;③降低轨道刚度较大一侧的轨道刚度;④使过渡段的轨道刚度实现连续变化或梯度变化。

根据这些原则,在实际工程中可采用如图13.19~图13.22所示方法来实现过渡段(这里以路桥过渡段为例)轨道刚度的平顺过渡。

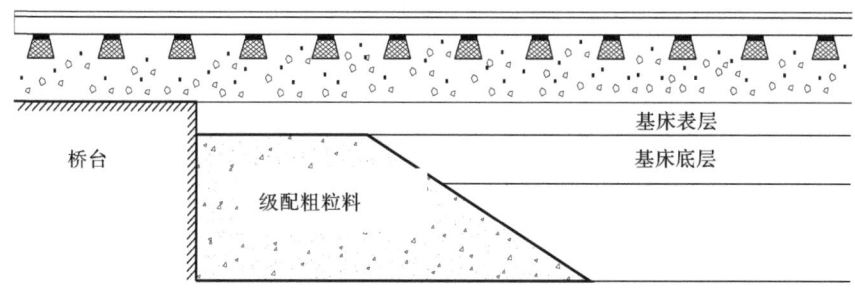

图 13.19 路基级配粗粒料填筑过渡法

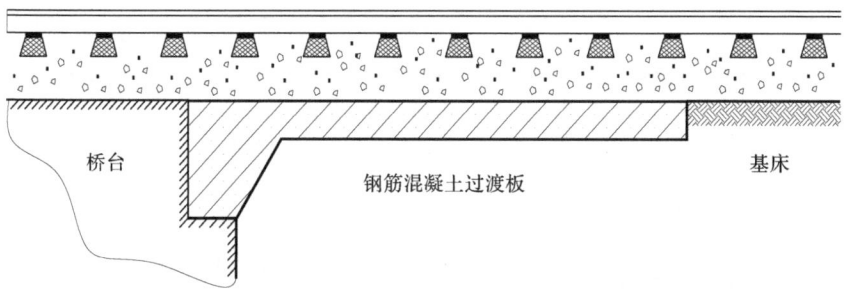

图 13.20 钢筋混凝土过渡板法

13.5.2 高速铁路轨道过渡段结构设计方案

针对某个具体过渡段的设计,应根据刚度变化情况及设计要求,单独或综合采用上述过渡方法。表13.4以路桥过渡段、路隧过渡段设计为例,列出了高速铁

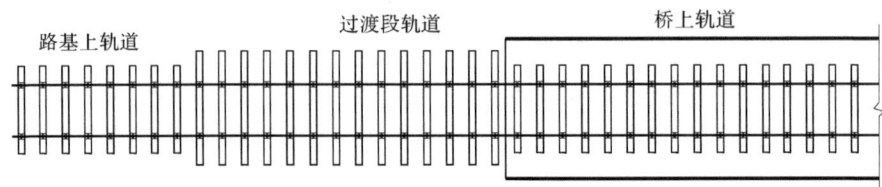

图 13.21 轨枕变间隔、变长度过渡法

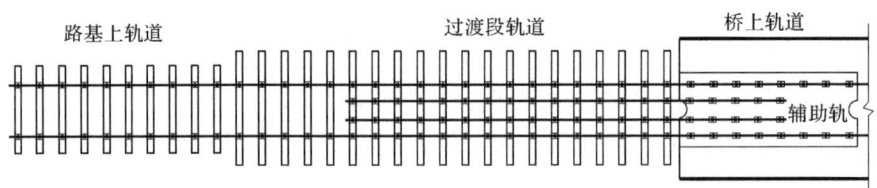

图 13.22 辅助轨过渡法

路设计中常见的一些技术方案。

表 13.4 高速铁路轨道过渡段结构设计方案

过渡段类型		过渡段结构方案
路桥过渡段	桥上为有砟轨道	①桥台与路基连接处铺设钢筋混凝土搭板 ②路基设置过渡段
	桥上为板式轨道	①桥台与路基连接处铺设钢筋混凝土搭板 ②桥头轨道铺设两根 50kg/m 钢轨 ③路基设置过渡段
	桥上为长枕埋入式轨道	①桥台与路基连接处铺设钢筋混凝土搭板 ②桥头轨道铺设两根 60kg/m(或四根 50kg/m)钢轨 ③路基设置过渡段
路隧过渡段	隧道内为有砟轨道	隧道洞口轨道铺设钢筋混凝土基础板
	隧道内为弹性支承块轨道	隧道洞口轨道铺设钢筋混凝土基础板
	隧道内为整体道床轨道	①隧道洞口有砟轨道铺设钢筋混凝土基础板 ②洞口轨道铺设两根 50kg/m 钢轨

13.5.3 高速铁路轨道过渡段长度的理论设计

研究表明,轨道过渡段长度是决定轨道过渡段刚度变化梯度及线路几何不平顺变化率的关键因素,对高速列车与轨道过渡段动态相互作用具有重要影响。从理论上讲,过渡段长度越长越有利于过渡段动力性能的改善,但相应的工程造价

增大。因此,合理确定出能够满足高速行车动力性能要求的过渡段最小长度是设计之关键。

文献[7]应用车辆—轨道耦合动力学理论,详细研究了过渡段长度对高速列车与过渡段轨道动态相互作用性能的影响情况,发现,过渡段长度对高速列车车体垂向振动加速度影响最为敏感,因此,过渡段最小长度的确定受车体垂向振动加速度控制。

这里我们仅以"中华之星"高速列车以250km/h速度通过路桥过渡段为例,说明过渡段最小长度的确定方法。我们计算了高速列车通过各种长度的路桥过渡段时车体垂向振动加速度响应,图13.23给出了车体垂向加速度最大值与过渡段长度的相互关系。从图中可以看出,过渡段越长,车体振动加速度越小,乘坐舒适度越优,当过渡段长度为30m时,加速度值达到0.13g的舒适度限值。由此即可反推出250km/h速度工况下轨道过渡段的最小长度理论值为30m。

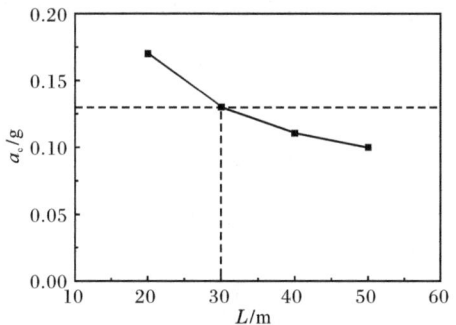

图 13.23　高速列车通过路桥过渡段时车体垂向加速度 a_c
随过渡段长度 L 的变化规律

根据上述方法,我们研究确定了高速铁路不同类型过渡段在不同速度等级下的最小长度理论建议值,如表13.5所示。

表 13.5　高速铁路轨道过渡段最小长度的理论建议值

速度等级	路桥过渡段	路隧过渡段
200km/h	25m	15m
250km/h	30m	15m
300km/h	35m	20m

13.5.4　高速铁路轨道过渡段折角的控制标准

过渡段折角是过渡段范围内线路沉降差的一种度量,它对高速列车运行舒适性有重要影响。在高速铁路养护维修中,轨道过渡段折角的控制标准一直是难以科学确定的问题,日本新干线铁路对轨道折角(包括桥梁梁端折角)规定了养护维修限值,我国高速铁路将来采用什么样的控制标准,现在就应开展理论研究。这里我们试图运用车辆—轨道耦合动力学的方法,依据高速行车舒适性标准反推出不同速度下所允许的最大折角。

作为示例,图 13.24 给出了三种代表性速度($v=200$km/h、250km/h、350km/h)下高速列车车体垂向加速度 a_c 随路桥过渡段折角 α 的变化关系曲线。由图可清楚地看出行车速度 v 及轨道过渡段折角 α 对车体垂向振动加速度 a_c 的影响情况:当速度为 200km/h 时,若折角不超过 3.5‰,随着折角的增加,车体振动逐渐加大,但增加幅度较为缓慢,在折角大于 3.5‰以后,车体振动加速度随折角增大而急剧增加;在 350km/h 的行车速度条件下,车体振动加速度随折角的增大几乎呈线性增长趋势,且增加幅度十分显著;时速为 250km 的运营条件下,车体振动加速度与折角之关系介于前面二者之间。可见,车体振动加速度的速度、折角效应均十分明显。

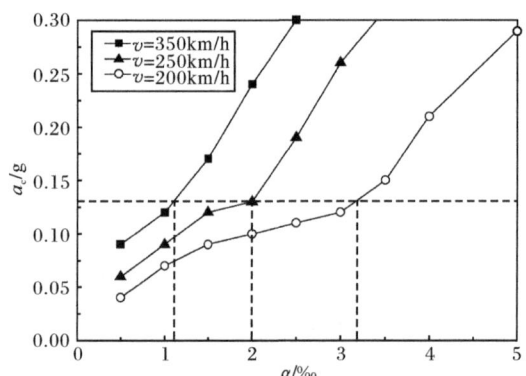

图 13.24 高速列车通过路桥过渡段时车体垂向加速度
a_c 随车速 v 和折角 α 的变化规律

为了控制这种严重影响行车舒适性的因素,唯一的办法便是,在高速铁路路桥过渡段养护维修中严格限制轨面折角 α。根据图 13.24 结果,若以车体加速度的舒适度限值(0.13g)为控制条件,便可从理论上得到不同行车速度下满足乘坐舒适度要求的高速铁路路桥过渡段轨道折角最大容许值为:当 $v=200$km/h 时,$[\alpha]=3.2$‰;当 $v=250$km/h 时,$[\alpha]=2.0$‰;当 $v=350$km/h 时,$[\alpha]=1.2$‰。具体限值还应结合将来高速铁路运营实践综合确定,而这里仅给出了理论参考值。

13.6 高速行车条件下轨道几何不平顺的敏感波长问题

高速铁路要求轨道几何状态必须保持极高的平顺性，否则，高速行车的安全性和乘车的舒适性将受到影响。轨道不平顺是机车车辆振动的主要激扰源，直接影响列车运行的安全性和平稳性，因此，高速铁路必须加强对轨道几何状态的科学维护与严格管理。

然而，高速铁路不同于一般速度铁路，其行车速度的大幅度提高，使得原来普通铁路维护管理中不太关心的长波长几何不平顺反而可能成为高速车辆振动的敏感激振源。由于实际轨道不平顺是随里程变化的随机过程，它包含波长成分很丰富，从几毫米到几百米。在众多的波长成分中，有些波长的不平顺对车辆运行品质影响大，属于敏感波长，有些则影响不大。许多研究工作也表明[8~10]，不同车速引起车辆和轨道振动的不平顺不利波长范围不同。因此，对于我国的高速铁路系统，究竟需要对多长的波长范围进行管理，是运营实际中亟待解决的问题。要回答这一技术问题，就必须探明如下基础问题：我国高速铁路行车条件下诱发车辆振动的轨道不平顺敏感波长范围是多少？

本节基于我国某高速铁路及动车组运营条件，利用车辆—轨道耦合动力学理论，对高速车辆在弹性轨道上运行时的轨道几何不平顺波长效应进行分析，探讨轨道几何不平顺波长与高速行车动力性能之间的关联关系，进而获得不同行车速度下高速铁路轨道几何不平顺敏感波长范围，为高速铁路轨道几何状态检测与养护维修提供理论依据。

13.6.1 分析方法与分析对象

轨道几何不平顺是轮轨系统的主要激振源，会激起车辆系统的振动，同时引起轨道结构的振动。因此，要研究轨道几何不平顺与高速行车动力性能之间的关联关系，必须从车辆—轨道整体系统的角度，通过建立高速车辆—轨道耦合动力学模型，分析各种轨道几何不平顺激扰作用下高速车辆系统动力响应特征，然后，根据第十章中关于车辆—轨道耦合系统动力学性能评价指标体系分析评价各指标的变化规律及其所受影响的敏感程度。本节选取了影响高速行车安全性和乘车舒适性的各种主要动力性能指标，包括轮轨垂向力、轮轨横向力、脱轨系数、轮重减载率、车体垂向振动加速度和车体横向振动加速度，以此作为敏感性分析评判的基础。

本节不是为了得出各种车型、各种运行工况下的轨道几何不平顺敏感波长，而在于说明运用车辆—轨道耦合动力学理论确定轨道几何不平顺敏感波长的方法，因此，本节仅选取一种动车组车型和一种高速轨道结构条件(有砟轨道)作为示例，其他车型和线路条件下的轨道几何不平顺敏感波长范围，可依本节方法计算得出。具体计算条件为：CRH$_2$型高速动车组车辆（轴重11.5t）以250km/h、300km/h、350km/h和400km/h速度运行于60kg/m钢轨、Ⅲ型混凝土轨枕、优质碎石道床轨道。

实际轨道不平顺是随机的，包含众多波长成分，在进行轨道几何不平顺波长效应分析时，若同时输入包含各种波长成分的轨道随机不平顺，恐难以分清并一一界定具体哪一波长较为敏感。因此，在计算中，每次只输入一种类型的轨道不平顺，并且暂按单一谐波方式输入，选取常见的高低、方向、水平、轨距和扭曲这五类轨道几何不平顺，采用位移函数描述，具体输入方式及不平顺输入模型见第三章第3.3.2节。

分析中，轨道几何不平顺波长的设置，主要依据目前我国高速铁路轨道几何状态检测的波长范围，同时考虑可能引起高速车辆振动的最长波长范围，所设置的不平顺波长具体为10m、20m、30m、40m、50m、60m、70m、80m、90m、100m、120m、150m、180m和200m，个别情况下，可加密设置一个波长。为便于比较，不平顺幅值固定不变，在本节的计算中，选取轨道不平顺幅值$A=6$mm。

13.6.2 高速铁路轨道几何不平顺波长对行车动力性能的影响规律

1. 轨道高低不平顺的影响

研究表明，高速行车下，轨道高低不平顺主要影响车体垂向振动加速度及轮轨垂向力。图13.25反映了不同行车速度条件下单一波形高低不平顺波长对高速车辆系统动力学性能指标的影响关系。由图13.25(a)可见，轮轨垂向力随着轨道高低不平顺波长的增大而减小，而当波长大于30m之后几乎无影响。图13.25(b)表明，在250～400km/h行车速度范围内，车体垂向振动加速度随高低不平顺波长变化呈明显非线性关系变化；除了在10～20m波长段会出现一个峰值（该峰值在普通速度下也常出现），在80m以上的长波长段车体垂向振动加速度指标还存在一个更不利的峰值。进一步比较行车速度对后者的影响发现，随着行车速度的提高，更不利峰值所对应的波长逐渐增大。例如，在行车速度为250km/h时，高低不平顺在长波长段的最不利波长为90m，而当行车速度提高至400km/h时，最不利波长则增大至150m左右。总体看来，在250～400km/h行车速度域，对车体垂向振动加速度指标影响敏感的高低不平顺长波长区间是80～160m。

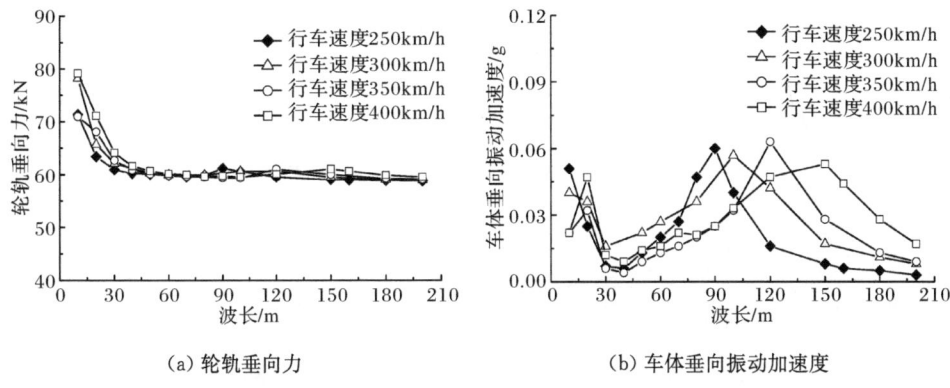

(a) 轮轨垂向力 (b) 车体垂向振动加速度

图 13.25 轨道高低不平顺波长对高速车辆系统动力学性能指标的影响

2. 轨道方向不平顺的影响

图 13.26 给出了不同行车速度条件下单一波形轨道方向不平顺波长对高速车辆系统动力学性能指标的影响关系。由图 13.26(a)~(d)可以看出，方向不平顺波长变化对轮轨横向力、脱轨系数、车体横向振动加速度均有明显影响，对轮轨垂向力响应也有一定的影响，且影响曲线均呈明显非线性关系；不同行车速度条件下各动力响应指标随方向不平顺波长变化的规律颇为类似；行车速度越高，各项动力响应指标值越大；每种车速工况条件下每项指标随方向不平顺波长变化均存在一个明显的峰值，该峰值对应的波长为方向不平顺的最不利波长。随着行车速度的提高，方向不平顺的最不利波长变大，但其变化范围较小。例如，当行车速度为 250km/h 时，方向不平顺的最不利波长为 50m 左右，而当行车速度为 350km/h 时，方向不平顺的最不利波长约为 60m。综合对比发现，当行车速度为 250~400km/h 时，50~80m 波长范围的方向不平顺对车辆系统动力学性能指标的影响最大，为方向不平顺的敏感波长范围。

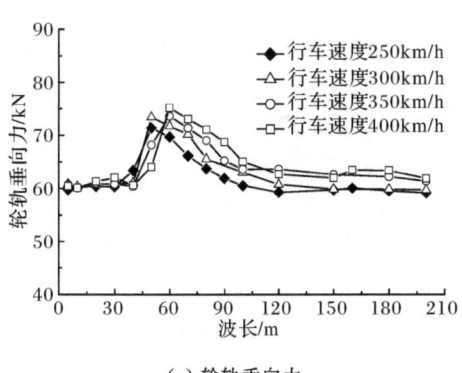
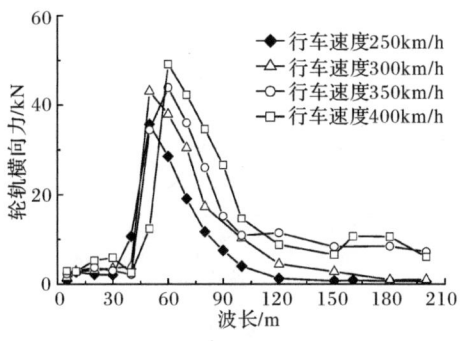

(a) 轮轨垂向力 (b) 轮轨横向力

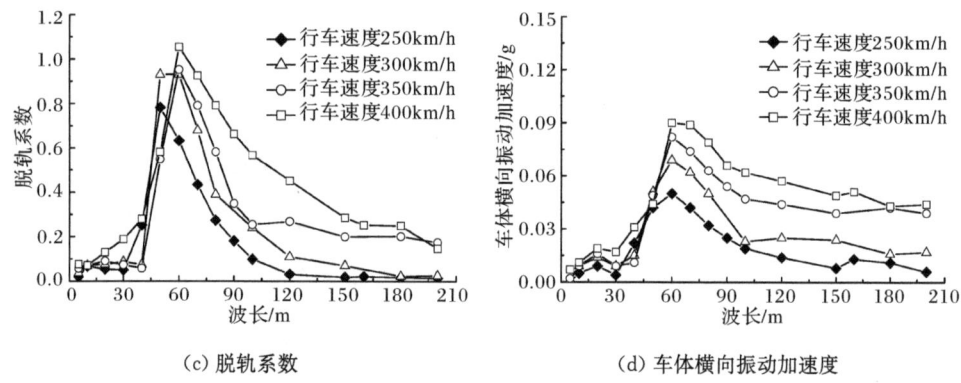

(c) 脱轨系数　　　　　　　　(d) 车体横向振动加速度

图 13.26　轨道方向不平顺波长对高速车辆系统动力学性能指标的影响

3. 轨道水平不平顺的影响

图 13.27 所示为不同行车速度条件下轨道水平不平顺波长对高速车辆系统动力学性能指标的影响。图 13.27(a)～(d)表明,轨道水平不平顺对各项车辆系统动力学性能指标均有不同程度的影响;不同行车速度条件下,随着水平不平顺波长的变化,车辆系统动力学性能指标均呈明显的非线性关系变化;在不平顺的中长波段,各指标均存在至少一个明显的峰值区,且行车速度对峰值区的分布有所影响,例如,当行车速度为 250km/h 和 300km/h 时,水平不平顺的最不利波长相对单一,但随着行车速度的提高(如 350km/h 和 400km/h),出现了多个最不利波长。总体上看,随着行车速度的提高,水平不平顺的最不利波长有增大的趋势。综合对比不同行车速度条件下各项动力学性能指标随水平不平顺波长变化而变化的曲线发现,在 250～400km/h 行车速度域,长波长段的水平不平顺的敏感波长大致位于 50～100m 范围内。

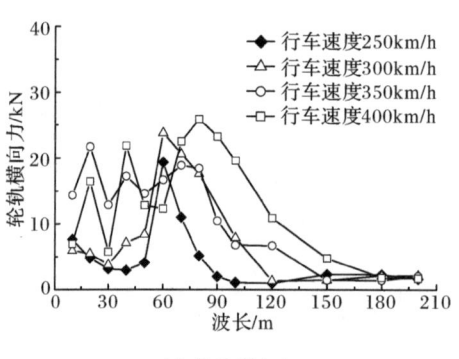
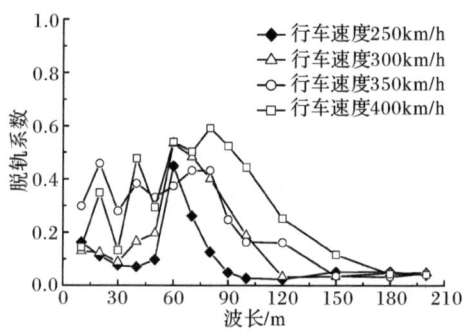

(a) 轮轨横向力　　　　　　　　(b) 脱轨系数

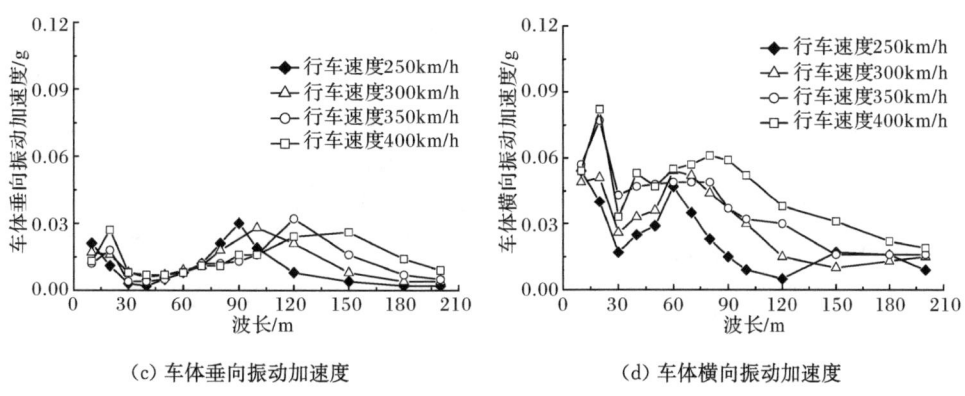

(c) 车体垂向振动加速度　　　　　(d) 车体横向振动加速度

图 13.27　轨道水平不平顺波长对高速车辆系统动力学性能指标的影响

4. 轨道扭曲不平顺的影响

轨道扭曲不平顺是指两股钢轨顶面的共面性，表现为轨道顶面的扭曲状态。扭曲不平顺俗称三角坑，以一定线路长度范围内的水平误差变化量来表示。扭曲不平顺过大，可能导致车轮不能全部正常压紧钢轨，以至于使车辆转向架处于三点支撑状态，危及行车安全。高速行车条件下轨道扭曲不平顺的危害更大。

不同行车速度条件下轨道扭曲不平顺波长对高速车辆系统动力学性能指标的影响情况如图 13.28 所示。由图 13.28(a)～(d)可以看出，扭曲不平顺波长变化对各项车辆系统动力学性能指标均有较大影响；不同行车速度下的扭曲不平顺波长影响规律相似，且均呈明显非线性关系，其最不利波长均位于 50～60m 区段。进一步观察各行车速度下车辆系统动力学性能指标随扭曲不平顺波长变化关系曲线发现，在 250～400km/h 行车速度域，当扭曲不平顺波长在 40～90m 范围内时，各项动力学指标值均较大，尤其是行车安全性指标如轮轨横向力、脱轨系数，有时甚至超出了其安全限值。由此可以认为，在 250～400km/h 行车速度域，对高速行车动力性能影响较大的扭曲不平顺敏感波长位于 40～90m 范围内。

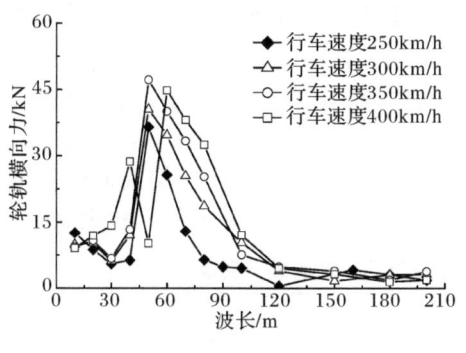
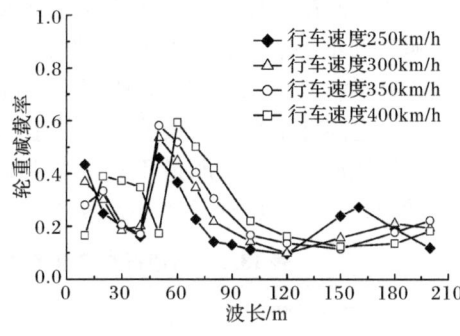

(a) 轮轨横向力　　　　　　　　　(b) 轮重减载率

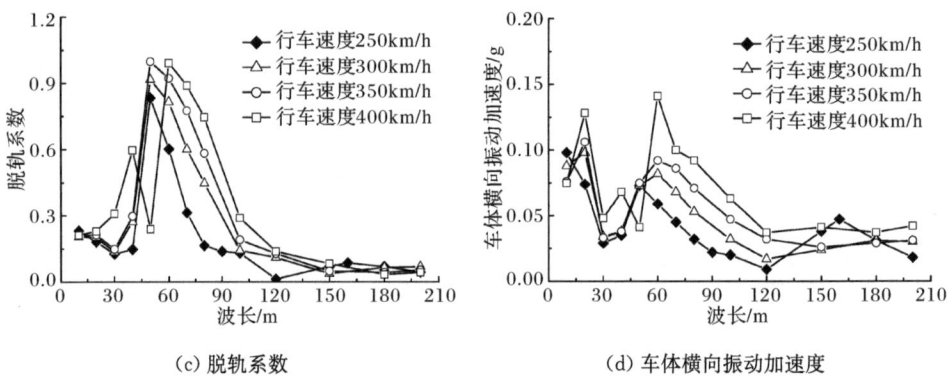

(c) 脱轨系数　　　　　　　　　　(d) 车体横向振动加速度

图 13.28　轨道扭曲不平顺波长对高速车辆系统动力学性能指标的影响

此外，还计算分析了不同行车速度条件下，轨距不平顺波长变化对高速车辆系统动力学性能指标的影响。结果表明，轨距不平顺波长变化对高速行车动力性能指标的影响也不明显。

13.6.3　高速铁路轨道几何不平顺的敏感波长分析

通过第13.6.2节的计算发现，不同行车速度条件下不同类型轨道不平顺波长变化对高速行车动力性能指标存在不同程度的影响。高速车辆系统动力学性能指标随轨道不平顺波长的变化呈非线性关系变化，在某一波长下车辆系统动力学性能指标达到最大，此波长即为该行车速度下影响高速车辆运行安全性与舒适性的最不利波长，而该最不利波长附近区段即为敏感波长范围。本节试图根据上节的计算结果归纳总结出不同行车速度条件下不同类型的轨道不平顺的最不利波长及其敏感波长范围。

1. 轨道高低不平顺

由上节计算结果发现，受轨道高低不平顺影响最大的高速车辆动力性能指标是车体垂向振动加速度。在250~400km/h行车速度条件下，车体垂向振动加速度随高低不平顺波长变化呈非线性关系变化，且存在明显的峰值点，对应于不平顺的最不利波长，如表13.6所列。通过综合对比，表13.7给出了高速行车速度条件下轨道高低不平顺在长波长段的敏感波长范围。由表13.6和表13.7可见，长波长的轨道高低不平顺最不利波长和敏感波长均随着行车速度的提高而明显增大，例如400km/h速度时的敏感波长已长达150m左右，这在此前是无法想象的。

表13.6　高速行车速度条件下轨道高低不平顺的最不利波长

行车速度/(km/h)	250	300	350	400
最不利波长/m	10、90	20、100	20、120	20、150

表13.7　高速行车速度条件下轨道高低不平顺在长波长段的敏感波长范围

行车速度/(km/h)	250	300	350	400
敏感波长范围/m	80~100	90~120	110~130	120~160

2. 轨道方向不平顺

轨道方向不平顺波长变化对轮轨力、脱轨系数、车体横向振动加速度指标均有不同程度的影响,且影响曲线呈明显非线性关系。归纳上节计算得到的轨道方向不平顺波长对各动力学性能指标的影响结果,可得如下结论:在250~400km/h行车速度域,轨道方向不平顺的最不利波长主要位于50~60m附近范围,而其敏感波长范围是50~80m,它们受行车速度的影响不大。

3. 轨道水平不平顺

基于第13.6.2节分析结果,表13.8给出了不同高速行车速度条件下轨道水平不平顺的最不利波长分布,表13.9列出不同行车速度条件下轨道水平不平顺在长波长段的敏感波长范围。由此二表可以看出,随着行车速度的提高,轨道水平不平顺的最不利波长及敏感波长均有所增大。

表13.8　高速行车速度条件下轨道水平不平顺的最不利波长

行车速度/(km/h)	250	300	350	400
最不利波长/m	60	60	20、70	20、80

表13.9　高速行车速度条件下轨道水平不平顺在长波长段的敏感波长范围

行车速度/(km/h)	250	300	350	400
敏感波长范围/m	55~70	60~80	70~90	70~90

4. 轨道扭曲不平顺

综合分析图13.28轨道扭曲不平顺波长对各项车辆系统动力学性能指标的影响结果可知,在250~400km/h行车速度条件下,扭曲不平顺的最不利波长基本位于50~60m范围附近。表13.10进一步给出了长波长段的轨道扭曲不平顺的敏感波长范围,其敏感波长随着行车速度的提高而略有增大。

表13.10　高速行车速度条件下长波长段的轨道扭曲不平顺的敏感波长范围

行车速度/(km/h)	250	300	350	400
敏感波长范围/m	45~60	50~70	50~70	60~80

综上所述,本节从车辆—轨道耦合动力学角度,分析探讨了轨道几何不平顺

波长对高速行车动力性能的影响,进而从理论上得出了高速行车条件下轨道几何不平顺的敏感波长范围及其随行车速度的变化趋势,可为高速铁路轨道几何状态检测与养护维修提供重要参考。其他运营条件下的轨道几何不平顺敏感波长范围可依此方法研究确定。需要说明的是,这些结果仅仅是针对一种车型和线路条件下的理论分析结果,我国高速铁路运营车辆及线路条件复杂多变,要确切提出适合中国高速铁路不同路况的轨道几何不平顺敏感波长管理范围,尚需结合大量工程实践。

参 考 文 献

[1] 翟婉明. 高速铁路轮轨冲击振动的特征及其控制原理. 铁道学报,1995,17(3):28~33
[2] 翟婉明,王开云,高建敏. 高速铁路波磨轨道受力状态仿真分析. TTRI2011-05. 成都:西南交通大学列车与线路研究所,2011
[3] 铁运[2008]28号. 高速动车组整车试验规范. 北京:中华人民共和国铁道部,2008
[4] Radford R W. Wheel/rail vertical forces in high-speed railway operation. ASME Journal of Engineering for Industry,1977:849~858
[5] 翟婉明. 高速铁路轮轨系统的最优动力设计原则. 中国铁道科学,1994,15(2):16~21
[6] 翟婉明. 电传动机车轮轨动力学性能研究. 机车电传动,1996,(6):8~11
[7] 西南交通大学列车与线路研究所. 轨道过渡段关键技术研究报告. 成都:西南交通大学,2003
[8] 李成辉. 高低不平顺不利波长及其与车速关系. 西南交通大学学报,1997,32(6):633~636
[9] 练松良,黄俊飞. 客货共运线路轨道不平顺不利波长的分析研究. 铁道学报,2004,26(2):111~115
[10] 高建敏,翟婉明,王开云. 高速行车条件下轨道几何不平顺敏感波长研究. 铁道学报,2012,34(7):83~88

第十四章　重载铁路车辆与轨道的动态相互作用

重载铁路是铁路货运现代化的方向。货物列车运载量的加大必将导致列车对线路的动力作用加剧,特别是发展大型(大轴重)铁路货车运输所面临的问题尤为突出,必须深入研究减轻重载货车与轨道的动态相互作用问题。单从车辆或线路一个方面无法解决这一难题,必须从车辆—轨道整体系统的角度采用匹配设计的理念综合研究。本章介绍运用车辆—轨道耦合动力学理论及机车车辆与线路动态性能最佳匹配设计方法所开展的应用研究与实践情况。

14.1　关于我国重载铁路运输及货车大型化问题

关于重载铁路的定义,并没有统一固定的标准,国际重载协会(International Heavy Haul Association,IHHA)对此作了多次规定。1986 年 10 月在加拿大温哥华召开的第三届国际重载运输会议上讨论确定,凡属重载铁路至少应满足下列三个条件中的两项要求:①列车牵引重量至少达到 5000t;②车辆轴重 21t 及以上;③在长度至少为 150km 的线路区段上年运量达到 2000 万 t 及以上。1994 年,IHHA 针对当时重载铁路运输的发展,将上述三个条件修改为:①列车牵引重量至少达到 5000t;②轴重达到或超过 25t;③在长度至少为 150km 的线路区段上年运量至少达到 2000 万 t。2005 年,IHHA 又对以上三个条件作了新的修订:①列车牵引重量至少达到 8000t;②轴重达到或超过 27t;③在长度至少为 150km 的线路区段上年运量至少达到 4000 万 t。由此反映了世界范围内重载铁路运输的快速发展历程。

重载运输的发展给我国铁路货运带来了蓬勃生机。中国铁路近 30 年来的实践证明,重载运输是铁路扩能提效的一种有效途径,已成为我国铁路货运的发展方向。

实现重载运输有两种途径。一是扩大列车编组,增加列车长度,开行长大列车;二是提高轴重,加大车辆的每延米重量,发展大型货车。20 世纪 80 年代,我国发展重载运输主要着眼于加大列车编组。自 1984 年以来,北京、郑州、沈阳等铁路局,陆续在各种不同线路及运行条件下开行了组合式重载列车,而沿海繁忙干线则推广开行 5000t 单编重载列车。1990 年 6 月,在我国大秦(大同—秦皇岛)运煤专线上首次成功进行了万吨级重载列车运行试验,它标志着我国长大重载列车运输事业发展到了一个新的阶段。大秦铁路开行的单元式重载列车,在煤炭装车点利用机车低恒速牵引列车进行不停车装车,在卸车点利用拨车机拨动车辆送上翻车机进行不摘钩连续作业,大大提高了运输效率,使当时的年运输能力达到了1亿t以上。2004~2005年间,为了进一步提高大秦铁路的运煤能力,通过引进大功率交流传动电力机车、机车同步操纵系统及电控制动系统等国外重载技术装备,并进行线路强化改造,成功进行了2万t级重载列车运行试验,开行了2万t级重载列车,从而使年运输能力超过2亿t。2008年,大秦重载铁路进行了第二次扩能改造,运输能力得到了进一步提升,2011年其煤炭运输年运量达到了4.4亿t的新高。

然而,长大重载列车也有其不足之处:其长度的增加须受到现有站线有效长度的限制,而若大规模改变现有站线长度,需要大量的投资,并影响运输,况且在有些地形条件下难以实现;另一方面,列车的纵向冲动将随列车长度的增加而急剧增大,甚至引起断钩脱轨事故。与此相反,发展大型货车,可以在现有站线长不改或少改的条件下,实现列车重量较大幅度的提高,可大大提高运输能力。

国外一些铁路发达国家一直致力于提高货物车辆轴重。美国早在20世纪60年代后期货车轴重就已达到24.9t(美制27.5短吨),随后提高到了29.9t(33短吨),在北美,这种29.9t轴重车已经正常运营了四五十年之久。20世纪90年代,北美铁道学会(AAR)开始研制轴重35.37t(载重113.4t)用于重载单元列车的大型货车,其运输效率极为显著。目前,美国、加拿大、澳大利亚等国重载铁路的轴重普遍达到32.5~35.7t,而澳大利亚运输铁矿石的重载线路最大轴重更是达到了创纪录的40t。苏联自1976年至1988年间,货车轴重从21t提高到23.5t,但仍不能满足铁路运输要求,因此决定设计25t轴重的新一代货车,当时计划1989~1995年间设计并批量生产11种25t轴重货车。事实上,俄罗斯重载列车的轴重在1992年达到了25t,1993年试验轴重达到27t。英国铁路于1980年在道比(Derby)研究所开始了对众所周知的"低轨道作用力货车转向架"(Low Track Force Bogie,LTFB)进行开发研究,并于1985年研制出两台样机转向架,1986年3月装入运输车试验运行取得成功,轴重25.5t(有效载重81.6t),运行速度达到119km/h,而其对轨道的动力作用比其他转向架的同类货车还得以减轻。此外,瑞典、巴西及南非(窄轨)的重载铁路也相继将轴重提高到了30t。总之,从世界重载运输技术的进步趋势来看,最大限度地提高轴重,已逐渐成为当今重载铁路运输的主流方向。大轴重货车具有广阔的发展前景。

相比之下,我国在大轴重重载运输领域进展缓慢。长期以来,我国主型货车轴重仅21t,货物列车平均每延米重量大致为5.0~5.5t/m,与重载运输发达国家相距甚远。通过发展缩短型敞车,使车辆的每延米重量由C_{62A}的6.0t/m增至7.0t/m。如果进一步发展轴重25t、总重100t的大型敞车,则可使车辆的每延米重量提高到7.5~8.0t/m,在我国现有站线有效长850m范围之内,将可容纳列车重量6000～6400t,具有显著的经济效益。因此,我国铁路发展重载运输重点应放在"增加车辆轴重,发展大型货车"之上。20世纪90年代,西南交通大学承担了国家重点科技攻关项目"减轻重载列车与线路相互作用的研究",以加强应用基础研究工作;同时由齐齐哈尔车辆厂开始试制25t轴重新型重载单元列车敞车和通用型低动力作用大型货车。进入21世纪,我国致力于发展速度120km/h、轴重25t新型货车,在提速货车转向架转K1、转K2、转K3和转K4基础上,株洲车辆厂、齐齐哈尔车辆厂分别研制出了25t轴重的转K5、转K6型重载货车转向架,并装配到C_{80}型铝合金运煤敞车,从而使我国铁路大型重载货车开发研究工作取得重要进展。近年来,随着西煤东运通道(蒙西地区至京唐港曹妃甸港区、晋中南地区至山东沿海港口)以及北煤南运通道(蒙西等能源基地至湖北、湖南、江西等华中地区)的建设,30t轴重重载铁路运输成为新目标。

发展大型(大轴重)重载铁路货车所面临的最关键问题是列车对线路的动力作用加剧问题,必须深入研究减轻重载货车与轨道的动态相互作用技术难题,然而这并非是一个简单的问题。

14.2 大型重载货车对线路的动力影响

随着货车轴重的增加,轮轨间的相互作用(特别是垂向相互动力作用)不断增强,车辆对轨道结构的破坏作用及线路变形的影响也随之加剧,若不采取措施,将会大大增加轨道日常维护工作量,缩短轨道使用寿命[1]。

运营实践表明,货车轴重的提高将会对线路结构产生以下几个方面的不利影响:

① 轨道部件的伤损。钢轨断裂、轨枕裂纹、扣件折损都会随轴重的提高而增加,从而降低轨道运用的安全度,影响行车安全。

② 轨道结构的失效。随着轨道部件的伤损增加,部件更换量和维修工作量增大,材料消耗增加,以致使整个轨道的继续使用在技术经济上不合理,因而必须提前进行大修、中修。亦即轴重的增加导致轨道大、中修周期的缩短。

③ 线路状态的恶化。路基基床下沉变化速率加快,病害增多;道床脏污、板结、硬化而失去其应有的弹性、渗水性及稳定性;轨下胶垫老化、破损周期缩短;钢轨轨面易于发生剥离、压溃,在曲线地段还会出现严重的上股钢轨侧面磨耗;轨道几何形位变化速率加快,线路维修工作量增大。

我国的试验分析表明[2]:当轴重由18t分别提高到21.6t和25t,钢轨的安全使用寿命分别缩短66%和86.7%,而轨道的日常维修工作量则相应增加37%和79%。北美铁道协会(AAR)运输试验中心(TTC),就车辆轴重由30t分别提高到32t和36t后,轨道各部件改造及维修费用的增长率进行了具体分析比较,如图

14.1所示。可以发现,费用增长较大的项目是轨道日常维修费以及用于道岔、道床改造的费用。例如,当轴重由30t提高至36t时,轨道日常维修费用将增加53%左右。另据国际铁路联盟(UIC)研究试验处(ORE)的研究结果;钢轨损伤率、线路累积变形和换轨率与平均轴重约成三次方的变化关系。所有这些,均说明了轴重对线路损害的严重性。

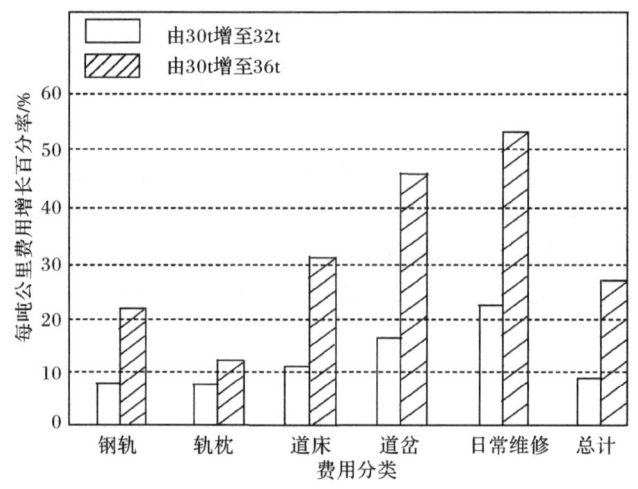

图14.1 轴重由30t提高至32t和36t时轨道各项费用增长情况

我国在20世纪80年代初期采用2E轴转向架承载C_{75}车辆,使货车轴重增至25t,试验与运行实践均表明其对线路动力作用过大,故而未能正常开行。美国在平均轴重较大的基础上曾试图进一步增大轴重,甚至制造载重113t和136t的超大轴重四轴货车,终因其对线路破坏剧烈而被禁止或限制使用。AAR对35.37t轴重(39短吨)货车做的试验表明,轮轨磨耗、钢轨/扣件损伤、路基下沉等方面都比现有货车的指标恶化了许多[3]。苏联在发展25t轴重的新一代转向架时规定:25t轴重转向架对线路的动力作用不得超过采用轴重23.5t的18—100型转向架的货车对线路的动力作用。而英国研制大轴重货车转向架的目标则更为明确:必须确保轮轨间具有低的动态力,以降低其对线路的损伤作用。

现以我国早期C_{75}重载货车(轴重25t,2E轴转向架)及英国LTF大型重载货车(轴重25.5t,LTFB型转向架)为例,就其对相同条件线路的动力影响,与我国主型货车C_{62A}(轴重21t,转8A型转向架)进行动力学分析与对比,旨在揭示轴重增加对轮轨动力作用所造成的影响情况。线路条件采用50kg/m钢轨,每公里轨枕数1840根,"弦69"型混凝土轨枕,普通碎石道砟,道床厚度45cm。计算分析工况均按车辆以80km/h速度通过轨道低接头($2\alpha=0.02$rad)时所造成的轮轨动力作用为共同基准。

图 14.2 和图 14.3 是对应于三种车辆的轮轨作用力和道床振动位移的比较。由图可见，C_{75} 车辆对轨道的动力作用比 C_{62A} 明显增强，例如 P_1、P_2 力分别增加 8.5% 和 18%，特别是 P_2 力由 226.87kN 增至 267.65kN，已超出其限值 $[P_2]=$ 250kN。P_2 力的超限将会导致轨道变形的急剧增长，引起轨下基础结构的破坏和线路降级。又如，道床振动加速度和道床振动位移分别增大了 16% 和 20%。道床振动的加剧，容易引起道床翻浆、翻白和塌砟等病害，致使道床下沉量增加，道床弹性下降，又反过来加剧了车辆振动，如此恶性循环，大大加速了道床的破坏。因此 C_{75} 货车在普通线路上以 80km/h 速度运行，将对线路造成很大危害。数值计算表明，若将车辆运行速度降低至 60km/h，所有指标方可与 C_{62A} 车以 80km/h 速度运行时相当，例如，P_2 力将可降至 231.74kN $< [P_2]$。

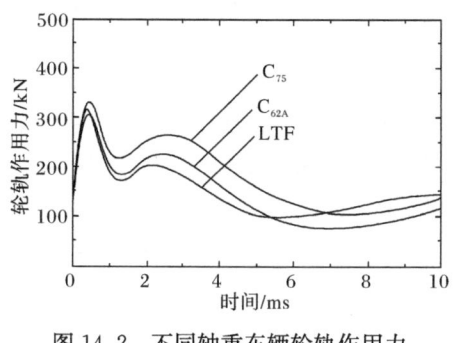

图 14.2 不同轴重车辆轮轨作用力的比较

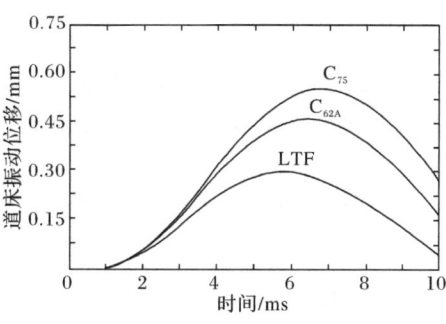

图 14.3 不同轴重车辆作用下道床振动位移的比较

由图 14.2 及图 14.3 还可发现，英国重载货车 LTF 具有良好的垂向动力性能，其对轨道的动力作用甚至比 21t 轴重 C_{62A} 货车的还要小，特别是对轨下基础的动力影响方面，效果颇好。例如，与 C_{62A} 相比，P_2 力小 10%，道床加速度降低 17%。究其原因，主要是英国铁路采用了精心设计的低动力作用转向架 LTFB。关于 LTFB 转向架，将于下节予以详细介绍，并以此说明减轻大型货车对线路动力作用的一种有效途径。

14.3 减轻大型重载货车对线路动力作用的基本途径

14.3.1 减轻大型重载货车对线路动力作用的两种途径

一般而言，减轻重载货车对线路的动力作用可有两种基本途径，即线路技术途径和车辆技术途径。前一种是以美国为代表的，通过采用各种复杂新技术新建、改建铁道线路，如修建专用特重型轨道，从而确保线路能够承受大轴重货车所带来的巨大动力作用,可有效地克服因轮轨动力作用变化而引起的线路破损。目前美国货运干线钢轨重量均达到 60kg/m 或 75kg/m,已能适应 29.9t 轴重的大型货车运行。然而,美国近年正致力于发展更大轴重(35.37t)的大型货车,北美铁道协会为此所作的研究结果表明[3],35.37t 轴重货车的运营无疑会带来更高的运输效率和经济效益,但若在现有线路上开行,将大幅地增大轮轨动载和横向力,轨道养护维修费用将会剧增。为此建议:研制一种高性能货车转向架,要求其最大轮轨作用力保持在 29.9t 轴重货车的水平上,以便使轨道维修量降至现有水准。由此可见,美国为开发超大轴重货车,也将采用第二种技术途径,即车辆技术途径。此种技术途径是以南非为代表的,应用一系列新技术对机车车辆加以改造,降低轮轨间的动力作用,从而尽可能地在既有干线上开行大型重载货车。显然,线路改造难度大、投资高、周期长;相反,对机车车辆的改进,投资少,所需周期较短,相对容易实现,而且改造可逐步进行,不影响正常运输。

我国目前经济正处在发展阶段,要对铁路进行大规模的投资,还有困难。若采用第一种技术路线,大量修建重载线路,或将所有 50kg/m 及其以下重量的钢轨更换成 60kg/m 及其以上重量的钢轨,同时对轨枕、道床和路基做全线加强,将是一个巨大的工程,需投巨资,显然不适合我国国情。因此,我国发展大型铁路货车运输,宜以机车车辆为技术突破口,遵循机车车辆适应线路状况的技术路线,在既有线上开行新型低动力作用大型重载货车。

14.3.2　英国低动力作用重载货车 LTF 的成功经验

英国铁路研制 LTFB 转向架的出发点是:①提高轴重,同时减轻自重,使有效载重得以提高;②降低轨道动态力和路基振动,从而减少用于维修线路损伤所支出的费用;③突破 25.5t 轴重货车的限制速度(即 100km/h),从而使大型重载货车运行得更快,进一步提高效率[4]。

1985 年研制的两个 LTFB 样机转向架,采用了轮对内侧轴箱悬挂,铝合金轴箱体。一系悬挂采用螺旋弹簧,二系则是刚度递增的橡胶堆,具有垂向和横向悬挂的功能。四个变阻尼系数的液压减振器,倾斜安装于车体与侧架之间,提供了二系悬挂中垂向和横向的减振作用。LTFB 转向架自重仅 4t,而簧下质量仅约每轴 1.1t,因而对轨道的垂向动力作用将大大降低。

1986 年将两台样机转向架装车试验[4]。货车为 BAA 型钢材运输车,车辆定距 8m,该车自重 20.4t,有效载重 81.6t,轴重为 25.5t。静力试验表明,轮重的均衡性是良好的,每轮对的轮重不均衡度均在 2% 以内。试验表明,在扭曲线路上,轮重减载率也较低,低于容许限度 0.6,从而具有良好的抗脱轨安全裕度。

在各种不同线路上,曾对 LTFB 货车进行了空车、部分重车和重车的线路试验。在作空车线路试验时,测得车辆后部心盘上的未经加权的垂直和横向加速度均方根值分别是 0.077g 和 0.047g,试验平均速度为 136km/h。进行重车试验运行的平均速度是 119km/h,测得车辆后部心盘上的垂向和横向加速度之均方根分别是 0.058g 和 0.029g。

为了比较 LTFB 转向架与原有大轴重货车转向架 FBT6 的动力性能,还进行了线路运行的对比试验。FBT6 转向架也装在 BAA 型钢材运输车上,与 LTFB 转向架一起编入同一列试验列车之中。FBT6 转向架轴重亦为 25.5t,是 Y_{25} 型转向架的改型。运行线路是由道比(Derby)经由沃尔索尔(Walsall)到卡莱尔(Carlisle),该运行线路包括货运线、慢行线和运行干线等多种类型。表 14.1 列出了基于 1km 试验区段所采集的试验数据,由表可见,LTFB 转向架的垂直和横向运行品质比普通 FBT6 转向架有了显著改善。例如,车体垂向振动加速度在重车下由普通转向架的 0.114g 降到了 0.069g,横向振动加速度由 0.057g 降至 0.027g。由于 LTFB 转向架具有黏滞阻尼作用,由构架所测得的加速度(表 14.1)比相应的摩擦阻尼转向架低了很多,以至实际的动应力也较低。

表 14.1 装用 LTFB 转向架和传统转向架的车辆运行品质比较

车辆状态	转向架	试验区间号	试验平均速度/(km/h)	车体垂向振动加速度/g		车体横向振动加速度/g	
				车辆前部	车辆后部	车辆前部	车辆后部
空车	传统的FBT6	306	96.5	0.117	0.103	0.111	—
	低动力LTFB			0.075	0.080	0.031	0.030
重车	传统的FBT6	253	97.2	0.114	0.103	0.057	0.054
	低动力LTFB			0.069	0.037	0.027	0.027

关于 LTFB 转向架对轨道的动力作用,数值模拟结果表明,无论垂向动力作用还是横向动力作用,均小于我国 21t 轴重 C_{62A} 货车(装用转 8A 型大三件转向架)对线路的动力作用。关于垂向动力作用比较可见上节,关于横向动力作用的比较可参考文献[5]。

由上可见,英国研制的 LTFB 转向架达到了预期目的,它在减轻轮轨动力作用的同时,增大了轴重,并提高了速度。这正是英国铁路货运业所期望的下一世纪转向架的特征。英国发展低动力作用货车转向架的成功试验,给我们以很大启示:只要在转向架的结构形式及其参数选择上下工夫,实现大型重载货车的低动力作用特性是完全有可能的。

14.4 我国新型重载货车设计及其轮轨动力性能评价

英国的 LTFB 转向架结构复杂,制造成本高,维修养护难,不符合我国铁路实际,不能全盘照搬。显然,研制适合于我国国情的新型低动力作用大型重载货车转向架,具有十分重要的现实意义。

14.4.1 SWJ 转向架方案及轮轨动力作用性能预测与评价

1. SWJ 转向架方案

基于上述思想,应用低动力作用的车辆设计原则(第十一章第 11.4 节),西南交通大学曾于 20 世纪 90 年代初开展了 25t 轴重低动力作用货车转向架可行性研究[5],并完成了新型重载转向架 SWJ(轴重 25t)的方案设计。SWJ 转向架的结构形式如图 14.4 所示,其轴箱悬挂系统如图 14.5 所示。

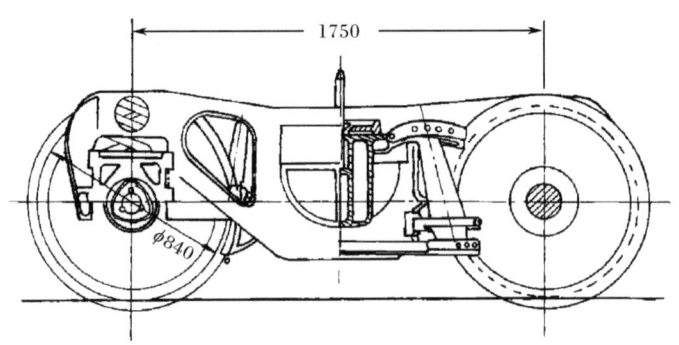

图 14.4　SWJ 转向架的结构形式(单位:mm)

低动力作用重载货车转向架 SWJ 具有下列特点:

① 保持了三大件式转向架的基本特征。为防止摇枕和侧架之间的磨耗,二者间加装橡胶垫。为减少摇枕和侧架相互间的回转阻力,橡胶垫做成半圆形。

② 保持了整体构架在横向平面内具有很大的刚度,能保证转向架构架正位的优点。SWJ 转向架虽然用三大件结构,但摇枕和侧架的结合部做成槽形,卡在侧架上,使之在横向平面内不能产生相对位移,防止构架产生菱形变形。

③ 采用一系轴箱悬挂方式,从而使转向架簧下质量大为减少。SWJ 转向架簧下质量仅为 2500kg,比转 8A 型转向架簧下质量减少 30% 以上。

④ 采用一组双圈螺旋钢弹簧、楔块减振器加承载鞍的轴箱悬挂系统(图 14.5)。

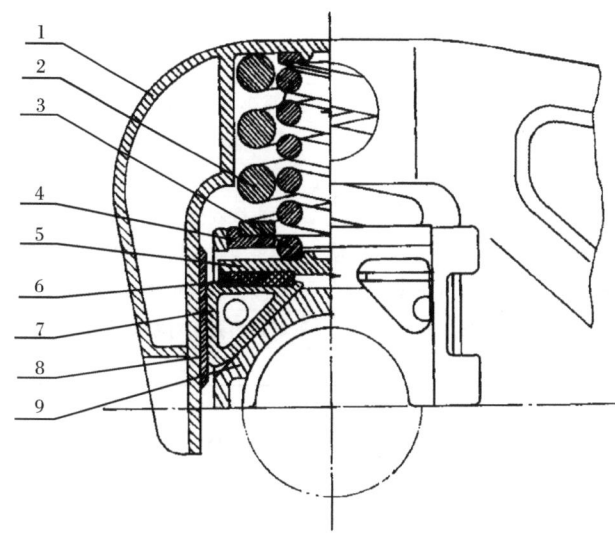

图 14.5 SWJ 转向架的轴箱悬挂系统
1—侧架;2—外圆簧;3—内圆簧;4—外圆簧座;5—内圆簧座;
6—橡胶垫;7—楔块;8—磨耗板;9—承载鞍

结构非常紧凑,零部件数目少。

⑤ 楔块减振器为左右对称结构,不会限制承载鞍的前后移动,在通过曲线时轮对可以产生摇头角位移以减小冲角。克服了装用利诺尔减振器和单侧楔块减振器限制轮对摇头的缺点。

⑥ 采用二级刚度弹簧。空车静挠度 16mm,约为转 8A 的 2.5 倍,改善了空车的运行平稳性和防脱轨性能;重车静挠度达 45mm,比转 8A 的提高了 25% 左右,重车性能亦有所改善。而空、重车静挠度差为 29mm,与转 8A 的相同,因而不必担心静挠度的增加对车钩高度差所造成的不利影响。

⑦ 车轮踏面采用磨耗型,轮对可以和现有三大件转向架的无轴箱滚动轴承轮对互换,便于制造和维修。

总之,SWJ 转向架具有结构新颖、简单,制造成本低,维修方便等特点,比较适合于我国铁路现状。

SWJ 型转向架基本设计参数如表 14.2 所示。

表 14.2 SWJ 型转向架基本设计参数

指标	参数	指标	参数
自重	4.2t	内、外圆簧自由度差	10mm
轴重	25t	转向架一级悬挂刚度	2.488×10^6 N/m

续表

指标	参数	指标	参数
轴型	E 型	转向架二级悬挂刚度	1.174×10^7 N/m
轮径	840mm	重车每轴横向刚度	8.34×10^6 N/m
固定轴距	1 750mm	中央橡胶垫垂向刚度	2.16×10^6 N/mm
通过曲线的最小半径	145m	中央橡胶垫横向刚度	2.5×10^7 N/m
重车静挠度	45mm	中央橡胶垫纵向刚度	2.16×10^9 N/m
转向架重车平均刚度	9.689×10^6 N/m	中央橡胶垫扭转刚度	5.5×10^4 N·m/rad
重车当量静挠度	37.13mm	空车减振器相对摩擦系数	0.1146
空车静挠度	16.06mm	重车减振器相对摩擦系数	0.0707
转向架空车平均刚度	5.978×10^6 N/m	构造速度	120km/h

2. SWJ 转向架轮轨动力作用性能预测与评价

应用车辆—轨道垂向相互作用仿真分析系统 VICT,详细预测了 SWJ 货车对轨道垂向动力作用的主要评价指标,计算条件同第 14.2 节。图 14.6～图 14.9 是部分计算结果,表 14.3 则给出了各指标的具体数值,并与其他三种典型货车的结果进行了对比。

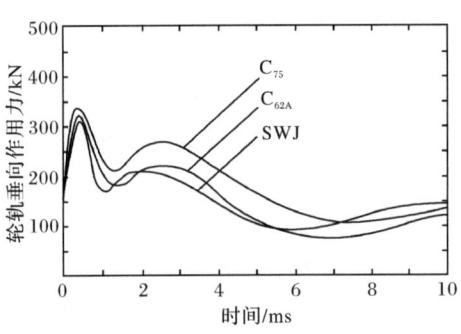

图 14.6 轮轨垂向作用力的比较

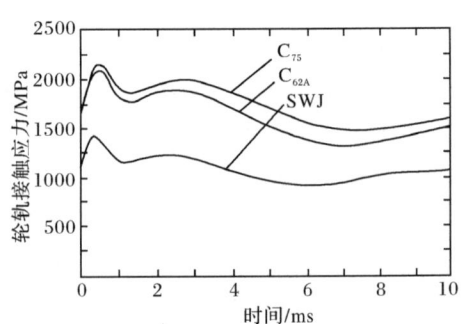

图 14.7 轮轨接触应力的比较

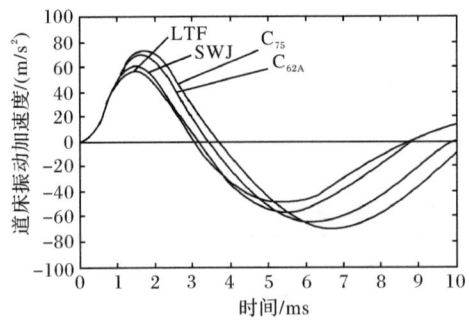

图 14.8 道床振动加速度的比较

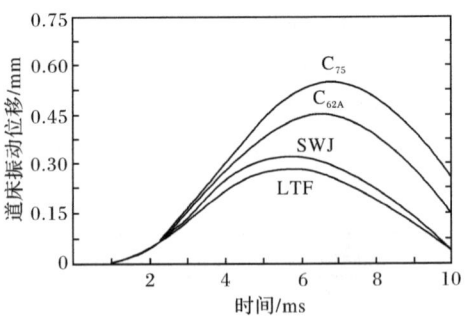

图 14.9 道床振动位移的比较

表 14.3 四种货车对线路的垂向动力作用比较

指标 代号	高频冲击力 P_1/kN	低频响应力 P_2/kN	轮轨接触应力 σ/MPa	钢轨加速度 a_r/(m/s²)	轨枕加速度 a_s/(m/s²)	道床加速度 a_b/(m/s²)
SWJ	338.88	212.72	1439.69	1149.65	369.64	59.76
C_{75}	332.48	267.65	2144.81	1098.79	362.19	73.70
LTF	317.16	204.86	2111.35	1064.59	334.40	57.69
C_{62A}	306.49	226.87	2087.40	1063.85	351.16	69.45

综合比较可知,新型重载货车 SWJ 对线路的垂向动力作用指标,除 P_1 力、钢轨及轨枕振动加速度与 C_{75} 的相差不大外,其余指标均比 C_{75} 的有较大幅度下降。例如:P_2 力已经下降 20% 至 212.72kN<$[P_2]$=250kN;接触应力 σ 降低 33%;道床振动加速度 a_b 减小 19%。而与 C_{62A} 车相比,SWJ 货车除 P_1 力、a_r 及 a_s 比 C_{62A} 略有增加(但在正常范围以内)之外,其余指标均有不同程度的下降。P_2 力下降 6%,a_b 下降 14%,而 σ 则减小了 31%。此外,SWJ 货车的个别指标还与 LTF 货车接近,如道床加速度,LTF 为 57.69m/s²,而 SWJ 为 59.76m/s²。

表 14.4 进一步给出了四种货车对线路动力作用的横向指标[5]。由表可见,SWJ 货车的所有横向指标均明显低于 C_{75} 货车的相应指标,且低于 C_{62A} 车的各项指标,已接近 LTF 车的对应值。以轮轨横向力为例,从 C_{75} 的 43.44kN 降至 30.09kN,比 C_{62A} 的 38.16kN 约小 21%,接近于 LTF 的 25.95kN。

表 14.4 四种货车对线路的横向动力作用比较

动力性能指标	轮轨摩擦功/(kN·m/m)	轮轨横向力/kN	脱轨系数
SWJ	0.142	30.09	0.2807
C_{75}	0.435	43.44	0.3660
LTF	0.122	25.95	0.2219
C_{62A}	0.390	38.16	0.3806

总之,新型重载货车 SWJ 对线路的动力作用,比相同轴重的原有货车 C_{75} 显著减轻,在总体上与我国普通货车 C_{62A} 的水平相当,在许多方面接近于英国先进的低动力作用大型货车 LTF,取得了预期效果。由此说明,在我国研制新一代低动力作用的大型重载铁路货车是经济合理且切实可行的。

14.4.2 我国 25t 轴重低动力作用货车转向架的研制

根据铁道部的安排,我国 25t 轴重低动力作用重载货车的早期试制工作主要在齐齐哈尔车辆厂(现中国北车集团齐齐哈尔车辆有限公司)进行。经过多年探索与实践,先后研制出 25t 轴重的 4E 轴新型重载单元列车敞车和 4E 轴通用型低动力作用大型敞车,其核心是 25t 轴重低动力作用侧架弹性交叉支撑式转向架[6,7]。经过 1995~1998 年间多次试验及改进设计,最后于 1998 年 9 月 6 日试制出新型样机(图 14.10),并于 1998 年 9 月 22~28 日由四方车辆研究所对装用 25t 轴重下交叉支撑式转向架的 C_{76B} 型全钢浴盆专用运煤敞车进行了动力学试验。

图 14.10 25t 轴重下交叉支撑式转向架

25t 轴重货车转向架在设计上所遵循的技术原则是:采用铸钢三大件式转向架;加装侧架弹性交叉支撑装置;采用轴箱弹性定位装置;中央弹簧悬挂采用二级刚度弹簧;采用加宽耐磨斜楔;采用常接触弹性旁承。这些原则总体上与前述分析研讨思路相符,而在一些细节上更趋完善,特别是吸收了美国标准车辆转向架公司(SCT 公司)"BARBER"转向架的优点,加设侧架弹性交叉支撑杆和轴箱橡胶垫,可以有效解决传统三大件式转向架抗菱刚度低和弯曲刚度高的矛盾,从而可望显著改善转向架的运行品质。

如图 14.10 所示,25t 轴重下交叉支撑式转向架为三大件式铸钢结构,主要由侧架、摇枕、侧架弹性交叉支撑装置、减振装置、摇枕弹簧装置、轮对、常接触弹性旁承、基础制动装置和轴箱橡胶垫等组成。其主要结构特点为[7]:

① 在原三大件式转向架两个侧架的下部加装了一套呈 X 形的交叉支撑装置。交叉杆两端通过弹性橡胶垫与侧架连接,既提高了三大件式转向架的抗菱刚度,又具有适当的弹性,同时使转向架具有自对中的作用,从而减少了导轮的冲角,降低轮轨横向动力作用,并能抑制转向架的蛇行运动。

② 采用两系悬挂。如前所述,要降低大型货车对轨道垂向动力作用,必须要减轻其簧下质量,对货车而言最有效的途径是采取轴箱悬挂方式。该转向架在保持原三大件式转向架中央弹簧悬挂基础上增设了一系轴箱悬挂装置,即在承载鞍与侧架间加装了轴箱橡胶垫,虽不如钢弹簧效果好,但其结构简单,在一定程度上

改善了轮轨动力作用性能。摇枕处的二系悬挂采用二级刚度圆柱形螺旋弹簧组、变摩擦阻尼斜楔块减振装置。每个转向架由12个外圆弹簧和12个内圆弹簧组成。

③ 采用常接触弹性旁承，消除横向相对位移，以抑制转向架的蛇行运动，提高横向运行稳定性。

④ 采用磨耗型踏面车轮，以降低轮轨接触应力。

2003年，为了进一步满足大秦重载铁路开行2万t重载列车的需要，株洲车辆厂、齐齐哈尔车辆厂分别研制出25t轴重转K5型、转K6型转向架[8~10]。

转K5型转向架是采用摆式转向架技术研制开发的[9]，转向架结构如图14.11所示，主要由侧架、摇枕、弹簧托板、摇动座、摇动座支承、承载弹簧、减振装置、轮对和轴承、基础制动装置及常接触弹性旁承等组成。该转向架结构类似传统的铸钢三大件式转向架，在原三大件式转向架基础上增加了弹簧托板，弹簧托板把左右摇枕弹簧连接在一起，并通过摇动座坐落在侧架中央承台的摇动座支承上，提高了转向架的抗菱刚度，同时左右侧架通过其顶部导框摇动座分别支承在前后两承载鞍上，使左右两侧架成为横向可同步摆动的吊杆，这种摆动机构增加了车辆的横向柔性，提高了车辆的横向动力学性能。2004年生产的107辆X_{2H}型双层集装箱平车和99辆C_{80}型铝合金运煤敞车上装用了转K5型转向架，2005年生产了300余辆装用该转向架的C_{80}型铝合金运煤敞车。

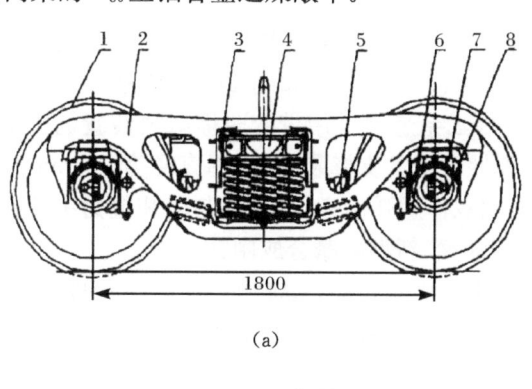

(a)

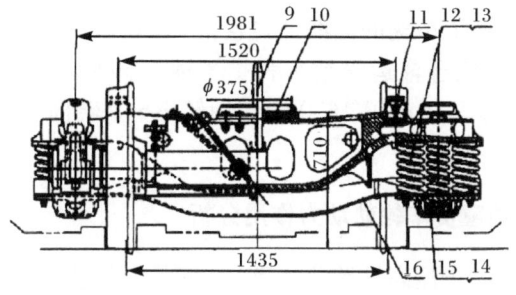

(b)

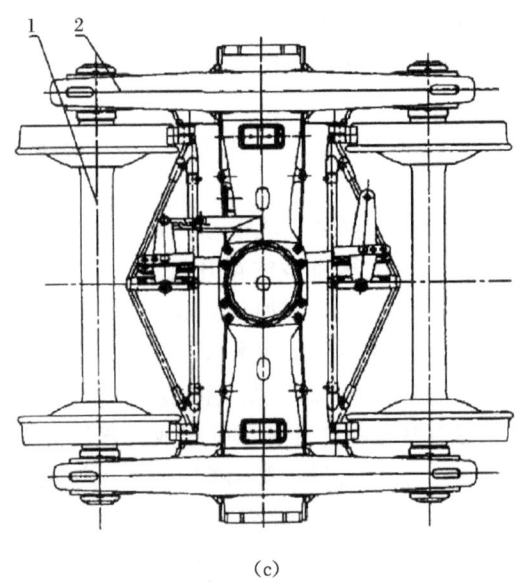

(c)

图 14.11 转 K5 型转向架(单位:mm)

1—轮对;2—侧架组成;3—减振装置;4—摇枕组成;5—基础制动装置;6—挡键;7—承载鞍;
8—滚动轴承装置;9—中心销;10—心盘磨耗盘;11—下旁承组成;12—承载外圆弹簧;
13—承载内圆弹簧;14—弹簧托板组成;15—摇动座支承;16—摇动座

转 K6 型转向架是齐齐哈尔车辆厂基于 25t 轴重下交叉支撑式转向架研究成果而开发的铸钢三大件式转向架[10],如图 14.12 所示。其结构特点是:一系悬挂采用轴箱弹性剪切垫,二系悬挂采用带变摩擦减振装置的中央枕簧悬挂系统,两侧架之间加装侧架弹性下交叉支撑装置,采用直径为 375mm 的下心盘,安装含油尼龙心盘磨耗盘,采用双作用弹性旁承,基础制动装置为中拉杆式单侧闸瓦制动,采用 L-B 型组合式制动梁、新型高摩合成闸瓦。

转 K6 型转向架具有侧架交叉支撑转向架所具有的技术优点,特别是一系悬挂采用轴箱弹性剪切垫,既减小转向架簧下质量,实现了轮轨之间的低动力作用,又实现了轮对的弹性约束,使车辆在直线运行时轮对始终保持正位,通过曲线时轮对有径向趋势,改善了车辆的曲线通过性能,有效地减轻了轮缘磨耗。2004 年生产的 2333 辆 C_{80} 型铝合金运煤敞车和 133 辆 X_{2K} 型双层集装箱平车装用了转 K6 型转向架,2005 年又生产了 1670 辆装用转 K6 型转向架的 C_{80} 型铝合金运煤敞车,均投入实际运营。

14.4.3 我国 30t 轴重货车轮轨动力作用分析

近年来,为了进一步提高铁路货运能力,满足我国重载货车发展要求以及适应客货分线后铁路运输发展的需要,中国北车集团齐齐哈尔车辆厂提出了 30t 轴

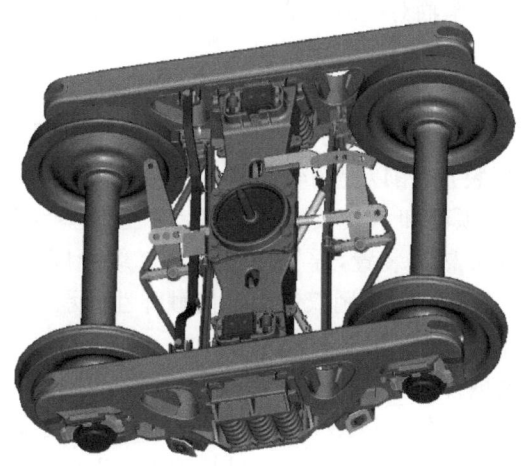

(a) 三维结构图

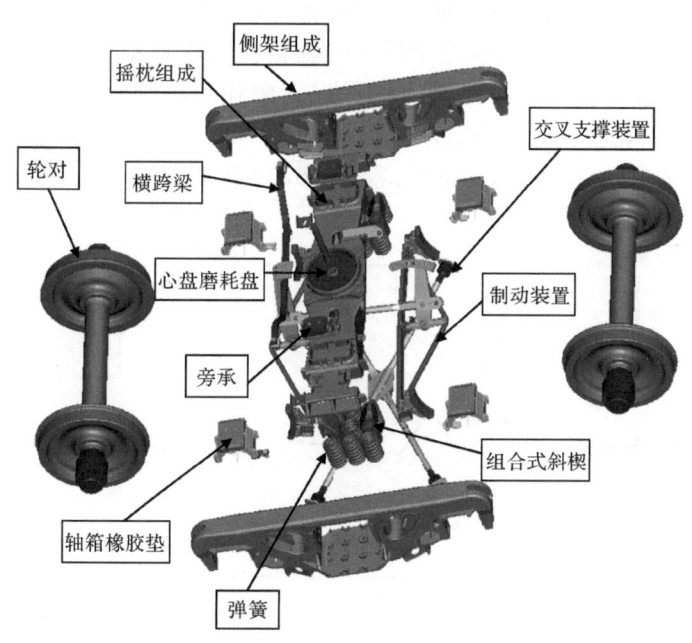

(b) 结构分解图

图 14.12 转 K6 型转向架

重货车转向架的设计方案。30t 轴重货车转向架的设计思路是:从改善轮轨间的动力作用出发,采用合理的轮对弹性定位装置,尽可能降低簧下质量,在提高轮轨垂向动力性能的同时使横向性能也得以改善,以期使 30t 轴重车辆对线路的动力作用尽可能维持在既有车辆对线路的动力作用水平附近,不致对线路结构使用寿命带来不良影响。

30t 轴重重载货车转向架的设计充分吸收了已有 25t 轴重转向架的成功经验,其结构属于带变摩擦减振装置的铸钢三大件式转向架,具有如下特点:采用侧架交叉支撑弹性连杆装置,用以提高转向架的抗菱刚度;一系悬挂采用八字型轴箱弹性橡胶垫(承载鞍顶部和承载鞍两侧都加装了橡胶垫),提供一系弹性定位;二系悬挂采用中央弹簧悬挂装置,摇枕弹簧具有二级刚度,采用变摩擦减振器;上、下心盘间设有尼龙磨耗盘;采用双作用常接触弹性旁承,以增大转向架与车体之间的回转阻力矩。

应用车辆—轨道耦合动力学仿真系统 TTISIM,分析了 30t 轴重重载货车转向架的轮轨动力作用[11],并与 25t、27t 轴重货车转向架的结果进行对比。本节仅以车轮扁疤不平顺激扰下的轮轨动力分析结果为例予以说明。

在车轮扁疤不平顺(扁疤长 50mm)激扰下,30t、27t 和 25t 轴重货车均以 100km/h 速度运行时的轮轨垂向力响应如图 14.13 所示。由图 14.13 可见,30t、27t 和 25t 轴重货车在车轮扁疤激扰下的轮轨垂向冲击力分别达到 293.33kN、254.63kN 和 245.34kN,均小于 P_1 力标准(对磨耗形踏面车轮为 425kN),其中,27t 轴重货车的轮轨垂向动作用力与 25t 轴重货车的基本相当,而 30t 轴重货车作用下的轮轨垂向动作用力明显高于 27t 和 25t 轴重之值,增幅分别约为 15.2% 和 19.6%。

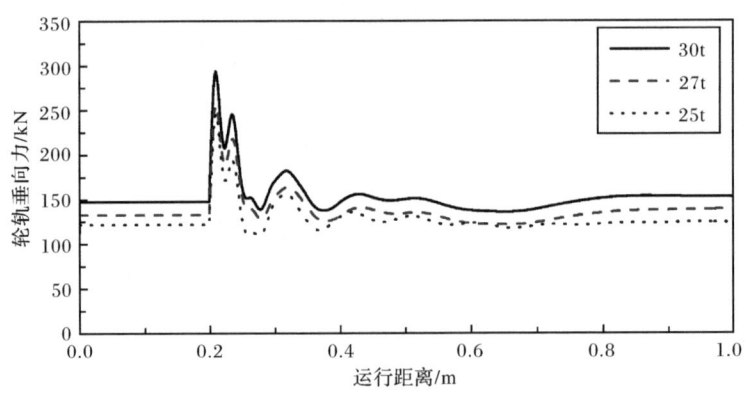

图 14.13　三种轴重下轮轨垂向力响应的对比

图 14.14～图 14.16 分别给出了三种轴重下钢轨、轨枕及道床垂向振动位移响应的对比。由图可见,30t、27t 和 25t 轴重货车作用下的钢轨垂向位移最大值分别是 1.76mm、1.59mm 和 1.45mm,轨枕垂向位移的最大值分别是 1.65mm、1.48mm 和 1.35mm,道床垂向位移的最大值依次是 0.88mm、0.79mm、0.72mm。

由于30t轴重时的轮轨动作用力较27t和25t轴重时有所增大,导致了轨道结构振动位移也相应变大,例如,相对于25t轴重而言,30t轴重货车作用下,钢轨、轨枕及道床振动位移均增加了22%左右。但是,总体而言,三种轴重作用下的轨道结构振动变形仍属同类水平。

图14.17~图14.19对比了三种轴重下轨道结构(钢轨、轨枕、道床)垂向振动加速度响应。总体来看,三种轴重作用下轨道结构垂向振动加速度差异不大。

上述计算结果表明:随着轴重的增加,轮轨垂向动态作用力、轨道结构振动位移及加速度均有不同程度的增大;30t轴重货车作用下的垂向动作用力较25t轴重和27t轴重货车的增幅约为20%和15%;30t轴重货车作用下的轨道结构振动指标值与25t和27t轴重情形时基本类似。

诚然,改善轮轨间的动力作用是一个同时涉及车辆和线路两方面的综合课题,单从某一方面难以达到理想效果,需要车辆研制和线路设计乃至运营管理等部门共同努力。

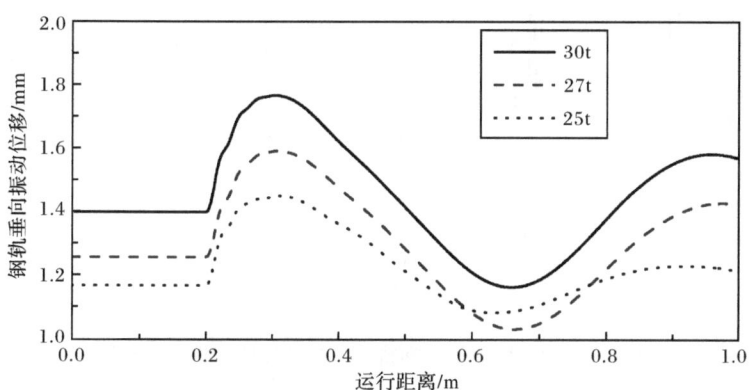

图14.14 三种轴重下钢轨垂向振动位移响应的对比

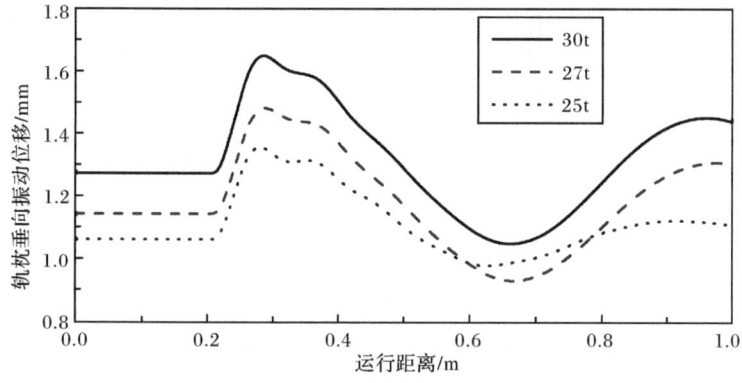

图14.15 三种轴重下轨枕垂向振动位移响应的对比

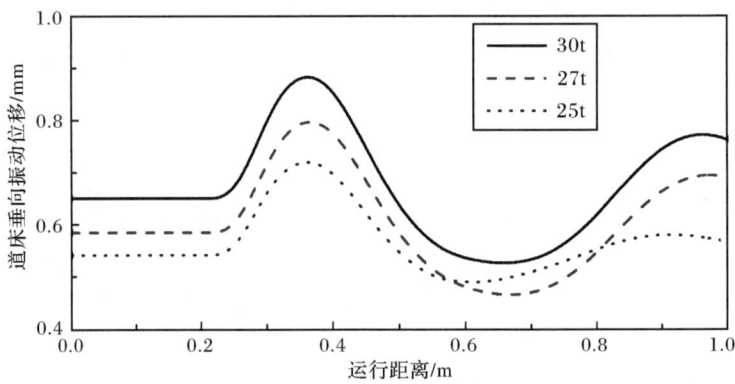

图 14.16 三种轴重下道床垂向振动位移响应的对比

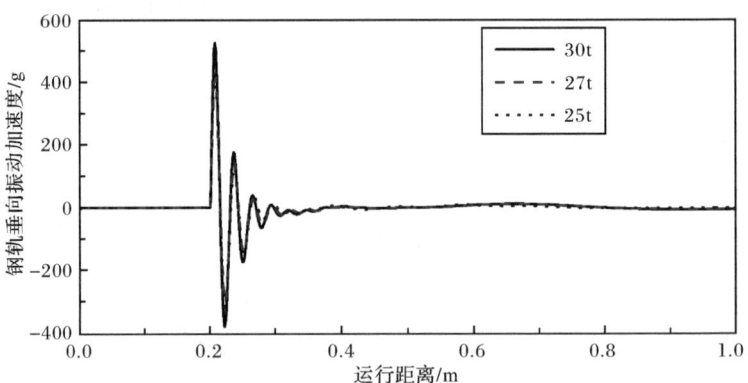

图 14.17 三种轴重下钢轨垂向振动加速度响应的对比

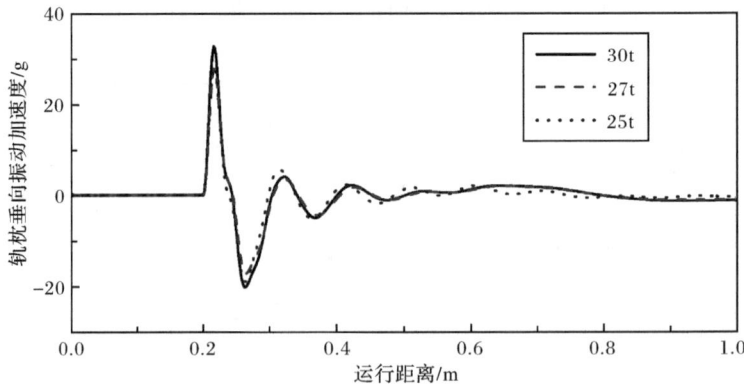

图 14.18 三种轴重下轨枕垂向振动加速度响应的对比

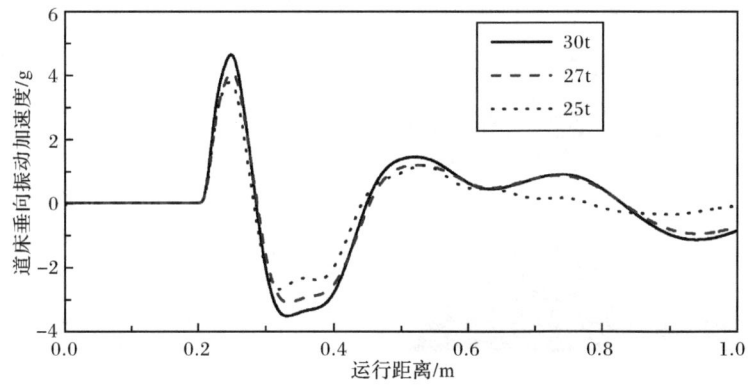

图 14.19 三种轴重下道床垂向振动加速度响应的对比

14.5 重载铁路曲线钢轨侧磨问题及其对策

随着重载铁路运量的不断增大,车辆对轨道结构的破坏作用越益加剧,尤其是在小半径曲线路段,受线路条件的影响,轨道承受着更加复杂的轮轨荷载,经过长期运营,钢轨极易产生严重磨耗,会大大缩短钢轨使用寿命。因此,掌握重载铁路曲线上钢轨磨耗的基本特征并研究提出相应的减磨对策,具有重要的现实意义。

14.5.1 重载铁路曲线段钢轨的磨耗问题

曲线路段钢轨和轮缘的磨耗,是重载铁路运输中长期存在的一个严重问题。以中国西煤东运第二条主干线的朔黄(朔州—黄骅港)重载铁路为例,该线年运量接近 200MGt,轮轨磨耗严重[12],特别是小半径曲线内侧钢轨表层剥落掉块和外侧钢轨侧磨严重,如图 14.20 所示。由图 14.20(c)、(d)可见,外侧钢轨轨头侧面发生十分显著的轮廓变形和金属流失,轨头侧面外形竟与轮缘外形十分吻合。

为了解不同半径曲线钢轨的磨耗情况,作者研究组现场实测了 $R500m$、$R600m$ 和 $R1000m$ 三种半径曲线的钢轨型面,对每条曲线上磨耗严重和非严重区段的钢轨型面分别进行了测量,共计 78 处。图 14.21 所示为朔黄重载铁路曲线段钢轨磨耗量的测量统计结果,可以看出,随着曲线半径的减小,外轨侧磨量迅速加大,$R500$ 曲线的外轨侧磨最严重,最大值达到 22.14mm,$R600$ 曲线次之,最大值为 19.46mm,而曲线半径扩大到 1000m 时,钢轨侧磨量最大值迅速降为 7.05mm。与外轨侧磨量相比,内轨的侧磨量较小(仅 1~2mm)。对于钢轨的垂直磨耗,内、外侧钢轨差异不大,最大垂直磨耗量约为 7mm。可见,朔黄重载铁路小半径曲线钢轨的磨耗突出表现为外轨的侧向磨耗。

(a) 内侧钢轨

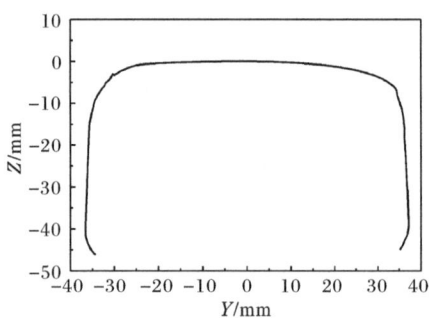

(b) 内侧钢轨实测型面

(c) 外侧钢轨

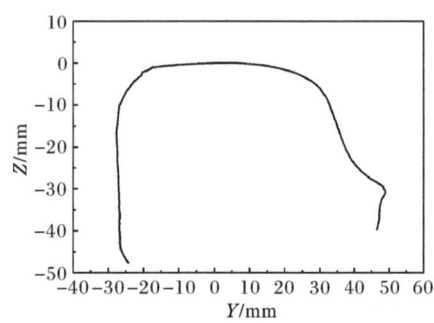

(d) 外侧钢轨实测型面

图 14.20 重载铁路曲线钢轨磨耗

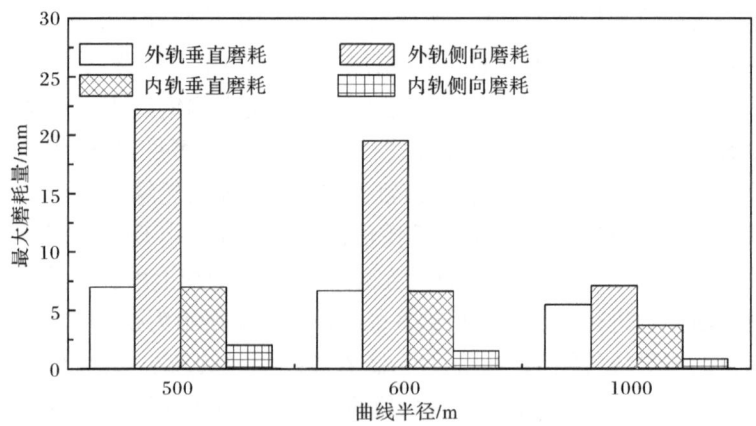

图 14.21 朔黄重载铁路曲线段钢轨磨耗量的测量统计结果

外侧钢轨侧向磨耗后,钢轨侧面与垂直面间的夹角急剧增大,致使钢轨侧面承受的载荷不断增加,钢轨轨头下颚碾堆现象日益严重,钢轨伤损加重。曲线钢轨磨耗大大缩短了钢轨使用寿命,例如,在朔黄重载铁路 500m 半径曲线地段,外股钢轨的使用寿命仅 300MGt 左右。伴随着钢轨侧磨的加剧,线路的检修维护工作量也相应增加,并可导致列车运行速度降低和行车平稳性下降。因此,研究重载铁路小半径曲线钢轨侧磨问题,并寻求减缓曲线钢轨侧磨的有效措施是重载铁路发展中需要解决的一个重要问题。

14.5.2 基于轮轨动态相互作用的曲线段钢轨非对称打磨型面设计原理

针对钢轨侧磨问题,世界各国铁路部门开展了大量研究,提出了多种技术措施,其中,钢轨外形打磨是减缓钢轨磨耗、提高钢轨寿命的有效措施。早在 1970 年,澳大利亚西部铁路打磨公司针对钢轨外形打磨控制轮轨接触力,成功降低了钢轨侧磨[13]。20 世纪 80 年代初,澳大利亚提出了曲线地段钢轨不对称打磨的设想,在纽曼和汉姆斯利两条矿山线上试用成功后,进而推广应用于美国、加拿大等国的铁路上[14]。现今,美国的伯灵顿北方铁路、加拿大太平洋铁路和加拿大国家铁路等采用钢轨打磨技术提高了重载铁路钢轨的使用寿命[14~18]。我国对曲线路段钢轨磨耗问题也进行了相关试验和理论研究[14,17~20],但对钢轨非对称打磨技术的研究才刚刚起步,曲线段钢轨型面的非对称打磨技术尚未在国内铁路中得到实际应用。

为获得适应于特定线路运营条件的理想钢轨打磨型面,需充分掌握相应曲线轨道上的轮轨接触特点及相互作用机制。在曲线上,受车辆条件、轨道结构、线路几何状态和车辆运行速度的影响,轮轨接触点变动范围扩大,轮轨间的动态相互作用更为复杂。曲线上钢轨的侧磨主要是由剧烈的轮轨动态相互作用引起,通过钢轨型面修整最大限度地降低轮轨间的动作用力(特别是横向作用力)能够减缓钢轨侧磨的发展。而欲准确把握轮轨动态作用规律,应综合考虑车辆系统、轨道系统及其相互作用的影响,为此,本节从轮轨动力相互作用关系源头出发,采用第二章介绍的车辆—轨道耦合动力理论及其研究方法,开展钢轨打磨型面设计方法的研究,并以朔黄重载铁路小半径曲线为例,进行钢轨型面设计与打磨实践。

现场调研表明,重载铁路曲线段内、外侧钢轨的磨耗位置及磨耗程度不同,呈明显的非对称状态,这与内、外侧轮轨接触位置及受力特性的不对称性密切相关。为了减缓曲线钢轨侧磨,可根据内、外轨各自的轮轨接触点分布情况和轮轨相互作用特点实施钢轨型面非对称打磨,由此提出的曲线地段钢轨非对称打磨型面设计原理如图 14.22 所示。

曲线钢轨非对称打磨型面设计的具体实施流程为:采用轮轨型面测试仪测量

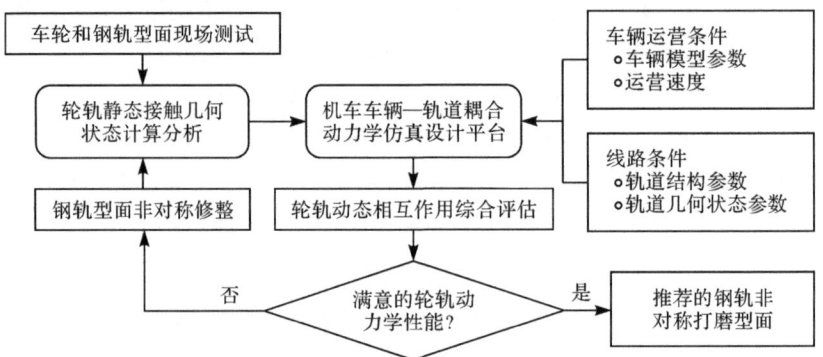

图 14.22 曲线地段钢轨非对称打磨型面设计原理

轮轨型面的实际形貌;针对现场实测的轮轨型面,分析并评价其轮轨接触几何关系特性;将实测的轮轨型面和车辆运营条件、轨道条件一起输入到机车车辆—轨道耦合动力学仿真系统之中,分析预测车辆的曲线通过性能,得出轮轨相互作用性能指标(如轮轨横向力、轮轨磨耗功、轮对冲角等);根据上述动力性能指标评估钢轨型面的合理性;若目前的钢轨型面不能获得满意的轮轨相互作用性能,则对其进行非对称修整设计,重新分析钢轨型面修整后的轮轨接触几何关系,进一步评估其轮轨动力学相互作用性能;如此反复对钢轨型面进行改进设计,直至获得满意的轮轨动力学性能为止,此时的钢轨型面既具有良好的接触几何特性又能保证低的轮轨动力作用,即为推荐的钢轨非对称打磨型面。

钢轨非对称打磨型面设计中涉及多个环节,其中,钢轨型面设计原则、轮轨接触几何关系和曲线上轮轨动态相互作用关系是钢轨型面设计分析的基础。

1. 钢轨型面设计原则

一般而言,曲线轨道上钢轨非对称打磨型面设计应遵循两个基本原则[21]:第一,尽量增大外轮和内轮滚动圆半径差,发挥轮轨间的蠕滑导向能力,确保轮对发生横向大位移时轮轨间产生的纵向蠕滑力能够帮助转向架沿曲线顺利转向,以减小轮对冲角和钢轨侧磨;第二,减小轮轨接触应力,以减轻轮轨表面的滚动接触疲劳。

依据上述基本原则,为获得轮轨型面的合理匹配,设计钢轨打磨型面时需充分了解轮轨型面不同部位的接触特性。通常情况下,轮轨接触点分布可分为五个区域[22],如图 14.23 所示。A 区为轮缘与轨距角接触区;B 区为轮缘根部与钢轨轨距角接触区;C 区为车轮踏面与钢轨顶面的接触区;D 区为车轮踏面外侧与钢轨型面外侧接触区;E 区为车轮踏面外侧与钢轨圆角接触区。

在曲线轨道上,钢轨侧磨发生在外轨的 A 区和 B 区。为减轻外侧钢轨侧磨,

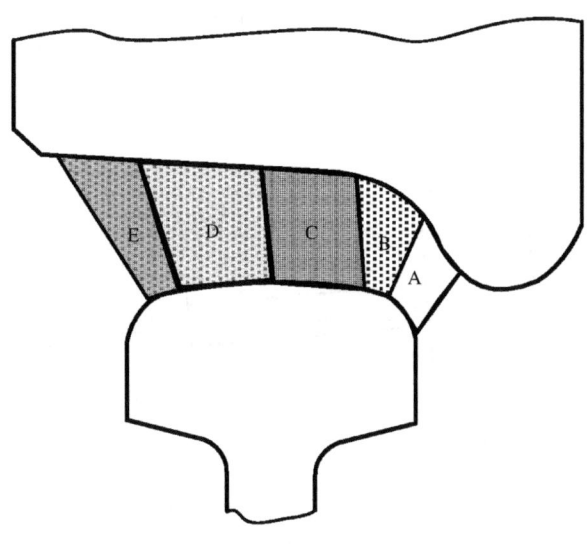

图 14.23 轮轨接触区域

可对外轨的各接触区单独或同时进行不同程度的修整：

① 对外轨 A 区的轨距角处进行打磨，以尽量避免车轮轮缘和轨距角接触。

② 对外轨 B 区进行修整，使得钢轨型面曲率半径和轮缘根部的曲率半径相近，以减少接触点的不连续现象，并提供轮轨间的共形接触，达到降低轮轨接触应力的效果。

③ 修整外轨 C 区，使钢轨型面的曲率半径略小于车轮踏面的曲率半径，减小轮轨接触应力。

④ 打磨外轨 D 区，避免轮轨在 D 区接触并使接触点向 C 区移动，由此增大外轨上车轮的滚动半径，提高轮对的自导向能力。

对于内轨而言，主要表现为垂直磨耗，轮轨接触点主要分布于轨顶区域。为减缓外轨侧磨并控制内轨垂直磨耗的发展，需适当修整内轨的 B 区、C 区，避免轮轨在 B 区接触并使 C 区的接触点尽量向 D 区方向移动，由此能减小内轮的滚动半径；同时修整 D 区，使接触点分布更均匀。

2. 轮轨接触几何关系

钢轨型面修整后能否获得良好的轮轨关系，首先需要分析轮轨静态接触几何关系，掌握钢轨非对称打磨型面的接触几何参数及接触点分布情况。可以采用迹线法计算轮轨静态接触几何关系，通过改变轮对的横向位移，便可获得随轮对横移量变化的轮轨接触点分布。找到接触点后，就能得到用于轮轨接触几何关系分析的轮轨接触参数，如图 14.24 所示，图中，b 为左、右车轮接触点的横向跨距；y_w

为轮对横移量;r_L、r_R为左、右车轮在钢轨上滚动时接触点处的车轮滚动圆半径;δ_L、δ_R为左、右轮轨接触角,即经过轮轨接触点的公切线与车轴中心线的夹角;ϕ_W为轮对侧滚角。其中,滚动圆半径差($r_R - r_L$)是轮轨接触几何关系中的重要参数,对车辆的曲线通过性能影响显著。

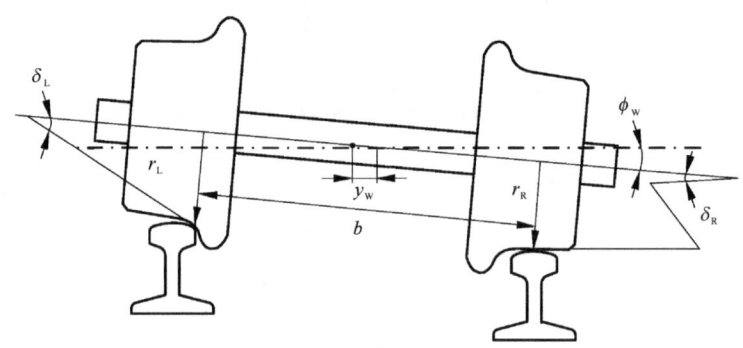

图 14.24　轮轨接触几何参数

3. 曲线上轮轨动态相互作用关系

通过轮轨接触几何关系的匹配设计,可以获得接触几何状态良好的钢轨打磨型面。然而,采用此钢轨打磨型面能否确保实际车辆通过曲线时具备优良的轮轨动态相互作用性能,是必须关注的重要问题,其中,轮轨横向动态作用力是关键,因为它是导致外侧钢轨侧磨的主要因素。车辆通过曲线时,轮对主要依靠轮轨横向力进行导向。以三大件式转向架稳态通过曲线为例(图 14.25),轮对相对纯滚线向曲线外侧偏移时,若轮轨型面能够提供足够的滚动圆半径差,则纵向蠕滑力(F_{xL1},F_{xR1},F_{xL2},F_{xR2})形成的顺时针力矩与横向蠕滑力(F_{yL1},F_{yR1},F_{yL2},F_{yR2})形成的逆时针力矩相等,转向架可在平衡状态下平稳通过曲线。若采用的轮轨型面难以提供足够大的滚动圆半径差而使轮对冲角 α 过大,则横向蠕滑形成的逆时针力矩大于纵向蠕滑产生的顺时针力矩,由此产生了轮缘力 F_R,以使系统达到平衡状态[23]。实际运营过程中,外轨轨头承受着复杂的轮轨横向荷载,当轮缘接触钢轨而发挥导向作用时会引起严重的钢轨侧磨。

实际轨道结构中,钢轨通过弹性扣件连接于轨枕上,轨枕支承于道床上,它们形成一个弹性—阻尼振动系统。在曲线轨道上,外侧钢轨往往承受更大的垂向和横向荷载,相应地会发生较大的横向、垂向位移及扭转变形。钢轨的运动势必改变轮轨的接触位置和轮轨动作用力。因此,需要综合考虑这些因素求解轮轨动态相互作用力,为此可采用车辆—轨道耦合动力学中的轮轨空间动态耦合模型(见第二章第 2.3 节),进行曲线上轮轨动态相互作用计算分析[24]。模型中,左、右侧

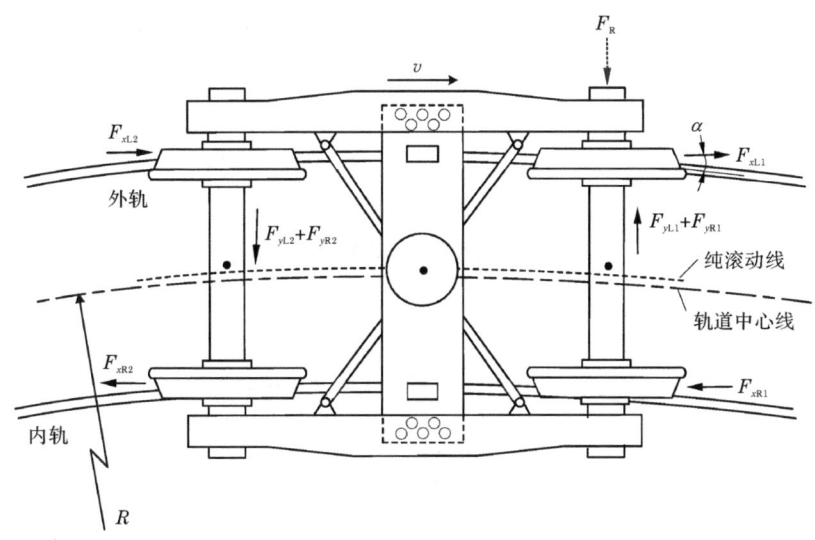

图 14.25 转向架通过曲线时轮对的导向原理

钢轨可根据实际轨道条件及计算需求设置为不同的型面,能够反映钢轨型面形貌特征变化对轮轨动力作用的影响。

14.5.3 钢轨非对称打磨型面设计原理的数值实现

根据上述设计原理和理论基础,可以进行钢轨非对称打磨型面的设计。这里以朔黄重载铁路 600m 半径曲线为例说明其基本设计过程。该曲线段的缓和曲线长 140m,外轨超高 75mm,轨底坡为 1:20。轨道结构为 75kg/m 钢轨,Ⅲ型轨枕,Ⅱ型弹条扣件,0.3m 厚的碎石道床。车辆为 C_{70} 货车(装用 K6 转向架),采用 LM 型车轮踏面。

对于新更换铺设的 75kg/m 钢轨,实测的钢轨型面为标准的钢轨型面,通过对其进行反复的非对称修整设计与分析评估,得到了多个可供选择的钢轨非对称打磨型面,最终以钢轨打磨量较小并能确保最低轮轨动力作用的型面作为推荐的钢轨非对称打磨型面。图 14.26 所示为设计得到的朔黄重载铁路曲线内、外侧钢轨的非对称打磨型面设计尺寸及打磨量。由图 14.26(c)、(d)可以看出,外轨型面的打磨范围较大,打磨区分布在钢轨侧面和轨顶区域;内轨型面只需进行轨顶局部打磨修整。

在决策过程中,将上述内、外轨设计型面作为最终推荐的曲线段钢轨非对称打磨型面,经历了轮轨接触几何关系和轮轨动态相互作用的对比分析两个环节。

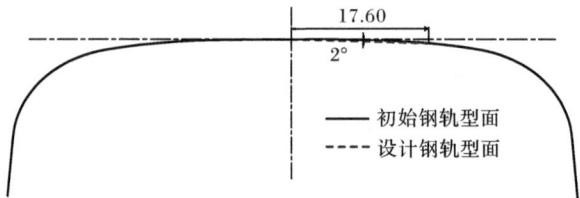

(a) 内侧钢轨型面设计尺寸

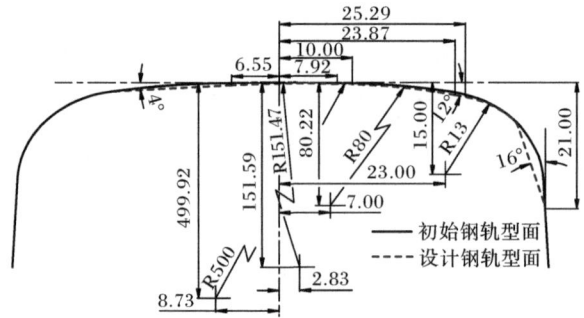

(b) 外侧钢轨型面设计尺寸

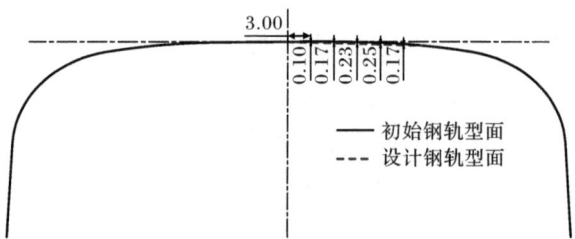

(c) 内侧钢轨型面打磨量

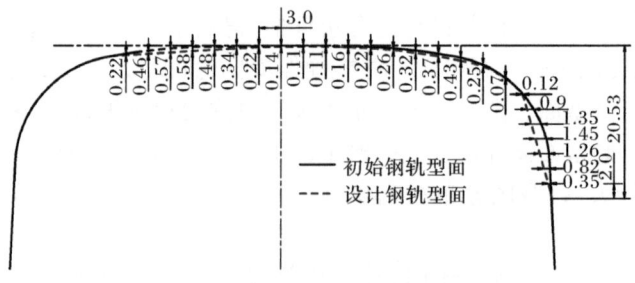

(d) 外侧钢轨型面打磨量

图 14.26　朔黄重载铁路 600m 半径曲线钢轨的非对称打磨型面(单位:mm)

1. 钢轨型面非对称打磨设计前、后轮轨接触几何关系对比分析

根据图 14.26 所示的型面数据,首先进行了钢轨型面设计前、后轮轨静态接触几何关系的分析,包括内、外侧车轮滚动圆半径差、轮轨接触角差及轮轨接触点的分布状态。

图 14.27 和图 14.28 分别为钢轨型面非对称打磨设计前、后的车轮滚动圆半径差和轮轨接触角差随轮对横移量的变化。由图 14.27 可以看出,LM 车轮踏面与标准的 75kg/m 钢轨型面匹配时,轮对横移量达到约 9mm 时左右车轮实际滚动圆半径差迅速增大,表明出现轮缘接触现象。LM 车轮踏面与设计的钢轨型面匹配时,由于左右钢轨型面磨耗的不对称导致车轮滚动圆半径差呈现不对称变化特性,在轮对横移量 $-6\sim-10$mm 范围内,车轮滚动圆半径差大于 LM 车轮踏面与标准钢轨型面匹配时的数值,这种情况下可为车辆顺利通过曲线提供更大的滚动圆半径差,充分发挥轮轨间的蠕滑导向能力。图 14.28 计算结果显示,当 LM 车轮踏面与设计的钢轨型面匹配时,由于左右钢轨型面的不对称性导致轮轨接触角也呈现不对称的变化特性,在轮对横移量 $-6\sim-10$mm 范围内,外侧轮轨接触角呈增大趋势,且接触角差大于标准轮轨型面匹配时的接触角差。这说明,钢轨型面实施不对称打磨设计后,车轮踏面与外侧钢轨顶面接触时,法向力的横向分力可提供适当的导向力,避免轮对的进一步向外横移,降低轮缘和钢轨侧面接触的几率。

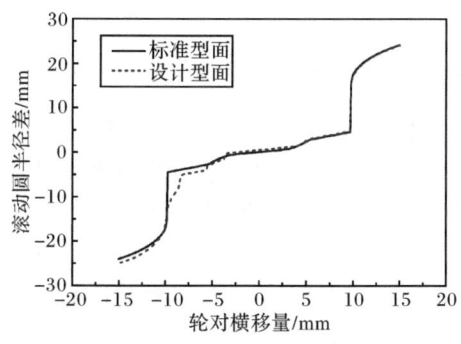

图 14.27 轮对滚动圆半径差随轮对横移量的变化

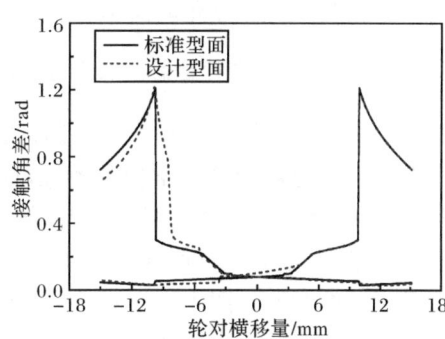

图 14.28 轮轨接触角差随轮对横移量的变化

接触点的分布状态反映了轮轨经常的接触区域,为降低钢轨的侧面磨耗,即使在轮对大横移情况下,亦应尽量避免轨头侧面与轮缘接触。图 14.29 给出了 LM 车轮踏面与钢轨非对称打磨设计前后型面匹配时的轮轨接触点分布比较(轮对向外轨侧横移 0~15mm)。由图 14.29 可见,经非对称打磨设计后,曲线外轨接触点分布范围扩大,对应图 14.23 来看,外轨 D 区中未发生轮轨接触,C 区中的接

触点向轮缘方向移动,减少了轮缘根部 B 区中的接触点不连续现象,而 A 区中的接触点未出现在钢轨侧面,即使轮对产生大的横移量,外轨型面上的接触点仍在轨距角处;内轨上轮轨接触点主要分布于 C 区,但分布更为均匀。

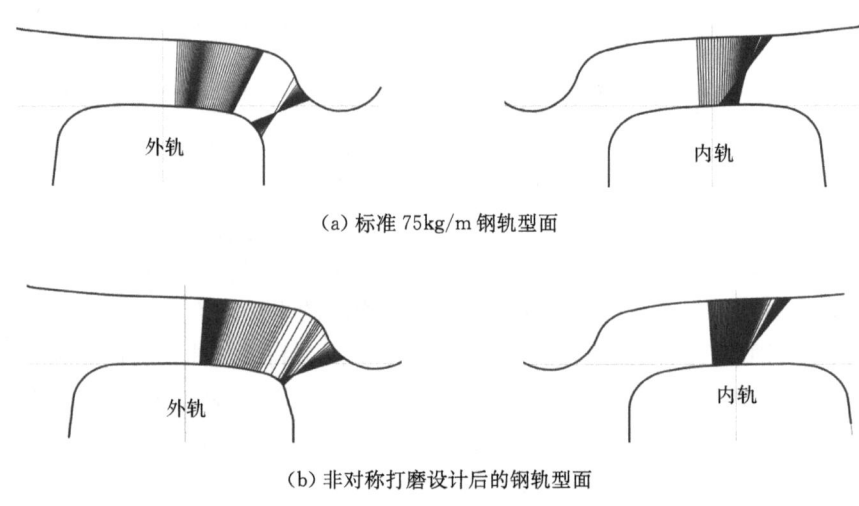

(a) 标准 75kg/m 钢轨型面

(b) 非对称打磨设计后的钢轨型面

图 14.29　轮轨接触点分布比较

非对称设计的钢轨型面可在轮对发生较大横移时提供更大的滚动圆半径差并避免了外轨侧面与轮缘接触,满足钢轨型面非对称打磨设计原则对曲线上滚动圆半径差和接触点分布的要求。

2. 钢轨型面非对称打磨设计前、后轮轨动态相互作用的对比分析

为进一步校核钢轨型面非对称打磨设计对轮轨动力作用的改善效果,应用机车车辆—轨道耦合动力学仿真系统,计算比较了 75kg/m 钢轨非对称打磨设计前后的车辆曲线通过性能。仿真计算条件同前,轨道激励采用该线路上实测的轨道几何不平顺,车辆运行速度为 70km/h。图 14.30 给出了钢轨打磨设计前、后各动力学指标的对比。图 14.30 计算结果表明,在整个曲线段,钢轨打磨设计后轮对偏向曲线外侧的最大横移量降低了 14.6%,轮对冲角最大值减小了 24.5%,表明打磨设计后的钢轨型面有利于防止轮对横移过大而引发轮缘接触,并促使轮对趋于曲线的径向位置。钢轨型面打磨设计后,外轨处的轮轨横向力和磨耗功最大值分别降低了 26.7%和 27%,轮轨横向动力学性能得到改善。

综上所述,钢轨型面非对称打磨设计从理论上可有效改善轮轨接触几何关系进而改善轮轨动力学性能,预计可以达到减缓重载铁路曲线钢轨侧磨的目的。

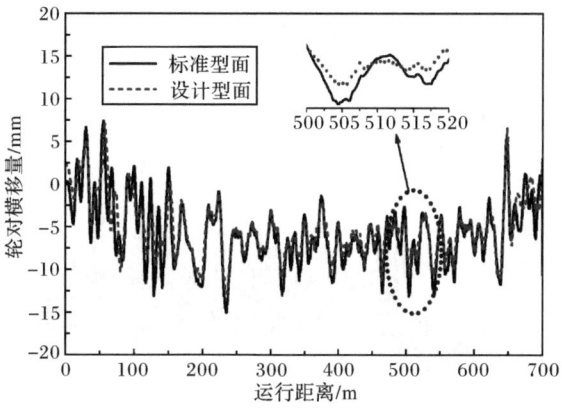

(a) 轮对横移量

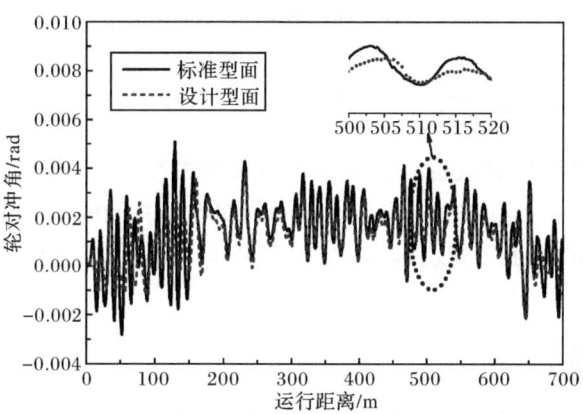

(b) 轮对冲角

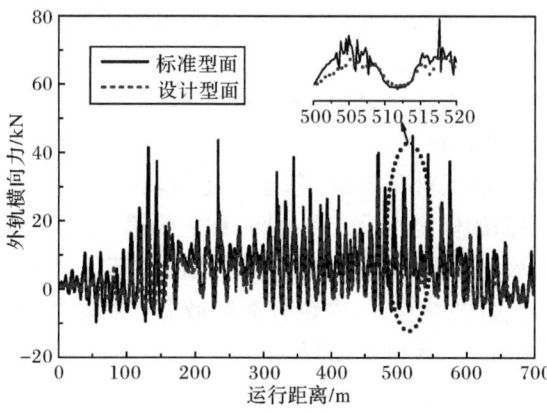

(c) 外轨横向力

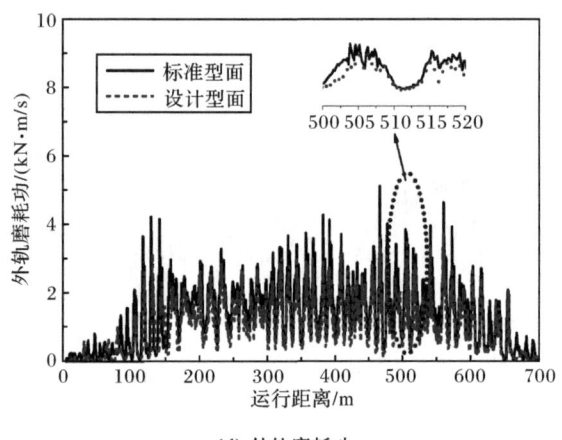

(d) 外轨磨耗功

图 14.30　钢轨型面非对称打磨设计前、后轮轨动力学性能比较

14.5.4　工程实践及其效果

在朔黄铁路发展有限责任公司原平分公司的协助下,作者领导的研究组于 2008 年 8 月在朔黄重载铁路选取与上节中线路条件相同的曲线作为试验段,进行了钢轨型面非对称打磨实践,以期评估钢轨非对称打磨设计型面的实际应用效果。

1. 钢轨型面非对称打磨

根据上节设计的 600m 半径曲线钢轨型面(图 14.26),采用 RR48-HP4 型钢轨打磨列车对试验段曲线内、外侧钢轨型面分别进行了打磨(图 14.31)。打磨后,对试验段曲线钢轨型面进行了历时八个多月的定期跟踪测试。图 14.32 所示为跟踪测试的钢轨型面磨耗发展变化情况,从图中可以看出,经过八个多月的运营,试验段曲线外侧钢轨出现了一定程度的侧向磨耗,且侧向磨耗速率有进一步加大的趋势,钢轨垂直磨耗量较小。

为了及时控制钢轨磨耗的发展,基于上述钢轨型面非对称打磨设计原理,我们又进行了钢轨型面的修复性设计和打磨,称之为第二次钢轨非对称打磨设计型面,如图 14.33 所示。此次打磨,外轨集中在轨顶大部分区域,对应于图 14.23 中 C、D 两个接触区,且打磨量较大;内轨打磨区域分布在轨距角到轨顶中心线的范围内,即图 14.23 中的 A、B 和 C 接触区。

图 14.31 钢轨型面现场打磨

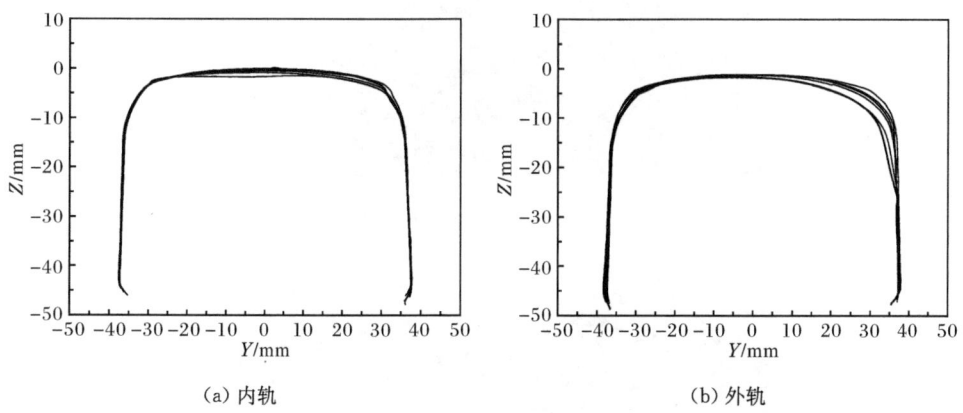

(a) 内轨　　　　　　　　　　　　(b) 外轨

图 14.32 试验段钢轨第一次非对称打磨后钢轨型面的磨耗变化

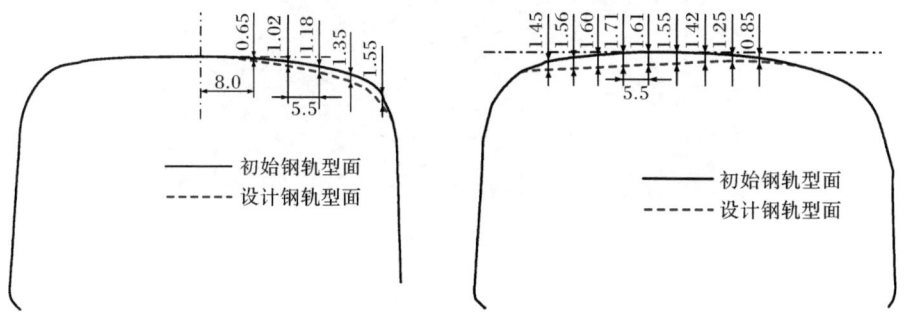

(a) 内侧钢轨型面　　　　　　　　(b) 外侧钢轨型面

图 14.33 朔黄重载铁路 600m 半径曲线钢轨第二次非对称
打磨设计型面(修复性设计)(单位:mm)

2. 动力学性能的现场测试

为了检验钢轨型面打磨设计后的轮轨动力学性能,在朔黄重载铁路型面试验段曲线上进行了轮轨动力学性能现场测试,图 14.34 为轨道结构动态位移测试和轮轨力测试传感器的布置照片。

(a) 轨道结构动态位移测试

(b) 轮轨力测试

图 14.34 试验段轨道动力性能测试

测试中,测取了轮轨垂向力、轮轨横向力、钢轨横向位移、轨距动态扩大量等反映曲线轮轨动力学性能的技术指标,并与钢轨型面打磨前测试的轮轨动力学性能指标进行了对比。作为示例,图 14.35 给出了试验段曲线钢轨第二次打磨前、后轮轨横向力、轮轨垂向力、钢轨横向位移和钢轨垂向位移的测试结果对比。由图 14.35 可以看出，在相同车型和运行速度条件下，钢轨按非对称设计型面打磨后测取的轮轨动力学性能指标均优于钢轨打磨前测取的值，外侧轮轨横向力和钢轨横向位移分别较打磨前平均降低了 8% 和 26% 左右，轮轨垂向力和钢轨垂向位移则分别较打磨前平均降低 9% 和 24%。由此证明，试验段曲线钢轨按设计方案进行非对称打磨后，减轻了重载铁路轮轨横向动态相互作用，改善了轮轨动态性能。

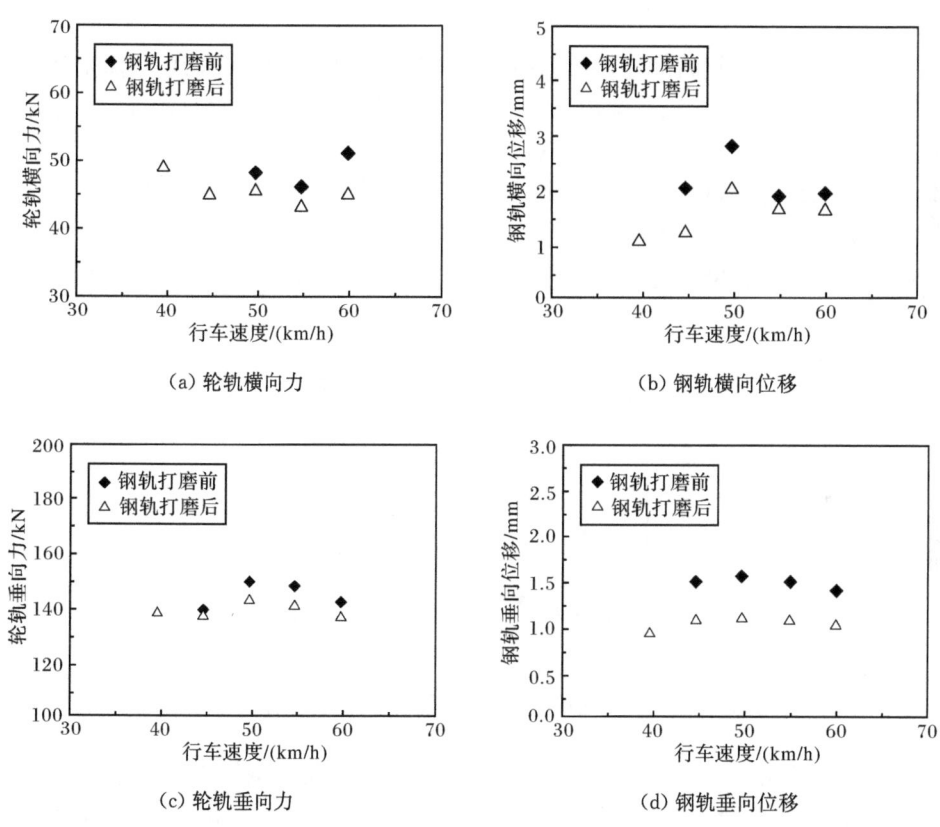

图 14.35 试验段钢轨打磨前后曲线外侧轮轨动力学指标测试结果的对比

3. 钢轨磨耗状况现场测试

为了进一步探明钢轨型面改进设计后的减磨效果，在该试验段设定了一系列钢轨型面观测点，对钢轨磨耗进行定期测量，如图 14.36 所示。在试验曲线的内、外轨处共设立了 176 个测点，测点之间纵向间距一般为 10m，缓和曲线上适当加密测点。跟踪测试时间间隔前期为 1 个月左右，后期为 2 个月，测试历时共计 16

个月。通过型面测试,得到了各测点处钢轨磨耗量的发展变化数据。

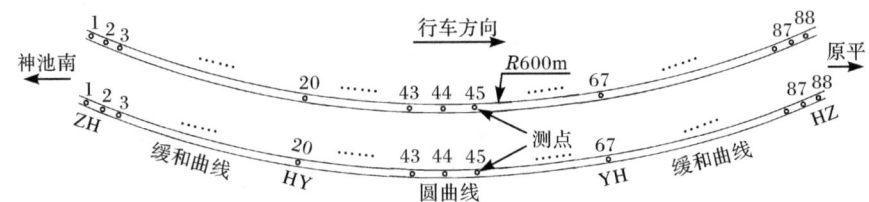

图 14.36　试验段钢轨型面观测点的设置

通过对各测点钢轨磨耗量数据的统计分析,获得了试验段曲线上钢轨的总体磨耗情况,结合各测点钢轨磨耗量的历史记录数据,得到了钢轨打磨前、后其磨耗状态的演变规律,进而可对钢轨非对称打磨型面的实施效果作出评价。以试验段曲线上圆曲线外侧钢轨的侧磨为例,图 14.37 给出了外轨侧磨量与线路通过总重的变化关系,图中同时给出了外轨侧磨量的历史统计数据。数据对比显示,试验段曲线钢轨型面打磨后,圆曲线处外侧钢轨的侧磨量平均降低了 30%～40%。

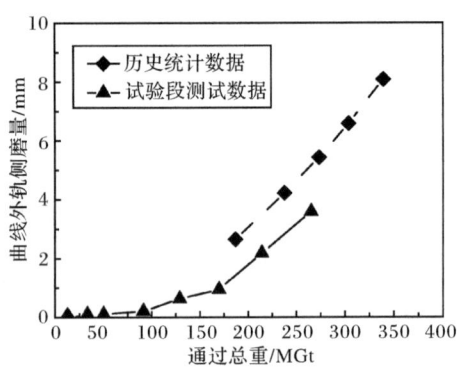

图 14.37　试验段曲线外轨侧磨量及其与历史统计数据对比

以上理论分析与工程实践结果均表明,重载铁路曲线钢轨采用所设计的非对称打磨型面后,显著改善了轮轨动力性能,有效降低了曲线轨道钢轨的侧磨,验证了基于轮轨动力相互作用的钢轨非对称打磨型面设计原理的有效性。

参 考 文 献

[1] 翟婉明,严隽耄,孙翔. 大型货车对线路的动力影响研究. 西南交通大学学报,1993,(5):37～41
[2] 曾树谷. 重载轨道结构的动力试验. 铁道学报,1988,10(2):66～77
[3] Singh S P, Punwani S K. Vehicle/track performance guidelines for heavy-haul (39-ton axle

load) service. In:Proceedings of the 5th International Heavy Haul Railway Conference, Beijing,June,1993

[4] Smith B, Harding A. Low track force bogie widens options. Railway Gazette International, 1988,144(9):589~593
[5] 沈志云.低动力作用货车转向架动力性能的研究.西南交通大学学报,1991,(1):5~13
[6] 李渝生,朱公然.25t 轴重低动力作用转向架的研究与开发.铁道车辆,1998,36(2):16~20
[7] 赵文洪.25t 轴重下交叉支撑式货车转向架的研制.铁道车辆,2000,38(8):25~27
[8] 杨爱国,邵文东.我国货车转向架的现状与发展趋势.铁道车辆,2005,43(6):1~6
[9] 姜瑞金,王海荣.转 K5 型转向架.铁道车辆,2005,43(2):7~8,24
[10] 李立东,杨爱国.转 K6 型转向架的研制.铁道车辆,2005,43(10):22~26
[11] 王开云,翟婉明.大轴重货车车辆轮轨动力作用研究.TPL-2011-05.成都:西南交通大学牵引动力国家重点实验室,2011
[12] 朔黄重载铁路轮轨关系及延长钢轨使用寿命研究课题组.朔黄铁路现场调查测试报告.北京:中国铁道科学研究院,2007
[13] Zarembski A M. The evolution and application of rail profile grinding. AREA, Bulletin, 1988:149~168
[14] 刘学毅,孙国瑛.不对称打磨技术减缓钢轨侧磨效果初探.中国铁路,1993,(10):12~14
[15] Sato Y. Design of rail head profiles with full use of grinding. Wear,1991,144:363~372
[16] Frick A. Rail grinding operations in Sweden. Track & Signal,2007,11(4):16~19
[17] 贺振中.国外钢轨打磨技术的应用与思考.中国铁路,2000,(9):38~40
[18] 金学松,杜星,郭俊,等.钢轨打磨技术研究进展.西南交通大学学报,2010,45(1):1~11
[19] 雷晓燕.钢轨打磨原理及其应用.铁道工程学报,2000,(1):28~33
[20] 王文健,陈明韬,郭俊,等.高速铁路钢轨打磨技术及其应用.西南交通大学学报,2007, 42(5):574~577
[21] 龚积球,谭立成,俞铁峰.轮轨磨损.北京:中国铁道出版社,1997
[22] Longson B H, Lamson S T. Development of rail profile grinding at Hamersley Iron. In:Proceedings of the 2nd International Heavy Haul Railway Conference,1982,372~379
[23] International Heavy Haul Association. Guidelines to Best Practices for Heavy Haul Railway Operations: Wheel and Rail Interface Issues. Princess Anne: Virginia Beach,2001
[24] Zhai W M, Wang K Y, Cai C B. Fundamentals of vehicle-track coupled dynamics. Vehicle System Dynamics,2009,47(11):1349~1376

第十五章 山区铁路小半径曲线轮轨动态相互作用

山区铁路曲线多、半径小,轮轨横向动态相互作用强,行车安全问题突出。本章结合我国西南山区铁路实际,介绍采用车辆—轨道耦合动力学理论与轮轨动态作用现场试验技术,开展山区铁路小半径曲线轮轨相互作用及轨道结构强化改造的应用研究与实践。

15.1 我国山区铁路小半径曲线轨道动力问题

山区铁路地势险要,桥隧相连,坡度大,曲线多。以成都铁路局管辖内铁路为例,共有曲线 6675 个,累计里程近 2500km,占正线的 46%,而半径小于 600m 的曲线竟有 4099 个,其中半径在 300m 左右的曲线很多,最小曲线半径仅 177m。列车通过小半径曲线的时速极低,以前一般只有 40~50km,成为限制山区铁路运能的关键因素。

长期以来,我国山区铁路小半径曲线普遍采用木枕轨道结构(图 15.1),技术标准低,在大运量、高密度运营动荷载作用下,这种薄弱结构出现了一系列突出的动力问题:轨道结构振动剧烈,钢轨、轨枕、扣件破损失效严重(图 15.2),道床翻浆冒泥,线路变形恶化,轨道几何尺寸难以保持,缩短了设备的使用寿命,增大了线路日常养护维修费用,严重影响列车运行的平稳性和不间断性,给行车安全造成极大隐患。

图 15.1 山区铁路小半径曲线轨道

图 15.2　山区铁路小半径曲线木枕轨道结构伤损状态

此外,小半径曲线轨道上轮轨滚动接触疲劳破坏变得越来越严重,轮轨滚动接触疲劳破坏现象主要表现为曲线内侧钢轨压溃(图 15.3)和曲线外侧钢轨侧磨(图 15.4)。压溃破坏形式主要发生在曲线低股钢轨上,轨头挤压成蘑菇状,导致这种损伤的可能有如下主要因素:钢轨材料强度过低,硬度不足,车轮作用在低轨顶部载荷较大。曲线外轨侧磨主要是轮对通过曲线时车轮轮缘贴靠钢轨内侧产生滚滑作用而引起,当轨道曲线半径较小时,车轮和钢轨往往发生两点接触或"共形"接触,发生两点接触时,一个接触点在轮缘根部和钢轨顶面之间,形成第一个接触斑,该接触斑主要承受轮重和横向载荷,另一个接触点出现在轮缘和钢轨内侧面,它到第一个接触斑有一定距离,这样容易发生滚滑现象,使钢轨侧面发生较严重的磨损。

因此,对小半径曲线进行强化改造,成为山区铁路扩能提速的根本任务,这是涉及列车通过曲线速度、运行安全性与经济性的重大课题。以往,尽管对曲线轨道特别是小半径曲线轨道也曾采取过多种强化措施,如上下股钢轨加设轨撑、加密轨距拉杆、增设护轨、加大铁垫板等,但尚未找到一种全面系统、经济有效的加强途径。

15.2　山区铁路小半径曲线轮轨相互作用特征

由于山区铁路曲线半径小,其轮轨横向相互作用较大半径曲线及直线轨道更为突出,因此对小半径曲线轮轨相互作用特征进行研究将为山区铁路提速安全改造工程提供理论基础,具有重要意义。

轮轨相互作用特征主要体现在静态轮轨接触几何关系、动态轮轨接触几何关

图 15.3　曲线低股钢轨内侧压溃

图 15.4　曲线高股钢轨侧磨

系及轮轨动态相互作用力等方面,本节将运用机车车辆—轨道耦合动力学理论及其仿真软件 TTISIM,对上述特征逐一予以分析。

然而,如何精确获取轮轨型面数据,这是研究实际轮轨相互作用特征的基础和关键。国内外有关轮轨型面测试仪器较多,其中丹麦的 MiniProf 是目前最成熟、可靠的轮轨型面测量仪器之一。我们运用 MiniProf 对山区铁路小半径曲线实际运营的轮、轨型面分别进行了实地测量,图 15.5 是一组测试结果(图中实线),钢轨型面测试选在成渝(成都—重庆)线小半径曲线轨道的圆曲线上,而车轮为重庆车辆段内需要进行镟修的货车车轮(主要在山区铁路中运营)。可见,在山区铁路小半径曲线处出现了较为严重的钢轨侧磨现象[图 15.5(b)],与此同时也出现了严重的轮缘磨耗[图 15.5(a)]问题。

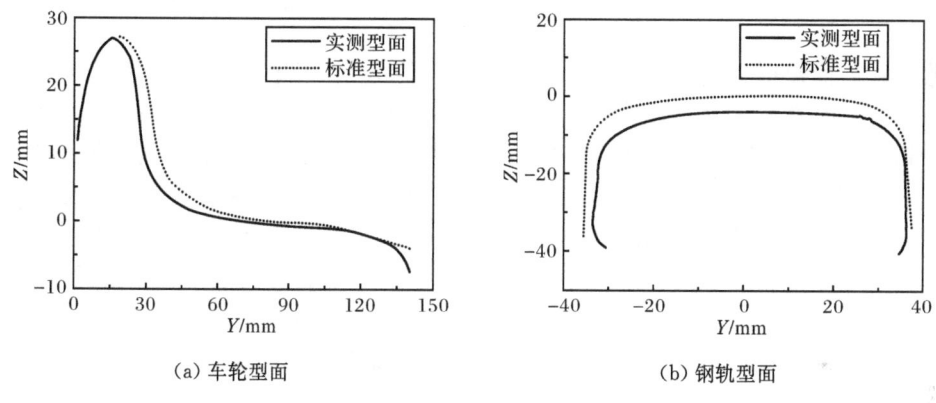

(a) 车轮型面　　　　　　　　　(b) 钢轨型面

图 15.5　实测的山区铁路小半径曲线轮轨型面

15.2.1　静态轮轨接触几何特征

静态轮轨接触几何特征是车轮踏面与钢轨轮廓几何匹配状况的直观反映,其计算精度直接影响轮轨动力学性能计算结果的可靠性。本节采用迹线法对山区铁路小半径曲线实测车轮踏面与钢轨型面的轮轨接触几何关系进行计算[1]。计算时,取实测车轮名义直径 820mm,轮对摇头角 0°,轮缘内侧距 1353mm,轨距 1435mm,轨底坡设置 1∶40。

根据图 15.5 实测轮轨型面数据,计算得到静态轮轨接触几何关系如图 15.6 所示,图中纵坐标的起始刻度位置分别设为车轮轮缘内侧、钢轨顶面下 16mm 内侧。

从图 15.6(a)可以看出,当轮对横向位移为 0 时,即轮对的中心与轨道中心线重合时,左、右侧车轮踏面上的接触点到相应车轮内侧的距离分别是 54mm 和 61mm。当轮对横向位移为 6.5mm 时,左、右侧的接触点出现了突变的现象,右侧的接触点开始到达轮缘根部。随着轮对横向位移的进一步增加,右侧始终保持轮

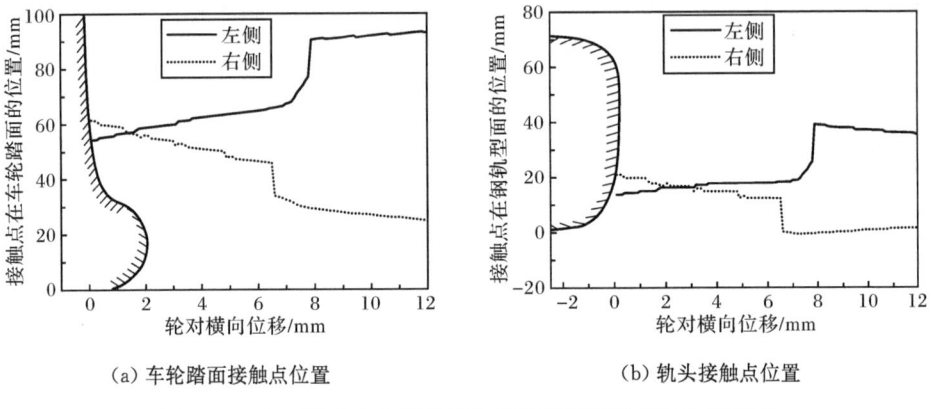

图 15.6 山区铁路小半径曲线实测轮轨型面的接触几何关系

缘接触。而根据文献[2]的结果,理想的 LM 车轮与 60kg/m 钢轨配合,轮对横向位移为 0 时左右车轮上接触点的距离相等,均为 65mm,右侧车轮出现轮缘根部接触钢轨时所需轮对横向位移约为 9mm。由此表明,采用实际磨耗后的车轮型面数据与采用理想的标准型面数据,计算得到的车轮踏面上接触点位置具有较大差异。另外,从车轮踏面等效锥度这一重要的轮轨接触几何参数来看(该参数对机车车辆的运行品质有较大影响),差异也较大,如当轮对横向位移很小(接近 0)时,由于标准型面下左右侧车轮滚动圆半径十分接近,因此其等效锥度值较小;而实测型面的左右轮滚动圆半径差较大,因而车轮等效锥度值较大。

图 15.6(b)反映了左右侧轨头接触点位置随轮对横向位移变化情况。当轮对横向位移为 0 时,左、右侧轨头接触点到钢轨内侧的距离分别是 13mm 和 21mm,而标准型面下的值均为 25mm[2],由此亦可说明,采用实际磨耗后的钢轨型面数据与采用理想的标准型面数据计算,钢轨轨头上接触点位置差异较大,尤其是左侧钢轨更加明显,差幅达 12mm 之多。当轮对横向位移达到 6.5mm 以后,右侧钢轨上接触点出现在侧面,而标准型面的接触几何关系出现这种现象时所需轮对横向位移为 9mm 左右,因此,实际磨耗后的轮轨型面更易出现轮缘与钢轨侧面接触的现象,这将进一步加剧钢轨侧面磨耗,降低钢轨的使用寿命。

由此可以说明,从静态轮轨接触几何关系角度来看,山区铁路小半径曲线实际磨耗后的轮轨型面匹配时易出现轮缘接触钢轨的现象,因此会进一步加剧轮轨之间的侧磨。

15.2.2 轮轨动态相互作用特征

1. 动态轮轨接触几何关系

动态轮轨关系是相对于传统车辆动力学理论中关于"钢轨静止不动"的假设

而言的。为了探明山区铁路小半径曲线轨道实测轮轨型面的动态接触几何关系，不失一般性，以我国铁路主型货车 C_{62A} 以 65km/h 速度通过小半径($R=350$m)曲线轨道的工况为例，其中，车轮踏面及钢轨轨头均采用实际测量得到的型面，轨道谱采用我国干线实测轨道不平顺。

其他相关计算参数设置如下：

① 轮轨几何参数，根据实测结果，车轮名义直径为 820mm，轮缘内侧距为 1353mm，轨距 1435mm，轨底坡设置为 1∶40。

② 曲线轨道的参数，曲线半径为 350m，缓和曲线长为 100m，曲线外轨超高为 120mm。

③ 轨道结构，60kg/m 钢轨，铺设Ⅲb-C 新型混凝土枕，普通碎石道砟道床。

图 15.7 给出了车辆通过整个曲线轨道时左、右侧车轮上接触点位置变化情况。可见，在车辆通过曲线的全过程中，外侧车轮(图中的左侧)踏面上接触点处于名义滚动圆和轮缘根部之间，当轮对由直线进入缓和曲线后，接触点由滚动圆位置向轮缘根部移动，当轮对进入圆曲线后，出现了轮缘根部接触钢轨的现象，且几乎所有的接触点均落在轮缘上，轮对过了圆缓点后，随着运行距离的增加，接触点慢慢地由轮缘根部重新回到名义滚动圆位置附近；对于内侧(右侧)车轮，在曲线通过过程中，接触点均出现在车轮踏面上，距车轮内侧面 60~85mm 范围内。

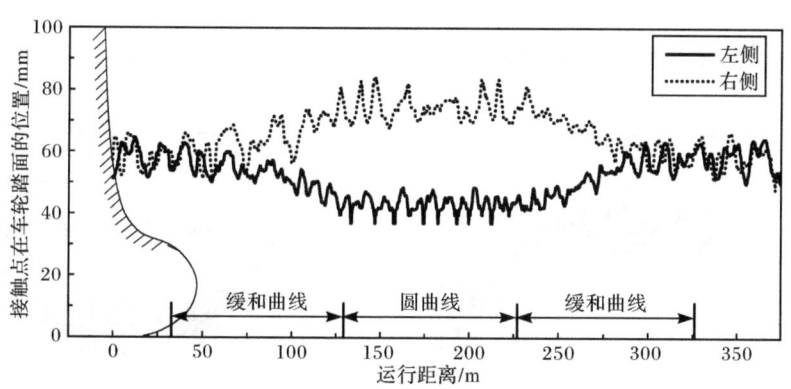

图 15.7　车辆通过小半径曲线时车轮踏面接触点位置的变化

关于钢轨轨头上接触点位置，其变化规律与车轮上的类似，需要特别指出的是，当轮对进入圆曲线后，外股钢轨上的接触点几乎都出现在钢轨内侧面上。

2. 轮轨横向动态相互作用特征

为了考察山区铁路小半径曲线上轮轨横向相互作用特征，这里以成渝线某实际曲线为例加以计算分析。线路条件如下：曲线半径为 287m，曲线总长为 237m，缓和曲线长为 70m,外轨实设超高为 125mm,曲线轨距加宽为 15mm;轨道配置为 60kg/m 钢轨、Ⅲ b-C 型混凝土枕、普通碎石道砟道床;牵引机车为 SS$_3$ 型电力机车。

图 15.8～图 15.11 分别给出了机车通过整个曲线时轮轴横向力、轮对横向位移、轨距动态扩大量及钢轨扭转角(翻转角)的变化情况。

据图 15.8～图 15.11 中结果可知:

① 机车通过小半径曲线轨道时,轮轨横向力变化非常剧烈(图 15.8),尤其是在圆曲线上更加明显,轮轴横向力普遍达到 50kN 左右,个别地段峰值达到了 75kN。其主要原因是,机车通过小半径曲线时外侧车轮不可避免地贴靠曲线外轨,从而产生了剧烈的横向相互作用。

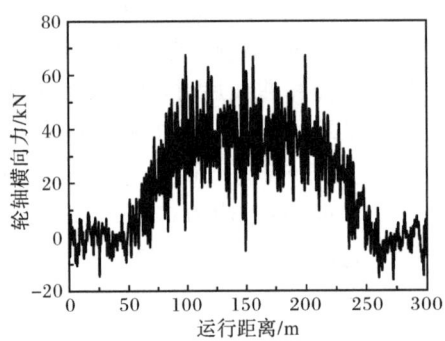

图 15.8 轮轴横向力的计算结果

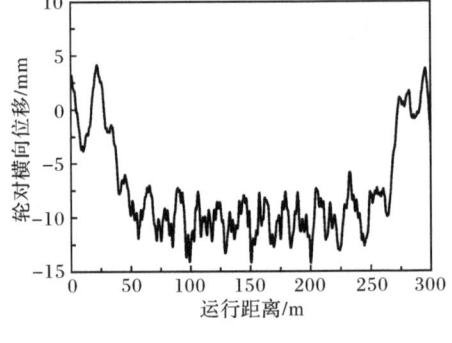

图 15.9 轮对横向位移的计算结果

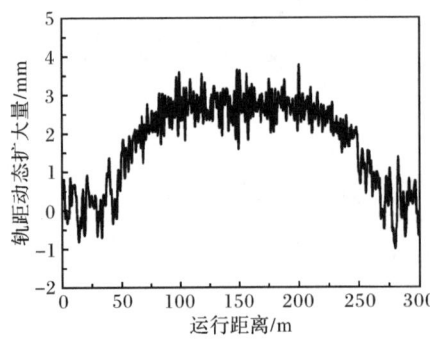

图 15.10 轨距动态扩大量的计算结果

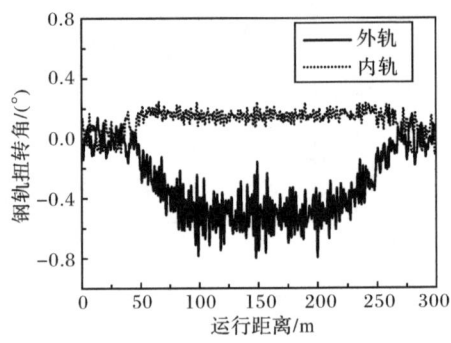

图 15.11 钢轨扭转角的计算结果

② 在离心力的作用下,机车通过小半径曲线轨道时,轮对迅速偏离轨道中心线向曲线外侧(图 15.9)横向移动,在圆曲线上外侧车轮贴靠钢轨,轮对横移量达到最大,本工况约为 14mm。

③ 在轮轨横向力的作用下,曲线轨道内外侧钢轨将出现横向动态弹性变形,

进而导致轨距动态扩大,图 15.10 显示,小半径曲线上会出现较大的轨距动态扩大量,本工况的最大值达到 3.5mm。

④ 图 15.11 表明,在较大的轮轨横向力作用下,曲线轨道的内、外侧钢轨将发生扭转变形,曲线外轨绕截面中心线向左侧扭转(负号表示),内轨绕截面中心线向右侧扭转(正号表示),最大扭转角(约为 0.8°)出现在圆曲线地段外侧钢轨上。

15.3 山区铁路小半径曲线安全改造对策及实践效果

近年来,为了解决西南山区铁路小半径曲线养护维修工作量大、运行速度低、行车安全性差的问题,在铁道部科技研究计划项目支持下,成都铁路局组织技术力量,与西南交通大学合作,对小半径曲线强化改造技术进行了深入研究,结合实际运用条件提出了一系列强化改造技术方案,通过理论分析和现场试铺试验,最终得出了安全、经济的山区铁路小半径曲线强化改造配套技术措施[3]:

① 采用 60kg/m PD3 离线淬火钢轨。
② 采用 2.5m 长Ⅲb-B、Ⅲb-C 型特制混凝土轨枕。
③ 采用施必牢螺母及配套螺栓冻结钢轨接头。
④ 采用 14mm 厚的高弹性轨下胶垫。
⑤ 设置防脱护轮轨装置。

本节概要介绍铁道部科技研究计划项目"山区铁路小半径曲线轨道强化技术的试验研究"成果[4~6],采用机车车辆—轨道耦合动力学理论与轮轨动态作用现场试验技术,分别从理论分析和试验考核两个方面,对比分析山区铁路小半径曲线轨道强化前和强化后的轮轨动力性能及轨道结构动力性能,以说明最终强化技术方案的实际效果及运用可靠性,亦为全面推广山区铁路小半径曲线轨道强化技术提供理论与试验依据。

15.3.1 强化前后轮轨动力性能的理论分析

运用机车车辆—轨道耦合动力学理论,对山区铁路小半径曲线轨道各种强化技术方案的轮轨动力性能进行了仿真计算,并与强化前木枕轨道结构的动力性能进行了细致的对比分析。这里仅以一种强化方案(即采取铺设Ⅲb-C 型混凝土枕及其配套措施的方案,曲线轨道设置条件与第 15.2.2 节第 2 小节相同)为例,介绍强化前后小半径曲线轮轨动力作用的理论计算结果,并进行对比分析。

1. 强化前后轮轨动态安全性指标的计算结果及对比分析

当不同类型机车车辆分别以不同速度(50~68.5km/h)通过强化前、后小半径曲线轨道时,轮轴横向力、轮轨垂向力、轨枕支点压力、脱轨系数和轮重减载率等安全性指标最大值的理论分析结果如表 15.1 所示。

表 15.1 强化前、后不同机车车辆的轮轨动态安全性指标最大值的理论分析结果

理论计算指标		机车	货车	客车
轮轴横向力/kN	强化后	75.21	69.77	48.02
	强化前	71.59	57.95	45.98
轮轨垂向力/kN	强化后	201.47	153.26	126.16
	强化前	169.78	127.19	125.95
轨枕支点压力/kN	强化后	66.98	44.83	35.21
	强化前	55.53	42.98	34.08
脱轨系数	强化后	0.83	0.69	0.63
	强化前	0.79	0.64	0.62
轮重减载率	强化后	0.48	0.48	0.46
	强化前	0.43	0.41	0.44

由表 15.1 可见:

① 小半径曲线轨道强化后,机车、货车和客车的轮轴横向力最大值分别为 75.21kN、69.77kN 和 48.02kN,均小于各自的安全限值;与强化前的结果对比可知,强化后的轮轴横向力略大于强化前的值。

② 从轮轨垂向力指标来看,强化后的值较强化前的有所增加,其中机车和货车轮轨垂向力增幅为 20% 左右,而客车轮轨垂向力增幅很小;在整个计算速度范围内,机车车辆与强化前、后曲线轨道之间的轮轨垂向力均在允许限度之内。

③ 对于轨枕支点压力,强化后的值也大于强化前的值,其中机车作用下的增幅为 20% 左右,而货车和客车作用下的增幅甚微。

④ 机车车辆通过强化前、后小半径曲线轨道时的脱轨系数和轮重减载率基本相同,均小于各自的安全限值。

综上所述,对小半径曲线轨道进行强化改造后,由于轨道刚度有所增大,机车车辆对轨道的垂向力、横向力有所增加,但轮轨动态安全性指标均满足行车安全标准,且与强化前的指标属相同等级。

2. 强化前后轨道结构位移的计算结果及对比分析

(1) 钢轨横向位移

在仿真计算速度范围内,机车、货车及客车通过强化前、后小半径曲线轨道时的钢轨横向位移随速度变化趋势分别如图 15.12～图 15.14。

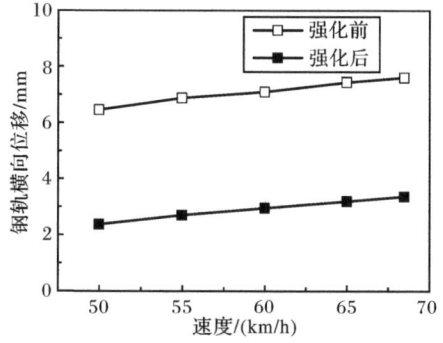
图 15.12 机车作用下钢轨横向位移与速度的关系

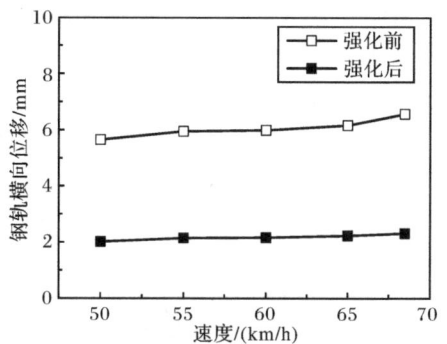
图 15.13 货车作用下钢轨横向位移与速度的关系

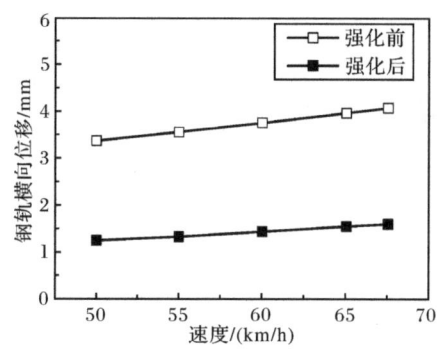
图 15.14 客车作用下钢轨横向位移与速度的关系

由图可见,各个速度下,无论是机车、货车还是客车通过曲线时,强化后的钢轨横向位移较强化前的均有大幅度下降,前者仅为后者的 1/3 左右,例如:在 65km/h 速度下,机车作用下强化后线路的钢轨横向位移为 3.2mm,而强化前木枕线路的钢轨横向位移达到 7.45mm;货车作用下强化前、后钢轨横向位移分别为 6.17mm 和 2.23mm,后者仅为前者的 36%。

(2) 轨距动态扩大量

图 15.15～图 15.17 给出了机车、货车及客车通过强化前、后曲线轨道时轨距动态扩大量的速度效应。由图可见,各个速度等级下,强化后线路的轨距动态扩大量均较强化前有大幅度下降,降幅达 60%～70%,例如,在 60km/h 速度下,机车作用下强化前的轨距动态扩大量为 10.6mm,而强化后仅为 3.79mm,轨距动态扩大得到了有效控制。

(3) 轨枕横向位移

机车、货车及客车通过强化前、后曲线轨道时轨枕横向位移随速度的变化关系

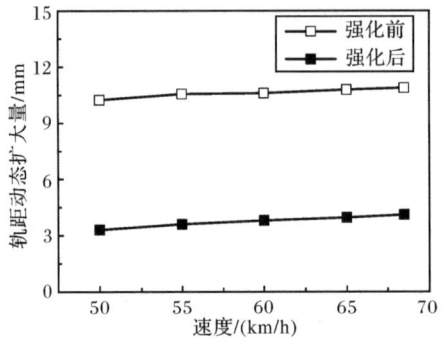

图 15.15　机车作用下轨距动态扩大量与速度的关系

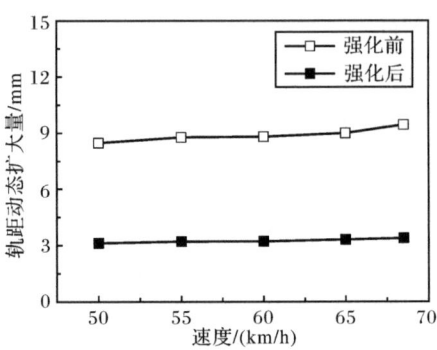

图 15.16　货车作用下轨距动态扩大量与速度的关系

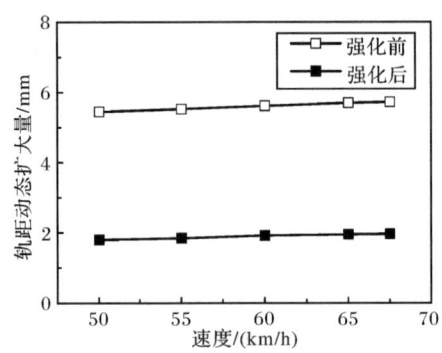

图 15.17　客车作用下轨距动态扩大量与速度的关系

分别如图 15.18～图 15.20 所示,图中结果也表明强化后线路的轨枕横向位移较强化前要小,减小幅度一般在 10%～20% 之间。

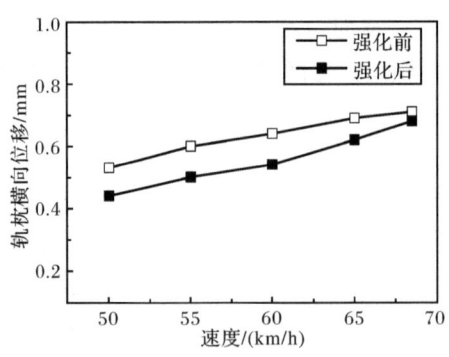

图 15.18　机车作用下轨枕横向位移与速度的关系

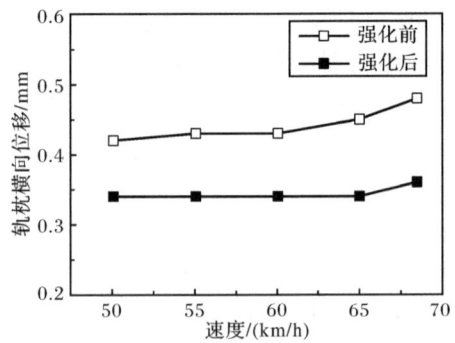

图 15.19　货车作用下轨枕横向位移与速度的关系

第十五章 山区铁路小半径曲线轮轨动态相互作用

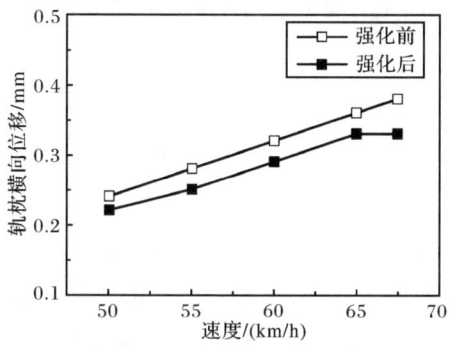

图 15.20 客车作用下轨枕横向位移与速度的关系

3. 强化前、后轨道结构振动加速度的计算结果及对比分析

SS_3 机车以不同速度通过强化前、后曲线轨道时,钢轨及轨枕垂向振动加速度的理论计算结果如表 15.2 所示。表中的结果表明:在各个速度等级下,强化后的钢轨垂向振动加速度略大于强化前的相应值,增加量均在 10g 以内,例如,在最低行车速度 50km/h 条件下,强化后和强化前的加速度值分别是 36.45g 和 30.11g,前者较后者增加了 6g 左右,在最高速度 68.5km/h 条件下,强化后的钢轨垂向加速度为 56.83g,较强化前的值增加了 1.5g;对于轨枕振动加速度,强化后的值小于强化前的值,减小幅度在 25%～65% 之间。

表 15.2 机车以不同速度通过强化前、后曲线轨道时轨道结构加速度的理论分析结果

速度/(km/h)		50	55	60	65	68.5
钢轨垂向振动加速度/g	强化后	36.45	43.54	47.79	49.42	56.83
	强化前	30.11	34.68	38.73	42.34	55.38
轨枕垂向振动加速度/g	强化后	3.02	3.21	3.37	2.47	3.82
	强化前	4.03	5.88	5.99	6.39	6.64

表 15.3 给出了 C_{62A} 货车以 50～68.5km/h 速度通过强化前、后曲线轨道时的钢轨及轨枕垂向振动加速度的理论计算结果。对于钢轨垂向振动加速度,强化后的值较强化前的稍大,增大量皆在 5g 左右;就轨枕振动而言,在所有速度下,强化后的加速度值小于强化前的相应值,减小量为 1.5g 左右。

表 15.3　货车以不同速度通过强化前、后曲线轨道时轨道结构加速度的理论分析结果

速度/(km/h)		50	55	60	65	68.5
钢轨垂向振动加速度/g	强化后	26.58	31.03	35.17	39.97	42.5
	强化前	23.78	25.94	30.67	36.58	37.34
轨枕垂向振动加速度/g	强化后	1.89	2.34	2.58	2.95	3.21
	强化前	2.79	3.44	3.88	4.67	4.80

表 15.4 列出了 YZ_{22} 客车以不同速度通过强化前、后曲线轨道时的钢轨和轨枕垂向振动加速度的理论计算结果。对比表中的结果，可以发现：在计算速度范围内，强化后的钢轨振动加速度较强化前的相应值有所增加，增加量在 3g 以内；而强化后的轨枕垂向加速度值小于强化前的相应值，减小量在 1.2g 以内。

表 15.4　客车以不同速度通过强化前、后曲线轨道时轨道结构加速度的理论分析结果

速度/(km/h)		50	55	60	65	68.5
钢轨垂向振动加速度/g	强化后	13.61	14.96	18.46	20.47	21.52
	强化前	11.62	13.32	15.59	18.00	18.64
轨枕垂向振动加速度/g	强化后	1.76	2.12	2.52	2.83	2.99
	强化前	2.4	3.04	3.07	4.01	4.12

15.3.2　强化前、后轮轨动力性能的现场试验分析

在成都铁路局协助下，西南交通大学于 2003 年 4 月在成渝线永州工务段 K444 处和成都工务段 K70 处，分别实施了不同线路条件下山区铁路小半径曲线轮轨动态相互作用现场试验，以期最终评估新型强化轨道结构的实际效果，具体试验情况详见文献[5]。本节拟以 K444 试验段[一半未强化(铺设木枕)，另一半进行了强化改造(铺设Ⅲb-C 新型混凝土枕)]为例，并着重介绍 SS_3 机车通过时(该工况下动力作用最强)的轮轨动力性能测试结果。

1. 强化前、后轮轨力的测试结果及对比分析

当机车以不同速度通过强化前(木枕线路)、后(混凝土枕线路)的小半径曲线轨道时，轮轨垂向力、轮轨横向力及轮轴横向力等动作用力指标最大值的测试结果如图 15.21 所示。

对比可知，机车通过木枕(强化前)轨道结构时轮轨相互作用力要略小于新型混凝土枕(强化后)轨道结构的相应值，例如，木枕条件下的轮轨垂向力、轮轨横向力及轮轴横向力最大值分别为 163.99kN、109.25kN 和 74.57kN，而混凝土枕下最大值分别是 171.47kN、127.31kN 和 88.29kN。

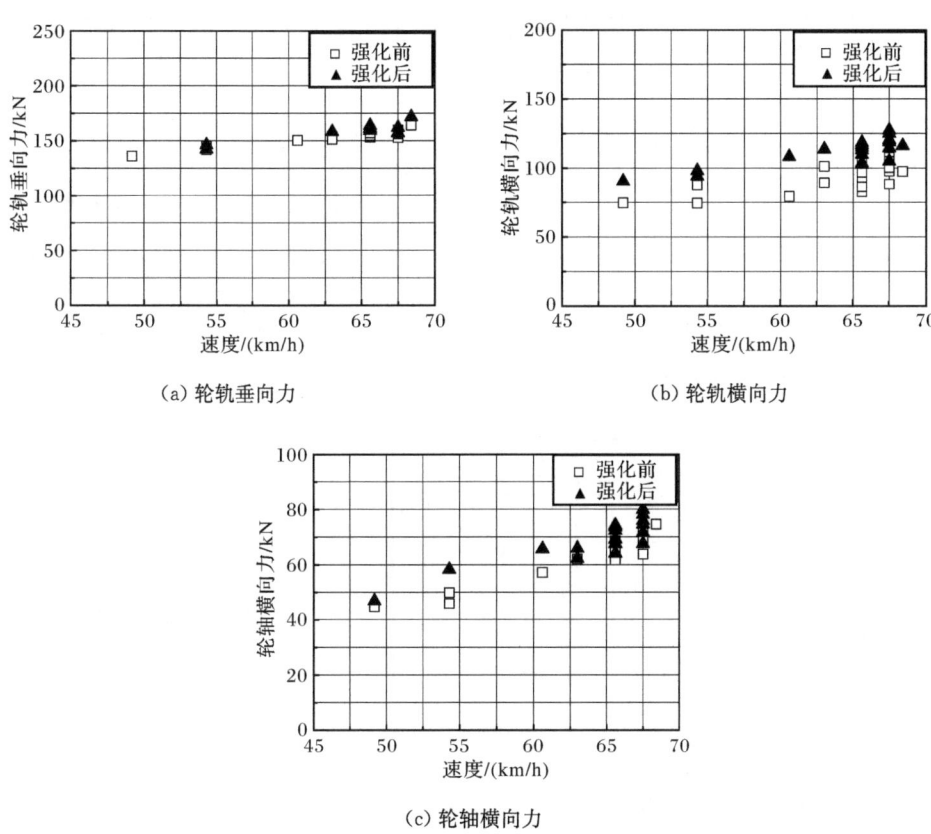

图 15.21 强化前、后轮轨相互作用力的测试结果对比

2. 强化前、后轨道结构动态位移的测试结果及对比分析

机车以不同测试速度(49.5～68.5km/h)通过测试断面时,钢轨垂向位移、钢轨横向位移、轨距动态扩大量及轨枕垂向位移的实测最大值随速度变化关系的实测结果如图 15.22 所示。

据图 15.22 中结果可知:线路强化后钢轨垂向位移较强化前的要小,二者最大值分别为 2.08mm(强化后)和 2.31mm(强化前),强化后较强化前降低 10%;在整个测试速度范围内,强化后钢轨横向位移最大值为 3.45mm,强化前的相应值是 6.78mm,强化后较强化前下降幅度达 40.3%;强化后轨距动态扩大量较强化前有十分显著的下降,强化后仅为强化前的 1/3 左右;强化后轨枕垂向位移也较强化前要小。

以上实测结果表明,采取强化技术措施后,所有轨道结构位移均减小,变形得到了有效地控制,尤其是钢轨横向位移及轨距动态扩大量的控制效果最为明显。

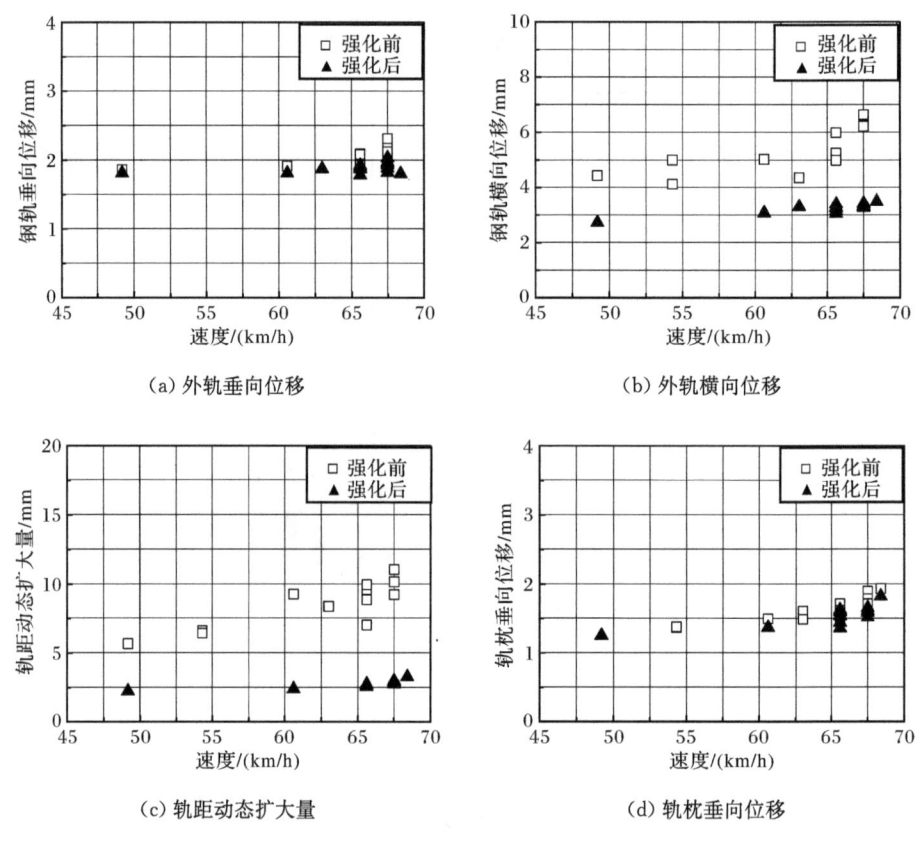

图 15.22　强化前、后轨道结构动态位移的测试结果对比

3. 强化前、后轨道结构振动加速度的测试结果及对比分析

表 15.5 列出了机车以 49.5～68.5km/h 速度通过测点时钢轨与轨枕垂向振动加速度实测最大值的统计结果。

表 15.5　强化前、后轨道结构振动加速度最大值的测试结果对比

线路条件	强化前线路	强化后线路
钢轨垂向振动加速度/g	49.66	58.37
轨枕垂向振动加速度/g	5.89	4.12

对比可知：混凝土枕线路钢轨垂向振动加速度最大值为 58.37g，略大于木枕条件下的相应值(49.66g)；对于轨枕振动，二者之对比情况与钢轨的相反，即木枕的加速度(5.89g)略大于混凝土枕的加速度(4.12g)。该结果表明强化前后轨道结构振动加速度变化不大。

上述各项现场试验结果均与理论计算结果取得了较好的一致性。

15.3.3 工程应用实践效果

理论与试验结果均表明,采用Ⅲb型枕配套强化技术可以有效控制轨道结构变形,增强线路稳定性,因而能够减少线路养护维修工作量,提高列车运行安全性和平稳性。

目前,该项技术已在西南山区铁路成渝线、黔桂线、川黔线、湘黔线、贵昆线等干线全面推广使用,取得了良好效果,如图15.23所示。十多年的运用实践证明,该项技术大大提高了小半径曲线轨道强度与安全性,有效提高了山区铁路运能,特别是使整个西南山区铁路小半径曲线地段的列车通过速度普遍提高30%左右,取得了很好的经济和社会效益。

(a) 整体场景

(b) 钢轨接头局部

图15.23 山区铁路小半径曲线轨道配套强化技术措施的应用实践效果

参 考 文 献

[1] 王开云,翟婉明. 实测型面的轮轨接触几何关系研究. 西南交通大学学报,2005,(增刊):51~56
[2] 王开云,翟婉明,蔡成标. 轮轨型面及系统参数对轮轨空间接触几何关系的影响. 铁道车辆,2002,40(2):14~18
[3] 王斌. 山区铁路曲线轨道综合强化技术的理论与实践. 铁道标准设计,2005,(3):65~67
[4] 西南交通大学列车与线路研究所. 山区铁路小半径曲线强化轨道强度与动力性能的理论分析与研究. TTRI-2003-12. 成都:西南交通大学,2003
[5] 西南交通大学列车与线路研究所. 山区铁路小半径曲线强化轨道的动力试验. TTRI-2003-11. 成都:西南交通大学,2003
[6] 王开云,翟婉明,刘建新,等. 山区铁路小半径曲线强化轨道动力性能. 交通运输工程学报,2005,5(4):15~19

第十六章 地铁线路轮轨动态相互作用

现代社会城市规模不断扩大,由此带来的交通拥堵问题日渐突出。地铁与轻轨交通以其运量大、运行准时、乘坐方便舒适等优势成为缓解现代城市交通压力、解决大城市交通拥堵的主要途径。本章在介绍地铁线路结构特点的基础上,着重针对地铁线路的常用减振结构——钢弹簧浮置板轨道的动力特性、地铁线路钢轨焊接接头区的轮轨动力问题,以及地铁线路极小半径曲线地段的行车安全问题,运用车辆—轨道耦合动力学理论进行分析评估。

16.1 地铁线路的特点及其动力学问题

世界上首条地铁出现在英国伦敦,随后在法国、德国等欧洲大陆以及美洲和亚洲大陆的中心城市广泛修建地铁线路,目前已有43个国家的118个城市建有地铁。我国地铁建设始于20世纪50年代,已有60年的发展历程。随着当今中国城市面临的道路拥堵、环境污染和道路安全等问题的日益突出,地铁环保性、便捷性及安全性的认可度逐年提升。2011年度《上海市第四次交通调查研究报告》显示,上海市地铁交通承担公共出行的分担率已经达到35%。

另据我国《交通运输"十二五"发展规划》,未来十年,中国将建成7395km地铁线路。预计到2020年,中国将有33个城市拥有177条地铁线。以上海地铁为例,其第一条线路于1995年4月10日正式运营,是继北京地铁、天津地铁建成通车后我国内地投入运营的第三个城市地铁交通系统。截止2012年1月1日,上海地铁交通路网已开通运营11条线、287座车站,运营里程达420km,位居世界第一,而其近期及远期规划的里程分别是510km和970km。

中国城市地铁交通建设已进入黄金发展期,有很大的发展空间。

16.1.1 地铁轨道结构的特点

地铁与普通铁路轨道结构有许多共性,但也有其特殊性。其特殊点是列车密度较大,启动、制动频繁,因此它需要符合四项基本技术要求:一是轨道结构整体性好,具有坚固性、稳定性和耐久性,还要有适量的弹性;二是尽量减少轨道日常维修工作量,延长大、中修周期;三是钢轨扣件的构造力求简单,强度高,弹性好,且需有一定的轨距、高低调整量;四是满足地铁对轨道绝缘、减振和降噪的要求,减少对周围环境的干扰。

以下将从地铁线路钢轨、扣件及道床结构等方面逐一进行简要介绍。

1. 地铁线路钢轨

地铁正线一般地段宜采用 60kg/m 钢轨的无缝线路。个别路段可依据近、远期规划,经技术经济比较也可采用 50kg/m 钢轨。

2. 地铁线路扣件

城市地铁地面线使用的钢轨扣件基本上是铁路定型扣件,但为了满足城市地铁交通地下线、高架线的不同要求,需自行设计专用扣件。在城市地下线、高架线上一般铺设混凝土整体道床,整体道床刚度大,轨道弹性主要依靠扣件及橡胶垫板提供,因此扣件应具有较好的弹性,以减少列车荷载冲击。扣件垂向静刚度一般为 20~50kN/mm,其中地面线扣件垂向静刚度为 30~50kN/mm,高架线与地下线扣件垂向静刚度为 20~40kN/mm,并且动静刚度比要求控制在 1.4 以下。

我国已建和在建的城市地铁交通铺设的扣件种类较多,除天津地铁 1 号线铺设刚性扣板式扣件外,其他均铺设弹性扣件。扣件大致可分为有挡肩、无挡肩,分开式、不分开式,有 T 型螺栓、无 T 型螺栓等几大类型。弹条形式则主要有 ω 形和 e 形弹条两种。其中,有螺栓的弹条主要包括 Ⅰ、Ⅱ 型弹条以及桥上小阻力弹条等,均为 ω 形弹条;无螺栓的弹条主要包括 PR 弹条、Ⅲ 型弹条和 D Ⅰ 弹条等,如图 16.1 所示。目前趋向采用无挡肩、弹性分开式、无 T 型螺栓的 e 形弹条扣件。下面简要介绍我国城市地铁中的常用扣件与特殊扣件类型。

(a) 有螺栓 ω 形弹条扣件

(b) 无螺栓 e 形弹条扣件

图 16.1　地铁线路弹条主要形式

(1) 地铁线路常用扣件

表 16.1 详细列出了我国地铁交通中常用的扣件类型及其使用情况。1967 年在北京地铁一期、二期工程中采用的是 DT Ⅰ 型扣件。与 DT Ⅰ 型扣件相类似，后面又陆续出现了 DT Ⅲ、DT Ⅲ 2、DT Ⅵ 型扣件，它们都是有挡肩、弹性分开式、有 T 型螺栓的国铁弹条扣件。DT Ⅵ 及其发展出来 DT Ⅵ 1，DT Ⅵ 2，DT Ⅵ 3 型是无挡肩、弹性分开式、无 T 型螺栓的 D Ⅰ 弹条扣件，其中 DT Ⅵ 2 型扣件具有较大的轨距和高低调整能力，因此它在地铁交通地下线中得到广泛应用，如图 16.2 所示。DT Ⅶ 2 型扣件是为上海地铁 2 号线高架线路专门设计的无挡肩、弹性分开式、有 T 型螺栓的扣件，如图 16.3 所示，主要用于地铁交通高架线。WJ-2 型扣件是无挡肩、小阻力弹性分开式、有 T 型螺栓的扣件，它是在国铁Ⅲ型弹条基础上开发的，其结构组成如图 16.4 所示，同样主要用于地铁交通高架线。与 WJ-2 型扣件的结构型式相似，WJ-3 型扣件主要适用于 60kg/m 钢轨的地下线。单趾弹簧扣件是无挡肩、弹性分开式、无 T 型螺栓的扣件，所采用的弹条为 PR 弹条，如图 16.5 所示。

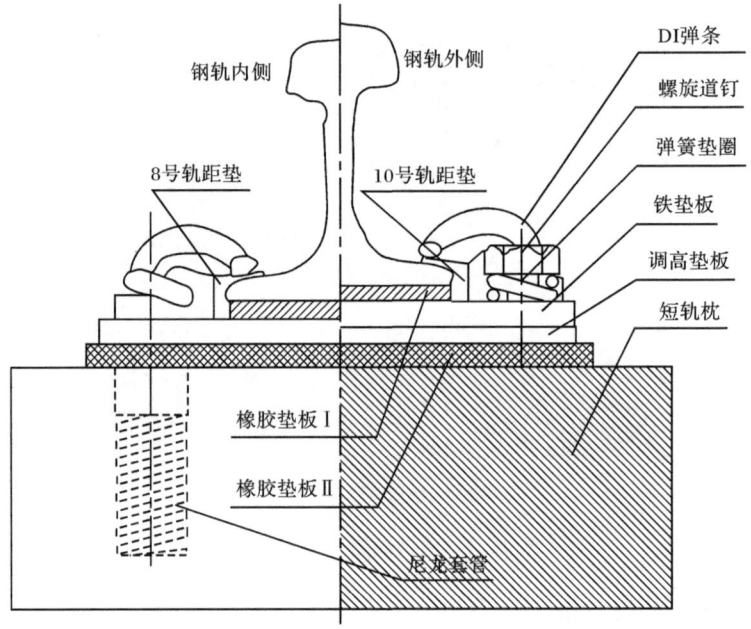

图 16.2 DT Ⅵ 2 型扣件

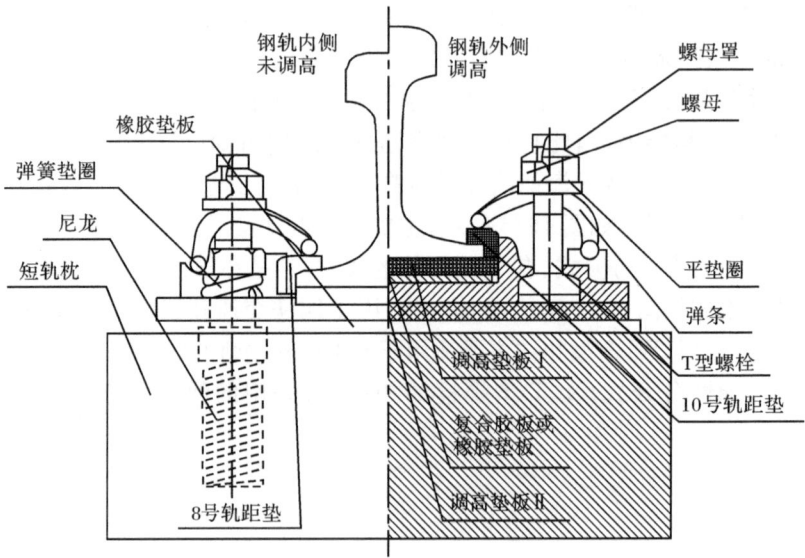

图 16.3 DT Ⅶ 2 型扣件

表 16.1 我国地铁线路常用扣件一览表

扣件类型	弹条型式	轨距可调量 /mm	高低可调量 /mm	垂向静刚度 /(kN/mm)	适用线路	实际应用线路
DT I	ω形 φ13mm 的国铁 I 型弹条(有挡肩,弹性分开式,有 T 型螺栓)	+4~12	+10~5	40~60	一般减振路段	1967 年应用在北京地铁一期、二期工程
DT III		+8~12	+30~5	20~40	60kg/m 钢轨的地下线	上海地铁 1,2 号线长枕埋入式整体道床
DT III 2						上海地铁 4,6,8,9 号线
DT VI		+8~12	+30	20~40	60kg/m 钢轨的地下线	北京地铁复八线
DT VI 1	e形 φ18mm 的 D I 型弹条(无挡肩,弹性分开式,无 T 型螺栓)	+4~8	不可调	20~40	60kg/m 钢轨的木枕碎石道床	天津地铁 1 号线
DT VI 2		+8~12	+30	20~40	60kg/m 钢轨的地下线	北京、上海、天津、南京、杭州、沈阳、大连、哈尔滨、青岛等地铁地下线短轨枕整体道床
DT VI 3		+4~8	不可调	30~50	地面混凝土轨枕碎石道床	北京 13 号线和八通线
DT VII 2	ω形 φ13mm 的 D III 型弹条(无挡肩,弹性分开式,有 T 型螺栓)	+8~12	+40	20~40	高架线	北京地铁八通线,上海地铁 2 号线东延伸段等高架线路

续表

扣件类型	弹条型式	轨距可调量 /mm	高低可调量 /mm	垂向静刚度 /(kN/mm)	适用线路	实际应用线路
WJ-2	基于国铁Ⅲ型弹条研发的ω形φ13mm弹条（无挡肩，小阻力弹性分开式，有T型螺栓）	+24～28	+40	40～60	高架线	最早用于上海明珠线高架桥短轨枕式整体道床上,后来用于上海地铁1号线北延伸段、莘闵9号线等高架路段
WJ-3		+8～12	+15	35～50	60kg/m钢轨的地下线	深圳地铁一期工程
单肢弹簧扣件	e形φ20mm的PR弹条（无挡肩，弹性分开式，无T型螺栓）	+24～28	+30	50～60	60kg/m钢轨的地下线	广州地铁1,2号线

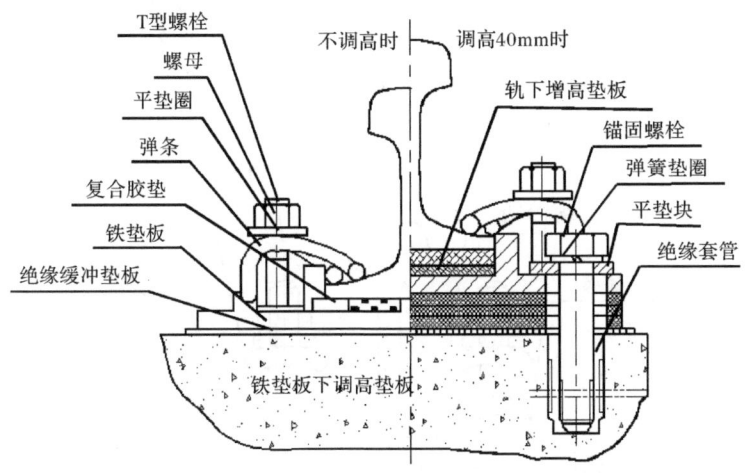

图 16.4　WJ-2 型扣件

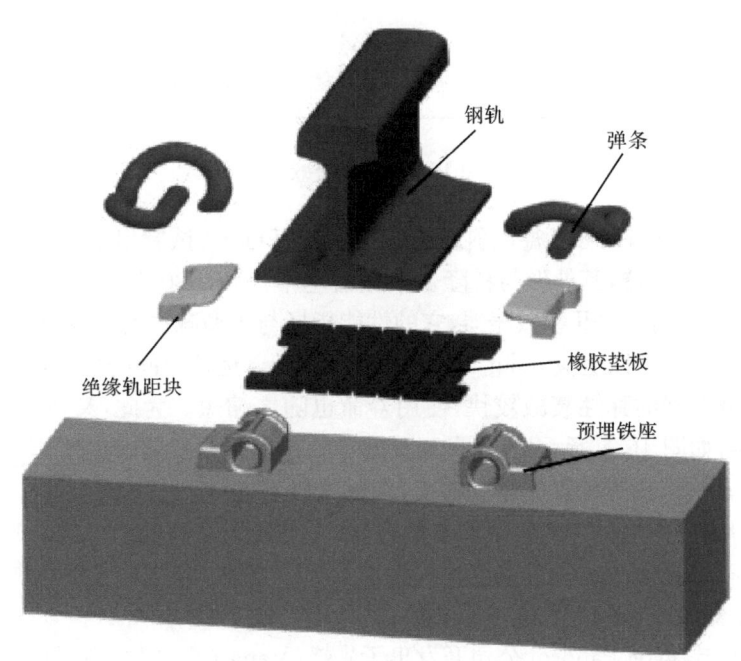

图 16.5　单趾弹簧扣件

(2) 地铁线路特殊扣件

1978 年,德国研制出了科隆蛋(Cologne-Egg)高弹减振器,并于 1979 年首次用于科隆地铁,因其外形呈蛋形,故称科隆蛋扣件。它由钢轨扣压件、铁垫板、橡胶支座和底座四部分组成,如图 16.6 所示。它的轨距可调量为+4~-16mm,高低可调量为+30~-5mm,垂向静刚度 11~13kN/mm,动静刚度比不大于 1.4,适用振动超标 3~10dB 的区段。美国 LORD 公司生产的低刚度 LORD 黏结垫板扣件的减振效果与科隆蛋相当。

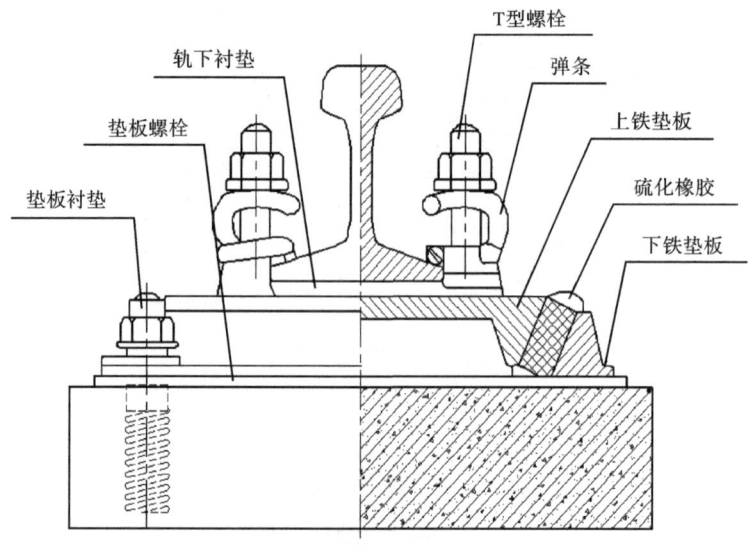

图 16.6 科隆蛋减振器

1988 年,我国在参考德国科隆蛋减振器的基础上,试制出了第一代轨道减振器——Ⅰ型减振器,其外形与科隆蛋减振器基本一致。2001 年,又研究开发了适用于 50kg/m 钢轨的Ⅱ型减振器,它的性能指标与Ⅰ型减振器一致,不同之处是将承轨槽尺寸缩小,以适应 50kg/m 钢轨。但是,随着运营时间的延长,科隆蛋、国产Ⅰ、Ⅱ型减振器的弹性衰减较快,使用寿命也随之缩短。为此,又研发出了Ⅲ、Ⅳ型减振器,如图 16.7 所示。Ⅲ、Ⅳ型减振器的扣件改为目前普遍使用的无螺栓的 e 形弹条;此外,为避免产生垂直冲击,在承轨板下,设计了 5mm 厚的橡胶垫层,起超载后的缓冲作用。它的轨距调整量为+8~-12mm,高低调整量+30mm,垂向静刚度 8~12kN/mm,动静刚度比不大于 1.25。据落锤试验,与Ⅱ型减振器相比,Ⅲ型减振器的减振效果可达 4~6dB。

2001 年,英国 Pandrol 公司开发出了先锋(Vangurd)扣件。它包括两种类型:一是嵌入式,它可以直接预埋在混凝土轨枕或轨枕块中;二是底板式,它是利用螺纹道钉、一般道钉或螺栓固定到轨枕上,如图 16.8 所示。它的减振原理是通过弹性部件扣紧轨头与轨腰,而不是扣在轨底,钢轨悬浮于轨下基础之上,这种扣紧系统可提供非常低的竖向刚度(6~10kN/mm),允许钢轨产生较大的垂向位移(3~

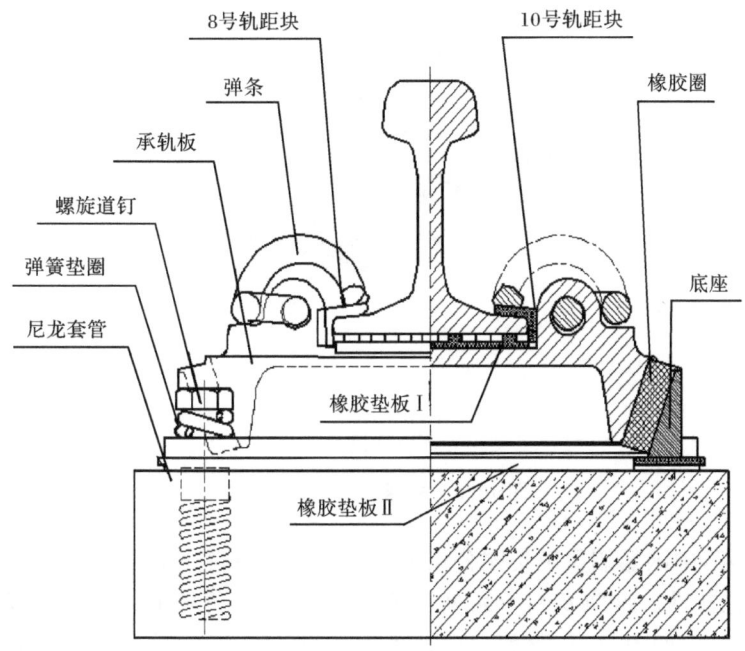

图 16.7　Ⅲ 型减振器的基本结构

4mm),并能有效抑制钢轨的横向翻转,从而达到显著的减振效果。广州地铁 1 号线铺设的先锋扣件试验段测试结果表明,先锋扣件较单趾弹簧扣件可减 16dB。

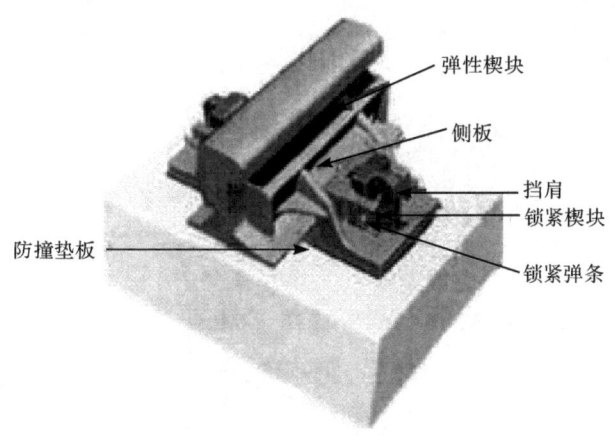

(a) 嵌入式

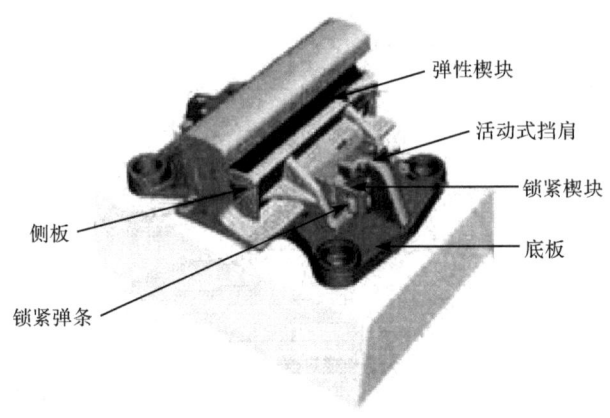

(b) 底板式

图 16.8 先锋(Vangurd)扣件

2002年,中国船舶重工集团公司第七二五研究所自主研发出了 GJ-Ⅲ型双层非线性减振扣件。这项专利产品是一种新型高效、造价较低、性价比较高的地铁轨道减振扣件,如图 16.9 所示。它的轨距可调量为+19～-23mm,高低可调量为+35～-3mm,垂向静刚度 9～14kN/mm,减振效果至少有 8dB。

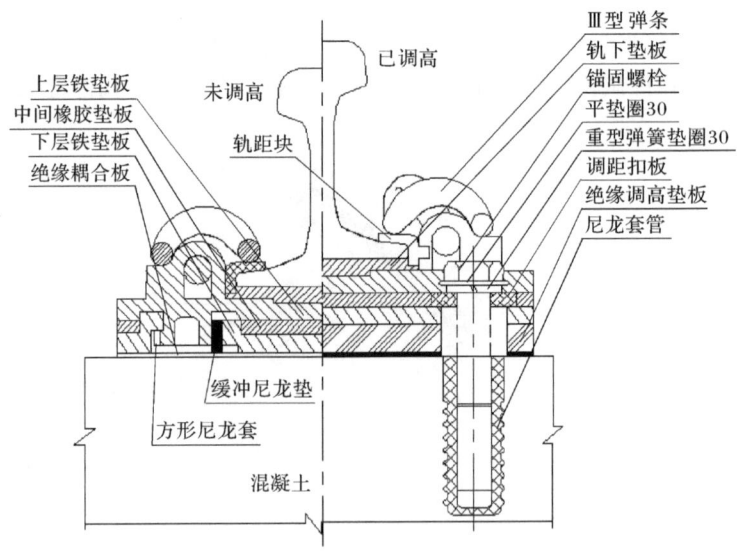

图 16.9 GJ-Ⅲ型双层非线性减振扣件

3. 地铁线路道床

城市地铁的道床类型可分为无砟与有砟道床两种。目前以无砟整体道床为主,主要包括长枕埋入式整体道床、无枕式点支承整体道床、纵向承台式整体道床、弹性短轨枕式整体道床、梯形轨枕式整体道床和浮置板道床等。前三类无砟道床多用于一般减振要求的路段,而后三类无砟道床适用于有特殊减振要求的路段。

长枕埋入式整体道床是将长轨枕埋在混凝土道床内使之形成整体,如图16.10所示。这类道床坚固稳定。长轨枕一般采用C50预应力钢筋混凝土,横截面呈梯形。

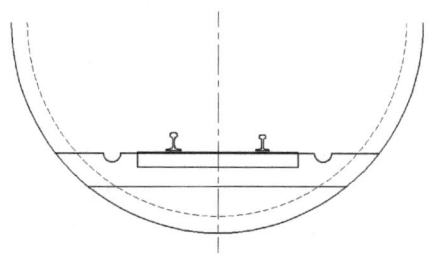

图 16.10　地铁长枕埋入式整体道床

无枕式点支承整体道床是隧道净空受限情况下特殊设计的一种轨道型式,它需要将钢轨下面的隧道底板混凝土凿去一部分,再把联结扣件的玻璃钢套管埋在结构底板内部,现浇成承轨台,其常用结构形式如图 16.11 所示。

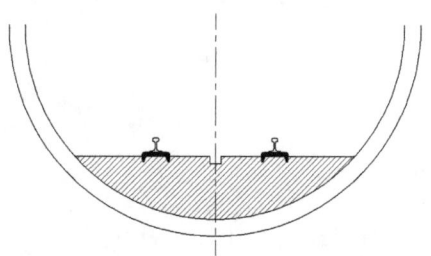

图 16.11　地铁无枕式点支承整体道床

纵向承台式整体道床是轨下采用混凝土浇筑承台来支承钢轨的一种道床形式,用承轨台代替传统概念上的整体道床。这样可有效减轻轨道重量,降低轨道建筑高度。承台式整体道床可分为无枕纵向承台式整体道床和支承块加承台式整体道床,后者在城市地铁高架路段使用较多,如图 16.12 所示。

在减振要求较高的路段上,可铺设弹性短轨枕式整体道床。它与普通短轨枕

图 16.12　纵向支承块加承台式整体道床

式整体道床结构基本相同。所不同的是,为提高道床的减振性能,短轨枕底部设计为平面,在短轨枕四周及底部包上橡胶套靴,橡胶套靴可提供纵、横向弹性,短轨枕下设微孔橡胶垫板作为减振垫层(图 16.13),减振垫层的静刚度一般为 20~25kN/mm,减振效果可达 6~10dB。

图 16.13　弹性短轨枕式整体道床

梯形轨枕是基于纵向轨枕理论开发的,由混凝土纵梁作为固定的且连续支承钢轨的结构,并在左右纵梁之间用钢管或钢筋混凝土进行横向刚性连接,组成"梯子式"的一体化结构。为具备良好的减振效果,轨枕分别设有减振材料和缓冲材料,枕下减振材料设计静刚度15～18kN/mm,两侧缓冲材料刚度为42.5kN/mm,系统固有频率在25～30Hz之间,其减振效果可达7～18dB。

对于减振有极高要求的特殊地段,可以采用减振效果更好的橡胶支承式或钢弹簧隔振器式浮置板轨道。浮置板轨道结构一般由钢筋混凝土板、弹性支座、混凝土底座及配套扣件组成。该结构是用扣件把钢轨固定在钢筋混凝土板上,板置于可调的弹性支座上,形成一种质量-弹簧隔振系统,其基本原理是在轨道和基础间插入固有频率远低于激振频率的线性谐振器,通过足够的惯性质量来抵消车辆产生的动荷载,从而只有静荷载和少量残余动荷载可通过橡胶或螺旋钢弹簧等弹性元件传至基础结构。

对于橡胶浮置板轨道而言,其固有频率一般在12～16Hz范围内,在20～250Hz频段内振动加速度级可减小18～20dB;钢弹簧浮置板轨道固有频率一般为4～8Hz,其减振效果更好,可高达25～40dB。目前市场上的钢弹簧浮置板轨道主要有两类支承方式,分别是内置式和侧置式,如图16.14所示。

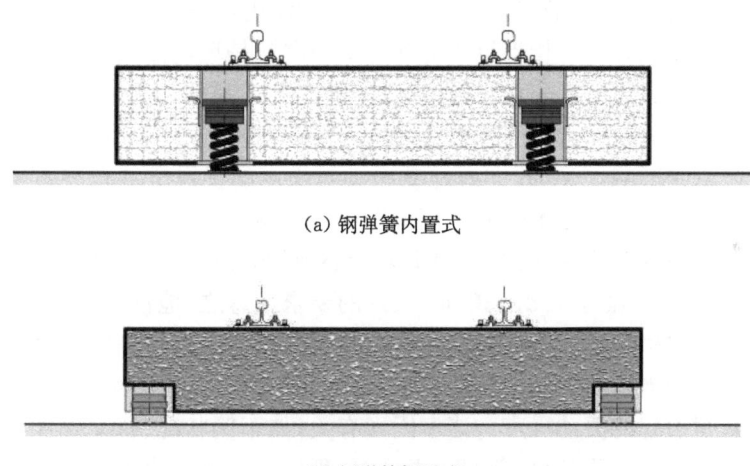

(a) 钢弹簧内置式

(b) 钢弹簧侧置式

图16.14 钢弹簧浮置板轨道结构类型

16.1.2 地铁线路的动力学问题

在地铁运营过程中,由于轮轨的长期相互作用,在钢轨上会造成不同程度的钢轨磨耗(特别是侧磨和波磨)、轨面裂纹、剥离掉块、焊接接头伤损等问题,会引起轮轨系统产生附加的有害振动与冲击,还会通过轨下基础结构和地基向外传播引起周边环境振动污染。这些问题是目前地铁线路中常见且日趋严重的动力学问题。

据上海地铁1号线1999～2006年的线路调查与轨道检测数据,钢轨侧磨伤损所占的比例最大,超过64%,它多出现在小半径曲线段以及列车蛇行作用比较严重的直线段,钢轨侧磨导致钢轨的使用寿命大大缩短,换轨周期短于正常的换轨周期。钢轨顶面的伤损(主要包括波磨、剥离和裂纹等),多因长期的轮轨接触疲劳所致,其所占比例约为28%。此外,焊接接头损伤约占6%。总体来说,城市地铁交通的钢轨磨耗情况比大铁路严重得多,尤其是小半径曲线内轨的波磨现象最为普遍,它的危害极大,不仅会造成轮轨寿命缩短,振动及噪声增加,严重时还可能造成断轨、断轴、脱轨等重大事故;此外,鱼鳞伤也是地铁线路中典型的轨顶面裂纹形式,发展下去将产生剥离掉块,引起严重的轮轨动力作用。

除了地铁钢轨本身的问题以外,地铁扣件弹条折断和车轮踏面异常磨耗现象也比较普遍。以南京地铁DT Ⅵ 2型扣件为例,2005~2008年的三年内,平均每年折断扣件约500只,其中直线段占35%左右,曲线段约占65%,直接影响地铁正常运营。另据调查发现,北京、上海、南京、深圳和广州等地铁车辆(尤其是拖车)车轮踏面都发生了不同程度的异常磨耗,导致轮轨接触关系恶化,影响行车稳定性、乘车舒适性,还会缩短车辆与轨道系统各部件的使用寿命。

地铁交通领域另一个相当重要的动力学问题就是环境振动与噪声问题,自地铁诞生之初就已成为困扰公众、学者和政府的老大难问题。例如,巴黎7号线、13号线在巴士底狱的新歌剧院下方通过,地铁的振动和噪声对歌剧院的正常演出造成了极其严重的影响。又如,上海地铁振动与噪声的扰民事件频有发生,影响范围也较宽,约有80%的投诉集中在轨道中心线两侧15m范围内。有的城市地铁线周边房屋室内的Z振级超出了我国《城市区域环境振动标准》中对一般商业与居民混合区昼间Z振级75dB、夜间72dB的要求。总之,地铁交通系统引起的振动与噪声,因其影响的人群数量大、持续时间长、振级水平高等特点,已在城市环境污染中占有相当高的比例。

地铁运营引起的振动噪声与诸多因素有关,如车辆状况、行车速度、线路及轨道条件、铺设方式、地质条件、敏感目标的类型及其与线路的距离等。因此,地铁减振应该从系统的角度综合考虑。但是,在近年来的地铁工程设计中,往往一旦涉及振动噪声问题,就在"轨道减振"上做文章,使轨道减振比例逐年上升。在2000年前后设计的地铁工程中,轨道减振比例一般不超过10%,而近年来开通和正在设计的一些工程中,轨道减振比例达到了40%~60%。由此可见,人们对地铁轨道减振的作用给予了相当高的期待。然而,仅通过"轨道减振"并不能解决所有的地铁振动及噪声问题,有时反而还会带来新的问题,比如钢轨异常波浪形磨耗。据相关调查,减振轨道区段内钢轨磨耗十分严重,并且几乎所有的钢轨异常波磨都出现在减振轨道上,它已成为地铁轨道领域内另一个亟待解决的难题及研究热点。

城市地铁面临的这些问题绝不能简单地归咎于"车辆"或"轨道",而是轮轨之间统一协调的系统工程,应从工程全方位角度,采取综合治理措施,包括协调落实地铁沿线规划、优化线路选线、协调轮轨动力特性和接触关系、采取结构性减振措施、优化车辆和轨道部件、提高轨道及基础结构在不同环境中的适用性、耐久性等多个方面。总而言之,这些问题的有效解决有赖于轮轨系统的整体优化,但是目前的实际工程设计中,往往并不重视这一点。特别是随着这些年地铁建设规模和需求的不断扩大以及科学技术的快速发展,车辆和轨道都在各自领域内开展了一系列的技术革新,但是仍然很少进行轮轨动态参数的匹配分析与设计,所以截至目前,地铁轮轨关系等方面的基础性理论及应用研究还比较匮乏。

为此,下面针对不同工程案例,基于车辆—轨道耦合动力学理论,着重从工程系统化角度,探讨地铁线路中比较突出的动力学问题,包括:钢弹簧浮置板轨道的动力特性、参数设计及其适用性问题,钢轨焊缝接头的动力激扰及其控制问题,以及极小半径曲线情形下地铁车辆行车安全性问题。

16.2 地铁线路钢弹簧浮置板轨道的动力特性及减振适用性分析

实践表明,针对地铁环境振动问题,减振轨道并非万能,即便是现在减振性能较好的钢弹簧浮置板轨道也有差强人意的地方。例如,对于衰减缓慢、传播距离远、对建筑和人体影响较大的地铁低频振动来说,它的减振效果并不理想,因此为了尽可能扩大钢弹簧浮置板轨道的隔振频带,提高其减振效率,工程实践中常用的做法是,在经济、技术和空间限界允许的条件下,通过增加浮置板厚度来降低浮置板的固有频率。但是,一味地增厚浮置板,势必需要更大的工程空间,建设成本也随之上涨。因此,需要在掌握钢弹簧浮置板轨道动力特性的基础上,针对不同的使用环境,对钢弹簧浮置板轨道结构进行优化设计。

在钢弹簧浮置板轨道优化设计的过程中,欲实现其具有最佳的减振效果,既取决于钢弹簧浮置板轨道自身参数的合理匹配性,也有赖于它在所使用环境中的适用性,两者之间需要找到合理的平衡点,否则不顾外部环境一味地提高轨道减振标准易造成事倍功半的不利后果。

下面结合我国软土地区某地铁与建筑物合建工程,基于车辆—轨道耦合动力学理论,研究不同固有频率的钢弹簧浮置板轨道的动力特征及其适用性问题,为钢弹簧浮置板轨道参数的优化设计提供一点参考。

16.2.1 钢弹簧浮置板轨道的自振特性

就浮置板轨道本身而言,它的减振性能与其固有频率、阻尼大小密切相关,因此,为实现钢弹簧浮置板轨道的最佳减振效果,首先需要弄清浮置板的几何尺寸(长、宽、厚)、钢弹簧布置间距、钢弹簧刚度和阻尼等关键参数对其隔振系统自振特性的影响规律。

下面以常用的内置式钢弹簧浮置板轨道为例,分析浮置板轨道的自振特性及其随参数的变化规律。分析中,浮置板轨道的基本参数组合选取为:浮置板板长25m、宽度3.2m、厚度0.6m,钢弹簧刚度6.6kN/mm,钢弹簧布置间距1.25m。

1. 自振振型

采用 ANSYS 有限元软件分析了基本参数组合下钢弹簧浮置板轨道的前 10 阶固有频率(表 16.2)及其对应的振型(如图 16.15 所示,其中黑色线条为未变形时位置)。

表16.2　基本参数组合下钢弹簧浮置板轨道的前 10 阶固有频率

模态阶数	1	2	3	4	5	6	7	8	9	10
固有频率/Hz	7.643	8.684	9.164	12.949	21.152	33.075	48.228	63.111	66.321	74.843

从图 16.15 可以看出,前 2 阶振型分别为刚性平移和刚性转动,第 3 阶到第 10 阶振型主要以弯曲为主,分别为 1 阶对称弯曲,1 阶反对称弯曲,2 阶对称弯曲,2 阶反对称弯曲,3 阶对称弯曲和 3 阶反对称弯曲,等等。从第 9 阶振型开始,振型不再是纯粹的弯曲,其中第 9 阶振型还伴有轴向压缩,第 10 阶伴有轴向拉伸。

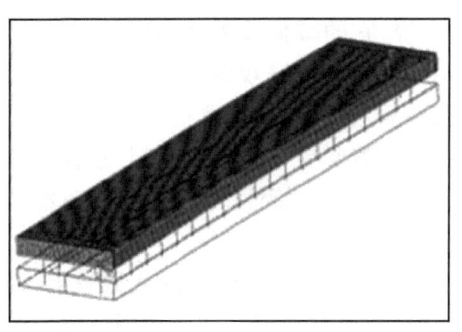

(a) 第1阶

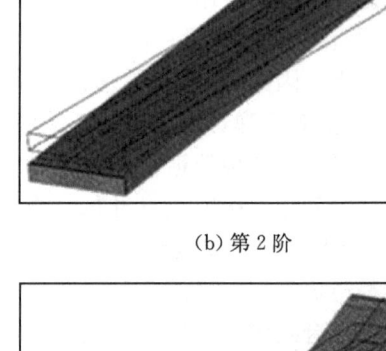

(b) 第2阶

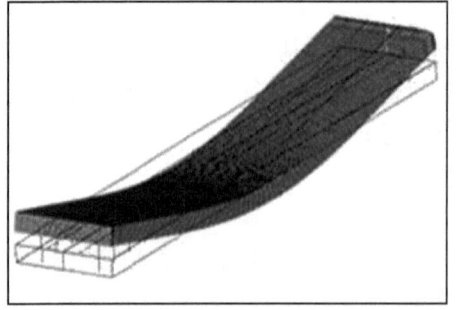

(c) 第3阶

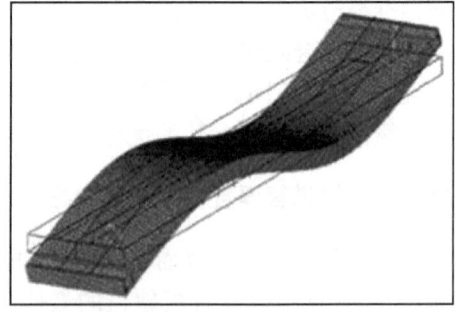

(d) 第4阶

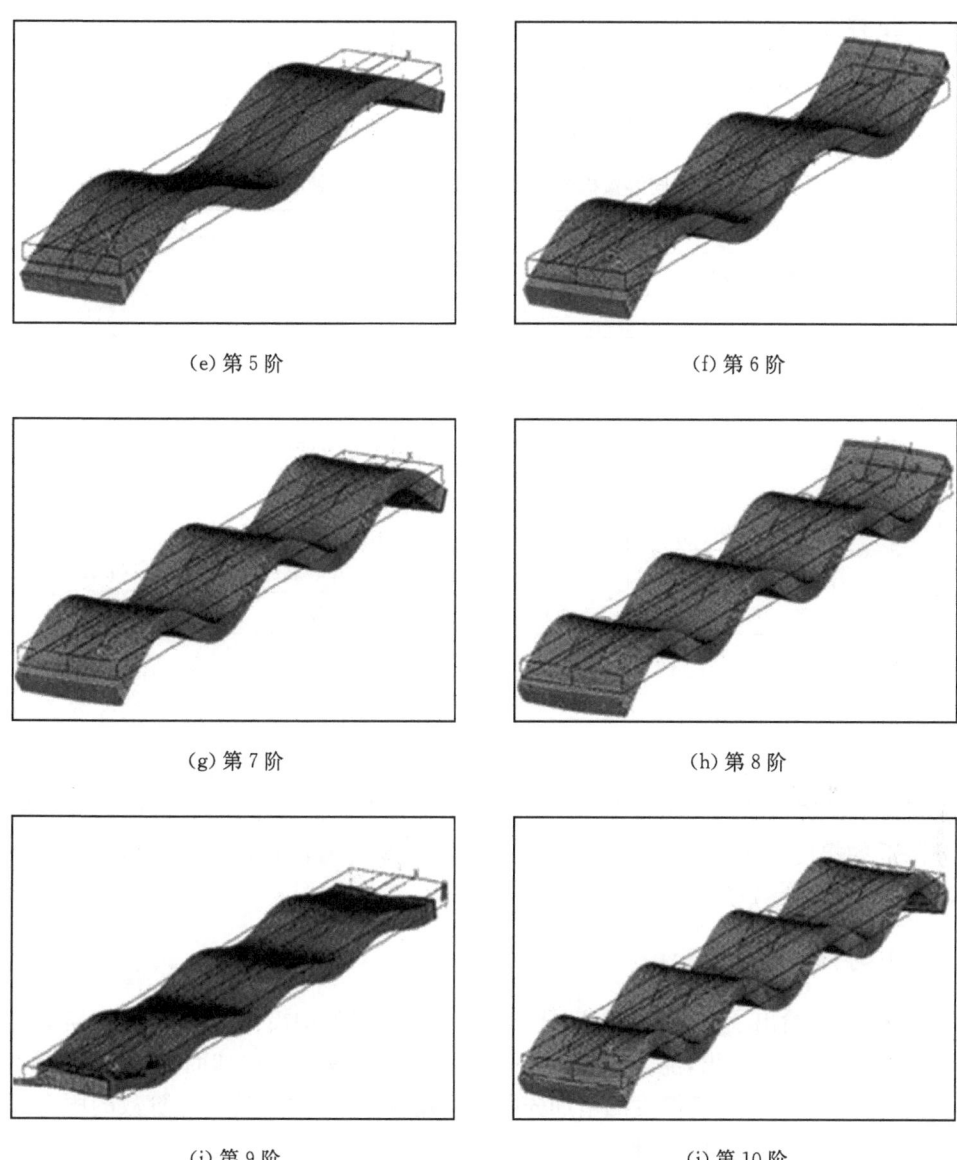

(e) 第5阶　　　　　　　　　　(f) 第6阶

(g) 第7阶　　　　　　　　　　(h) 第8阶

(i) 第9阶　　　　　　　　　　(j) 第10阶

图 16.15　浮置板轨道基本计算方案的前 10 阶振型图

研究发现,改变浮置板轨道基本参数组合中的其他参数,其固有频率虽有所改变,但其振型基本不变,特别是前 10 阶振型完全相同,因此下面将重点讨论浮置板长度、厚度和钢弹簧刚度等参数对其固有频率的影响规律。

2. 浮置板长度的影响

表 16.3 列出了浮置板长度为 25m 和 12.5m,钢弹簧刚度 K 分别为 6.6kN/mm 和 5.3kN/mm 时,钢弹簧浮置板轨道的前 10 阶固有频率。

表 16.3 不同浮置板长度情况下前 10 阶固有频率(单位:Hz)

模态阶数	板长 25m		板长 12.5m	
	$K=6.6$kN/mm	$K=5.3$kN/mm	$K=6.6$kN/mm	$K=5.3$kN/mm
1	7.643	6.910	7.645	6.911
2	8.684	7.784	8.689	7.788
3	9.164	8.340	16.847	16.408
4	12.949	12.414	40.367	40.190
5	21.152	20.833	76.494	76.403
6	33.075	32.871	123.03	122.98
7	48.228	48.088	126.38	126.38
8	63.111	63.111	149.78	149.78
9	66.321	66.321	177.55	177.52
10	74.843	74.843	200.58	200.57

表 16.3 显示,在其他条件不变的情况下,增加浮置板长度或降低隔振器刚度都可降低浮置板轨道的固有频率。但是当增加浮置板的长度时,其前两阶固有频率降低的幅度并不明显,可忽略不计,后面的频率随着浮置板长度的增加而显著降低。

3. 浮置板厚度的影响

表 16.4 给出了浮置板的厚度从 0.3m 到 1m(厚度增幅 0.1m)的前 10 阶固有频率,从表中可以看出,前 2 阶固有频率随着浮置板厚度的增加而单调降低,第 3 阶到第 5 阶固有频率随厚度的增加先降低后增加,第 5 阶及其以上阶数的固有频率随着厚度的增加单调上升。

表 16.4 不同厚度情况下的前 10 阶固有频率(单位:Hz)

模态阶数	0.3m	0.4m	0.5m	0.6m	0.7m	0.8m	0.9m	1.0m
1	9.499	8.763	8.152	7.643	7.210	6.831	6.496	6.199
2	12.121	10.568	9.489	8.684	8.055	7.545	7.121	6.761
3	12.192	10.718	9.769	9.164	8.815	8.665	8.667	8.787
4	12.909	12.206	12.320	12.949	13.902	15.054	16.332	17.690

续表

模态阶数	0.3m	0.4m	0.5m	0.6m	0.7m	0.8m	0.9m	1.0m
5	15.360	16.544	18.627	21.152	23.906	26.765	29.671	32.589
6	20.124	23.848	28.319	33.075	37.943	42.809	47.629	52.373
7	27.111	33.745	40.929	48.228	55.517	62.665	63.111	63.111
8	36.086	45.96	56.181	63.111	63.111	63.111	69.640	74.843
9	46.873	60.323	63.111	66.321	74.843	74.843	74.843	76.413
10	56.360	63.111	73.894	74.843	76.300	85.946	95.239	101.76

4. 钢弹簧刚度的影响

目前实际工程中浮置板钢弹簧的刚度普遍采用 6.6kN/mm 和 5.3kN/mm 两种，因此表 16.5 列出了钢弹簧刚度分别是 6.6kN/mm 和 5.3kN/mm 时，浮置板轨道的前 10 阶固有频率。表 16.5 反映出，当钢弹簧刚度由 6.6kN/mm 降低到 5.3kN/mm 时，浮置板固有频率随之降低，随着固有频率阶数的增加，两者之间的差别逐渐减小，第 5 阶固有频率仅降低了 1.508%，第 8 阶到第 10 阶固有频率已经完全相同。

表 16.5 不同钢弹簧刚度下浮置板前 10 阶固有频率（单位：Hz）

模态阶数	$K=6.6$kN/mm	$K=5.3$kN/mm	差别/%
1	7.643	6.910	9.596
2	8.684	7.784	10.367
3	9.164	8.340	8.984
4	12.949	12.414	4.132
5	21.152	20.833	1.508
6	33.075	32.871	0.617
7	48.228	48.088	0.290
8	63.111	63.111	0
9	66.321	66.321	0
10	74.843	74.843	0

综上所述，钢弹簧浮置板轨道结构的固有频率随参数的变化规律，基本符合有阻尼的单自由度振动体系固有频率的变化情况。

16.2.2 浮置板下钢弹簧支点力的特性

浮置板钢弹簧支点力是列车运行过程中通过浮置板轨道传给基础的作用力，是直接影响浮置板轨道路段周边环境振动的激振力。因此为研究钢弹簧浮置板轨道在不同使用环境中的适用性，有必要对各种参数条件下钢弹簧支点力的时域及频域特征进行分析。

下面仍以前面钢弹簧浮置板轨道的基本参数组合为计算条件,分析讨论浮置板长度、厚度、质量、钢弹簧刚度以及行车速度等因素对钢弹簧支点力的影响。

图 16.16 是基本参数组合下钢弹簧支点力的典型时程曲线(浮置板厚度 60cm),从图中可清晰地分辨出每辆车经过所引起的振动冲击响应。

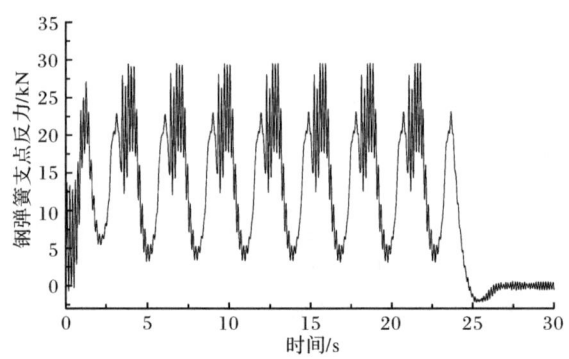

图 16.16　钢弹簧支点力的典型时程曲线

1. 浮置板厚度的影响

图 16.17 是钢弹簧支点力时域最大峰值随着浮置板厚度增加的变化规律,由图可知,浮置板厚度增大后,钢弹簧支点力的时域最大峰值亦随之略有增大。

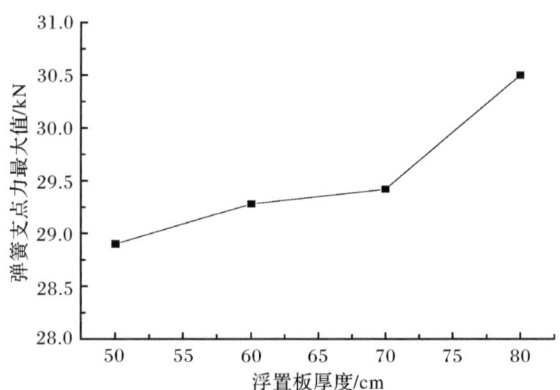

图 16.17　钢弹簧支点力与浮置板厚度的关系

图 16.18 为不同浮置板厚度下钢弹簧支点力的幅频特性曲线,从图中可以看出,不同浮置板厚度下钢弹簧支点力频率成分主要包含四个部分:f_0、f_1、f_2 和 f_3。各种浮置板厚度下的 f_0、f_1、f_2 均相等,它们与车速和车辆长度有关,即 $f_0 = 0.34\text{Hz}$,$f_1 = 0.68\text{Hz}$,$f_2 = 1.02\text{Hz}$,且 $f_0 = v/L_a$,$f_1 = 2f_0$,$f_2 = 3f_0$,其中 v 为列

车运行速度，L_a 为车辆长度。但是，不同浮置板厚度下的 f_3 并不相同，而是随着浮置板厚度的增加，依次减小为 6.3Hz、5.90Hz 和 5.5Hz，这与钢弹簧浮置板轨道的第 1 阶固有频率一致。

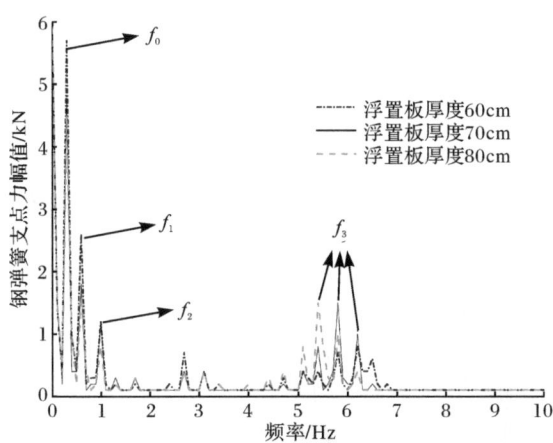

图 16.18　不同浮置板厚度下钢弹簧支点力的幅频特性

2. 浮置板长度的影响

图 16.19 给出了不同浮置板长度下钢弹簧支点力的幅频特性曲线，在图中，将浮置板长度 25m 减半至 12.5m 时，板下钢弹簧数目也减半；而当浮置板长度由 25m 增至 30m 时，板下钢弹簧数目不变。图 16.19 反映出，各种板长下钢弹簧支点力最大值相差并不大，f_3 同样出现在钢弹簧浮置板轨道的第 1 阶固有频率附近，即浮置板长度分别为 12.5m 与 25m 时，f_3 相等，均为 5.9Hz；而浮置板长度为 30m 时，f_3 变为 5.5Hz。

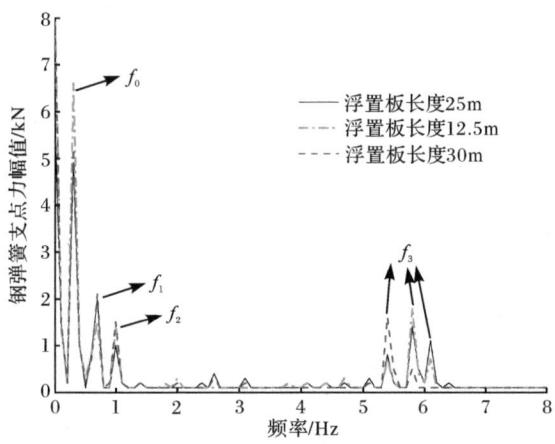

图 16.19　不同浮置板长度下钢弹簧支点力的幅频特性

3. 浮置板弹簧刚度的影响

图 16.20 为不同浮置板弹簧刚度下钢弹簧支点力的幅频特性曲线,从图中可以看出,当弹簧刚度缩小为 5.3MN/m 时,f_3 减小为 5.2Hz,亦出现在钢弹簧浮置板轨道的第 1 阶固有频率附近。

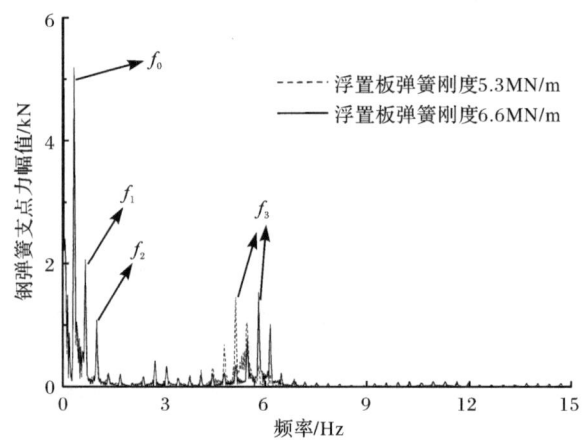

图 16.20 不同浮置板弹簧刚度下钢弹簧支点力的幅频特性

4. 浮置板质量的影响

图 16.21 为不同浮置板质量下钢弹簧支点力的幅频特性曲线,由图可见,随着浮置板质量从 96134.5kg 逐渐减小至 23778kg,f_3 从 5.9Hz 逐渐增至 10Hz,依然与钢弹簧浮置板轨道的第 1 阶固有频率保持一致。

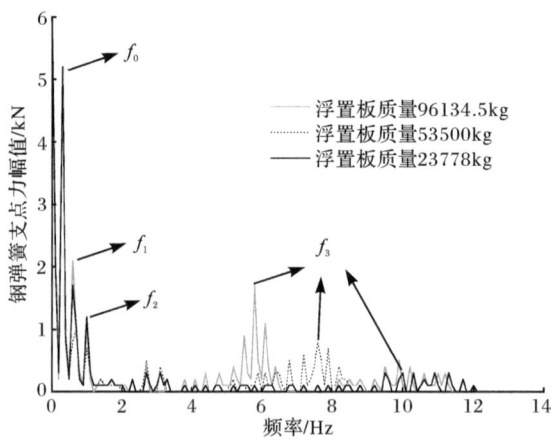

图 16.21 不同浮置板质量下钢弹簧支点力的幅频特性

5. 列车运行速度的影响

图 16.22 显示,车速在 15~60km/h 范围内,钢弹簧支点力随车速的增加而增大。图 16.23 反映出,不同车速下的 f_0、f_1、f_2 同样满足 $f_0=v/L_a$,$f_1=2f_0$,$f_2=3f_0$ 的基本规律;此外,不同车速下 f_3 基本相等,均出现在 5.9Hz 附近,位于钢弹簧浮置板轨道的第 1 阶固有频率附近。

总之,浮置板下钢弹簧支点力的频率成分主要与车辆长度、车速以及浮置板固有频率有关,可将其分为两类:一类是由车辆长度引起的特征频率,为车速与车辆长度的比值及其整数倍;另一类是浮置板轨道的固有频率(指第 1 阶固有频率)。另外,从钢弹簧支点力的频域幅值大小可以看出,20Hz 以上的支点力幅值均已很小,并随着浮置板厚度和质量的降低,呈减小趋势。

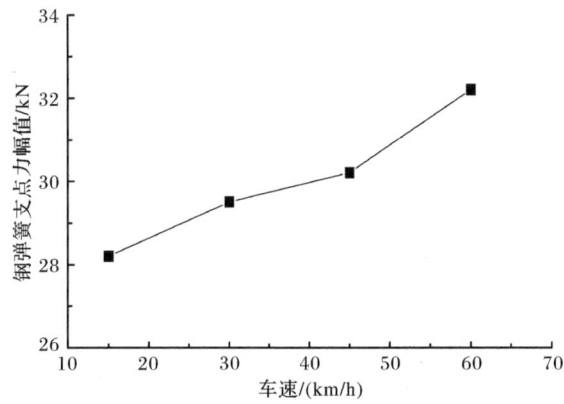

图 16.22 钢弹簧支点力幅值随车速的变化

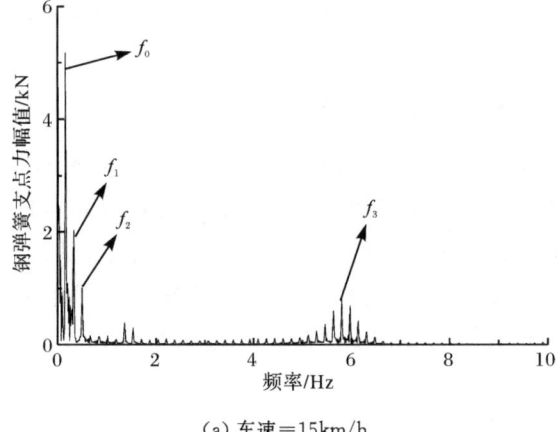

(a) 车速=15km/h

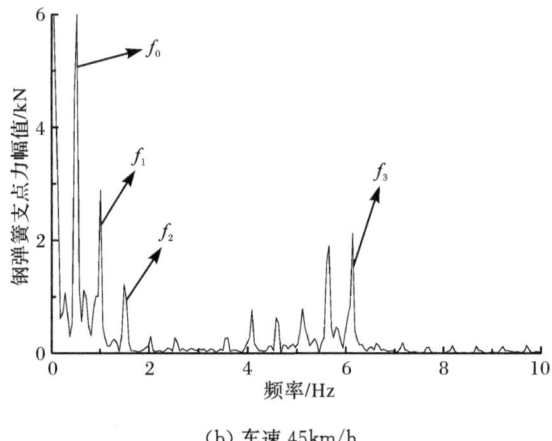

(b) 车速 45km/h

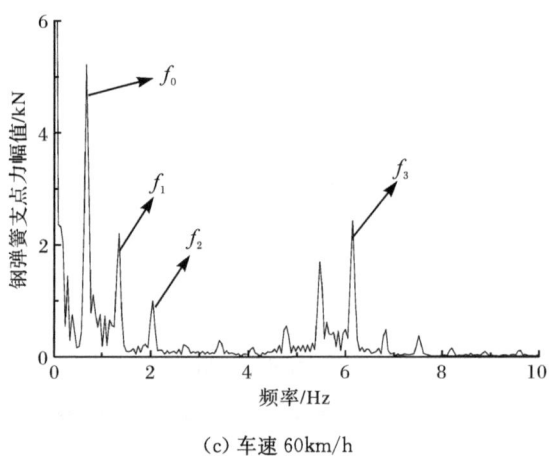

(c) 车速 60km/h

图 16.23 不同车速条件下钢弹簧支点力的幅频特性

16.2.3 钢弹簧浮置板轨道的适用性分析

大量实测数据表明,钢弹簧浮置板轨道的固有频率一般在 4～8Hz 范围内,该类轨道周边地铁引起的环境振动能量在该频段附近相对较高且也较为集中,因此需特别注意的是,在钢弹簧浮置板轨道所使用的环境中,是否存在对该频段振动比较敏感的人或(和)物?这是评价钢弹簧浮置板轨道适用性的关键所在。

这里拟通过一个具体的实际工程案例来说明这一点。

1. 工程案例简介

该工程涉及某地铁新线不得不以隧道方式穿过某博物馆。如图 16.24 所示,博物馆结构为地上三层、地下二层建筑,建筑高度约 18m,博物馆建筑外围面积约 15 240m²,南北向最大长度 150m,东西向最大宽度 100m,与博物馆底部刚性联结的地铁隧道结构长约 180m。该地铁与博物馆合建结构的平面示意图如图 16.25 所示。

图 16.24 博物馆的鸟瞰图

博物馆基坑开挖深度 17.3m,坑中地铁隧道区间开挖深度为 25.3m,而且地铁隧道及博物馆底板下均布置有桩基础,地铁与博物馆合建结构的剖面示意图如图 16.26 所示。

本工程博物馆与地铁隧道合建结构型式主要有以下三个特点:一是地铁在博物馆下方穿越的总长为 180m,因此地铁振动对博物馆的影响范围较大;二是由于结构受力协调等方面的原因,地铁结构的顶板与博物馆的底板之间被设计为刚性连接,因此地铁振动可通过隧道结构直接传入博物馆,即地铁振动传播途径缩短;三是因博物馆的使用特点、经济美观和绿色环保等因素,使得其内部结构的设计比较复杂,不同功能用房的开间与高度差异明显,因此合建结构的振动特性比较复杂。

2. 工程合建结构的自振特性

采用有限元软件中的子空间迭代法获得了该工程合建结构两个典型剖面(A-A 和 B-B,见图 16.25)的二维模态分析结果[1]。鉴于地铁引发的振动以竖向振动为主,因此这里着重讨论该合建结构的竖向自振特性。

图 16.27 给出了合建结构 A-A 剖面 0~100Hz 的竖向参振质量比例分布图。

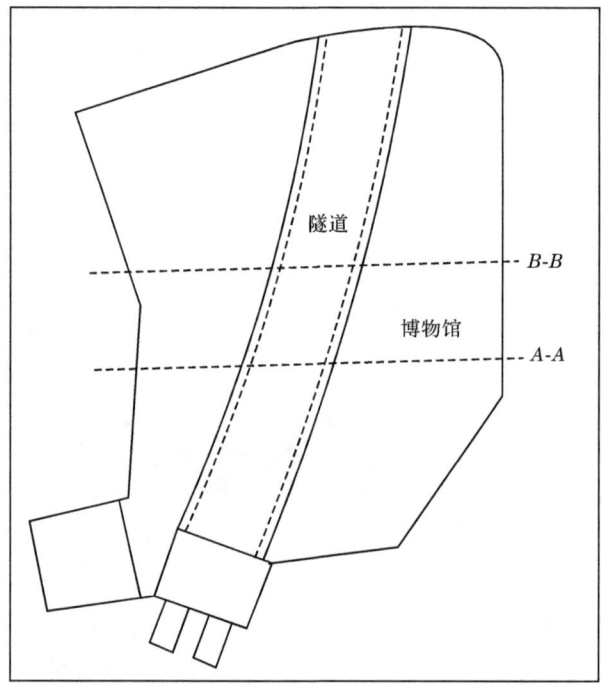

图 16.25　地铁与博物馆合建结构的平面示意图

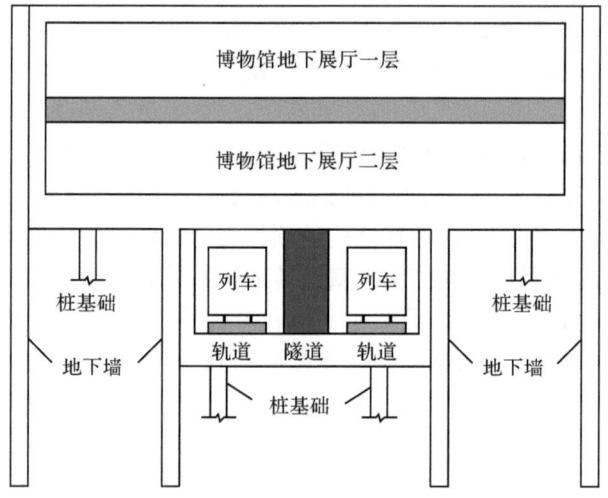

图 16.26　地铁与博物馆合建结构的剖面示意图

图 16.27 反映出 A-A 剖面的敏感频率主要集中在 20～80Hz 的中高频段,其中竖向累积参振质量占总质量的 55.53%。B-B 剖面情况与之相似,这里不再罗列。

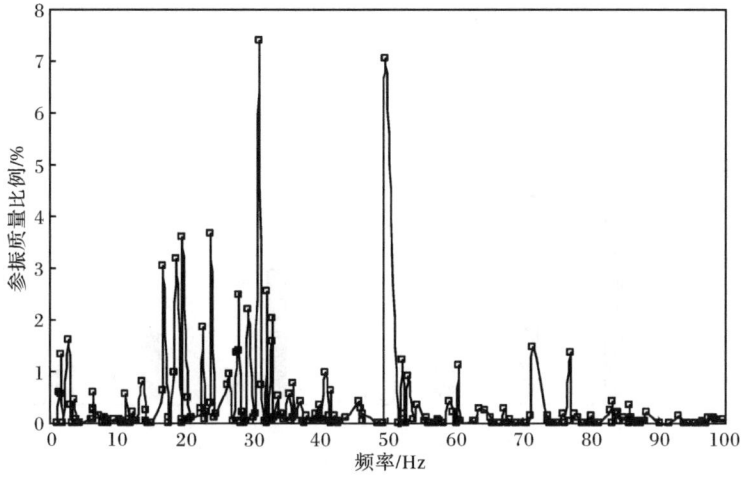

图 16.27　合建结构 A-A 剖面 0～100Hz 的竖向参振质量比例

为了进一步分析浮置板轨道固有频率 4～8Hz 范围内合建结构的自振特性，图 16.28 和图 16.29 分别给出了合建结构 A-A 剖面和 B-B 剖面 0～10Hz 的竖向参振质量比例分布图。从图 16.28 不难看出，在 4～8Hz 范围内，合建结构 A-A 剖面在 6.45Hz 附近竖向参振质量相对较大；而图 16.29 显示，4～8Hz 频域内 B-B 剖面在 5.64Hz 的参振质量较多。

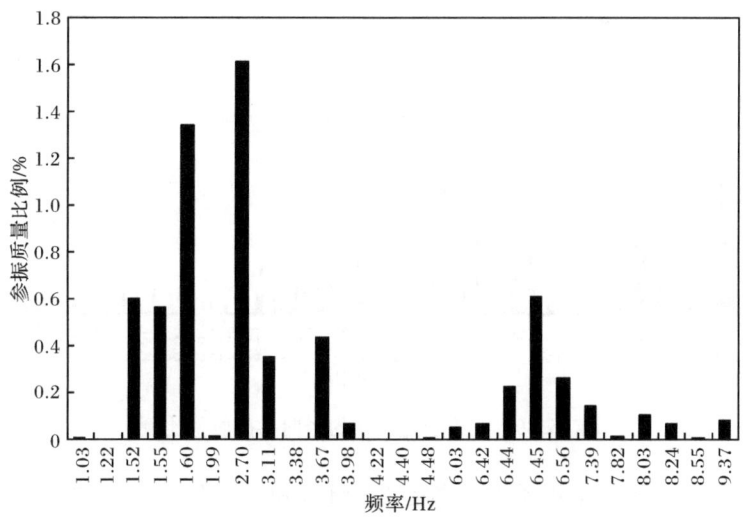

图 16.28　合建结构 A-A 剖面 0～10Hz 的竖向参振质量比例

尽管从总体规律上来看，合建结构内两剖面的模态分析结论相近，参振质量均较多地出现在 6Hz 左右，但是在 4～8Hz 内竖向参振质量相对较大的具体频率

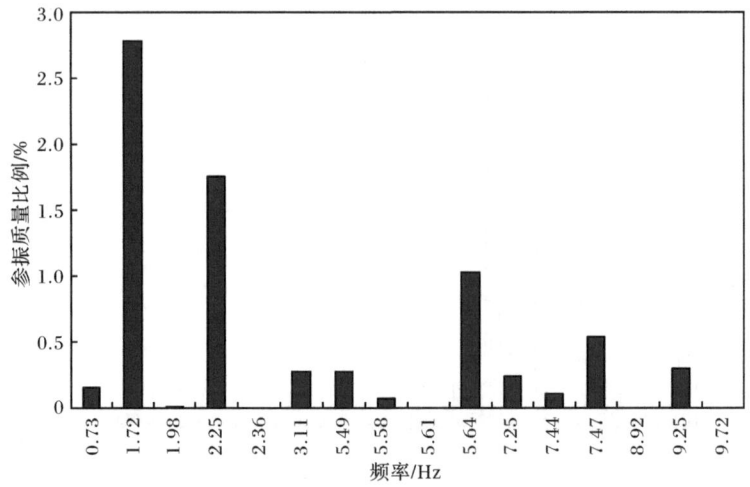

图 16.29 合建结构 B-B 剖面 0~10Hz 的竖向参振质量比例

值上尚存在差异。因此，为了进一步验证二维模态分析结论，又进行了合建结构的三维模态分析。由于数据量较大，也为了清晰展示，图 16.30 仅给出了最为关心的 3~10Hz 范围内三维合建结构的竖向参振质量比例分布图。

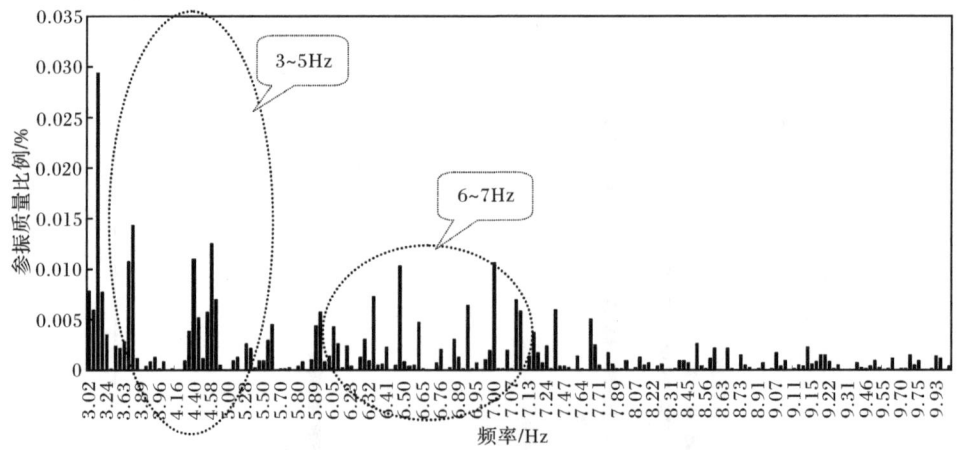

图 16.30 三维合建结构的竖向参振质量比例

从图 16.30 不难看出，合建结构在 3~5Hz 和 6~7Hz 频段内的竖向参振质量相对较大。所以，在本工程中，为防止在合建结构内出现共振现象，需选取固有频率偏高、且接近 8Hz 的浮置板，以尽可能避开合建结构 3~7Hz 范围内竖向参振质量较大的敏感频率[1]。

3. 钢弹簧浮置板轨道的适用性[2]

由 16.2.1 节钢弹簧浮置板轨道的自振特性随浮置板厚度的变化规律可见，在浮置板板长、钢弹簧刚度及其布置间距不变的情况下，单纯通过增加浮置板厚度，可降低其固有频率，扩大其隔振频带。但是，根据 16.2.2 节浮置板下钢弹簧支点力的频谱特性可知，随着浮置板厚度的增加，钢弹簧反力会在其固有频率附近放大更多的低频能量，若此时周边建筑在浮置板轨道固有频率附近的参振质量又较高的话，那么该建筑结构不仅不会因为浮置板轨道隔振频带的增加而减弱振动，反而易出现共振现象。因此，不同浮置板厚度下周边建筑物的具体减振效果还需结合瞬态动力分析予以确认。

图 16.31 给出了本工程合建结构的瞬态动力分析结果。结果表明，不同固有频率的钢弹簧浮置板轨道在本合建结构内引起的分频最大振级的差异十分明显。以 A-A 剖面为例，钢弹簧浮置板轨道固有频率 4Hz、8Hz 和 9Hz 对应的 1/3 倍频程最大加速度级间的最大差距未超过 5dB；可是当钢弹簧浮置板固有频率 6Hz 时，与它们的最大差距却可高达 15dB（图 16.31）。此外，进一步比较 B-B 剖面的瞬态分析结果可以确定，在本工程中固有频率 9Hz 的钢弹簧浮置板轨道的减振效果是相对最好的，如图 16.32 所示，这与模态分析结论一致。

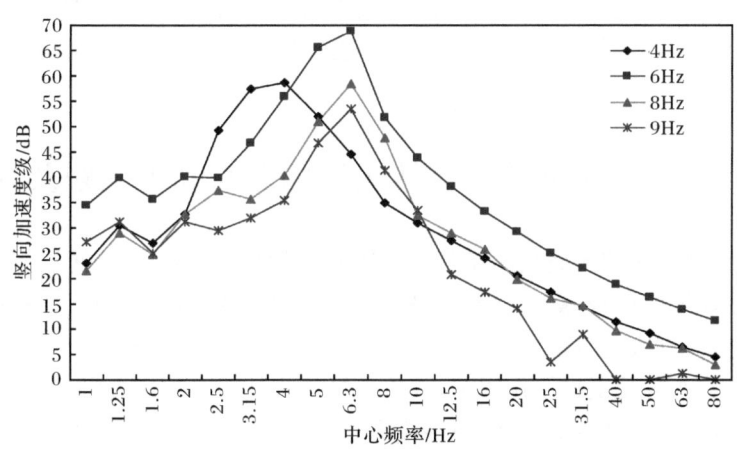

图 16.31　合建结构 A-A 剖面某观察点 1/3 倍频程振级

通过上述案例的研究，我们可以得到如下认识：在钢弹簧浮置板轨道减振优化的设计过程中，首要的工作是针对不同建筑环境的自振特性，确定出适宜的钢弹簧浮置板轨道的固有频率，然后再依据工程经验与现场实施条件，在保证最优固有频率不变的条件下，提出具有高耐久性与高安全性的浮置板轨道结构的最优参数组合，包括浮置板几何尺寸、钢弹簧布置间距、钢弹簧刚度和阻尼等设计参

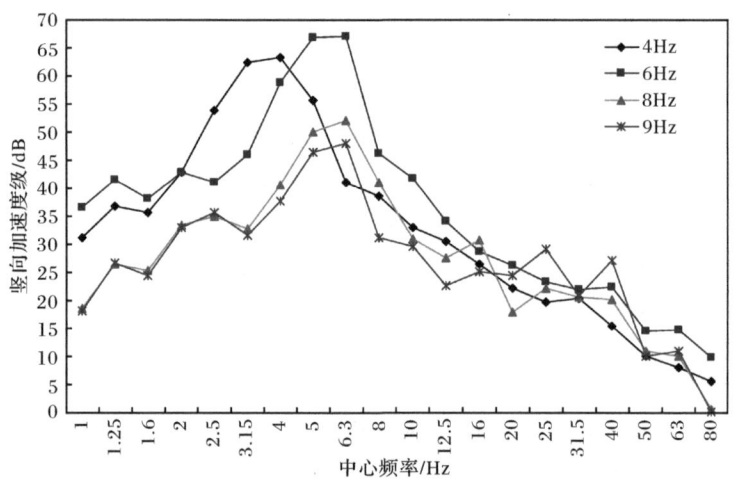

图 16.32　合建结构 B-B 剖面某观察点 1/3 倍频程振级

数。值得注意的是，如果钢弹簧浮置板轨道的固有频率无论如何都无法与所在建筑环境内参振质量较大且振动集中的某固有频率相避开时，则需要调整建筑内的楼板、柱等结构尺寸和结构刚度，或是增加其他减振措施来进行综合治理。

总而言之，轨道减振是有效的地铁减振技术途径，但不是万能的，是有条件的，也是有限的，需要具体问题具体对待，应该从整体系统动力学的角度对其进行综合优化设计。

16.3　地铁线路钢轨焊接接头区的轮轨动力问题及其对策

地铁线路多采用无缝线路结构，与传统有缝线路相比，钢轨通过焊接方式相连，消除了轨缝的影响，最大限度地保持了线路的连续性和整体性，使接头处的轮轨动力效应得到大大改善。但是，受焊接材料、焊接工艺水平、养护维修等多方面因素影响，在车轮反复辗压作用下，钢轨焊接接头处仍会出现各种缺陷，如焊接接头低塌、轨面不均匀磨耗。钢轨焊接接头是无缝线路最薄弱的环节之一[3]。荷兰学者 Steenbergen 等[4~6]对焊接区动力学相关问题进行了大量的研究，通过建立车轮—轨道动力学集总参数模型及有限元模型，计算了在简谐不平顺及实测不平顺激扰作用下的轮轨动力响应，提出了以焊接接头区轨面几何不平顺坡度为限值的焊接接头评估方法，并在荷兰铁路管理中得到应用。作者在文献[7]中运用车辆—轨道耦合动力学模型，对钢轨焊接区轨面叠加波不平顺引起的轮轨动力效应进行了仿真分析，对我国提速线路焊接接头不平顺的日常管理给出建议。文献[8]和[9]则以谐波不平顺作为车辆—轨道耦合模型轮轨界面不平顺输入，对钢轨接头区冲击问题进行了相关研究。

本节以现场实测的焊接接头不平顺作为轮轨界面激扰输入,采用车辆—轨道垂向耦合动力学模型对地铁线路中出现的焊接接头低塌问题进行研究,分析不平顺波长、不平顺波深、轨下胶垫弹性、轨道结构形式等对焊接区轮轨动力响应的影响规律,以期为地铁线路钢轨焊接区的养护维修管理提供参考。

16.3.1 地铁线路钢轨焊接接头不平顺实测结果及分析

为获取符合实际的轮轨界面不平顺输入,我们对国内某地铁线路实际运营过程中出现的钢轨焊接接头低塌进行了现场调研与几何测量。作为示例,图16.33给出其中一个焊接接头不平顺外观图片。

图16.33 地铁线路钢轨焊接接头不平顺外观

测量过程中所使用的测试仪器ØDS如图16.34所示,其单次测量长度为1200mm,可覆盖整个钢轨焊接接头区。本次测量共取得9组数据,基于实测数据的特点,同时考虑到车辆—轨道垂向耦合模型对激扰输入的要求,采用仪器配套软件对所取得的接头不平顺样本进行了偏差修正与适当的平滑处理,处理后的实测不平顺几何波形如图16.35所示。

图16.34 钢轨焊接接头不平顺现场测量

分析不平顺样本发现,该线路运营过程中出现的焊接接头不平顺波形基本一致。在焊接区出现三个轨面凹陷区,且关于焊接断面基本对称。现以图16.35所

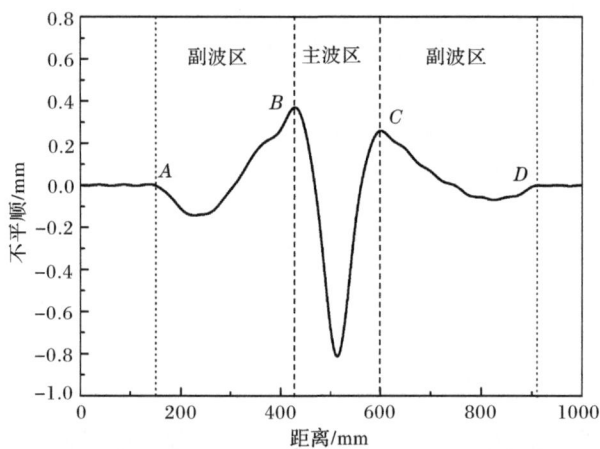

图 16.35 地铁钢轨焊接接头实测不平顺几何波形

示实测不平顺为例说明其基本特征。该焊接接头不平顺分 AB、BC 及 CD 三个区域:BC 区域不平顺深度最大,此为主波区;在主波两侧各有一段深度较小的下凹,即 AB 及 CD 区域,记为副波区;在主波下凹与两侧副波之间会出现一段高于轨面的凸起,对应图中所示 B、C 两点。

将所测量得到的 9 组不平顺样本结果列表 16.6,表中峰谷值是指低塌区凸起最大值与主波下凹波谷值之间的差值。分析实测不平顺样本数据发现,地铁焊接接头不平顺主波波长分布主要集中在 0.15~0.30m 范围内,波深根据磨耗程度的不同存在较大波动,主要分布在 0.50~1.1mm 范围内。

表 16.6 地铁钢轨焊接接头不平顺波长和波深分布

测点编号	1	2	3	4	5	6	7	8	9
主波波长/m	0.16	0.22	0.27	0.20	0.19	0.28	0.23	0.30	0.26
峰谷值/mm	1.18	1.07	1.01	0.87	0.78	0.67	0.62	0.55	0.21

16.3.2 地铁线路钢轨焊接接头不平顺引起的轮轨动力响应特征

结合不平顺测点处线路运营实际,计算中车辆选取我国 A 型地铁车辆。轨道采用 60kg/m 钢轨,钢轨支点跨距 0.6m,轨下胶垫刚度与阻尼分别为 5×10^7N/m 和 7.5×10^4N·s/m。假定不平顺中心位于 91 号钢轨支点(记为 S_{91})处,向前一跨支点为 92 号,向后一跨为 90 号,分别记为 S_{92}、S_{90}。

图 16.36 给出了车辆分别以 40km/h、80km/h 速度通过图 16.35 所示焊接接头不平顺时的轮轨力响应。由图可见,焊接接头不平顺的存在对轮轨间动态相互作用影响显著。当车辆以 40km/h 低速通过焊接接头不平顺时,轮轨力响应出现

异常波动,产生附加动力作用;当车辆以 80km/h 速度通过焊接接头不平顺时,轮轨间出现剧烈的冲击振动,轮轨冲击力峰值高达 281.9kN,约为静轮载的 3 倍,并伴随有轮轨脱离现象,这种冲击振动会造成车辆、轨道相关部件的疲劳伤损,影响轮轨系统安全可靠性。

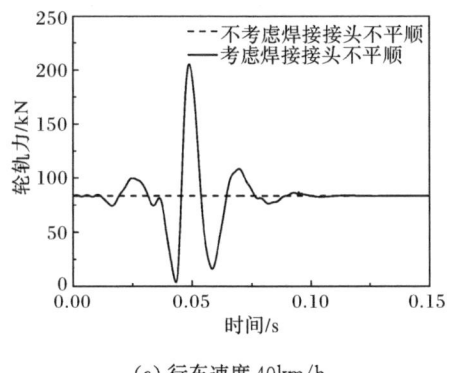 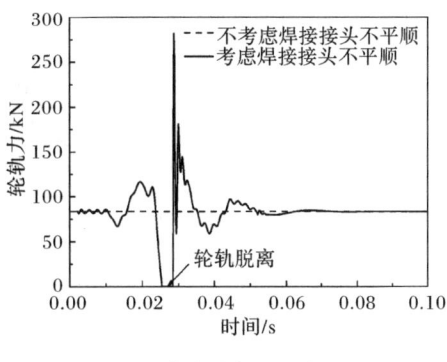

(a) 行车速度 40km/h　　　　　　　　(b) 行车速度 80km/h

图 16.36　地铁线路焊接接头不平顺激扰下的轮轨力响应

当车辆以 80km/h 速度通过焊接接头不平顺时,轮对、钢轨振动加速度响应见图 16.37 和图 16.38。由此二图可见,轮对与钢轨均出现较明显的冲击振动,轮对加速度最大值达到 20.1g,与之相对应的钢轨振动幅度更大,达 260g,这无疑会大大加速车轮与钢轨的疲劳破坏。

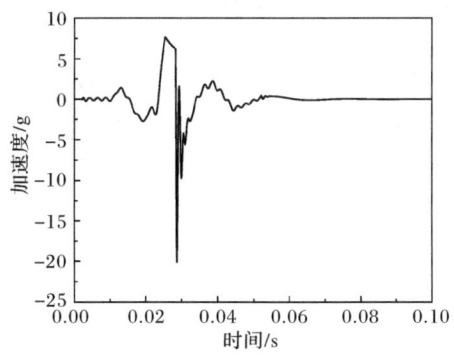 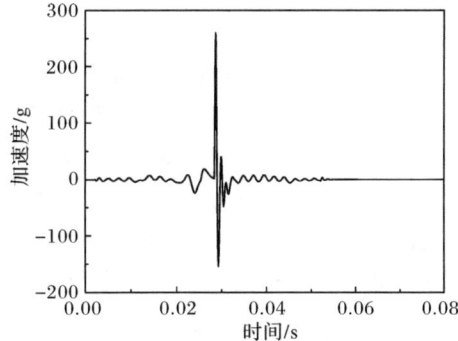

图 16.37　地铁焊接接头激扰下轮对　　图 16.38　地铁焊接接头激扰下钢轨
　　　　　振动加速度响应　　　　　　　　　　　　振动加速度响应

焊接接头不平顺的存在还会造成轨下胶垫承载恶化,图 16.39 为车辆以 80km/h 速度通过焊接区时的钢轨支点反力变化。由图可见,钢轨焊接接头不平顺会造成接头附近 2~3 跨支点处的钢轨支点反力出现不同程度的波动,且以激振点处(S_{91})变化最为明显,其最大值可达 83.7kN,约为正常状态时的 3 倍。钢轨支点反力的增大,造成轨下胶垫使用状态恶化,从而加速轨下胶垫的疲劳、老化,严重时还会对诸如轨枕或道床等轨下基础的疲劳伤损产生影响。

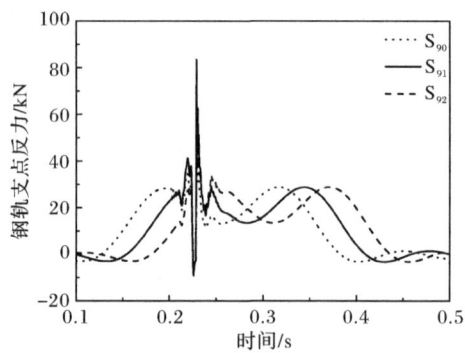

图 16.39 地铁焊接接头不平顺激扰下的钢轨支点反力响应

16.3.3 地铁钢轨焊接不平顺参数对轮轨动力响应的影响

1. 不平顺波长的影响

钢轨焊接接头不平顺波长对焊接区轮轨动力响应有着重要影响。研究表明,根据实测焊接接头不平顺主波区的波长、波深,也可采用谐波不平顺合理模拟其激扰输入。为清晰起见,本节在分析不平顺波长对轮轨动力响应的影响时,采用图 3.14(见第三章第 3.2.1 节)所示谐波不平顺作为轮轨界面激扰输入,行车速度为 40km/h。

在不平顺波深 a 不变情况下,波长对轮轨力的影响规律如图 16.40 所示。由图可见,轮轨力响应随不平顺波长的变化呈现明显的非线性,以 0.5m 波长为分界点,当波长由 0.1m 增大到 0.5m 时,轮轨力随着波长的增大而迅速下降;波长超过 0.5m,下降趋势变得平缓,轮轨力基本保持不变。因此,在地铁线路养护维修过程中应重视对短波长不平顺的管理,特别是波长小于 0.5m 的钢轨焊接接头不平顺,通过及时打磨控制其产生与发展。

2. 不平顺波深的影响

波深是焊接接头不平顺的另一个重要参数,其大小常作为铁路工务部门对钢轨焊接接头不平顺作业的维修标准[10,11]。为分析不平顺波深对轮轨动力响应的影响,同样以谐波不平顺作为轮轨界面激扰输入,取谐波不平顺波长为 0.16m,依次改变不平顺波深。计算中,行车速度为 40km/h。

地铁线路接头谐波不平顺波深对轮轨动力响应的影响规律如图 16.41 所示。由图可见,轮轨力最大值随波深的增加呈线性增大;当波深小于 1.3mm 时,轮重

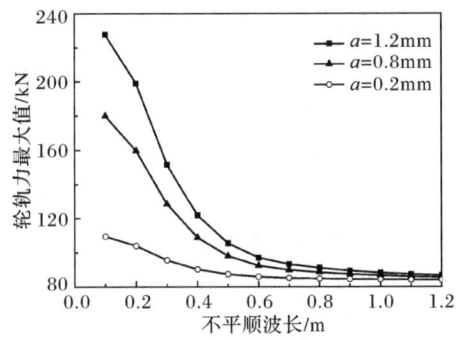

图 16.40 谐波不平顺波长对轮轨力的影响

减载率随波深的增加也呈线性增大趋势;当波深大于1.3mm时,轮重减载率达到1.0,表明车轮与钢轨间出现脱离现象。轮重减载率在波深增至0.75mm时达到GB5599-85[12]所规定的允许限度0.6,在增至0.85mm时达到其规定的危险限度0.65,在波深增至1.15mm时超过其动态安全建议限值0.9。因此,在地铁焊接区线路养护维修过程中,应根据焊接接头不平顺的发展规律和线路运营特点,采取必要措施,及时整治和控制焊接接头不平顺的幅值。

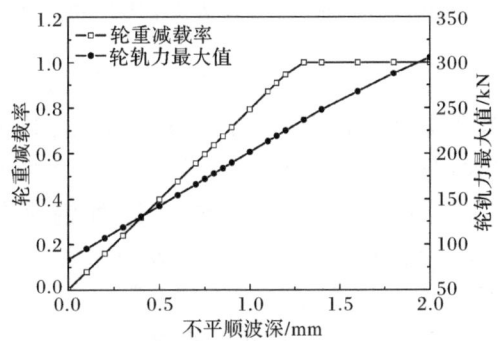

图 16.41 谐波不平顺波深对轮轨动力响应的影响

16.3.4 轨道弹性对焊接区轮轨动力作用的影响

1. 轨下胶垫弹性的影响

轨下胶垫作为钢轨与轨下基础之间的关键减振环节,对改善轮轨动力相互作用有重要作用。为分析轨下胶垫弹性对地铁焊接区轮轨动力作用的影响,本节分析了车辆—轨道耦合系统动力响应随轨下胶垫刚度(K_p)的变化规律,胶垫刚度变化范围取为10～200MN/m,行车速度为40km/h,轨道不平顺采用图16.35所示的实测焊接接头不平顺。

图 16.42 给出了轮轨力和轮重减载率随轨下胶垫刚度的变化规律。轮轨力随着胶垫刚度的增加基本上呈线性规律增大,当轨下胶垫刚度为 35MN/m 时,轮轨力最大值为 176.3kN,当胶垫刚度增大到 65MN/m 时,该值增至 231.8kN,增幅约 30%,并伴随有轮轨脱离现象;当胶垫刚度小于 65MN/m 时,轮重减载率随轨下胶垫刚度的增加也基本呈线性规律增大,当轨下胶垫刚度大于 65MN/m 时,轮重减载率达到 1.0,车轮与钢轨间出现脱离。

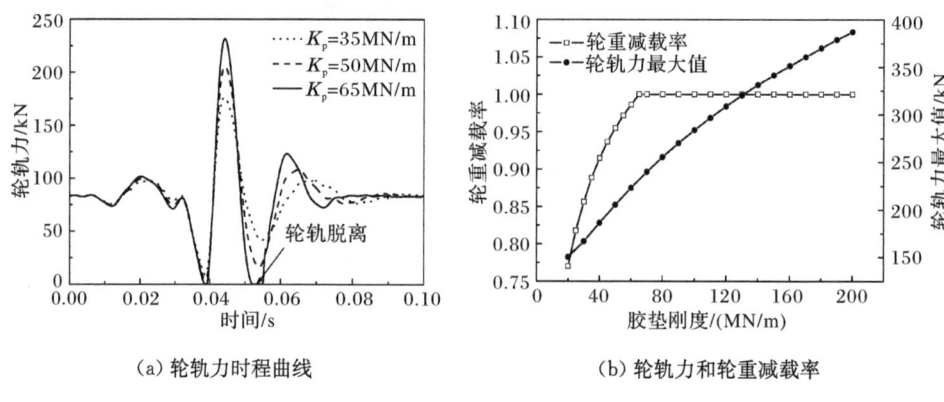

(a) 轮轨力时程曲线 (b) 轮轨力和轮重减载率

图 16.42 轨下胶垫刚度对地铁焊接接头区轮轨力和轮重减载率的影响

轨下胶垫刚度的增大对胶垫自身受载也有显著影响。图 16.43 给出了钢轨支点反力随轨下胶垫刚度的变化规律。可见,随着胶垫刚度的增加,各支点反力基本呈线性规律增大,且以激振点处(S_{91})的增幅最为明显。当胶垫刚度由 35MN/m 增加到 65MN/m 时,激扰中心支点 S_{91} 处钢轨支点反力最大值由 64.2kN 增大到 92.3kN,增幅约 45%;当胶垫刚度增至 200MN/m 时,该值为 117.4kN,增大约一倍。

钢轨支点反力反映了作用在轨下胶垫上的载荷,其大小一定程度上决定胶垫的动力学性能好坏与使用寿命长短。焊接接头不平顺使钢轨支点反力发生异常波动,加速了胶垫的老化及其弹性的下降。若不及时更换,胶垫弹性的下降反过来会造成钢轨支点反力的进一步增大,形成恶性循环。因此,实际使用过程中应及时检查焊接区轨下胶垫老化程度,并及时更换老化胶垫。从降低轮轨动力作用角度考虑,可以通过铺设高弹性轨下胶垫达到改善轮轨系统动力性能、减缓接头不平顺发展的目的。

从理论上讲,线路上所铺设的高弹性胶垫数目越多,轮轨系统动力学性能会越好。然而,高弹性胶垫数目的增多也会带来投资成本的增加。由于轮轨动力作用发生波动剧烈的区域主要出现于钢轨焊接接头区段,因此,可以只在地铁焊接接头区铺设一定数量的高弹性轨下胶垫,以降低线路铺设与维修成本,这就有必要分析所铺设的高弹性胶垫的合理数目。

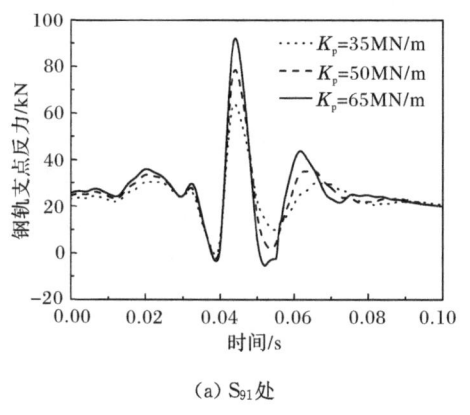
(a) S_{91} 处

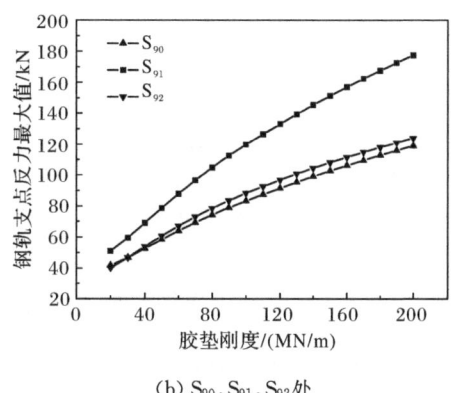
(b) S_{90}、S_{91}、S_{92} 处

图 16.43 轨下胶垫刚度对焊接区钢轨支点反力的影响

计算中,假定普通弹性胶垫刚度为 70MN/m,高弹性胶垫刚度为 50MN/m,以激扰点为中心,改变高弹性胶垫的数目。图 16.44 给出了轮轨力响应随高弹性胶垫数目(N_r)的变化规律。由图 16.44(a)可以看出,高弹性胶垫数量的增多确实可改善轮轨动力相互作用,避免轮轨脱离现象的出现。进一步分析图 16.44(b)发现,高弹性胶垫数目由 0 增大到 3 个,轮轨力响应明显下降,其最大值由最初的 240kN 下降到 207.2kN;继续增大高弹性胶垫数目到 5 个,该值仅出现小幅度下降;高弹性胶垫数目继续增多,轮轨力则基本保持不变。因此,从降低轮轨间动力相互作用角度考虑,建议更换焊接接头处 3 个轨下胶垫为高弹性胶垫,经济条件允许时,可将数量增至 5 个。

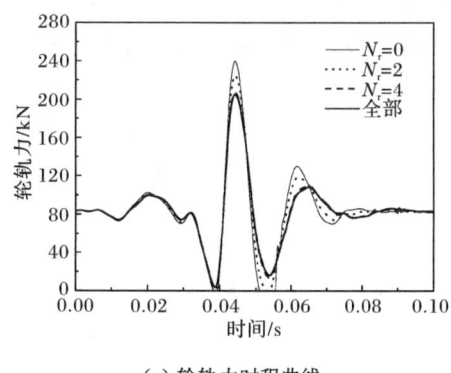
(a) 轮轨力时程曲线

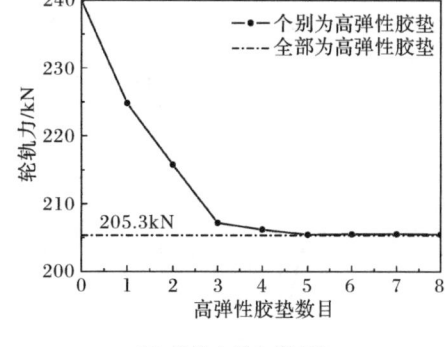
(b) 轮轨力最大值变化

图 16.44 高弹性胶垫数目对焊接区轮轨力响应的影响

现场调研发现,焊接接头相对钢轨支点的位置并不确定,而是具有一定的随

机性,上述分析均假定不平顺中心处于支点正上方。因此,为保证分析的全面性,对不平顺中心处于 S_{90}、S_{91} 两支点正中间的情况进行了类似分析。结果表明,当不平顺两侧各两个支点即 4 个轨下胶垫铺设为高弹性胶垫时,轮轨力下降明显;高弹性胶垫增至 6 个时,轮轨力出现小幅下降,并与轨下胶垫全部更换为高弹性胶垫时接近;高弹性胶垫数目大于 6 个后,轮轨力响应没有明显变化。

因此,综合上述两种位置下的计算结果,建议在进行线路铺设与养护维修过程中,可考虑将焊接接头毗邻 3~4 个支点处的轨下胶垫铺设或更换为高弹性胶垫,条件允许时则铺设或更换 5~6 个支点处轨下胶垫,更多数量的高弹性胶垫对改善焊接区轮轨动力作用效果不明显。

2. 轨道结构弹性的影响

出于减振降噪的考虑,地铁线路常在特定地段铺设弹性支承块式无砟轨道,研究表明,该结构型式的轨道会大大改善钢轨焊接区轮轨动力响应。与整体道床式轨道相比,弹性支承块式轨道进一步采用了支承块及块下橡胶元件,从而形成双层(钢轨—支承块—道床)弹簧—阻尼结构(图 2.30)。支承块振动方程的推导参见第二章第 2.2.2 节。

图 16.45 和图 16.46 对比了整体道床与弹性支承块式两种轨道结构形式下的焊接区轮轨动力响应。计算时,车辆运行速度为 40km/h,轨道不平顺采用图 16.35 所示的地铁线路实测焊接接头区不平顺。由图 16.45 可以看出,当采用弹性支承块式轨道结构时,轮轨间动态作用明显下降,说明轨道结构弹性的提高会显著改善轮轨动力响应。例如,当线路采用整体道床式轨道结构时,由焊接接头不平顺引起的轮轨力响应最大值约 205.3kN,而当线路改为弹性支承块式轨道时,此值降为 160.9kN,下降约 20%;与此同时,激扰点处钢轨支点反力最大值也由 78.3kN 下降至 54.5kN(图 16.46)。轨下胶垫受力的改善将有助于轨道弹性

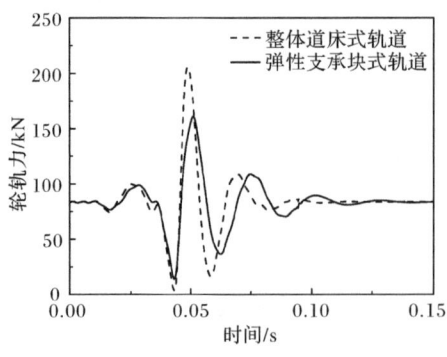

图 16.45 两种轨道结构形式下的轮轨力响应对比

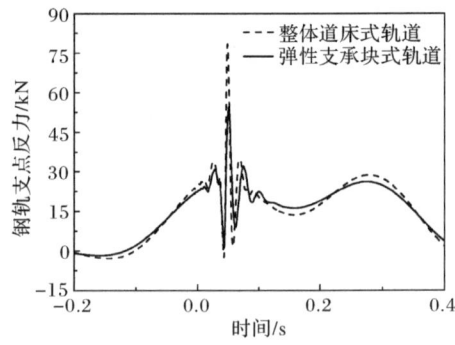

图 16.46 两种轨道结构形式下的钢轨支点反力对比

的保持,保证其最佳使用性能,减缓轮轨动态作用对轨下基础结构的破坏作用,同时延长轨下胶垫的使用寿命。

因此,在地铁施工作业及工程造价允许情况下,可以考虑在钢轨焊接接头不平顺严重地段改铺弹性支承块式轨道,以减轻由接头不平顺引起的轮轨动力作用,抑制焊接接头不平顺的形成与发展。

16.4 地铁线路极小半径曲线的行车安全分析评估

地铁线路具有曲线多且半径小等特点,小半径曲线地段线路半径以400～500m居多,在实际工程中,受地形条件及施工限制,个别地段甚至会设置半径为150m左右的极小半径曲线,特殊地段还将形成连续的曲线群(或称复合曲线,简称复曲线)。因此,小半径曲线地铁的行车安全性越来越引起设计人员的关注。本节拟结合具体地铁工程,基于车辆—轨道耦合动力学理论,开展地铁线路小半径曲线地段的行车安全性分析与研究,包括$R150m$的极小半径曲线轮轨动力学性能分析与行车安全性评估以及复曲线地段的行车安全性研究。

16.4.1 极小半径曲线地铁行车安全性分析评估

我国某地铁1号线一期工程设计中,由于地形条件限制,设置了$R150m$的极小半径曲线,并期望地铁车辆的最高通过速度能够达到50km/h。然而,地铁车辆能否以50km/h速度安全平稳地通过如此小半径曲线,这是设计中必须考虑的关键问题。本小节对此进行分析评估,并介绍参数匹配设计研究成果[13]。

1. 原始设计参数下的轮轨动力学性能分析

对于该段150m半径曲线,原先设计的曲线超高是70mm、轨距加宽量为10mm。在原始设计参数条件下,地铁车辆以20～50km/h速度通过$R150m$曲线地段时,计算得到的轮轨动态安全性指标最大值的统计结果如表16.7所示。

表16.7 原始设计参数下行车安全性指标最大值的计算结果

行车速度/(km/h)	轮轴横向力/kN	轮轨垂向力/kN	脱轨系数	轮重减载率
20	12.16	56.23	0.61	0.23
30	17.03	58.10	0.76	0.31
35	22.75	61.00	0.79	0.37
40	27.46	63.96	0.94	0.41
45	32.92	67.82	1.00	0.49
50	40.92	71.97	1.05	0.56

由表 16.7 结果可知：当曲线通过速度为 50km/h 时，轮轴横向力的最大值为 40.92kN，超出了其合格限值(34.85kN)，不满足安全行车要求；当速度为 45km/h 及以下时，轮轴横向力最大值为 32.92kN，小于合格限值，满足安全行车要求。就脱轨系数而言，当曲线通过速度为 45km/h 及以上时，不满足安全行车要求；而当速度为 40km/h 及以下时，脱轨系数则小于合格限值，满足安全行车要求。而对于其他指标，如轮轨垂向力及轮重减载率，在 20～50km/h 速度范围内，均满足安全行车要求。

为了进一步了解这些反映行车安全性的参数在曲线上的变化情况，以 45km/h 速度为例，图 16.47 给出了各种安全性指标的时间响应。

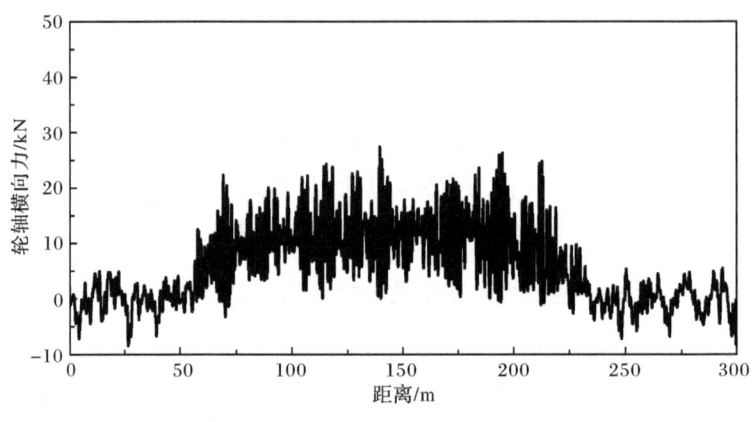

(a) 轮轴横向力

(b) 轮轨垂向力

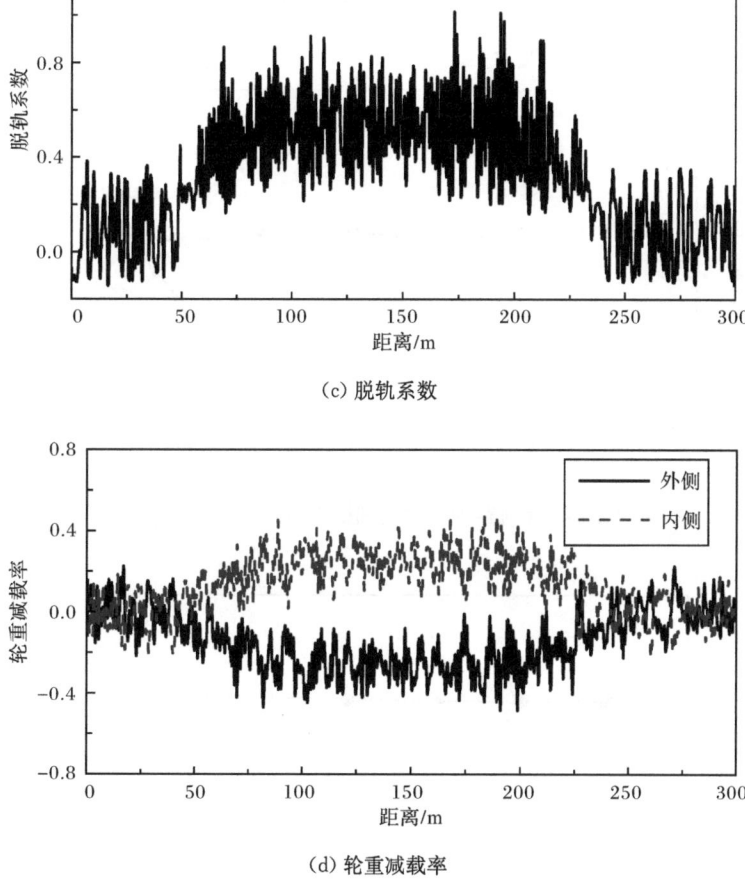

图 16.47　地铁车辆以 45km/h 速度通过 R150m 曲线时行车安全性指标的计算结果

2. 轨距与超高的合理匹配研究

由上述分析可知,地铁车辆以 50km/h 的设计速度通过 R150m 曲线(原设计参数)时,部分安全性指标不能满足要求。为此,我们以 50km/h 速度安全通过曲线为目标,对该曲线轨道的轨距和超高值进行匹配设计研究。标准轨距为 1435mm,计算时,考虑轨距加宽量分别为 0mm、10mm(原参数)和 15mm 三种方案,超高设置为 30mm、40mm、50mm、60mm、70mm(原参数)、80mm 和 90mm 七种方案。

当曲线轨道为标准轨距(加宽量为 0mm)时,轮轴横向力及脱轨系数最大值随超高的变化规律如图 16.48 和图 16.49 所示。图 16.48 和图 16.49 结果表明,当曲线轨道不设置加宽时,轮轴横向力最大值均超出了其合格限值,脱轨系数也都大于 1.0,不满足安全行车要求。

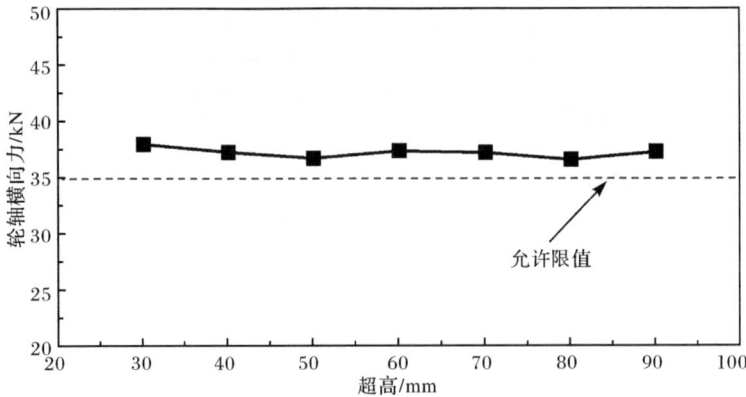

图 16.48　无轨距加宽时轮轴横向力随超高的变化关系

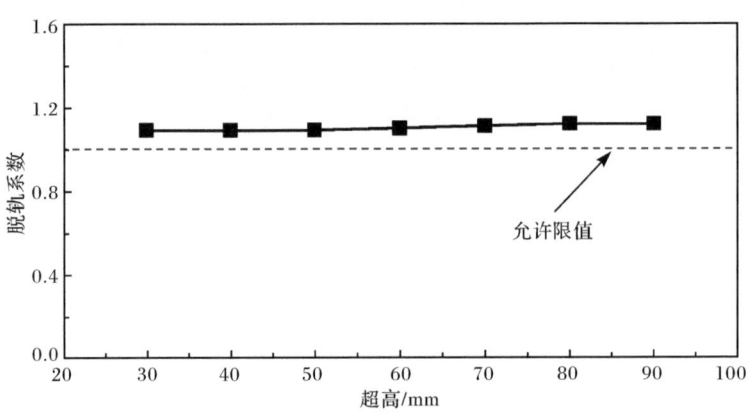

图 16.49　无轨距加宽时脱轨系数随超高的变化关系

在轨距加宽量为 10mm 的状态下,轮轴横向力及脱轨系数随超高的变化规律如图 16.50 和图 16.51 所示。由图 16.50 和图 16.51 可知,当超高为 50～90mm 时,轮轴横向力与脱轨系数均超出了合格限值;而当超高为 30mm 和 40mm 时,轮轴横向力与脱轨系数满足安全行车要求。

进一步,当轨距加宽量增加至 15mm 时,计算得到的轮轴横向力及脱轨系数最大值随超高变化规律如图 16.52 和图 16.53 所示。结果表明,当超高大于 50mm 时,轮轴横向力与脱轨系数均超出了合格限值,而当超高为 30～50mm 时,轮轴横向力与脱轨系数均可满足安全行车要求。

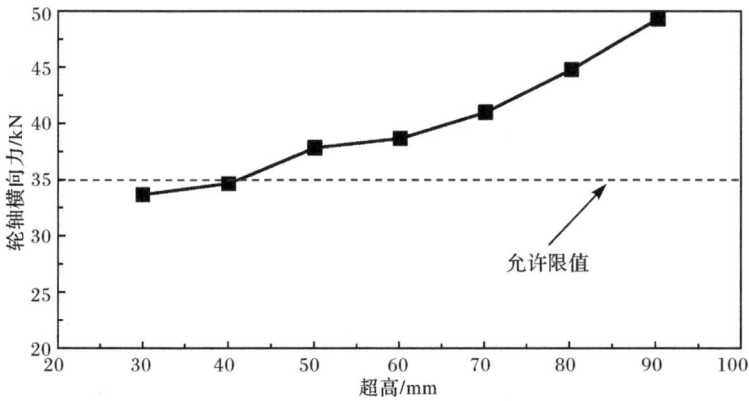

图 16.50　轨距加宽 10mm 时轮轴横向力随超高的变化关系

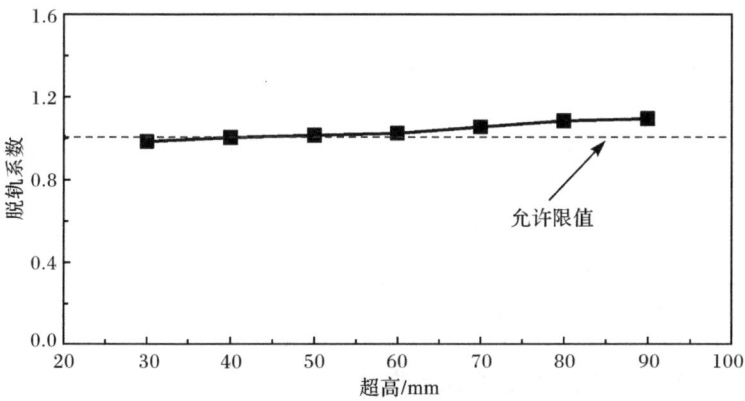

图 16.51　轨距加宽 10mm 时脱轨系数随超高的变化关系

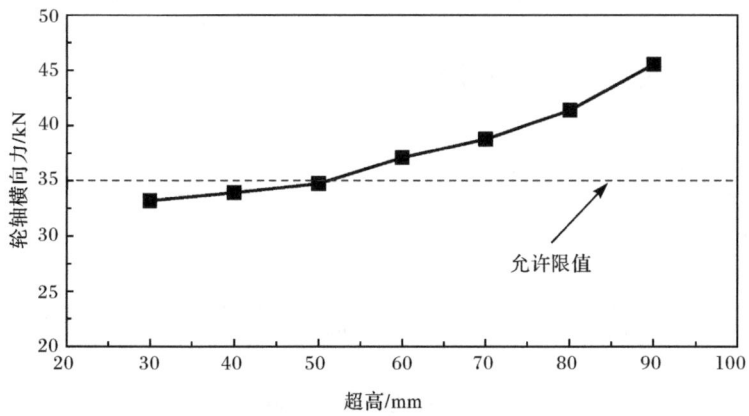

图 16.52　轨距加宽 15mm 时轮轴横向力随超高的变化关系

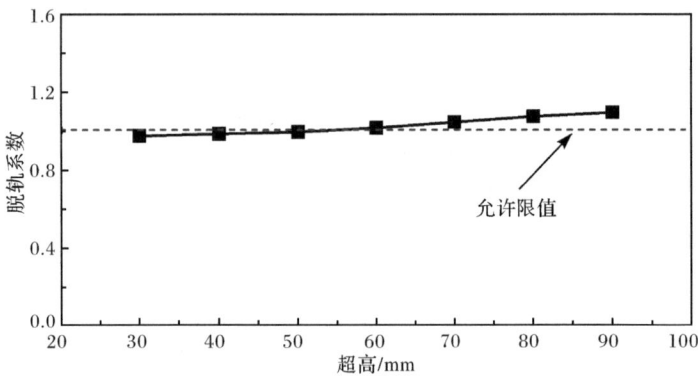

图 16.53 轨距加宽 15mm 时脱轨系数随超高的变化关系

3. 结论

① 对于 $R150m$ 极小半径曲线,在原始设计参数(曲线超高 70mm,轨距加宽 10mm)条件下,当地铁车辆通过速度不高于 40km/h 时,所有轮轨动态安全性指标均满足要求;当速度为 45km/h 及以上时,部分安全性指标超出了允许限值,不满足安全行车要求。

② 为了满足地铁车辆以 50km/h 速度通过 $R150m$ 曲线轨道,建议轨距加宽与超高值按如下匹配关系设计:轨距加宽量 10mm,超高设为 30~40mm;轨距加宽量 15mm,超高设为 30~50mm。

16.4.2 小半径复曲线地铁行车安全性研究

在某地铁工程设计中,根据实际地形条件,拟将原设计半径 $R450m$、前后缓和曲线长度均为 70m 的一条曲线调整为四条不同半径的顺向复曲线衔接,复曲线的前后缓和曲线长也为 70m,但曲线之间未设置缓和曲线,如图 16.54 所示。各曲线半径(R)及曲线长度(L_{cv})设置为(图 16.54 中从左至右):①$R=480m$,$L_{cv}=133.188m$;②$R=403m$,$L_{cv}=64.822m$;③$R=480m$,$L_{cv}=76.014m$;④$R=448.5m$,$L_{cv}=364.081m$。

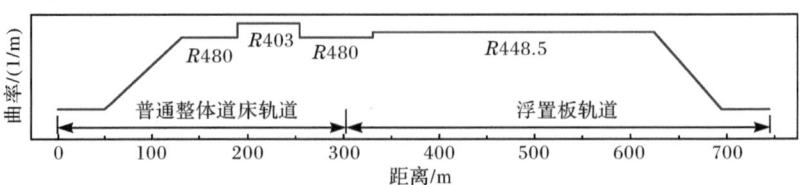

图 16.54 某地铁线路平面曲线示意图

为了评估这样的调整设计能否保证地铁列车的行车安全性,特别是各曲线之间未采用缓和曲线连接是否会带来突出的振动与冲击,受设计单位委托,我们运用车辆—轨道耦合动力学理论,分析了调整设计后的复曲线地段车辆准静态通过行为和轮轨动态安全性[14]。

1. 低速通过时准静态性能分析

以 10km/h 速度为例,介绍地铁车辆在小半径复曲线地段的准静态特性。

图 16.55 给出了轮轴横向力的计算结果,从图中可以看出,准静态通过复曲线地段时,轮轴横向力最大值约为 15kN,并且在三个圆圆点附近均出现明显的冲击现象,尤其是在 $R480m$ 与 $R403m$ 相连的圆圆点附近这一现象更加明显。

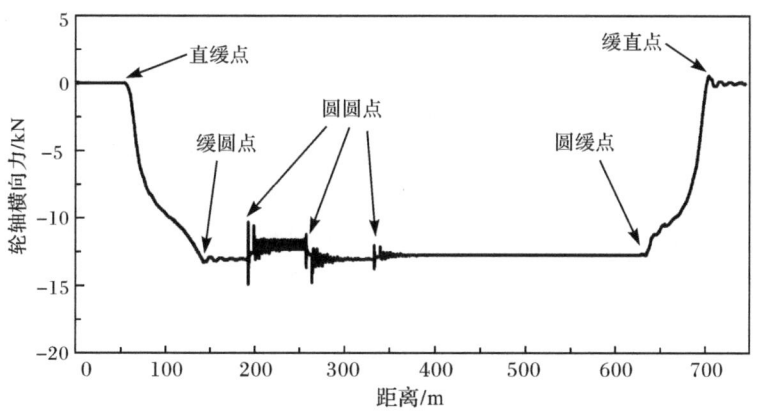

图 16.55　速度为 10km/h 时轮轴横向力的计算结果

图 16.56 和图 16.57 给出了脱轨系数和轮重减载率的计算结果。可以看出,准静态通过曲线时,脱轨系数最大值约为 0.3,且在三个圆圆点附近均有微小的变动(图 16.56)。准静态减载率最大值约为 0.2(图 16.57)。这些数值均很小。

图 16.58 是车体横向位移与侧滚角位移的计算结果。从图中可以看出,准静态通过曲线时,车体会发生较大横移,车体质心横向位移最大值约为 180mm,出现在半径 $R403m$ 曲线轨道上;车体侧滚角位移最大值约为 3°。

2. 正常速度通过时动态性能分析

地铁车辆以 30～80km/h 速度通过该曲线地段时,轮轨动态安全性指标最大值的统计结果如表 16.8 所示。由表 16.8 结果可知:对于轮轴横向力,最大值为 36.41kN,出现在 80km/h 速度下,小于其安全限值(51.85kN),满足安全行车要求;脱轨系数随着车速的提高不断增大,其最大值为 0.81,小于其允许限值(1.0),满足安全行车要求;而对于轮重减载率,在整个速度范围内的最大值是 0.38,也出

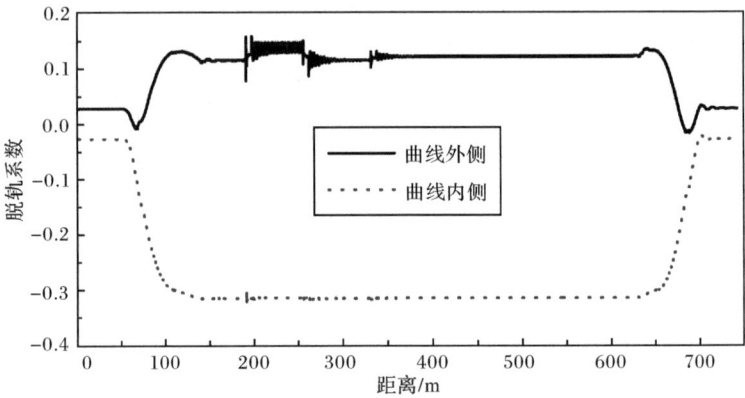

图 16.56 速度为 10km/h 时脱轨系数的计算结果

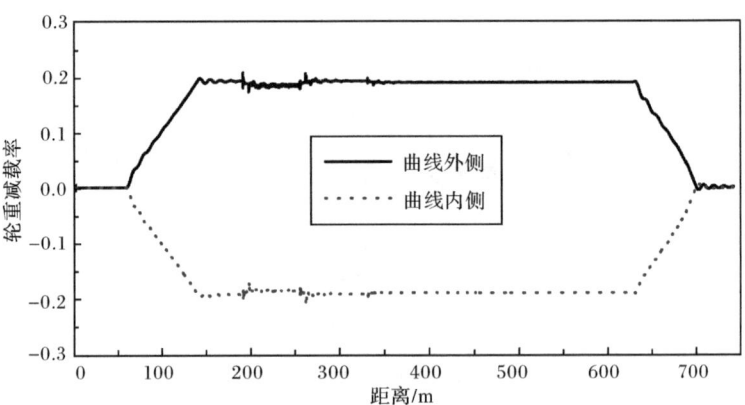

图 16.57 速度为 10km/h 时轮重减载率的计算结果

现在 80km/h 速度下,满足安全行车要求。

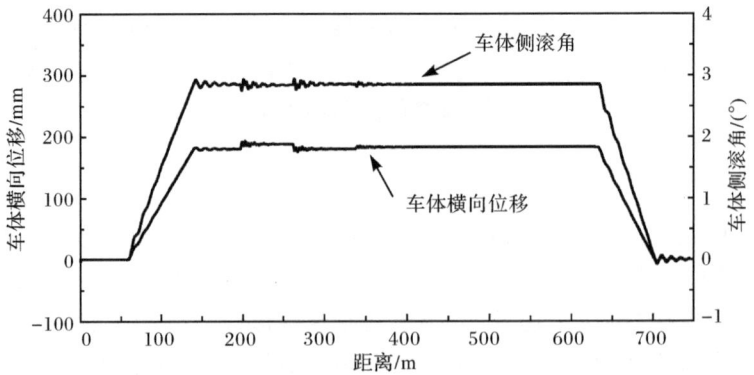

图 16.58 速度为 10km/h 时车体横向位移与侧滚角的计算结果

表 16.8　不同速度条件下地铁车辆行车安全性指标的最大值

行车速度/(km/h)	轮轴横向力/kN	脱轨系数	轮重减载率
30	19.33	0.38	0.26
40	19.78	0.53	0.25
50	20.05	0.64	0.24
60	19.57	0.67	0.26
70	25.19	0.73	0.30
80	36.41	0.81	0.38

3. 结论

① 地铁车辆准静态通过 $R480m$、$R403m$、$R480m$ 及 $R448.5m$ 复曲线地段时，各项性能参数虽然在三个圆圆点附近略有变动，但数值普遍很小，无明显异常。

② 地铁车辆以 30～80km/h 速度动态通过 $R480m$、$R403m$、$R480m$ 及 $R448.5m$ 复曲线地段时，各项轮轨安全性指标能够满足安全行车要求。

参 考 文 献

[1] 韦凯,周顺华,翟婉明,等.地铁-建筑物合建中钢弹簧浮置板轨道基频优选的影响因素研究.中国铁道科学,2011,32(4):8～13

[2] 韦凯,周顺华,翟婉明,等.地铁与建筑物合建中不同固有频率浮置板轨道的适用性分析.土木工程学报,2011,44(11):134～142

[3] Frank N. New rail could solve rolling contact fatigue. International Railway Journal & Rapid Transit Review,2003,43(5):49～50

[4] Steenbergen M J M M, Esveld C. Rail weld geometry and assessment concepts. Proceedings of the Institution of Mechanical Engineers,Part F,Journal of Rail and Rapid Transit,2006, 220(F3):257～271

[5] Steenbergen M J M M, Esveld C. Relation between the geometry of rail welds and the dynamic wheel-rail response: numerical simulations for measured welds. Proceedings of the Institution of Mechanical Engineers, Part F, Journal of Rail and Rapid Transit, 2006, 220 (F4):409～423.

[6] Steenbergen M J M M. Modelling of wheels and rail discontinuities in dynamic wheel-rail contact analysis. Vehicle System Dynamics,2006,44(10):763～787

[7] Zhai W M, Cai C B, Wang Q C, et al. Dynamic effects of vehicles on tracks in the case of raising train speeds. Proceedings of the Institution of Mechanical Engineers, Part F, Journal of Rail and Rapid Transit,2001,215(F2):125～135

[8] Wen Z F, Jin X S, Zhang W H. Contact-impact stress analysis of rail joint region using the

dynamic finite element method. Wear,2005,258(7-8):1301~1309

[9] 翟婉明,涂贵军,高建敏.地铁线路钢轨焊接区轮轨动力学问题研究.振动、测试与诊断,2012,32(5):1~8

[10] TB10082-2005.铁路轨道设计规范.北京:中国铁道出版社,2005

[11] 中华人民共和国铁道部.铁路线路修理规则.北京:中国铁道出版社,2006

[12] GB5599-85.铁道车辆动力学性能评定和试验鉴定规范.北京:中国计划出版社,1985

[13] 王开云,翟婉明.哈尔滨地铁1号线$R150m$曲线钢弹簧浮置板轨道系统的行车安全性能分析.TTRI-2012-01.成都:西南交通大学列车与线路研究所,2012

[14] 王开云,翟婉明.复曲线地段减振垫式浮置道床轨道系统的轮轨磨耗及行车安全性能研究.TTRI-2012-02.成都:西南交通大学列车与线路研究所,2012

第十七章 车辆—轨道耦合动力学在行车安全研究中的应用

列车在线路上的行车安全问题是铁路交通运输的首要问题,也是铁路研究人员关注的焦点。列车脱轨是危及铁路行车安全的主要因素。近10多年来,世界各国铁路脱轨事故屡有发生,严重威胁人民生命财产安全,影响铁路运输效益。例如,1998年6月3日,德国从汉堡开往慕尼黑的ICE高速列车脱轨,造成101人死亡,84人重伤,经济损失约2亿马克。2002年4月18日美国快速旅客列车脱轨,6人死亡。2003年7月18日,日本特快列车在长崎发生6节车厢脱轨,死伤60多人。在中国,脱轨事故在铁路行车重大、大事故中的比率高达70%左右。

影响行车安全的因素很多,本书只关注机车车辆在线路上运行时的动态安全问题,而仅此方面就有一系列亟待解决的重要问题,如车辆与轨道动态相互作用脱轨的评判准则、防止车辆脱轨的线路几何不平顺安全限值、列车侧向通过道岔的最大安全速度等,这些问题都由轮轨动态耦合关系决定,不是机车车辆或轨道单方面控制的。

车辆—轨道耦合动力学理论,其核心在于从车辆与轨道整体系统的角度综合研究车辆在轨道上运行过程中的动态行为,能够更好地反映轮轨动态相互作用机制及其影响因素,因而对研究解决上述动态安全问题具有较强的针对性和一定的优越性,应用前景广阔。

本章着重介绍车辆—轨道耦合动力学理论在线路不平顺安全限值研究、列车通过道岔安全性评估、脱轨评判研究和重载列车脱轨研究中的应用。

17.1 车辆—轨道耦合动力学在线路不平顺安全限值研究中的应用

铁路轨道是边运营边维修的工程结构物。有砟轨道在实际使用过程中由于振动影响,其几何形位会不断地发生变化,形成各种各样的不平顺状态。这种不平顺状态是激发车辆与轨道有害振动及轮轨间相互动态作用的根源,对铁道车辆的运行平稳性、安全性以及轮轨系统各部件的伤损和轨道质量状态的恶化等均有着极其不利的影响。为消除或减轻这些不利影响,有必要把各种轨道不平顺的尺度限制在一定范围之内。

我国铁路对轨道几何尺寸的管理按线路容许运营速度划分为作业验收、经常保养和临时补修三种标准。这些标准已由铁道部颁布并与1998年1月1日起施行[1]。然而,对轨道几何不平顺的安全标准至今尚未加以规定。美国、英国等发达国家早在几十年前就已制订了这方面的安全标准,用于分析评判列车脱轨等危及行车安全的事故原因。为此,本节应用车辆—轨道耦合动力学方法,着重就轨道几何不平顺的安全限值问题进行理论研究,以期为尽早制订我国自己的轨道几何状态安全管理标准提供科学依据。

17.1.1 轨道几何不平顺安全限值的理论分析方法

在确定不平顺安全限值的过程中,我们可以采用参数研究的方法,通过设置各种尺寸的轨道不平顺,运用车辆—轨道耦合动力学仿真分析系统 TTISIM,计算各种对车辆运行安全性起控制作用的动力学参数,当其中任一参数值首先达到其安全极限值时,此时所对应的轨道几何不平顺输入值便可视为此种不平顺的安全限值(理论值)。

研究中我们所选用的动力学控制参数是根据第十章中关于车辆—轨道耦合系统动力学性能评价指标体系而得出的,它们分别是脱轨系数、轮重减载率、车体加速度和轮轨作用力,其安全评定标准已在第十章中给出。

本节不是为了得出各种车型、各种运行工况下轨道几何不平顺安全限值,而在于说明运用车辆—轨道耦合动力学理论确定不平顺安全限值的方法,因此仅选取一种车型及速度条件作为示例。具体计算条件为:普通货车车辆(21t 轴重 C_{62A} 重车)以 80km/h 速度运行于 60kg/m 钢轨、混凝土轨枕、普通碎石道床轨道。分析中不平顺波长的设置,主要考虑了我国铁路线路日常检查方式的实际情况,如轨道方向、高低不平顺检测弦长为 10m,三角坑的测量基长为 6.25m[1],计算中即以此为相应不平顺波长。

17.1.2 轨道方向不平顺安全限值分析

轨道方向不平顺将会引起车辆的侧摆和摇头运动,增大蛇行运动和滚摆运动的幅度,导致轮轨横向力增大,推压钢轨倾翻和轨排横移,降低车辆运行的平稳性和安全性。

分析中采用在波长 $L=10m$ 内同时对左右两股钢轨设置全幅值为 $2A$ 的横向不平顺波形,从而构成了量测弦长 10m、最大幅值 $2A$ 的轨道方向不平顺状态[见图 3.28(a)]。轨道方向不平顺对车辆动力学性能指标的影响规律,经计算机仿真计算,其主要结果如图 17.1 所示。

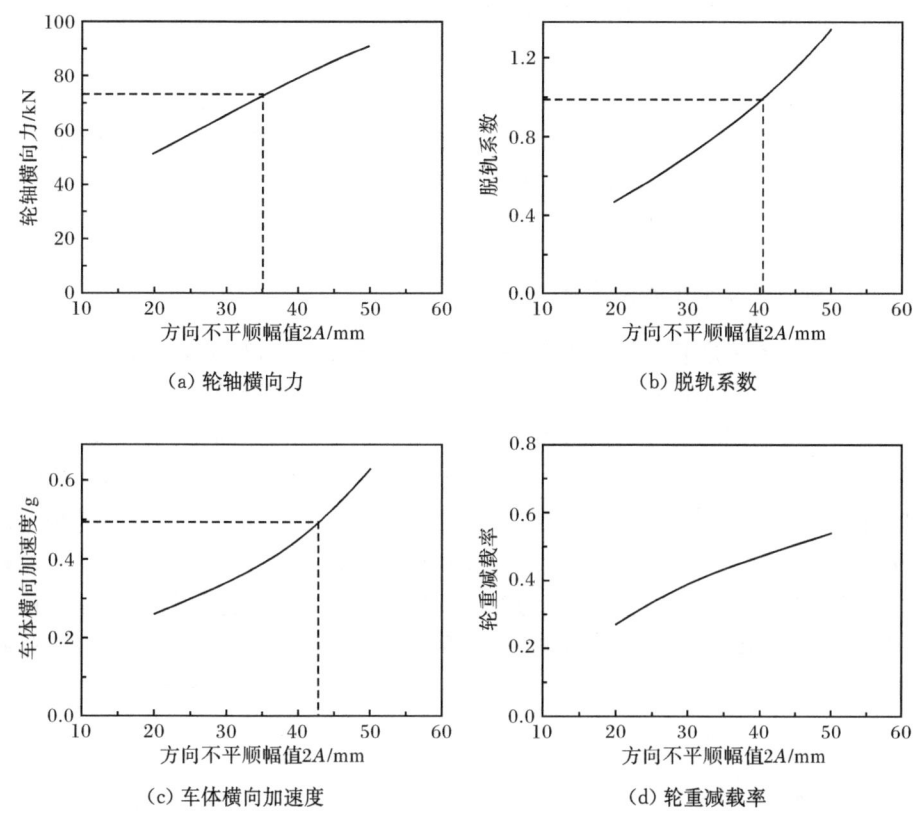

图 17.1 轨道方向不平顺对车辆动力学性能指标的影响规律

计算结果表明,轨道方向不平顺幅值的大小对车辆动力学安全性指标(特别是横向指标)影响十分明显。在分析幅值范围内,控制方向不平顺安全限值的动力学指标是轮轴横向力、脱轨系数及车体横向振动加速度,当上述指标达到安全限值时,对应的方向不平顺幅值 $2A$ 分别为 35.11mm、40.36mm 和 42.36mm,其中轮轴横向力首先达到安全限值。因此,为了能够满足所有指标安全要求,轨道方向不平顺的安全限值为 35.11mm,取圆整值 35mm。

17.1.3 轨距不平顺安全限值分析

轨距不平顺的安全限值,主要是从安全角度出发,分析当轨距扩大到一定程度时,轮对不能陷落于道心。文献[2]从轮轨接触几何的最不利条件出发,分析得出了轨距扩大安全限度是 25mm。这里我们将对此限度进行车辆—轨道耦合动力学分析校验。

取波长 $L=12.5\text{m}$,分别对左右两股钢轨设置幅值 $A=12.5\text{mm}$ 的向外扩展的不平顺波形,如图 3.28(b),即构成了 6.25m 处轨距扩大 25mm(变化率 4‰)的轨距不平顺(扩大)状态。计算得出的各项动力学指标为:脱轨系数 $Q/P=0.27$;轮重减载率 $\Delta P/\bar{P}=0.01$;车体横向加速度 $a_{cy}=0.01g$;车体垂向加速度 $a_{cz}=0.26g$;轮轨横向力 $Q=13$kN;轮轨垂向力 $P=112$kN。它们均远远低于各自的安全限度。

因此,轨距不平顺的安全限值不由车辆动力学安全指标控制,而由轮轨接触几何条件决定,其大小为 25mm。

17.1.4 轨道高低不平顺安全限值分析

轨道高低不平顺将会激起车辆的点头和沉浮振动,同时又会引起轮载波动,增大轮轨垂向力和车体垂向振动加速度,降低车辆运行平稳性与安全性。采用在波长 $L=10$m 内同时对左右两股钢轨设置相同幅值 $2A$ 的垂向不平顺波形,从而构成量测弦长为 10m、最大幅值为 $2A$ 的轨道高低不平顺状态,如图 3.28(c)所示。

计算结果显示,轨道高低不平顺主要对车辆垂向振动加速度及轮重减载率产生重要影响,如图 17.2 所示。在计算范围内,车体垂向加速度和轮重减载率的幅值效应都很明显,当它们达到各自的合格限值时所对应的轨道高低不平顺幅值分别是 31.73mm 和 33.17mm。可见,车体垂向加速度对轨道高低不平顺更敏感,起控制作用。据此,轨道高低不平顺的安全限值是 $2A=31$mm(圆整值)。

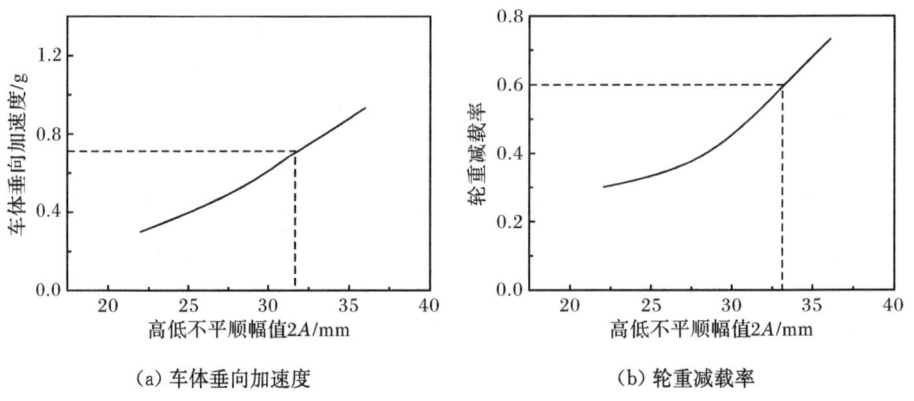

(a) 车体垂向加速度　　　　(b) 轮重减载率

图 17.2　轨道高低不平顺对车辆动力学性能指标的影响规律

17.1.5　轨道水平不平顺安全限值分析

轨道水平不平顺将会引起车辆的侧滚,导致轮重减载,增大脱轨的危险性。分析时可在波长 $L=12.5$m 内,仅对一股钢轨设置全幅值 $2A$ 的不平顺波形,从而构成 6.25m 处的水平差为 $2A$ 的水平不平顺状态[见图 3.28(d)]。变化轨道水平不平顺幅值,进行了细致的车辆—轨道耦合动力学计算,图 17.3 是部分结果。

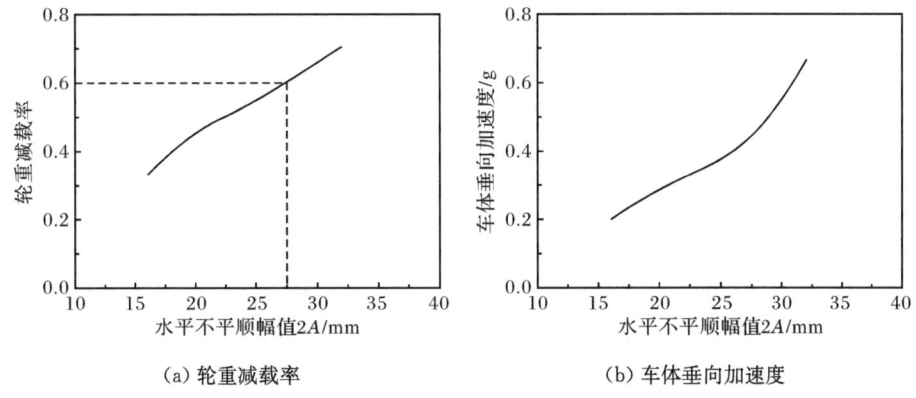

(a) 轮重减载率　　　　　　　(b) 车体垂向加速度

图 17.3　轨道水平不平顺对车辆动力学性能指标的影响规律

计算结果表明，轮重减载率是控制轨道水平不平顺安全限值的动力学指标。当轮重减载率达到其安全限度 $\Delta P/\bar{P}=0.6$ 时，对应的水平不平顺安全限值 $2A=27\text{mm}$。若以此为安全标准，则其他动力学性能指标均远低于各自的安全限值，如 $a_{cz}=0.44\text{g}$。

17.1.6　轨道三角坑不平顺安全限值分析

轨道三角坑（即轨道扭曲不平顺）是指左右两股钢轨顶面相对于轨道平面发生的扭曲状态，表现为先是左股钢轨高于右股钢轨，接着是右股钢轨高于左股钢轨，反之亦然。三角坑将会引起车辆的侧滚或侧摆，极易引起轮载变动。严重的三角坑，可导致车辆转向架呈三轮支撑一轮悬浮的恶劣状态，甚至引起车辆倾覆脱轨，严重危及行车安全。因此，必须将轨道三角坑限定在一定程度之内，一旦发现超限，立即维修予以消除[3]。

三角坑一般采用相隔一定距离的水平不平顺幅值的代数差来度量，因此其安全限度与所选取的量测基长有关。以前的"铁路工务规则"中规定的基长为 18m，它相应于客车转向架之间的心盘距。现行的《铁路线路维修规则》中所选取的基长为 6.25m，这主要是基于目前线路日常静态检查方式而确定的。我们根据线路日常检查方式及我国主型货车对不平顺敏感波长为 5～10m 的现实情况，拟对量测基长为 6.25m 的三角坑安全限值加以研究。

在计算时，分别对左右两股钢轨设置波长 $L=12.5\text{m}$、波幅为 A 的垂向单波余弦不平顺，但其相位相差半个周期，从而人为地形成量测基长 $L/2=6.25\text{m}$、最大幅值 $A-(-A)=2A$ 的扭曲不平顺状态[见图 3.28(e)]。主要计算结果如图 17.4 所示。

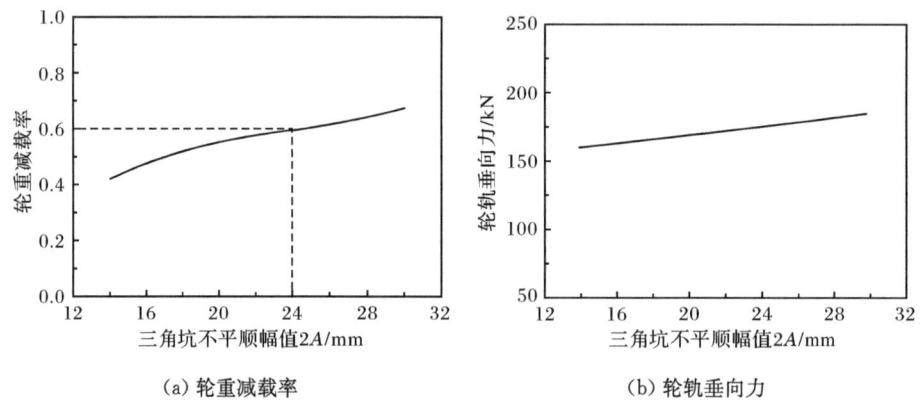

(a) 轮重减载率　　　　　　　　(b) 轮轨垂向力

图 17.4　轨道扭曲不平顺对行车安全性指标的影响规律

由图 17.4 可见,轨道扭曲不平顺对车辆运行安全性影响很大,随着其幅值的增加,轮重减载率及轮轨垂向力等指标增大,轮重减载率是控制轨道扭曲不平顺安全限值的主要指标。由图 17.4(a)可见,当 $\Delta P/\bar{P}=0.6$ 时,扭曲不平顺幅值 $2A=24\mathrm{mm}$。若以此为其安全限值,则其他安全性指标都在各自安全限度以内。所以,量测基长为 6.25m 的轨道三角坑安全限值为 24mm,或表示成千分率为 3.84‰。

17.1.7　轨道复合不平顺安全限值分析

在轨道线形的同一位置同时出现垂向和横向不平顺时,称轨道复合不平顺。轨道复合不平顺具有多种形式,理论与实践均表明,当存在水平和方向不平顺的反向复合情形(即按线路日常检查符号规定,水平为负,方向为正)时,对行车安全所造成的危害,较单项不平顺或其他复合不平顺状态都更为严重。

迄今为止,我国铁路尚未对轨道复合不平顺的尺度规定过其安全标准。既然复合不平顺比单项不平顺对行车安全的威胁更大,那么就更有必要对其进行研究,从而为尽早确定出轨道复合不平顺的安全管理标准提供理论依据。本节通过车辆—轨道耦合动力学的计算分析,试图给出轨道水平不平顺和方向不平顺反向复合这一最不利情形的安全限值准则。

为了分析轨道水平和方向复合不平顺对车辆运行安全性的影响,我们在左右轨设置波长 $L_y=10\mathrm{m}$ 的方向不平顺的基础上,对同一地段的右轨再设置一个波长 $L_z=12.5\mathrm{m}$ 的垂向不平顺。如图 3.28(f)所示,轨道水平和方向复合不平顺为一条空间几何线形,这里为计算方便又不失一般性,将其在铅垂面和水平面内的投影均设为单波余弦函数,从而构成了最不利的复合不平顺输入函数。

计算中将轨道水平不平顺幅值 $-z$ 和轨道方向不平顺幅值 y 分别取 0mm、

5mm、10mm、15mm、20mm、25mm、30mm,组成数十种反向复合不平顺计算方案进行了计算分析,主要计算结果如图 17.5 所示。

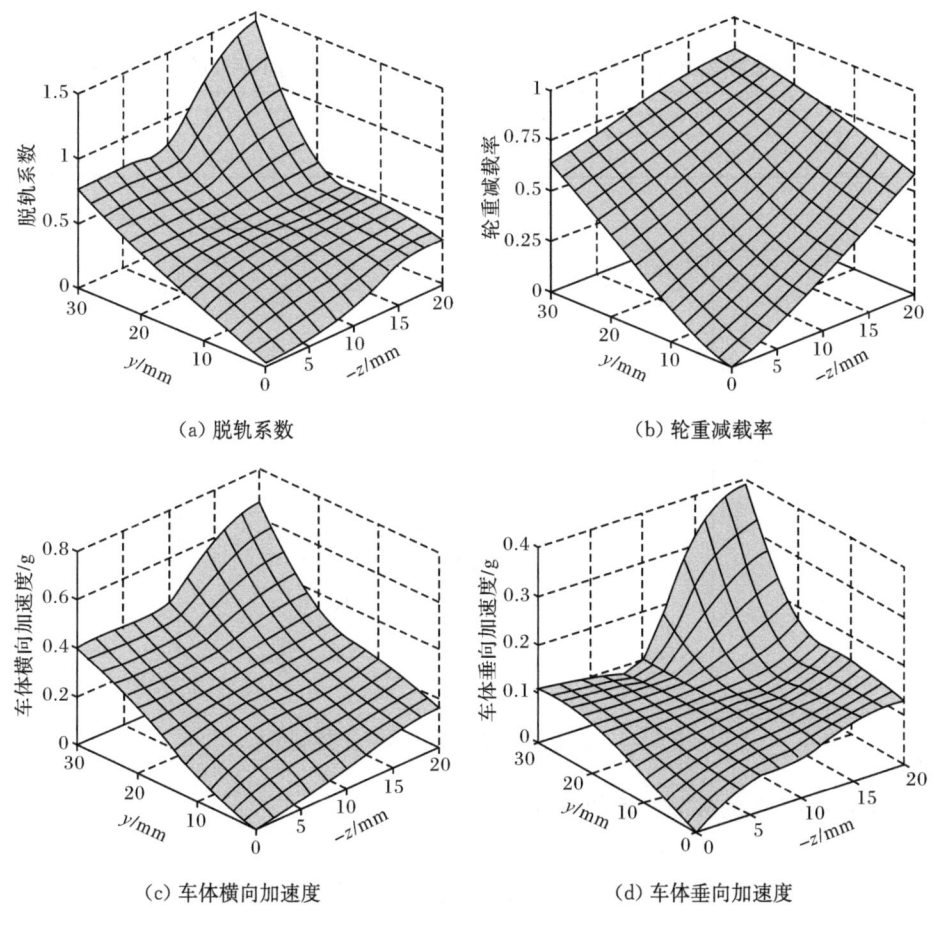

图 17.5　轨道复合不平顺对行车安全性指标的影响规律

由图 17.5 可见,随着水平不平顺幅值－z、方向不平顺幅值 y 增大,各项车辆运行安全性指标都将不同程度的增大。因而,限定单向水平和方向不平顺及其相应复合关系,对确保行车安全是重要的。进一步分析可知,对轨道水平和方向反向复合不平顺的安全限值起控制作用的动力学指标是脱轨系数(限值为 1.0)、轮重减载率(限值为 0.6)及车体横向加速度(货车限值为 0.5g),而随着轨道水平和方向不平顺的增大,轮重减载率首先达到其安全限值 0.6,且轮重减载率在安全限值以上的区域[图 17.5(b)]也明显大于其余几个指标在各自安全限值以上的区域[图 17.5(a)、(c)、(d)],因此,轮重减载率是主控制指标。

为此,我们将轮重减载率达到其安全限度 0.6 时所对应的构成轨道复合不平顺的水平不平顺峰值$-z$和方向不平顺峰值y列于表17.1,表示成如图17.6所示的拟合曲线A。显然,曲线A下方各点$(-z,y)$所对应的复合不平顺均不会使轮重减载率超过其安全限度,是安全区域。

表17.1 轮重减载率为0.6时轨道复合不平顺中水平与方向不平顺峰值的对应关系

$-z$/mm	0.00	2.50	5.00	7.50	10.00	12.50	15.00	17.50	20.00	20.41
y/mm	28.23	27.01	25.70	23.49	21.02	18.28	15.66	9.58	1.20	0.00

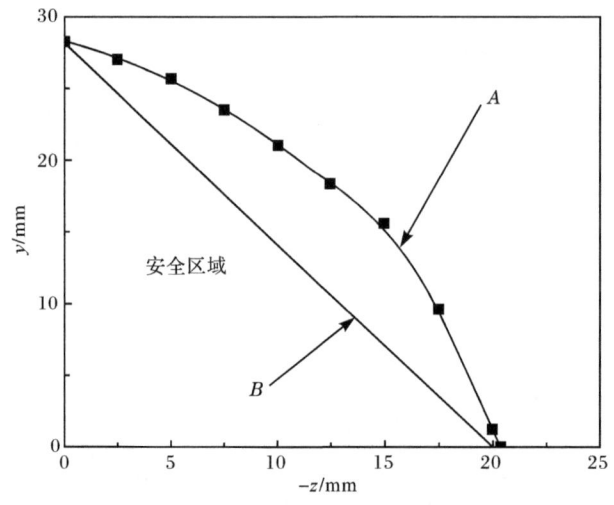

图17.6 轨道反向复合不平顺安全控制区域

拟合曲线A的多项式近似方程为

$$y = 28.56 + 0.89z + 0.063z^2 + 0.0043z^3 \quad (17.1)$$

若将曲线A两端用直线相连,则得其线性方程(图17.6中的直线B)为

$$y - 1.4z = 28 \text{mm} \quad (17.2)$$

由此可以得到便于现场使用并考虑安全裕量的轨道复合不平顺的安全控制准则为

$$y - 1.4z \leqslant 28 \text{mm} \quad (17.3)$$

综合以上研究结果,表17.2汇总了从车辆运行安全性理论研究角度得出的我国普通货运线路(运营速度80km/h以下)轨道几何不平顺安全限值,可供制订安全标准参考。其他运营条件下线路几何不平顺安全限值可依此方法研究确定。需要说明的是,这些结果是在理想状态下的动力学分析结果,实际中还应综合考虑各种复杂因素及运营实践经验加以调整。

表 17.2 我国普通货运线路轨道几何不平顺安全限值的理论研究结果

不平顺类别	方向	轨距	高低	水平	三角坑	复合	
						方向	水平
测量波长/m	10	12.5	10	12.5	6.25	10	12.5
安全限值/mm	35	25	31	27	24	$y-1.4z\leqslant 28$	

17.2 车辆—轨道耦合动力学在列车通过道岔安全性评估中的应用

机车车辆侧向通过道岔的速度是影响和制约铁路全面提速的关键因素。我国铁路既有的 60kg/m 钢轨 12 号单开道岔是 20 世纪 70 年代末、80 年代初的产物,已不适应提速干线的运用要求,为此,铁道部组织研制了提速道岔[4]。仅提速初期至 1999 年底短短四年时间中,全路就铺设了 6767 组 60kg/m 钢轨 12 号单开提速道岔。

提速道岔的研制、铺设,虽然缓解了线路设备中道岔这一主要限速环节,但是其侧向过岔速度仍然很低,设计为 50km/h。机车车辆到底能以多大速度侧向通过 12 号提速道岔?其动力作用程度如何?此前尚未进行全面的安全评估。有鉴于此,作者在文献[5]中基于车辆—轨道耦合动力学理论,采用 TTISIM 仿真软件,对我国主型机车车辆侧向通过 12 号提速道岔时的动态安全性进行了分析评估,以期为我国铁路提速道岔的完善及大号码高速道岔的研制提供必要的理论参考。本节简要介绍其研究结果。

17.2.1 机车车辆侧向通过 12 号提速道岔时运行安全性分析

不失一般性,计算中选取 SS_8 机车、C_{62} 货车(重车)和提速客车作为我国主型机车车辆代表,表 17.3 列出了机车车辆以 50km/h 速度侧向通过 12 号提速道岔时的动态安全性指标,包括脱轨系数、轮重减载率、轮轴横向力、轮轨横向力、倾覆系数和线路横向稳定性系数。这些指标的安全评估标准可参考第十章确定,具体见文献[5]。

表 17.3 我国主型机车车辆以 50km/h 速度侧向通过 12 号提速道岔时的动态安全性指标

机车车辆类型	脱轨系数	轮重减载率	轮轴横向力/kN	轮轨横向力/kN	倾覆系数	线路横向稳定性系数
SS_8 机车	0.61	0.56	55.96	81.18	0.58	0.68
C_{62} 货车	0.60	0.42	31.83	56.00	0.41	0.40
提速客车	0.55	0.41	28.32	37.11	0.57	0.59

由表 17.3 可见，SS_8 机车侧向过岔时的运行安全性指标较 C_{62} 货车重车和提速客车的大，尤其是轮轴横向力与轮轨横向力非常明显。究其原因，主要是由于 SS_8 机车的轴重与簧下质量均较 C_{62} 货车和提速客车的大而引起的。

SS_8 机车以 50km/h 速度侧向通过 12 号提速道岔时，脱轨系数为 0.61，小于其合格等级限值(0.9)；轮重减载率为 0.56，小于其静态第二限度值 0.60，更小于其动态限值 0.9；轮轴横向力最大值为 55.96kN，小于其安全限值(72.25kN)；轮轨横向力(81.18kN)则接近其允许限度值(84.0kN)；倾覆系数的最大值为 0.58，在其合格等级的限界值之内；线路横向稳定性系数的最大值为 0.68，属于"优"级。

当 C_{62} 货车重车以 50km/h 速度侧向通过 12 号提速道岔时，脱轨系数为 0.60，小于其合格限值；轮重减载率仅为 0.42；轮轴横向力最大值只有 31.83kN，还不到其安全限值 70.62kN 的一半；单侧轮轨横向力最大值为 56kN，亦远远低于其允许限度值 81.7kN；倾覆系数的最大值为 0.41，远小于其合格等级的限值(0.8)；线路横向稳定性系数的最大值为 0.40，属于"优"级。

当提速客车以 50km/h 速度侧向通过 12 号提速道岔时，脱轨系数和轮重减载率的最大值均较 C_{62} 货车重车的要小，远小于各自的合格等级限值；而倾覆系数与线路横向稳定性系数的最大值分别为 0.57 和 0.59，较 C_{62} 货车重车的要稍大些，但仍在各自的合格等级限值之内；轮轴横向力与轮轨横向力的最大值分别为 28.32kN 和 37.11kN，均小于各自的允许限度值。

17.2.2　行车速度对机车车辆侧向通过道岔安全性的影响

行车速度是影响机车车辆侧向通过道岔安全性的关键因素，这里拟以横向动态作用最强的 SS_8 机车侧向过岔为例，讨论了机车侧向过岔速度对行车安全性的影响。表 17.4 给出了 SS_8 机车以 20~80km/h 范围内七个速度等级(每隔 10km/h 为一等级)侧向通过 12 号提速道岔时的动态安全性指标的计算结果。

表 17.4　SS_8 机车以不同速度侧向通过 12 号提速道岔时的动态安全性指标

速度/(km/h)	脱轨系数	轮重减载率	轮轴横向力/kN	轮轨横向力/kN	倾覆系数	线路横向稳定性系数
20	0.46	0.20	22.99	53.68	0.24	0.33
30	0.55	0.31	32.56	62.73	0.32	0.39
40	0.58	0.31	44.52	72.64	0.38	0.53
50	0.61	0.56	55.96	81.18	0.58	0.68
60	0.61	0.60	60.67	83.26	0.63	0.70
70	0.71	0.68	60.93	85.60	0.72	0.73
80	1.01	1.00	67.56	89.12	1.00	0.86

从表17.4中可以得知,所有指标均随行车速度的提高而增大。当机车运行速度提高到60km/h时,轮重减载率最大值为0.60,正好达到其静态第二限度值0.60;轮轨横向力的最大值为83.26kN,也已接近其允许限度值84kN;而其余的安全性指标均小于各自的合格等级限度值。当运行速度增加至70km/h后,轮轨横向力增至85.6kN,已超出其安全限度值。而当机车速度达到80km/h以后,除轮轴横向力和线路横向稳定性系数之外,其余安全性指标均已达到或超出相应的安全限值,完全不能满足安全行车的要求。

17.2.3 评估结论

① SS_8机车、C_{62}货车和提速客车以50km/h速度(许用最大侧向过岔速度)通过12号提速道岔时,所有运行安全性指标均未超出相应的合格等级限度值,部分指标具有相当大的安全裕量,表明我国现有12号提速道岔能够保证列车过岔安全性。

② 一般而言,机车侧向过道岔时的主要安全性指标大于货车过岔工况,而货车工况又大于客车工况,因此可以机车过岔工况作为评估道岔安全性的基本外部条件。

③ 当SS_8机车侧向通过12号提速道岔的速度由目前规定的最高速度50km/h提高到60km/h时,运行安全性指标已十分接近各自的危险限度值,而当行车速度大于60km/h后运行安全性指标普遍不合格。从行车安全角度看,我国12号提速道岔允许的侧向通过最高速度定为50km/h是基本合理的。

17.3 车辆—轨道耦合动力学在脱轨评判研究中的应用

长期以来,世界各国铁路部门和科研人员开展了大量的脱轨理论与试验研究,取得了丰硕成果。然而,由于脱轨问题的复杂性及研究的困难性,直到今天,这一问题仍未得到很好解决,一方面目前还不能有效地预测和控制脱轨,另一方面实际脱轨事故原因往往难以查明,甚至连评判脱轨的准则本身还存在一些问题。

实际中常常会出现这种情况,即试验已测出车辆脱轨系数远大于评判标准中的安全限值而实际运行列车并未脱轨。例如,我国铁道科学研究院在大秦线、南津浦线货物列车脱轨试验中曾大量测出脱轨系数超出安全限值1.2的例子,如表17.5所示,其中最大脱轨系数高达4.98,但整个试验过程中被测列车均安全无恙[6,7]。

表 17.5 南津浦线货车脱轨试验中脱轨系数最大值汇总

试验速度/(km/h)	试验方案Ⅰ				试验方案Ⅱ				试验方案Ⅲ			
	C_{62A}	C_{62B}	X_{6A}	GAL	C_{62A}	C_{62B}	X_{6A}	GAL	C_{62A}	C_{62B}	X_{6A}	GAL
65	1.05	0.47	1.76	0.67	1.15	0.77	1.80	0.84	1.08	0.56	1.04	1.42
70	0.94	1.43	2.18	1.39	—	—	—	—	1.13	1.43	2.49	1.16
75	1.14	1.90	2.11	1.64	1.80	1.54	4.98	1.68	0.97	1.45	2.67	1.59
80	2.24	1.94	3.51	2.04	1.62	1.80	4.83	2.07	1.52	1.60	3.51	1.63

注：试验方案Ⅰ为重-空-重车混编；试验方案Ⅱ为重-空车混编；试验方案Ⅲ为全空车编组。

本节主要针对现行脱轨评判准则中存在的一些不足，通过引入车轮抬升量这一直观参数，运用车辆—轨道耦合动力学理论对轮轨相互作用引发的脱轨过程进行详细的动态仿真研究，在此基础上寻求更为合理的评判准则。需要指出的是，本书重在介绍方法而非结果本身，希望通过本节的论述，为研究复杂的脱轨问题开辟一条新途径。当然，作为具体分析结果，本节还将提出修改我国国家标准 GB5599—85 中关于车辆脱轨评判规范的具体建议方案。

17.3.1 现行脱轨评判标准及其缺陷

国内外评判车辆脱轨的基本指标是脱轨系数 Q/P，即轮轨横向力 Q 与垂向力 P 之比。日本和中国等国家除采用脱轨系数之外还将轮重减载率 $\Delta P/\bar{P}$ 作为辅助的评价指标。各国根据自身情况及研究成果与应用经验，采用了不尽相同的脱轨评价标准。

1. 经典的 Nadal 公式

最早开始研究脱轨的是法国科学家 Nadal。早在 1896 年，Nadal 根据爬轨车轮出现爬轨趋势的静力平衡条件，定义了车轮爬轨所需要的最小 Q/P 值。图 17.7 给出了车轮轮缘与钢轨接触点处的受力关系，当钢轨作用于车轮的法向力 N、切向力 T 的合力 F 与轮轨垂向力 P、横向力 Q 相平衡时，有

$$\begin{cases} Q = N\sin\delta - T\cos\delta \\ P = N\cos\delta + T\sin\delta \end{cases} \quad (17.4)$$

式中，δ 是轮缘角。

设车轮轮缘与钢轨间的摩擦系数为 μ，即 $\mu = T/N$，从而可得脱轨系数

$$\frac{Q}{P} = \frac{\tan\delta - \mu}{1 + \mu\tan\delta} \quad (17.5)$$

此即著名的 Nadal 公式[8]。

由式(17.5)可见，Nadal 准则仅取决于最大轮缘接触角 δ 和轮轨间的摩擦系

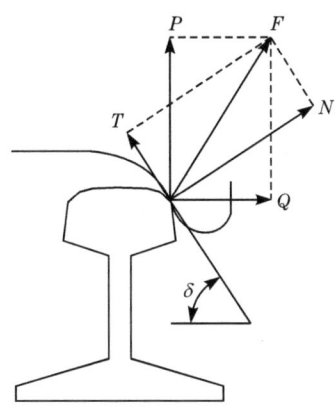

图 17.7 车轮轮缘与钢轨接触点处的受力关系

数 μ。因此,车轮踏面形状不同,脱轨系数临界值也就不同。许多国家为此制定了各自的防脱轨安全性标准。国际铁路联盟规定 $Q/P \leqslant 1.2$;德国 ICE 高速列车试验标准为 $Q/P \leqslant 0.8$;而日本新干线提速试验标准也为 $Q/P \leqslant 0.8$;北美铁路则规定 $Q/P \leqslant 1.0$。

尽管 Nadal 准则一直被广泛采用,然而它具有很大的保守性。试验中发现,脱轨系数超过了 Nadal 临界值,但并未出现明显的车轮爬轨危险[9,10]。在这些情况下,一般冲击力的持续时间都很短。实际上,脱轨通常需要一个过程,即轮轨冲击力需要持续作用一段时间历程,否则,即使超过限值也不会引发脱轨。因此,Nadal 公式在许多情况下并非是充分有效的脱轨判据,它仅仅表示开始爬轨时的脱轨系数下限值,而不是说"Q/P 一旦达到这个值即会脱轨"。

2. 美国 Weinstock 标准

1984 年,美国国家运输试验中心 Weinstock 观测到,脱轨并不仅仅决定于轮缘贴靠侧车轮的力平衡关系,综合考虑轮缘贴靠轮和非贴靠轮上的横向力与垂向力之比 Q/P,可以更好地判断脱轨是否发生。为此他建议采用同轴两侧车轮 Q/P 绝对值之和作为评判指标。他提出的准测是,整轴两轮脱轨系数之和不超过 Nadal 临界值(轮缘贴靠侧车轮)和轮轨摩擦系数(非轮缘贴靠侧车轮)之和[11],即

$$\sum |Q/P| \leqslant \mu + \text{Nadal 限度} \tag{17.6}$$

Weinstock 准则被认为在小的或负的冲角下比 Nadal 公式具有较少的保守性,并且对摩擦系数的变化不敏感[11]。然而,对于瞬时出现的 $\sum |Q/P|$ 极大值,Weinstock 准则评判脱轨仍然回避不了冲击力的作用时间问题。

自 1987 年起,AAR 在进行货车安全鉴定试验中,综合采用了单轮限度和整

轴 Weinstock 限度，即

$$\begin{cases} Q/P < 1.0 \\ \sum |Q/P| < 1.5 \end{cases} \quad (17.7)$$

这一规定假设同一轴轮缘接触侧与非轮缘接触侧轮轨摩擦系数均为 0.5。由于式 (17.6) 中 μ 是指非轮缘接触侧轮轨摩擦系数，因此，如果试验是在非轮缘接触侧 μ 小于 0.5 的情况下进行的，则有可能在整轴 Q/P 小于 1.5 时发生脱轨。然而，如果因此而将整轴 Q/P 限度从目前的水平降低，整轴 Q/P 限度将可能比单轮 Q/P 限度更保守，这样也就失去了引入 Weinstock 指标的本来意义。这是目前 AAR 脱轨评判标准之缺陷。

3. 日本 JNR 准则

日本在国有铁道时代特别是 20 世纪 60 年代末 70 年代初，开展了大量系统的理论与试验研究，区分了稳态爬轨脱轨和动态跳轨脱轨的不同作用性质，考虑了横向力作用时间对脱轨的影响，最终得到如图 17.8 所示的 JNR 脱轨评判标准，用公式表示为

$$\frac{Q}{P} \leqslant \begin{cases} \lambda & (t \geqslant 0.05\text{s}) \\ \dfrac{0.05}{t}\lambda & (t < 0.05\text{s}) \end{cases} \quad (17.8)$$

式中，t 为横向力的作用时间(s)；λ 是脱轨系数的目标值。根据 λ 值的不同，式 (17.8) 区分危险限度 ($\lambda = 0.8$) 和最大容许限度 ($\lambda = 1.0$) 两类标准。

由图 17.8 可见，JNR 标准以横向力作用时间划分为爬轨脱轨 ($t \geqslant 0.05\text{s}$) 和跳轨脱轨 ($t < 0.05\text{s}$) 两部分。对于长时间的爬轨脱轨，JNR 标准本质上与 Nadal 公式一致；而对于瞬时跳轨脱轨，JNR 标准可以允许脱轨系数大于 Nadal 限度，且作用时间 t 越短，允许 Q/P 越大。由此可见，JNR 标准突破了经典的稳态脱轨评判准则，没有 Nadal 公式和 Weinstock 指标的保守性。

但随之而来的问题是，JNR 标准对动态脱轨的评判是否太松？亦即是否偏于危险？Sweet 等[12]在缩尺模型试验中确实发现，在动态条件下有时已发生了脱轨，但按 JNR 标准预报为不脱轨。这里涉及的问题是究竟允许脱轨系数持续大于目标值多久较合适？近年来，日本铁道综合技术研究所利用仿真方法进行了一系列分析研究[13,14]，并提出了一种新的脱轨评判建议方案，即 Q/P 持续超过 0.8 的作用时间小于 0.015s，比 JNR 标准又要严得多。

4. 我国车辆脱轨评判规范

我国《铁道车辆动力学性能评定和试验鉴定规范》(GB5599-85) 规定的脱轨系数安全标准是[15]

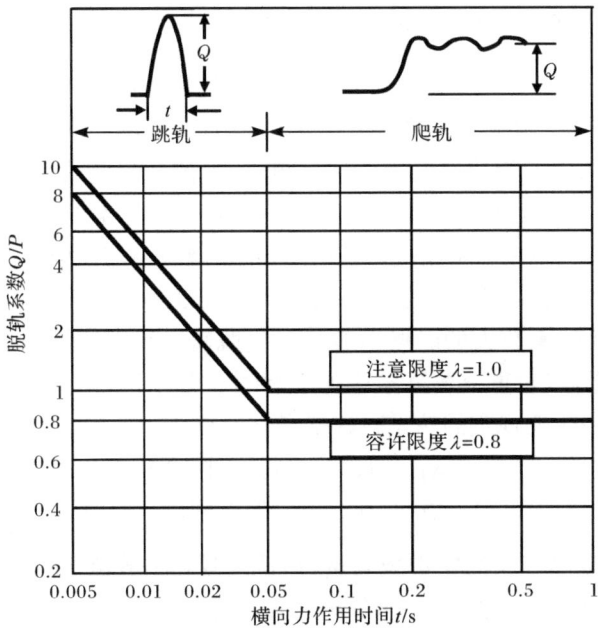

图 17.8 日本 JNR 脱轨评判标准

$$\frac{Q}{P} \leqslant \begin{cases} 1.2 & (\text{第一限度}) \\ 1.0 & (\text{第二限度}) \end{cases} \tag{17.9}$$

式中,第一限度为合格标准;第二限度是增大了安全裕量的标准。

式(17.9)是 Nadal 公式在我国铁路的具体应用结果,实质上它只适用于稳态爬轨脱轨,只有当脱轨系数长时间超过该目标值才有可能发生脱轨。实际中,车轮常常会受钢轨表面的微小幅度的凹凸不平顺激扰产生高频冲击振动,引起轮轨垂向力甚至横向力在极短时间内产生较大波动,从而导致脱轨系数在短时间内大幅度增大,有时可达脱轨系数安全目标值的几倍[6,7],然后又迅速恢复正常,并无脱轨危险性。

因此,现有国家标准规定的脱轨系数安全标准已不能适应当前试验鉴定需要,有必要根据国内外运用实践,特别是最新轮轨相互作用理论研究结果,对脱轨安全评判标准加以适当调整。事实上,我国近年来进行的几次大规模脱轨试验乃至提速试验[6,7,16],均未完全执行 GB5599-85,已不得不参考日本标准或作相应调整,否则大量工况将被鉴定为脱轨工况,试验将不能顺利进行下去。所以,修改国家标准,势在必行,甚至刻不容缓。

5. 关于轮重减载率用于脱轨评判的标准

一些国家在评定车辆运行安全性时除采用脱轨系数这一重要指标外,还采用了轮重减载率指标,实践表明是有意义的。因为当车轮大幅度减载(轮轨垂直力数值很小)时,相应的轮轨横向力值往往也小,受测量误差的影响,难以求出正确的脱轨系数,特别是当轮载减至零时将无法测出脱轨系数,这就给采用脱轨系数评定车辆运行安全带来严重困扰。所以,将轮重减载率与脱轨系数兼用可以综合有效地评定车辆运行的脱轨稳定性。日本新干线现场试验结果表明,轮重减载大的时候往往比脱轨系数大的时候更容易发生脱轨。我国货物列车直线脱轨试验也得出了车轮悬浮(轮重减载至零)脱轨可能性大的结论。

我国 GB5599-85 规定的轮重减载率安全标准是[15]

$$\frac{\Delta P}{\overline{P}} \leqslant \begin{cases} 0.65 & \text{(第一限度)} \\ 0.60 & \text{(第二限度)} \end{cases} \quad (17.10)$$

式中,ΔP 是减载侧车轮的轮重减载量;$\overline{P}$ 是减载和增载侧车轮的平均静轮重。

这一标准规定的试验工况是车辆通过 9 号单开道岔及低速通过小半径曲线,实质上测量的是稳态减载率,因而不适用于实际车辆运行试验中经常测出的因轨缝、轨面局部凹凸不平而引起的动态轮重减载率之评判。后者的数值常常超出 0.65,甚至达到 1.0(车轮悬空)。例如在南津浦线货车脱轨试验中,由地面图像监控系统测出的车轮悬浮数量已不是个别现象,严重时占车轮总数的 10%~20%[6],如表 17.6 所示。因此,利用轮重减载率评定车辆运行安全性时,有必要将稳态和动态减载率区分开来,并分别加以限制。

表 17.6 南津浦线货物列车脱轨试验测量的车轮悬浮数量统计(每列平均数量)

	试验情况	第一方案	第二方案	第三方案
65km/h	悬浮数	无	16	20
	其中大悬浮数	无	无	1
70km/h	悬浮数	1	—	38
	其中大悬浮数	无	—	3
75km/h	悬浮数	5	35	89
	其中大悬浮数	无	4	6
80km/h	悬浮数	11	39	122
	其中大悬浮数	1	6	8

注:大悬浮是指浮起量在 17mm 以上。

日本已规定,静态轮重减载率限度为 0.6,动态轮重减载率限度为 0.8。德国在高速列车试验中,采用的轮重减载率限度达 0.9。

17.3.2 根据车轮抬升量判定车辆脱轨的原理

车辆脱轨,顾名思义就是由于车轮脱离钢轨最终导致车辆不能继续在轨道上正常运行的现象。因此,不妨直接从轮轨接触几何状态来判断车辆是否脱轨。如图 17.9 所示,定义车轮抬升量为车轮踏面名义接触点与钢轨顶面最高点之间的垂向距离,它是车轮爬升量 Z_1 与跳动量 Z_2(车轮与钢轨分离时)之和,即

$$Z_{up} = Z_1 + Z_2 \quad (17.11)$$

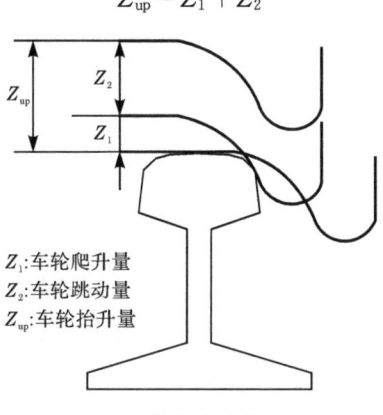

Z_1:车轮爬升量
Z_2:车轮跳动量
Z_{up}:车轮抬升量

图 17.9 车轮抬升量的定义

对低速爬轨脱轨(图 17.10),$Z_2=0$,车轮抬升量即为车轮爬升量($Z_{up}=Z_1$);而对于跳轨脱轨,一般伴随有爬轨过程,特殊情形下,车轮可能直接从正常接触状态瞬时跳离钢轨(图 17.11),此时 $Z_{up}=Z_2$。

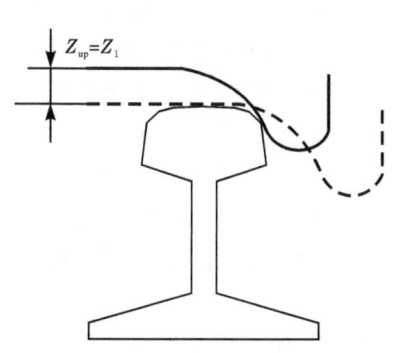

图 17.10 车轮爬轨示意图

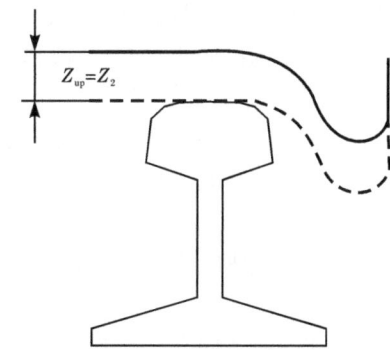

图 17.11 车轮瞬时跳离钢轨示意图

但是,不管何种情形,只要车轮抬升量小于车轮轮缘高度 h_f,则理论上可判定此时车辆未脱轨,因为轮缘最低点仍低于轨面最高点,车轮尚不能摆脱钢轨约束。例如,对于图 17.11 所示车轮悬浮状态,只要车轮抬升量 Z_{up} 不继续增大,车轮最

终还会回复到轮轨正常接触状态,这也就解释了为什么试验中经常测得轮重减载率大于安全标准($\Delta P/P>0.6$)甚至等于 1.0(轮重减载至零)而车辆毫无脱轨危险的原因。然而,一旦车轮抬升量等于轮缘高度,车轮随时便有脱轨危险,因为此时轮缘底部已完全跃升至钢轨顶面最高点,若有微小的横向扰动即刻发生脱轨,因此这种状态属于脱轨临界状态。而当 $Z_{up}>h_f$ 时,则应判定车辆已脱轨。综上所述,采用车轮抬升量直接评判车辆不脱轨的安全准则是

$$Z_{up}<h_f \tag{17.12}$$

就我国铁道车辆而言,锥形踏面(TB)车轮 $h_f=25$mm,磨耗形踏面(LM)车轮 $h_f=27$mm。

文献[17]曾在实验室内单轮对滚动试验台上成功地进行了实物轮对脱轨模拟试验,实测出车轮爬轨过程中各阶段的车轮悬浮量(与车轮抬升量定义相近)。然而,在线路运行试验中直接测量车轮抬升量是很困难的,也是不现实的。为此可以寻求间接测量办法。受日本 JNR 标准的启发,我们选择脱轨系数超限时间 t 作为替代参数,若能找到车轮抬升量与脱轨系数持续超限时间之间的关系,则可通过测量作用时间来间接得到车轮抬升量大小,从而制定有关准则来判断车辆是否脱轨。而目前在连续测量轮轨力的试验中,已能获得脱轨系数随时间的连续变化曲线,由此可以得到脱轨系数持续超过目标值的时间,从而可望根据新的评判规范进行脱轨评判。

17.3.3 单轮对脱轨仿真研究

为了定量研究脱轨系数作用时间(Q/P 持续超过 1.0 的时间)与车轮抬升量之间的关系,日本铁路采用了单轮对—钢轨模型进行脱轨仿真研究[13],其中的钢轨被简化为"等效质量钢轨"和"无质量钢轨"两种模型,针对新干线轮对及钢轨条件的仿真结果表明,如果脱轨系数作用时间在 15ms 以下,则车轮抬升量仅约 1mm,可确保车轮不脱轨。美国 AAR 采用 NUCARS 软件对车轮爬轨脱轨进行了动态仿真,仿真结果与轨道加载车爬轨试验结果吻合良好[10]。

基于日本和美国的成功经验,本小节针对我国轮轨系统情况开展较为详细的单轮对/轨道相互作用脱轨仿真分析。单轮对脱轨研究是整车脱轨研究之基础,它避开了整车脱轨研究中的众多复杂影响因素,因而便于分析脱轨机理并构造脱轨准则。

根据车辆—轨道耦合动力学思想,建立如图 17.12 所示单轮对—轨道相互作用脱轨仿真模型。模型中考虑了轮对的横移、沉浮、侧滚和点头运动自由度,但未考虑其摇头运动以便于简化研究工作,详细考虑了轮轨动态接触关系。与文献[13]模型不同,本模型中轮对所承受的荷载是通过两侧悬挂点传递的(并非轮对质心),轨道模型采用了弹性点支承梁而非集中质量块。为了使车轮能够脱轨,必

须要人为地给轮对施加一横向力 F_y（认为该力是一系悬挂横向力之和）和一绕 x 轴的力矩 M_x，以帮助其爬上或跳上钢轨，如图 17.12 所示。

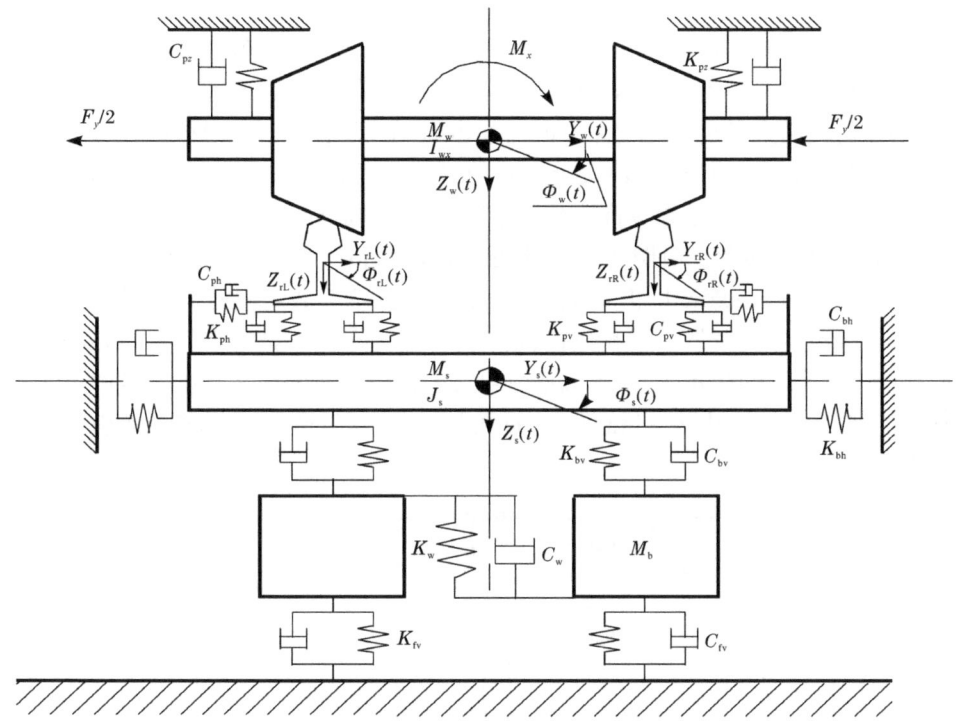

图 17.12　单轮对—轨道相互作用脱轨仿真模型

1. 爬轨脱轨仿真分析

为反映我国客、货车辆情况，分别计算了不同轴重和不同运行速度条件下车轮抬升量与脱轨系数持续超过 1.0 的作用时间以及与轮重减载率持续超过 0.6 的作用时间之关系。轨道条件为 60kg/m 钢轨、混凝土轨枕、普通碎石道床干线铁路轨道（参数见附录 4）。在轮对脱轨仿真计算中，施加横向力 F_y 和力矩 M_x 时考虑了实际运行中可能出现的最不利状态，并参考了日本单轮对脱轨仿真条件[13]，取稳定的轮重减载率为 40%～50%，横向力为轴重的 0.3～0.4 倍，最大冲角为 0.02rad，静态轮重为 35～105kN，力矩为一半波正弦冲击波，即

$$\begin{cases} F_y = 0.35 \times (2P_0) \\ M_x = M_0 \sin\left(\dfrac{\pi}{T_s} t\right) \end{cases} \quad (17.13)$$

式中，P_0 是静轮载；M_0 是所施加的最大力矩，与轴重成正比；T_s 为力矩作用时间

宽度。

在具体计算中，首先将横向力 F_y 施加在轮对上，使脱轨侧车轮轮缘贴靠钢轨，然后再对轮对施加力矩 M_x 以使车轮爬上或跳上钢轨。

图 17.13 是仿真得出的脱轨系数持续超限作用时间与车轮抬升量之间的关系，随着作用在车轮上的力和力矩的冲击时间 T_s 增加，脱轨系数大于 1.0 的时间增大，车轮的爬升量也随之增大。但当冲击时间 T_s 增加到某一程度以上，尽管车轮抬升量继续增大，脱轨系数大于 1.0 的时间反而有所减小，随后车轮抬升量在极短时间内急速增大至轮缘高度值，成为短时间的脱轨。高速运行（200km/h 以上）条件下更是如此。由图 17.13 还可发现，运行速度对车轮脱轨有一定影响。当速度较低（$v \leqslant 100$km/h）时，车轮抬升量随着脱轨系数超限时间的增大而逐渐增大，且速度越低，脱轨所需持续时间越长。当列车高速运行（$v \geqslant 200$km/h）时，脱轨所需作用时间较短，亦即脱轨系数超限后在较短时间内车轮抬升量即可超过轮缘高度（图 17.13 中为 25mm）。由此可见，列车运行速度越高，车轮脱轨危险性越大。

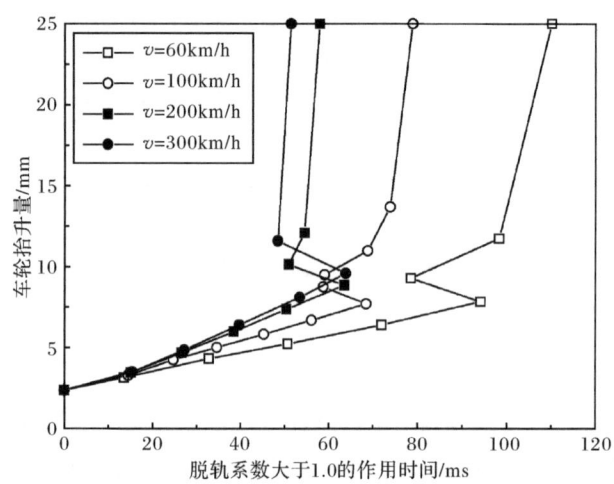

图 17.13 脱轨系数持续超限作用时间与车轮抬升量之间的关系（$P_0 = 55$kN）

需要说明的是，在仿真计算中，由于首先施加横向力 F_y 将车轮推至轮缘根部，此时车轮已有一定抬升量（约为 2.35mm），而脱轨系数尚未超限，亦即脱轨系数作用时间为零，因而图 17.13 中抬升量起点不为零。

图 17.14 给出了不同静轮重下车辆运行速度与脱轨系数持续超限作用时间的关系。由图可见，在相同速度下，轴重对轮对脱轨有较大影响，轴重越大，所允许的脱轨系数超限时间越短。这一结果是基于爬轨脱轨而得出的，与日本单轮对仿真结果规律一致[13]，原因是在仿真条件中假设横向力与轴重成比例增加。由图

17.14可以确定出单轮对脱轨判别准则。对于货物车辆,其最大运行速度一般可以设定为120km/h,但其静轮重变化很大,以最大静轮重考虑,可以得到货车车辆的脱轨限度是脱轨系数大于1.0的作用时间小于0.04s;对于客车车辆,取其最大运行速度为300km/h,其静轮重一般在55kN左右,且变化不大,以静轮重55kN考虑,可以得到客车车辆的脱轨限度是脱轨系数大于1.0的作用时间小于0.048s。如果综合客车和货车的速度和静轮重,并考虑一定的安全裕量,最后得到车辆的脱轨限度为脱轨系数大于1.0的作用时间小于0.035s(即35ms)。

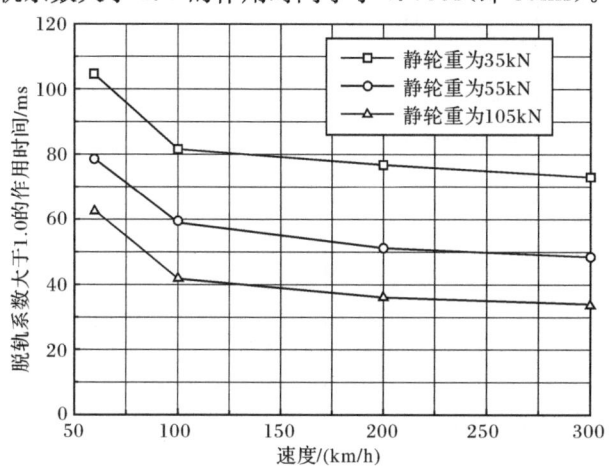

图17.14 不同静轮重下车辆运行速度与脱轨系数持续超限作用时间的关系

为了认识脱轨过程,图17.15(a)~(b)分别给出了轮对脱轨过程中脱轨系数、轮重减载率以及脱轨系数超限时间和车轮抬升量的变化过程。其计算条件为:静轮重35kN、力矩M_x冲击时间t_s=0.15s、轮对冲角0.02rad。由图17.15(a)可见,脱轨系数已出现超限情况,最大为1.96;图17.15(c)显示脱轨系数持续超限时间为0.1s;图17.15(d)反映了车轮逐渐抬升直至轮缘高度25mm的过程,这一过程并没有因为脱轨系数降至1.0以下而终止,由此可见,一旦脱轨系数超限时间大于其允许值,车轮必将出现脱轨危险;图17.15(b)显示轮重减载率最大仅0.4,小于目标值0.6,因此脱轨前车轮始终与钢轨保持接触而未产生跳动,故为爬轨脱轨。

2. 跳轨脱轨仿真

多次线路试验表明,我国主型货车C_{62A}空车的脱轨原因是由于在70km/h以上速度运行时所出现的强烈蛇行运动所致。当车辆出现蛇行失稳,车轮的横向冲击和轮重动态减载将变得十分严重,车轮将产生跳轨。

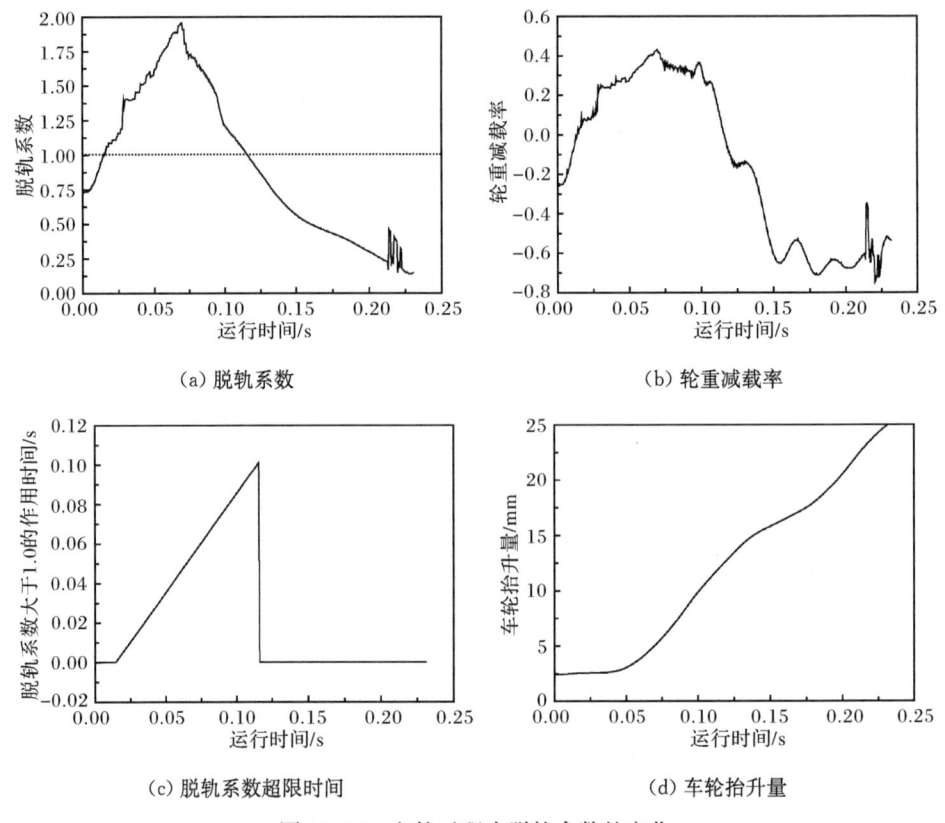

图17.15 爬轨过程中脱轨参数的变化

所以有必要针对C_{62A}货车空车的脱轨特点来研究其跳轨脱轨的安全限度,显然,此时应该用轮重减载率超过目标值0.6的持续作用时间来加以衡量。为了只计算跳轨脱轨,而不考虑爬轨,将不考虑横向力F_y的作用,而仅考虑绕x轴的力矩M_x,为了使轮载减到零,需要加大该力矩的作用。故设定施加于轮对的横向力和绕x轴的力矩为

$$\begin{cases} F_y = 0 \\ M_x = kM_0 \sin\left(\dfrac{\pi}{T_s} \cdot t\right) \end{cases} \quad \left(0 \leqslant t < \dfrac{T_s}{2}\right) \tag{17.14}$$

式中,系数k的取值将决定力矩的大小,显然k越大,力矩M_x也越大。考虑到实际运行中,$k=1.0$已为轮重减载的最不利情形,这里为留有安全裕度,取$k=1.5$。

表17.7是静轮重P_0为35kN(对应于C_{62A}空车)时,轮重减载率大于0.6的持续作用时间与车轮抬升量的关系。由于轮轨脱离(轮重减载率等于1.0)时脱轨系数理论上为无穷大值,因之也考虑为脱轨系数超限(大于1.0)的情况,所以在表中

也可得到了脱轨系数超限时间。图 17.16 是 $k=1.5$、静轮重 35kN、轮对冲角 0.02rad、力矩冲击时间 $T_s=0.14$s 的条件下，车轮跳轨脱轨过程中脱轨参数的变化。可以看到，在车轮抬升的整个过程中，轮重减载率达到了最大值 1.0，即在整个脱轨过程中轮轨均出现脱离现象，故定义为跳轨脱轨。

表 17.7　轮重减载率大于 0.6、脱轨系数大于 1.0 的时间与车轮抬升量的关系
($k=1.5, P_0=35$kN)

力矩冲击时间 T_s/s	0.02	0.04	0.06	0.08	0.10	0.12	0.14
轮重减载率大于 0.6 的时间/ms	32.6	56.4	76.8	94.8	111.2	126.1	93.4
脱轨系数大于 1.0 的时间/ms	30.8	53.7	72.4	89.7	97.3	110.0	72.7
车轮抬升量/mm	3.89	8.32	12.9	17.0	20.7	24.2	25.0

从表 17.7 中不难发现，轮重减载率大于 0.6 的作用时间与脱轨系数大于 1.0 的作用时间基本相当，前者略大于后者，由此可见，当发生跳轨脱轨时，轮重减载率从 0.6 到 1.0 的变化时间很短，对整个脱轨过程不起主要作用。所以，如果将轮轨脱离考虑为脱轨系数超限的情况，那么，也可以用脱轨系数大于 1.0 的作用时间来对跳轨脱轨进行评判，这样便可与爬轨脱轨的评判标准取得一致，而且若将此标准引用于轮重减载率超限时间的评判会更偏于安全。

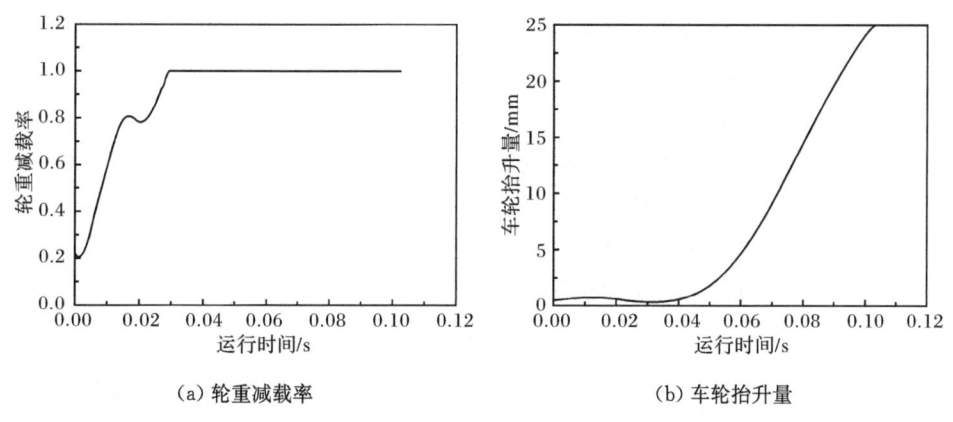

(a) 轮重减载率　　　　　　　　　(b) 车轮抬升量

图 17.16　车轮跳轨脱轨过程中脱轨参数的变化

图 17.17 表示了不同静轮重下脱轨系数超限时间与车轮抬升量的关系，从图中不难看出，将脱轨系数超限时间（或轮重减载率超限时间）确定为 0.035s，可确保车轮的抬升量远小于轮缘高度（25mm）。需要指出的是，该计算前提与实际情况不一定完全相符，较整车实际工况要恶劣得多。

总而言之，根据单轮对脱轨仿真计算，可以得到如下结论：无论是爬轨或跳轨，如将轮轨脱离也考虑为脱轨系数超限的情形，那么，可以用脱轨系数大于 1.0

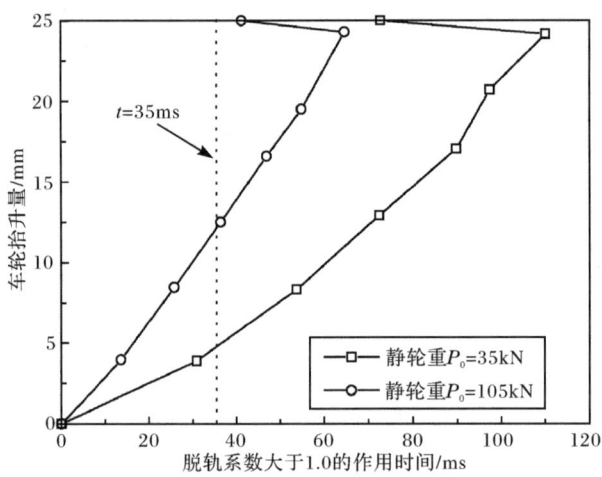

图 17.17　脱轨系数大于 1.0 的作用时间与车轮抬升量的关系($k=1.5$)

的持续作用时间小于 35ms 来作为车轮脱轨的统一安全限度。

17.3.4　整车脱轨仿真研究

为了验证由单轮对脱轨仿真得到的脱轨准则是否合适,有必要进一步开展实际运行条件下整车脱轨仿真研究。鉴于我国铁路货车空车脱轨几率较大,故选择 C_{62A} 空车进行整车脱轨仿真计算。

整车脱轨仿真研究的基本思路是基于车辆—轨道耦合动力学理论,系统考虑整个车辆系统与轨道结构之间的动态相互作用特征,运用第二章建立的货车—轨道空间耦合动力学模型,输入我国三大提速干线轨道谱[18](参见第三章第 3.5 节),对不同运行速度条件下车辆空车直线脱轨安全性指标(包括车轮抬升量)进行详细的仿真计算。主要结果列于表 17.8。

表 17.8　C_{62A} 货车空车脱轨安全性指标的仿真结果

速度 /(km/h)	轮位	脱轨系数		轮重减载率		脱轨系数超限时间/ms		车轮抬升量/mm	
		左轮	右轮	左轮	右轮	左轮	右轮	左轮	右轮
60	Ⅰ	0.429	0.433	0.873	0.779	0.000	0.000	1.235	0.792
	Ⅱ	0.476	0.466	0.771	0.703	0.000	0.000	0.532	0.688
	Ⅲ	0.415	0.497	0.618	0.687	0.000	0.000	0.737	0.627
	Ⅳ	0.368	0.417	0.699	0.635	0.000	0.000	0.546	0.623

续表

速度/(km/h)	轮位	脱轨系数		轮重减载率		脱轨系数超限时间/ms		车轮抬升量/mm	
		左轮	右轮	左轮	右轮	左轮	右轮	左轮	右轮
80	Ⅰ	1.042	1.821	1.000	1.000	86.960	28.940	0.933	−0.676
	Ⅱ	1.229	1.113	1.000	1.000	13.220	34.170	−0.801	−0.708
	Ⅲ	1.014	0.786	1.000	1.000	3.318	40.670	−0.239	0.301
	Ⅳ	0.899	0.694	0.838	1.000	0.000	19.750	2.405	0.054
90	Ⅰ	2.551	2.130	1.000	1.000	59.960	63.100	11.520	11.400
	Ⅱ	2.042	2.041	1.000	1.000	51.460	57.250	10.200	9.244
	Ⅲ	1.932	2.156	1.000	1.000	59.080	131.500	13.300	9.881
	Ⅳ	1.931	1.790	1.000	1.000	73.210	73.590	15.130	13.490
100	Ⅰ	5.812	3.914	1.000	1.000	58.970	61.030	22.630	15.620
	Ⅱ	3.467	4.084	1.000	1.000	67.470	52.890	20.520	16.740
	Ⅲ	4.762	3.914	1.000	1.000	79.480	50.930	11.970	12.800
	Ⅳ	3.332	6.988	1.000	1.000	77.120	77.830	15.820	12.400

由表 17.8 可见,当 C_{62A} 货车空车以常用速度 60km/h 运行时,各位轮对左右车轮的脱轨系数均在 0.5 以下,轮重减载率在 0.9 以下,车轮抬升量在 1.5mm 以下,显然此种情况下,车辆运行状态良好,无明显的蛇行运动,所以无脱轨危险。

当速度为 80km/h 时,车辆出现了明显的蛇行运动,各位轮对左右车轮的最大脱轨系数基本均在 1.0 以上,脱轨系数大于 1.0 的作用时间在 0～90ms 范围内变化,轮重减载率的最大值也都达到 1.0,表明已出现车轮脱离钢轨的现象。车轮抬升量很小,均在 3mm 以下,说明车辆的蛇行运动还不强烈,车轮与钢轨的横向冲击较小,车轮的爬升量和跳动量都不大,所以车辆在此速度下运行并无显著的脱轨危险,但其运行品质已大大下降。

随着速度增加,车辆的蛇行运动变得越来越剧烈。当速度为 90km/h 和 100km/h 时,所有车轮的最大脱轨系数均远远超过 1.0,轮重减载率均达到最大值 1.0,脱轨系数大于 1.0 的作用时间在 50～150ms 范围内变化。车轮抬升量已大大增加,车辆出现了脱轨的危险。当速度为 100km/h 时,第一位轮对左轮抬升量达到 22.63mm,已非常接近脱轨的边缘。

在由车辆蛇行失稳所引起的脱轨中,由于轮对相对钢轨有很大的横向位移和速度,所以整个脱轨过程将以爬轨和由轮缘与钢轨发生横向冲击所产生的跳轨两种形式并存的方式表现出来。图 17.18 给出了一个计算实例,清楚地显示出脱轨过程中各脱轨指标的变化情况,从中不难看出车轮表现出"爬轨—跳轨—爬轨—跳轨"的交替运动形式。

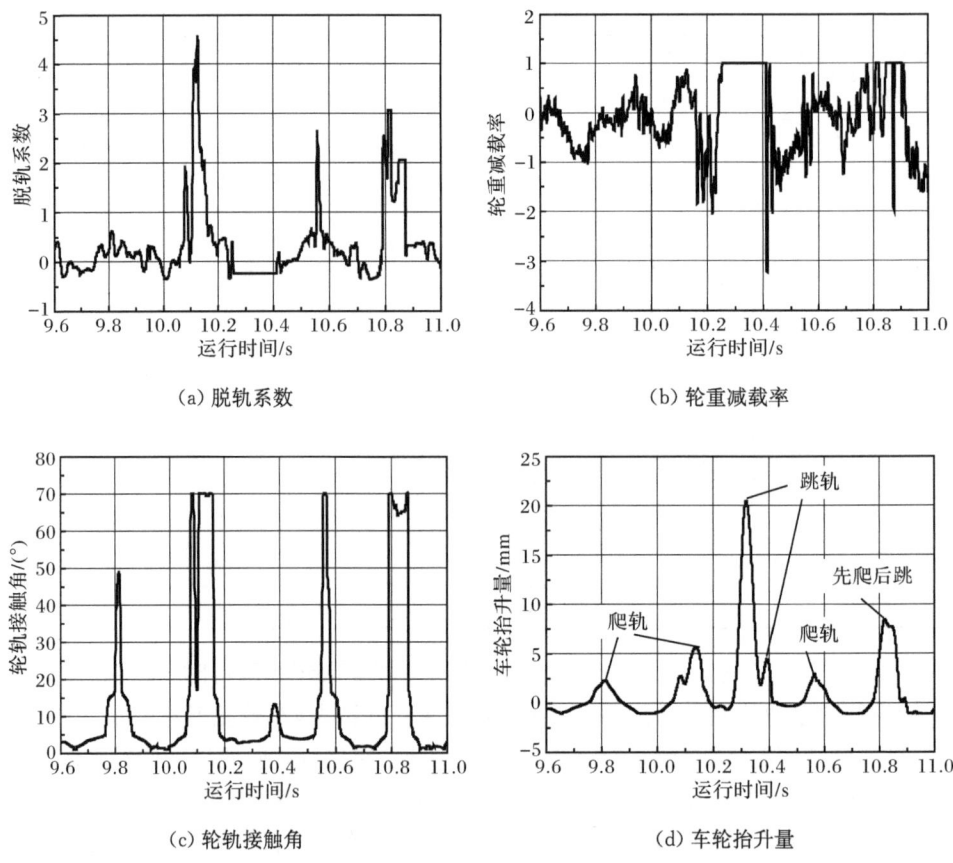

图 17.18 车辆蛇行失稳后脱轨指标的变化过程

从表 17.8 的整车仿真结果可以看出,脱轨系数大于 1.0 的作用时间变化范围很大,根据单轮对脱轨准则,如将其限制在 35ms 之内,则各种速度下车轮抬升量均远小于轮缘高度,表明车辆没有任何脱轨危险。可见,由单轮对脱轨仿真得到的防脱轨安全限度是偏于安全的。

17.3.5 评判车辆脱轨的新准则

综合以上研究结果,针对我国铁路目前情况,我们提出如下脱轨评判准则建议[19]。

1. 脱轨系数评判准则

脱轨系数用于鉴定试验车辆其车轮轮缘在轮轨力作用下是否爬上或跳上轨头而导致脱轨。试验中应利用测力轮对连续测量车轮横向力 Q 和垂向力 P,则脱

轨系数 Q/P 应符合条件

$$\frac{Q}{P} \leqslant \begin{cases} 1.0 & (t \geqslant t_0) \\ 1.0 \times \frac{t_0}{t} & (t < t_0) \end{cases} \tag{17.15}$$

式中,t 是横向力的持续作用时间(s);t_0 是脱轨系数超过目标值 λ(1.0)时所允许的最大持续作用时间(s),且 $t_0 = 0.035$s。

进行鉴定试验时,至少应将车辆运行前方转向架的第一轴设置为测力轮对,以保证测得车辆通过曲线时的最大脱轨系数。若条件许可时还可在转向架后轴布置测力轮对。

基本评判步骤如下:

① 连续测量并记录左、右轮轨垂向力 P(kN)。
② 连续测量并记录左、右轮轨横向力 Q(kN)。
③ 计算各采样时刻的 Q/P 得到脱轨系数连续变化波形,如图 17.19 所示。
④ 判别脱轨系数有无超出目标值 λ,若无,则可评定脱轨系数满足安全标准。若有,则需分别找出脱轨系数大于 λ 值的各发生位置。
⑤ 对超 λ 值的每一处,如图 17.19 所示,读出脱轨系数最大值,并读出脱轨系数大于 λ 值的持续时间 t,若 $t \geqslant t_0$,则可判定脱轨系数不满足安全标准,若 $t < t_0$,则按式(17.15)评判其是否符合允许限度。

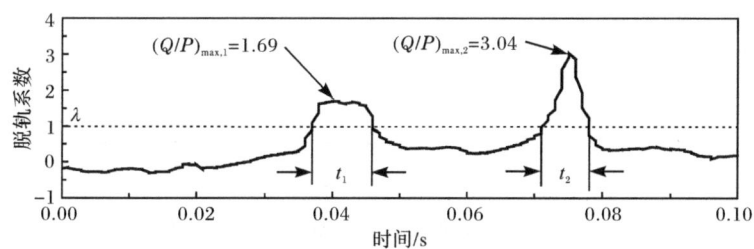

图 17.19　脱轨系数的安全评判示意图

2. 轮重减载率评判准则

轮重减载率是货车在特定工况下因轮重减载而脱轨的另一种防脱轨安全性指标,是判定车辆是否会因一侧车轮减载过大而导致脱轨的依据。试验鉴定车辆其轮重减载率 $\Delta P/\bar{P}$ 应符合条件

$$\begin{cases} \dfrac{\Delta P}{\bar{P}} \leqslant 0.60 \\ 当 \dfrac{\Delta P}{\bar{P}} > 0.60 \text{ 时,要求 } t < t_0 \end{cases} \tag{17.16}$$

式中，t 是轮重减载率持续超过目标值 $\eta(0.60)$ 的作用时间(s)；t_0 是轮重减载率超标时所允许的最大持续时间(s)，且 $t_0=0.035\mathrm{s}$。

基本评判步骤如下：

① 连续测量并记录左、右侧车轮的轮重 $P_左$、$P_右$ 波形。

② 分别计算并记录左、右侧轮重减载率变化曲线，这里

$$\begin{cases} \left(\dfrac{\Delta P}{\bar{P}}\right)_左 = \dfrac{\bar{P}-P_左}{\bar{P}} \\ \left(\dfrac{\Delta P}{\bar{P}}\right)_右 = \dfrac{\bar{P}-P_右}{\bar{P}} \end{cases} \qquad (17.17)$$

③ 判别轮重减载率（只考虑正值减载率情形，负值表示增载不予关心）有无大于目标值 η，若无，则可评定轮重减载率符合相应限度的安全要求；若有，则分别找出轮重减载率大于 η 值的各发生位置。

④ 对于轮重减载率超出目标值 η 的各处，如图 17.20 所示，读出 $\Delta P/\bar{P}$ 大于 η 值的作用时间 t，若 $t<t_0$，则可评定轮重减载率满足安全标准；若 $t\geqslant t_0$，则不满足规范要求。

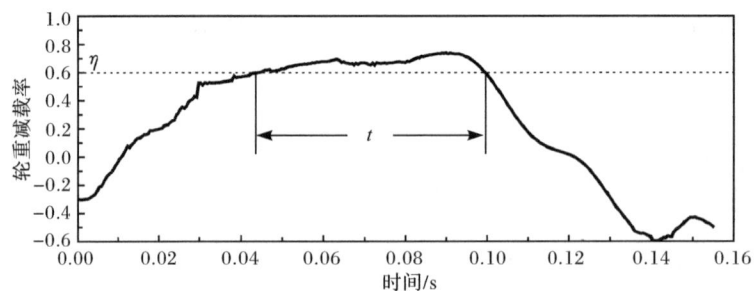

图 17.20　轮重减载率的安全评判示意图

3. 讨论

作者建议的脱轨安全评判准则与 GB5599-85 的主要不同之处在于，允许被测车辆瞬时脱轨系数大于原有目标值 λ(1.2 或者 1.0)，也允许被测车辆的轮重减载率有瞬时超过其目标值 η(0.65 或 0.6)的现象存在，但一旦出现上述情况，需要引入脱轨系数（或轮重减载率）超限时间 t 并按式(17.15)或式(17.16)进行评判。这就解决了目前我国列车提速试验、脱轨试验中 GB5599-85 不能满足实际试验需要的现实矛盾，可以进一步适应今后我国铁路提速及快速运输发展需要。

新准则在很大程度上参考了日本铁路理论研究成果与应用实践经验，但所建议的安全标准是针对我国车辆与线路情况而得出的，二者之间具有一定差异。日

本长期使用的 JNR 标准规定脱轨系数目标值为 0.8,脱轨系数超限时间是 0.05s;而本准则取脱轨系数目标值为 1.0,脱轨系数超限时间是 0.035s。一方面,脱轨系数目标值增大了,另一方面,脱轨系数作用时间减小了。关于脱轨系数目标值,GB5599-85 规定了第一限度(合格标准)1.2 和第二限度(安全标准)1.0,根据国际上有关脱轨评判标准,一般为 0.8 和 1.0,很少采用 1.2,因此我们从安全性考虑,建议取 1.0,而不再区分为两种限度。事实上,在实际执行中,第一限度、第二限度的区分并没有多少实际意义。关于脱轨系数作用时间,如本章第一节所述,日本已通过仿真研究拟将其标准从 0.05s 调至 0.015s[13,14],果真如此,其标准又显得太严了。从文献[13]仿真结果来看,如 $t \leqslant 0.015s$,则车轮最大抬升量仅 1mm,与其安全限值相差甚远。我国铁道科学研究院在南津浦线进行的货车直线脱轨试验结果显示[6],在 65~85km/h 速度范围内,被试货车(装用转 8A 型转向架)脱轨系数最大持续作用时间约为 0.025s,已大于日本拟用新标准 0.015s,而小于本建议准则 0.035s。实际试验表明被试车辆均处于未脱轨的安全状态,这也从一个侧面验证了本准则的合理性。

关于轮重减载率的评判标准,建议也不必区分第一限度(0.65)和第二限度(0.60),而采用一种目标值($\eta=0.60$),但允许出现轮重减载率大于 0.60 甚至达到 1.0 的情况,即考虑了动态减载现象,只要符合式(17.16)准则即可。实际上,近年来我国几次大规模试验已突破了 GB5599-85 标准,例如南津浦线脱轨试验中规定 $\eta=0.8$[6],又如大秦线脱轨试验及郑武线 240km/h 高速试验均已采用动态轮重减载率目标值 $\eta=0.9$ 的临时标准[7,16],均确保了行车试验的安全性。

最后需要指出的是,由于脱轨是一个非常复杂的轮轨相互作用过程,受车辆、轨道等众多因素的影响,因而难于用一个统一的标准简单加以评判,但应该可以找到尽可能合理的脱轨评判准则以满足具体应用需求。本节应用车辆—轨道耦合动力学理论研究提出的脱轨评判建议方案,为国家标准 GB5599-85 中脱轨鉴定准则的修订提供了基础,当然还需要通过更多的试验实践和应用经验继续加以检验和完善。

17.4　车辆—轨道耦合动力学在重载列车脱轨研究中的应用

铁路机车车辆车钩的作用是用来实现机车与车辆或车辆与车辆之间的连挂和传递牵引力及冲击力,并使车辆之间保持一定的间距。车钩在列车运行中除了要承受交变的拉力、压力和冲击作用外,还要承受弯矩的作用,受力复杂。对于万吨及以上级别的重载货物列车,由于列车质量大幅度增大,长度显著增加,运行中的牵引力及制动力将加大[20],车钩间纵向作用更加剧烈,如不科学设计或合理操纵,容易产生一系列危及行车安全的重大问题,如列车出现剧烈的纵向冲动,出现脱钩、断钩现象,甚至发生脱轨事故等,严重干扰正常的运输生产秩序,直接影响铁路运输的安全、畅通和经济效益。

我国某型重载机车在线路上进行长编组重载列车牵引与制动试验时就多次出现过直线脱轨掉道事故,如图 17.21 所示,事发地段钢轨已完全翻转损毁。

图 17.21 某重载机车脱轨掉道场景

为了解决这一实际问题,确保重载列车运营安全,受该型重载机车生产厂家的委托,我们与厂方一起对该问题进行了深入的调查与研究,分析了导致钢轨翻转的原因是出现了巨大的轮轨横向力,而巨大轮轨横向力的来源可能是车钩纵向力的横向分量。对此,我们运用机车车辆—轨道耦合动力学理论进行了细致的模拟分析,在模型中专门考虑了车钩纵向力的作用,分析了车钩纵向力对机车—轨道耦合系统横向动态相互作用的影响,并通过分析重载机车车钩自由摆角对机车运行安全性的影响规律,证明了上述因果关系链。在此基础上提出了车钩自由摆角的设计安全限值,被实际工程采纳,解决了这一重大实际问题[21~23]。下面仅介绍主要研究内容及结果。

17.4.1 车钩纵向压力作用下车体的受力分析及振动方程

基于机车车辆—轨道耦合动力学理论,建立了重载机车与轨道相互作用分析模型,机车子系统、轨道子系统各部件的受力与运动方程可参考第二章。与第二章模型不同的是,这里考虑了车钩力的作用,因此本节将详细给出车体受力情况及运动方程。

图 17.22 给出了车体受力分析示意图，F_{xcf}、F_{ycf} 分别表示前车钩力的纵向与横向分力，F_{xcb}、F_{ycb} 表示后车钩力的纵向与横向分力，其余符号说明同第二章。

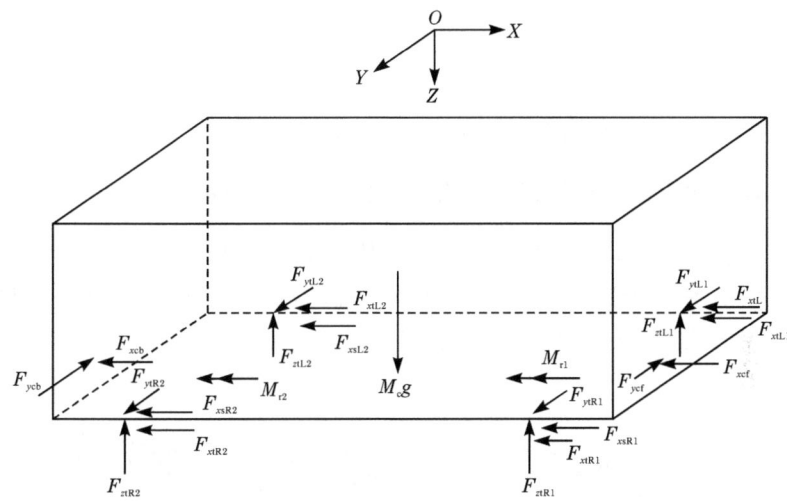

图 17.22　考虑了车钩力作用时车体受力示意图

根据受力关系，可推导出车体的振动微分方程[22]。

车体横移运动方程为

$$M_c\left[\ddot{Y}_c+\frac{v^2}{R_c}+(r_0+H_{tw}+H_{Bt}+H_{cB})\ddot{\phi}_{sec}\right]$$
$$=F_{ytL1}+F_{ytL2}+F_{ytR1}+F_{ytR2}-F_{ycf}-F_{ycb}+M_cg\phi_{sec} \quad (17.18)$$

沉浮运动方程为

$$M_c\left[\ddot{Z}_c-a_0\ddot{\phi}_{sec}-\frac{v^2}{R_c}\phi_{sec}\right]=-F_{ztL1}-F_{ztR1}-F_{ztL2}-F_{ztR2}+M_cg \quad (17.19)$$

侧滚运动方程为

$$I_{cx}[\ddot{\phi}_c+\ddot{\phi}_{sec}]=-(F_{ytL1}+F_{ytR1}+F_{ytL2}+F_{ytR2})H_{cB}$$
$$+(F_{ztL1}+F_{ztL2}-F_{ztR1}-F_{ztR2})d_s$$
$$+(F_{ycf}+F_{ycb})H_{cc} \quad (17.20)$$

点头运动方程为

$$I_{cy}\ddot{\beta}_c=(F_{ztL1}+F_{ztR1}-F_{ztL2}-F_{ztR2})l_c$$
$$-(F_{xtL1}+F_{xtR1}+F_{xtL2}+F_{xtR2})H_{cB}$$
$$-(F_{xsL1}+F_{xsR1}+F_{xsL2}+F_{xsR2})H_{cB}$$
$$+(F_{xcf}+F_{xcb})H_{cc} \quad (17.21)$$

摇头运动方程为

$$I_{cz}\left[\ddot{\psi}_c + v\frac{\mathrm{d}}{\mathrm{d}t}\left(\frac{1}{R_c}\right)\right] = (F_{ytL1} + F_{ytR1} - F_{ytL2} - F_{ytR2})l_c$$
$$+ (F_{xtR1} + F_{xtR2} - F_{xtL1} - F_{xtL2})d_s$$
$$+ (F_{xsR1} + F_{xsR2} - F_{xsL1} - F_{xsL2})d_{sc}$$
$$+ (F_{ycb} - F_{ycf})L_{cc} \tag{17.22}$$

式中，H_{cc} 和 L_{cc} 分别是车钩到车体质心的垂向距离和横向距离。

17.4.2 车钩大自由摆角状态下的轮轨动态相互作用性能分析

当车钩受压时，车钩将发生水平倾摆，其倾摆的角度 φ 定义为车钩自由摆角，如图 17.23 所示。对于小摆角车钩，在各种辅助机构（如止挡）作用下，自由摆角限制在一定的范围。对于大摆角车钩，自由摆角 φ 值可以很大。

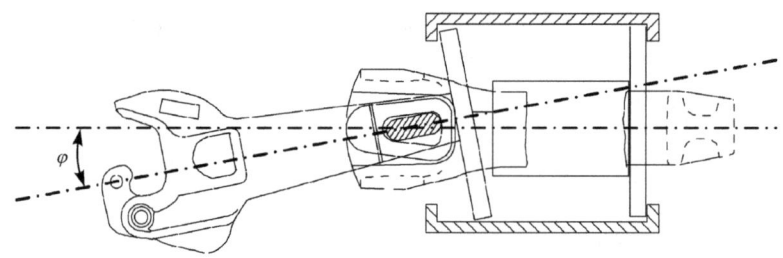

图 17.23 车钩自由摆角

重载列车试验时脱轨掉道的机车采用了从国外引进的 FT 原型车钩，该车钩属于大摆角车钩，在纵向压力的作用下，车钩将会出现较大的自由摆角（最大摆角超过 10°）。对此，我们首先分析了该机车（采用了原型车钩）在较大的车钩摆角状态下的轮轨动态相互作用性能。分析时，取车钩自由摆角的可能值 8°（小于其最大值）；对于纵向车钩力，根据该重载机车车钩纵向力的实测结果（图 17.24），取车钩纵向力 1 500kN（远小于其最大值）。

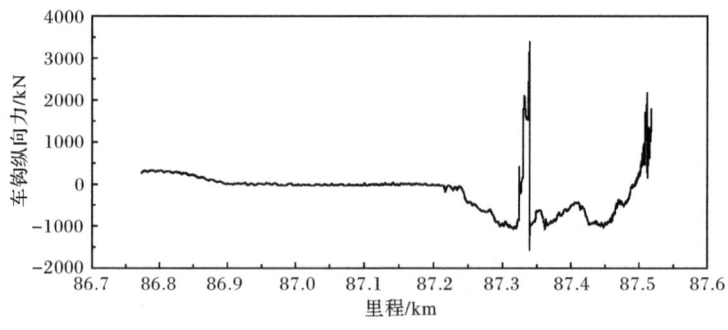

图 17.24 重载机车车钩纵向力的实测结果

当重载机车以其最高运行速度(80km/h)在直线轨道上运行时,在车钩摆角为 8°的条件下,轮轴横向力的计算结果如图 17.25 所示。由图 17.25 可知,轮轴横向力普遍大于 120kN,最大值为 174.7kN,远远高于其安全限值(79.3kN)[15]。

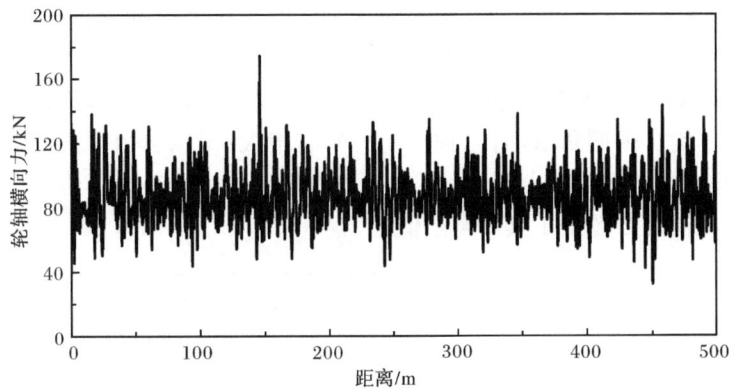

图 17.25　重载机车轮轴横向力的计算结果

图 17.26 进一步给出了脱轨系数的计算结果,可见在整个运行过程中,脱轨系数大于 0.9 的时刻较多,最大值为 1.2,不满足我国《铁道机车动力学性能试验鉴定方法及评定标准》(TB/T2360-93)[24]规定的合格限值 0.9 之要求。

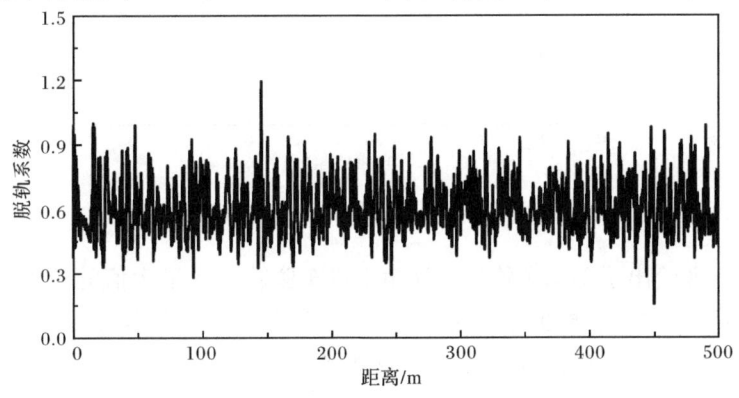

图 17.26　重载机车脱轨系数的计算结果

分析结果表明,该运行条件下轮轨横向相互作用非常剧烈,轮轴横向力及脱轨系数等安全性指标均大大超出了相应的安全限值,不满足安全运行要求。因此,采用该车钩的重载机车极有可能发生脱轨掉道事故,危及重载列车运营安全。

17.4.3　车钩自由摆角对重载机车运行安全性的影响及其安全设计

上节分析结果表明,重载机车脱轨掉道的可能原因是车钩自由摆角过大,导致车钩力的横向分量过大,进而产生异常的轮轨横向动态作用力,引起钢轨倾翻。因此,我们进一步研究了车钩自由摆角对机车运行安全性的影响关系,以期找出车钩自由摆角的安全阈值,为改进车钩设计提供科学依据。

机车以 80km/h 速度(2 万 t 重载机车实际最高运用速度)在直线轨道上进行制动时,不同车钩自由摆角状态下的轮轴横向力最大值计算结果如图 17.27 所示。随着车钩自由摆角的增加,轮轴横向力呈非线性增长。当车钩自由摆角小于 3°时,随着车钩自由摆角增加,轮轴横向力略有增大;车钩自由摆角在 3°~6°范围内,轮轴横向力随车钩自由摆角的增加而急剧增大,特别是当车钩自由摆角超过 3.7°时,轮轴横向力超出了其安全限值。

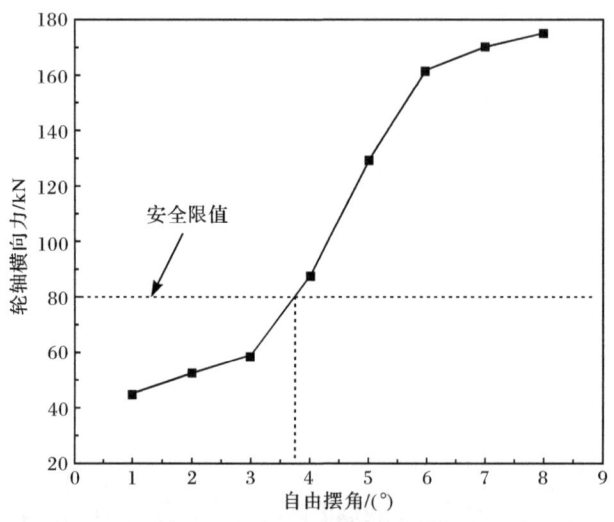

图 17.27　轮轴横向力随车钩自由摆角的变化关系

图 17.28 给出了不同车钩自由摆角下机车脱轨系数最大值的计算结果,可见随着车钩自由摆角的增加,脱轨系数亦呈非线性增长。当车钩自由摆角小于 4°时,随着车钩自由摆角增加,脱轨系数略有增大;当车钩自由摆角超过 4°后,脱轨系数急剧增大,并且当车钩自由摆角为 4.9°时,脱轨系数达到安全限值。

上述分析表明,车钩自由摆角小于 3.7°时,反映行车安全的关键动力性能指标(轮轴横向力及脱轨系数)均满足要求。因此,考虑安全余量后,建议该重载机车的车钩自由摆角最大值应控制在 3°。

随后,机车生产单位采纳了本研究建议方案,对原型车钩进行了改进设计,研制出了一种新型钩缓装置,其车钩自由摆角最大值为 3°。该新型车钩于 2008 年 7 月正式投入使用,实际运用效果表明,该型重载列车的运营安全性得到了保证。

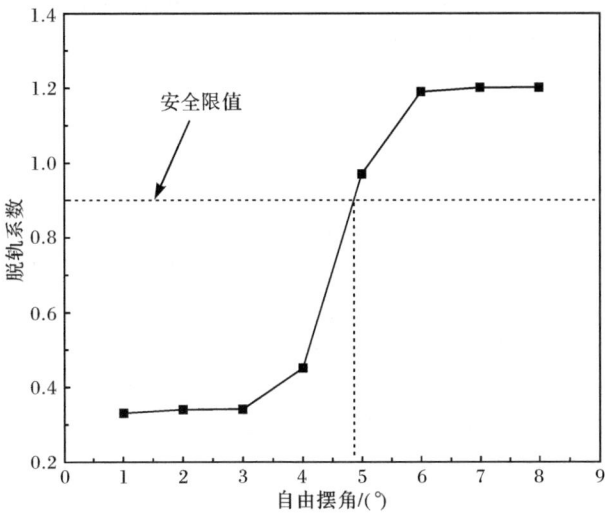

图 17.28 脱轨系数随车钩自由摆角的变化关系

参 考 文 献

[1] 中华人民共和国铁道部.铁路线路维修规则.北京:中国铁道出版社,1997
[2] 王其昌,蔡成标.轨距容许扩大限度的探讨.铁道工务,1994,(4):118~119
[3] 蔡成标,王其昌.轨道扭曲不平顺安全限值的研究.西南交通大学学报,1994,29(3):329~334
[4] 铁道部工务局.铁路工务技术手册——道岔.北京:中国铁道出版社,1998
[5] 翟婉明,王开云.机车车辆侧向通过道岔时的运行安全性评估.同济大学学报,2004,32(3):382~386
[6] 铁道科学研究院,济南铁路局.徐州分局南津浦线货物列车脱轨试验报告.TY-1163.北京:铁道科学研究院,1997
[7] 铁道科学研究院,北京铁路局.大秦线 C_{63A} 货物列车脱轨试验报告.TY-1162.北京:铁道科学研究院,1997
[8] Nadal M J. Theorie de la stabilite des locomotives,Part 2. Mouvement de Lacet,Annales des Mines,1896,10:232
[9] Koci H H,Swenson C A. Locomotive wheel-rail loading—A systems approach. In:Proceedings of the Heavy Hual Railway Conference,Perth,Western Australia,1978
[10] Shust W C,Thompson R,Elkins J. Controlled wheel climb derailment tests using a force measuring wheelset and AAR's track loading vehicle. In:Proceedings of the 12th International Wheelset Congress,Qingdao,China,1998
[11] Weinstock H. Wheel climb derailment criteria for evaluation of rail vehicle safety. In:

Proceedings of the ASME Winter Annual Meeting, 84-WA/RT-1, 1984
[12] Sweet L M, Karnel A, Moy P. Wheel climb derailment criteria under steady rolling and dynamic loading conditions. In: Proceedings of the 6th IAVSD Symposium on Vehicle System Dynamics, Swets & Zeitlunger Publishers, 1980
[13] 石田弘明,手冢和彦,植木健司,等. 脱轨稳定性评定指标的研究. 铁道综研报告, 1995, 9(8):49~54
[14] 宫本昌幸. 车辆的脱轨机理. 铁道综研报告, 1996, 10(3):31~38
[15] GB5599-85. 铁道车辆动力学性能评定和试验鉴定规范. 北京:中国计划出版社, 1985
[16] 铁道科学研究院,郑州铁路局. 郑武线最高速度240km/h高速列车综合运行试验研究报告. TY-1345. 北京:铁道科学研究院, 1998
[17] 俞展猷,李富达,李谷. 车轮脱轨及其评价. 铁道学报, 1999, 21(3):33~38
[18] 铁道科学研究院铁道建筑研究所. 我国干线轨道不平顺功率谱的研究. TY-1215. 北京:铁道科学研究院, 1999
[19] 翟婉明,陈果. 根据车轮抬升量评判车辆脱轨的方法与准则. 铁道学报, 2001, 23(2):17~26
[20] 常崇义,王成国,马大炜,等. 2万t组合列车纵向力计算研究. 铁道学报, 2006, 28(2):89~94
[21] 王开云,翟婉明. 纵向压力作用下HXD$_2$重载机车与轨道动态相互作用研究. TTRI-2008-04. 成都:西南交通大学列车与线路研究所, 2008
[22] 王开云,翟婉明. 纵向压力作用下重载机车与轨道动态相互作用研究. 西南交通大学学报, 2009, 44(1):7~12
[23] 王开云,翟婉明,封全保,等. 重载机车车钩自由角对轮轨动态安全性能的影响. 中国铁道科学, 2009, 30(6):72~76
[24] TB/T2360-93. 铁道机车动力学性能试验鉴定方法及评定标准. 北京:中国铁道出版社, 1993

第十八章 车辆—轨道耦合动力学在机车车辆设计中的应用

本章举例介绍车辆—轨道耦合动力学理论在铁道机车车辆设计(或改进设计)中的应用情况,包括时速170km提速客运机车SS_{7E}(韶山号系列)动力性能改进设计,时速200km天梭号电力机车动力性能优化设计,以及新一代时速120km交流传动重载货运机车HX_D2C(和谐号系列)动力学性能改进设计。

18.1 提速客运机车 SS_{7E} 动力性能改进设计

18.1.1 工程背景

SS_{7E}型机车是中国北方机车车辆集团公司为适应中国铁路第五次大提速需要而开发研制的C_0-C_0轴式客运电力机车,设计速度为170km/h,轴重为21t。转向架结构具有如下特点:构架为钢板焊接"目"字型结构;为了降低轴重和簧下质量,轮对采用整体辗钢车轮和空心车轴,牵引电机采用架悬方式;牵引装置为双侧平拉杆加拐臂及连杆牵引装置;传动装置为六连杆双空心轴传动装置;基础制动采用单元制动;一系悬挂采用两侧轴箱拉杆和螺旋弹簧结构,二系悬挂采用高柔螺旋弹簧串联双橡胶垫结构;为了抑制转向架高速蛇行失稳,在转向架与车体间装有抗蛇行减振器。

2002年底,该机车样车通过了20万km的运营考核。然而,在试运营过程中发现,该机车在100~150km/h速度附近范围横向振动(摇摆)非常严重,横向加速度指标超出了相应的国家标准所规定的限值,而在其他速度下的横向振动较缓和,机车垂向运行平稳性良好。在正式投入大批量生产之前,机车横向异常振动问题亟待解决。

受生产单位(大同电力机车公司)委托,我们运用机车车辆—轨道耦合动力学理论,对该实际工程问题进行了深入的分析和研究,在充分考虑机车与轨道横向耦合振动影响的前提下,通过机车悬挂参数优化,提出了不改变机车结构的解决方案[1]。

18.1.2 SS_{7E}原型机车横向异常振动现象的理论模拟

运用TTISIM仿真软件,对原设计的SS_{7E}机车在直线轨道上的横向振动性能进行了仿真分析。仿真计算工况设置如下:机车运行速度为 70~180km/h(每隔 10km/h 为一个等级);采用我国干线铁路运营条件,轨道结构是普通有砟轨道, 60kg/m 钢轨,混凝土轨枕。

图 18.1 和图 18.2 分别给出了机车车体及构架横向位移随机车运行速度变化的趋势。机车车体在 100km/h 速度附近、构架在 120km/h 速度附近范围确实呈现出较为剧烈的横向振动。

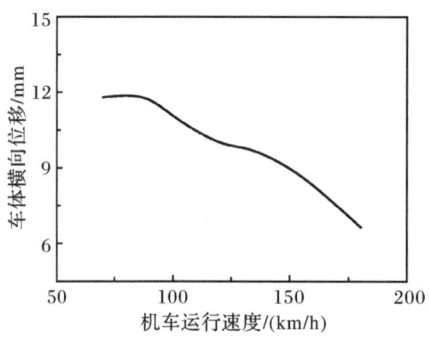

图 18.1 车体横向位移随机车运行速度的变化关系

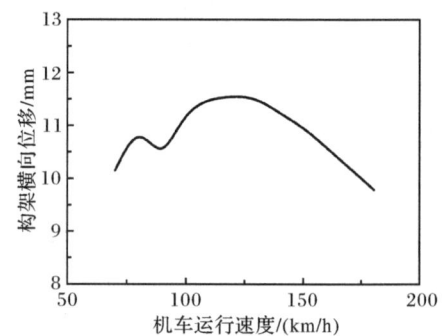

图 18.2 构架横向位移随机车运行速度的变化关系

为了进一步说明 SS_{7E} 原型机车在直线轨道上的横向振动行为,图 18.3 和图 18.4 分别给出了车体横向位移在速度为 80km/h 和 180km/h 运行条件下、构架横向位移在速度为 120km/h 和 180km/h 运行条件下振动响应的对比情况。可见,车体在 80km/h 速度时和构架在 120km/h 速度时的横向振动均较之在 180km/h 时还要剧烈。

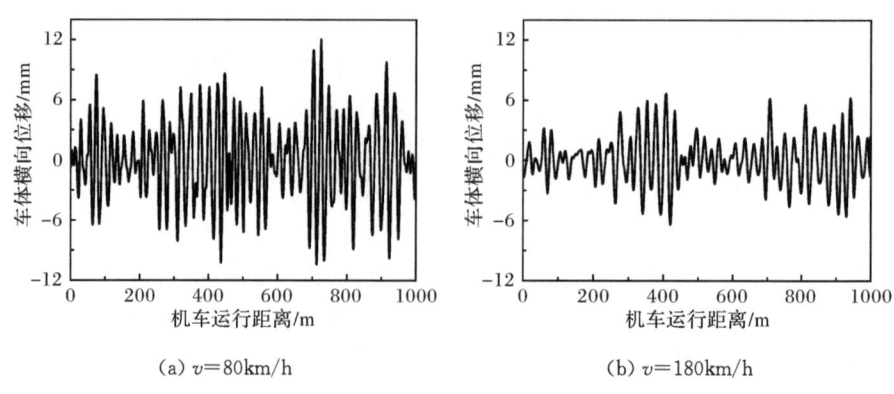

图 18.3 车体横向位移的时间历程

上述结果与原有 SS_{7E} 机车在陇海线试运行中的横向振动现象相吻合,也表明运用车辆—轨道耦合动力学理论模型基本再现了该机车在线路上的横向非线性

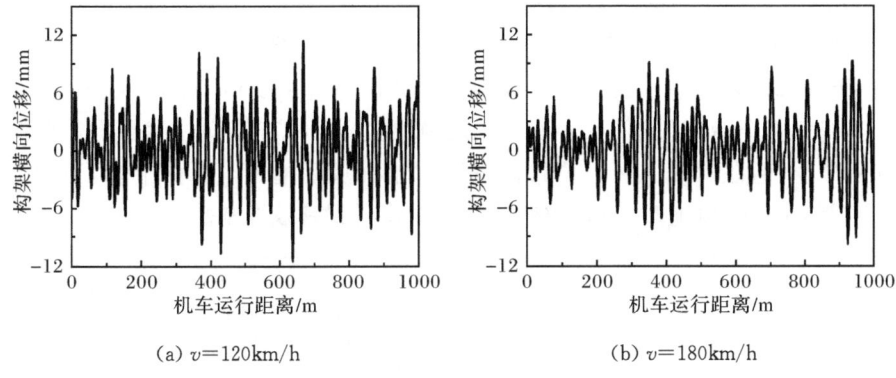

图 18.4 构架横向位移的时间历程

振动行为。

18.1.3 改进 SS_{7E} 机车横向振动性能的技术方案研究

我们认为,产生上述现象的原因主要是机车横向悬挂参数设计不合理而引发的非线性横向振动。提高机车车辆横向运动稳定性的措施有多种,如对机车车辆结构参数和悬挂参数进行匹配优化等。作者及课题组曾针对该机车制订了六套悬挂参数优化方案[1],综合这六种方案的效果,并考虑方案实现的难易程度与时间要求之后,重点对抗蛇行减振器阻尼参数、二系悬挂横向刚度值等进行详细的优化设计。

图 18.5 给出了抗蛇行减振器阻尼变化对机车车体横向振动的影响效果。在相同行车速度下,若增大抗蛇行减振器阻尼,机车车体横向振动位移最大值将减小。当阻尼由 1200kN·s/m 增加到 2000kN·s/m 后,车体横向位移最小,抑制车体在较低速度范围内横向振动效果最显著。

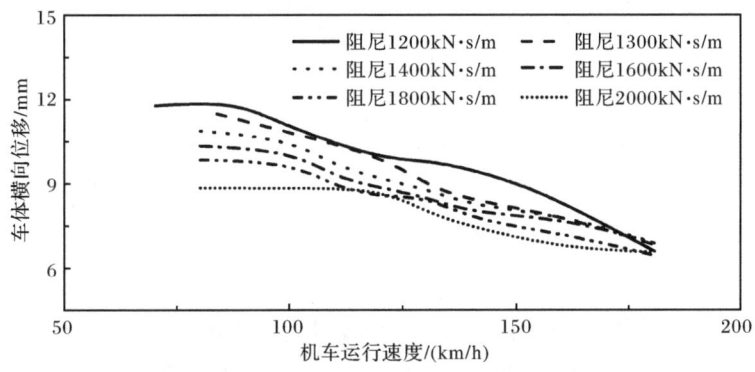

图 18.5 抗蛇行减振器阻尼对车体横向振动位移的影响

图 18.6 给出了抗蛇行减振器阻尼变化对机车构架横向振动的影响效果。当机车以低于 140km/h 速度运行时，若增加抗蛇行减振器阻尼，将能有效降低构架横向振动位移，尤其是在 120km/h 速度附近当阻尼提高到 1400kN·s/m 以上更明显。当机车行车速度位于 140～180km/h 范围之内，构架横向位移最大值随阻尼增加而减小，但在少数工况下位移值随阻尼增加反而增大。总体上看，当阻尼达到 1800kN·s/m 以上时，机车构架横向振动将得到有效抑制。

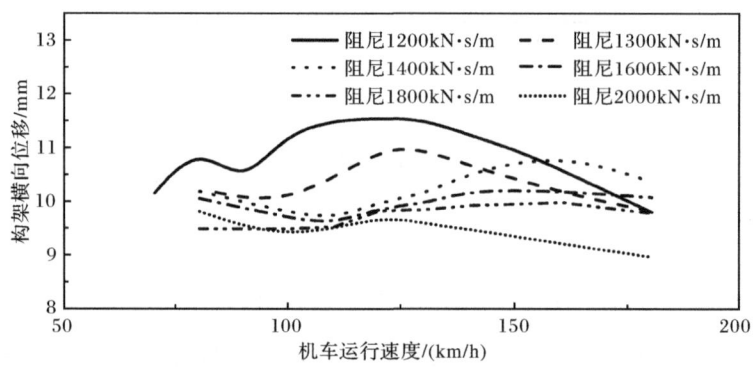

图 18.6　抗蛇行减振器阻尼对构架横向振动位移的影响

图 18.7 和图 18.8 分别给出了二系悬挂横向刚度变化对车体和构架横向振动位移的影响效果。降低二系横向刚度不仅可以减小车体在整个速度范围内的横向振动位移(图 18.7)，还可以有效抑制机车构架在 100～130km/h 速度附近的横向振动(图 18.8)。

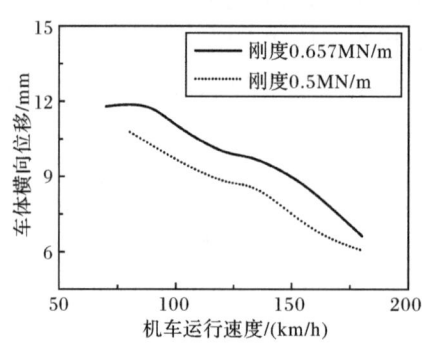 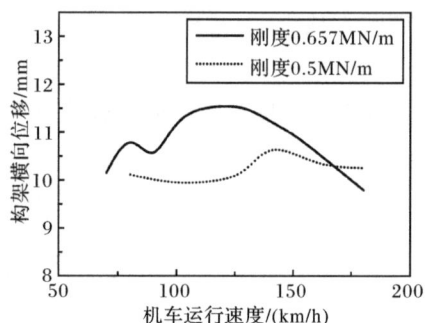

图 18.7　二系悬挂横向刚度对车体横向振动位移的影响　　　图 18.8　二系悬挂横向刚度对构架横向振动位移的影响

根据上述研究结果，综合提出了两套改进设计方案。图 18.9 给出了采用原始参数和改进方案一、改进方案二而得到的 SS_{7E} 机车车体和构架横向振动特性的理论结果比较。可见，通过改进设计，有效抑制了 SS_{7E} 机车原有的横向异常振动。

比较方案一和方案二可以发现,方案二在中低速范围内抑制车体横向振动的效果较方案一更佳,二者在改善构架横向振动方面效果相当。

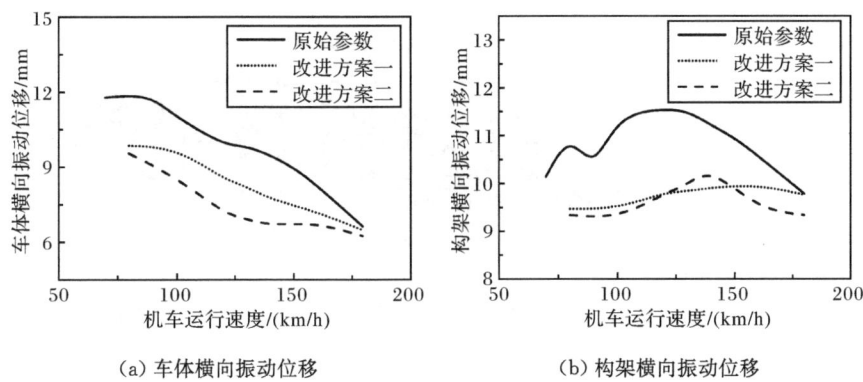

(a) 车体横向振动位移　　　　　　(b) 构架横向振动位移

图 18.9　改进设计方案与原始设计方案下机车横向振动特性的理论结果比较

18.1.4　改进设计后 SS_{7E} 提速机车的实际效果及运用情况

虽然方案二的综合效果优于方案一,但受铁路第五次大提速时间的制约,机车生产厂家最终选择了易于快速实施的改进方案一,并迅速付诸实施。为了考核改进后的实际效果,西南交通大学与大同电力机车公司在陇海线、京广线联合进行了 SS_{7E} 机车改进后乘坐舒适性实车线路运行测试(简称改进后试验),并与中国铁道科学研究院对改进设计前原型机车的试验(简称改进前试验)数据进行了对比。

1. 改进前、后机车横向振动的现场测试结果对比

图 18.10 和图 18.11 分别给出了 0~160km/h 速度范围内,SS_{7E} 机车改进前、后车体(测点在后司机室地板上)横向振动加速度及横向平稳性指标的全程测试统计结果。

由图 18.10 测试结果可见,SS_{7E} 机车改进前,车体横向振动加速度在 80~160km/h 速度范围内出现了严重的超标情况(合格限值为 0.25g),很多达到 0.25~0.35g,最大值达到 0.37g;改进后,在全线运行过程中,车体横向振动加速度普遍在 0.2g 以下,较改进前有较明显下降,达到了合格要求。需要指出的是,改进后,车体横向振动在 80~160km/h 速度段得到明显抑制,实现了预期目标,而在 30~70km/h 速度段振动较改进前还有所增大,但振动加速度量值很小(小于 0.15g),属"优"级,因此,在整个速度范围内机车横向运行品质良好。

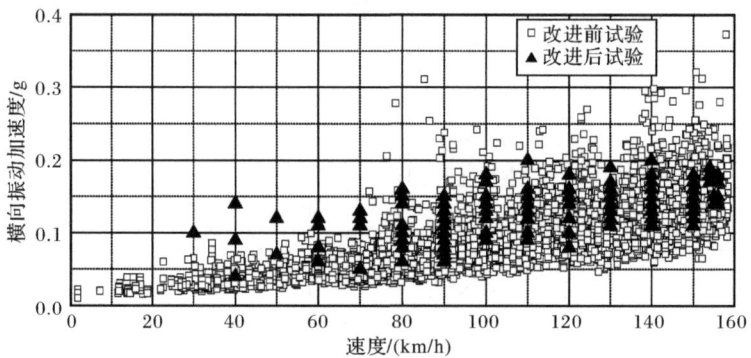

图 18.10　改进前、后车体横向振动加速度随速度变化的测试结果对比

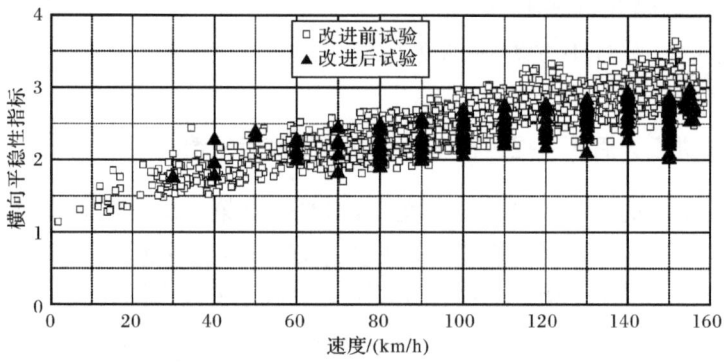

图 18.11　改进前、后车体横向平稳性指标随速度变化的测试结果对比

由图 18.11 测试结果可见,改进后车体横向平稳性指标在整个速度范围内均较改进前有不同程度的下降,尤其是在较高速度(100～160km/h)运行条件下降低明显,平稳性指标最大值为 3.0,平稳性属"良好"级,而改进前最大值达到了 3.6,属"不合格"等级。

2. SS_{7E} 提速机车实际运用情况

改进设计后的 SS_{7E} 机车(如图 18.12)于 2003 年提前投入批量生产,及时满足了 2004 年 4 月 18 日开始实施的中国铁路第五次大提速的运用需求。到目前为止,已生产并投入运营的 SS_{7E} 机车达 140 余台,成为陇海铁路、京广铁路(既有线)提速的主型客运机车,长期安全运行于这两条繁忙铁路干线,产生了十分显著的社会经济效益。

图 18.12　改进设计后的 SS_{7E} 提速客运电力机车

18.2　时速 200km 天梭号电力机车动力性能优化设计

针对我国修建快速客运专线及既有线不断提速的发展趋势,中国北方机车车辆集团大同电力机车公司于 2001 年开始研制第一台 200km/h 速度档次的交流传动高性能电力机车,后来称之为天梭号机车。

天梭号机车采用 B_0—B_0 轴式,轴重 20.5t。转向架结构具有如下特点:构架为等强度钢板焊接"日"字型结构;为了降低轴重和簧下质量,轮对采用整体辗钢车轮和空心车轴,牵引电机采用架悬方式;传动装置也采用架悬方式,为六连杆双空心轴传动结构;牵引装置采用中间推挽式水平低位牵引杆;基础制动采用轮盘制动;一系悬挂采用单侧橡胶关节拉杆和螺旋弹簧串联单橡胶垫结构,二系悬挂采用高柔螺旋弹簧串联双橡胶垫结构;在转向架与轮对间装有一系垂向减振器,在转向架与车体间装有二系垂向、横向减振器和抗蛇行减振器。

在天梭号机车设计过程中,我们与研制单位合作,应用车辆—轨道耦合动力学理论对机车关键动力学参数进行了优化设计,并对整车高速运行动力学性能及其对线路的动力作用性能进行了细致的仿真评估[2],以下介绍其主要结果。

18.2.1　天梭号机车动力学参数优化设计

由于天梭号机车设计速度为 200km/h,为了提高其蛇行失稳临界速度,我们重点以机车临界速度为优化目标,同时兼顾机车其他性能,对机车系统参数进行了优化分析,以下是一些关键参数的分析结果。

1. 一系悬挂纵向刚度

图 18.13 给出了天梭号机车一系悬挂纵向刚度对临界速度的影响规律。由图可见,当一系纵向刚度值小于 5MN/m 时,机车临界速度随着刚度值的增加而迅速增加;当刚度值大于 5MN/m,随着刚度的增大,机车临界速度反而降低,且降低程度较前者增加幅度平缓得多,尤其是在刚度大于 20MN/m 之后变化甚微。因此,一系纵向刚度取 5MN/m 左右时,机车运动稳定性最佳。但是,许多研究结果和现场实践经验表明,一系纵向刚度过小,又不利于机车牵引性能的发挥。因此,在充分满足时速 200km 运行稳定性要求的前提下,建议天梭号机车一系纵向刚度值取为 20MN/m。

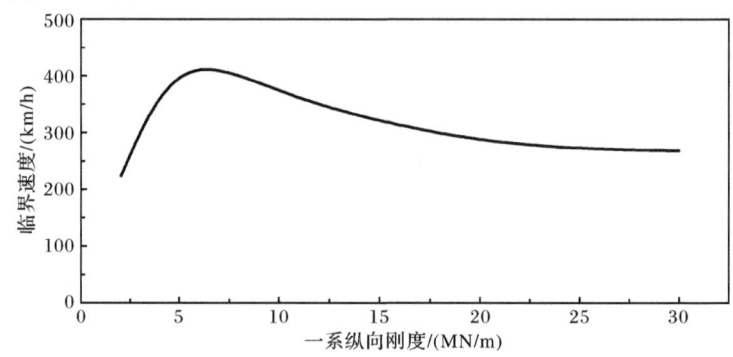

图 18.13　一系纵向刚度对临界速度的影响

2. 一系悬挂横向刚度

天梭号机车一系悬挂横向刚度对临界速度的影响如图 18.14 所示,可见,随着一系悬挂横向刚度的增加,机车运动稳定性将得到提高。当横向刚度值小于 5MN/m 时,机车临界速度随横向刚度的增加而增长的幅度较大,而当横向刚度大于 5MN/m 时,机车临界速度随横向刚度增长幅度较为平缓。另一方面,一系横向刚度的增大又对机车通过曲线性能不利。综合来看,天梭号机车一系悬挂横向刚度以取 5MN/m 为宜。

3. 转向架轴距

图 18.15 给出了机车转向架轴距对临界速度的影响。随着转向架轴距的增加,机车的稳定性能亦随之提高。例如,若转向架轴距由 2.4m 增加到 3.0m,临界速度可提高 30% 之多。由此可见,在机车转向架结构允许的情况下,适当增加转向架轴距将有利于提高机车的运动稳定性。

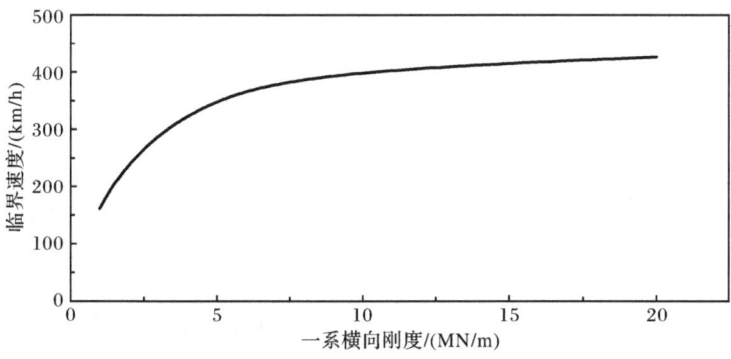

图 18.14　一系横向刚度对临界速度的影响

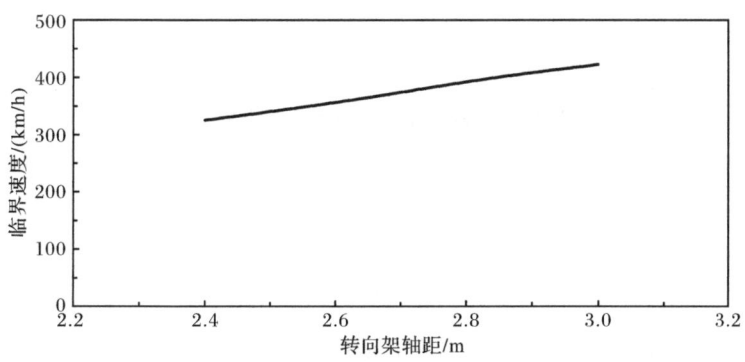

图 18.15　转向架轴距对临界速度的影响

18.2.2　天梭号机车动力性能仿真预测与评估

1. 机车运动稳定性

在轨道谱激扰下,反复变化机车运行速度,考察第一位轮对横向运动的形态。发现,当机车以 270km/h 速度运行时,轮对横向位移随着时间的延续,不会衰减或收敛到平衡位置,而是做等幅的周期运动,如图 18.16(b)所示;而当车速降低 1km/h 后,轮对横向运动随着时间的延续,逐渐地衰减到零位置,如图 18.16(a)所示。由此可见,经参数优化后,天梭号机车的临界速度为 270km/h,远高于其设计速度。

2. 机车动态通过曲线性能

根据设计要求,机车通过曲线轨道的运行工况按表 18.1 设置。为突出反映机车通过曲线时动态响应的特征,工况①未施加轨道随机不平顺。除此之外,每种工况均分别考虑了德国铁路低干扰和高干扰轨道随机不平顺的影响[①]，以便模拟高速线路和提速线路几何状况，从而更全面地评价天梭号机车动态通过曲线时的安全性。

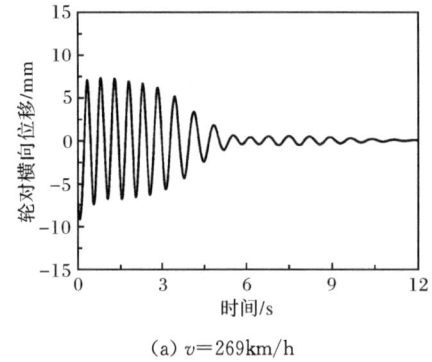
(a) $v=269\text{km/h}$

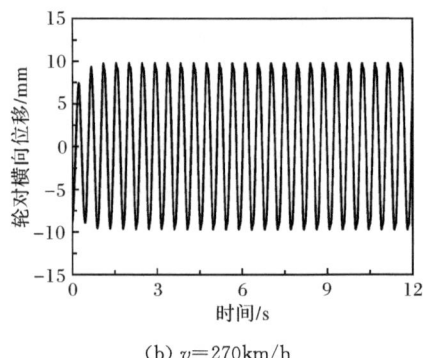
(b) $v=270\text{km/h}$

图 18.16　天梭号机车第一位轮对横向运动时间历程图

表 18.1　各种曲线轨道运行工况的设置

工况	速度 /(km/h)	圆曲线半径 /m	缓和曲线长 /m	圆曲线长 /m	外轨超高 /mm	欠超高 /mm
①	60	300	60	100	90	52
②	160	2000	150	200	95	56
③	200	3000	180	200	50	110
④	220	3000	180	200	50	110

图 18.17 给出了天梭号机车以 60km/h 速度通过 $R300\text{m}$ 小半径曲线轨道（工况①）时轮轨横向力和轮对横移响应，可见其低速通过小半径曲线性能良好。由于无轨道随机不平顺激扰，图 18.17 清晰地反映了机车通过曲线轨道时动力性能指标的变化过程，如轮对在曲线各处的横向位置，当第一位轮对到达小半径曲线缓圆点时，外侧车轮轮缘已经开始贴靠钢轨，这一现象直到轮对出了圆缓点之后才消失，如图 18.17（b）所示。

表 18.2 给出了模拟线路激扰条件下天梭号机车快速通过较大半径曲线（工况②～④）时轮轨横向力、轮轨垂向力、脱轨系数及轮重减载率等指标最大值的分析结果。

表 18.2　天梭号机车动态通过曲线时安全性指标最大值的计算结果

工况	轮轨横向力/kN		轮轨垂向力/kN		脱轨系数		轮重减载率	
	低干扰	高干扰	低干扰	高干扰	低干扰	高干扰	低干扰	高干扰
②	28.47	52.32	130.88	145.57	0.22	0.43	0.24	0.33
③	27.64	77.88	151.35	184.91	0.21	0.52	0.38	0.65
④	30.85	74.34	163.51	195.32	0.23	0.61	0.49	0.69

---

① 由于当时没有适合于 200km/h 速度条件下的中国线路谱，故采用德国轨道谱分析。

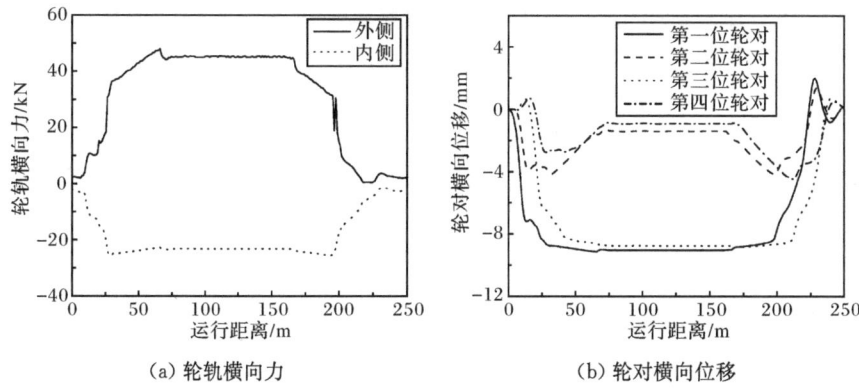

(a) 轮轨横向力　　　　　(b) 轮对横向位移

图 18.17　天梭号机车以 60km/h 速度通过 R300m 小半径曲线轨道时的横向响应

据表 18.2 中结果可知：

① 天梭号机车以 160km/h 速度通过 R2000m 半径曲线（工况②）时，所有安全性指标均未超出合格限值，在德国高干扰谱激扰下轮轨动态安全性指标远大于低干扰下的相应值。

② 当天梭号机车以 200km/h 速度通过 R3000m 半径曲线（工况③）时，在德国低干扰谱激扰下，所有安全性指标均合格；在高干扰谱的激励下，轮重减载率为 0.65，已经达到规定的限度值。

③ 当天梭号机车以 220km/h 速度通过 R3000m 半径曲线（工况④）时，在德国低干扰谱激扰下，脱轨系数与轮重减载率等安全性指标仍合格，表明天梭号机车能在 220km/h 速度下安全运行；而在高干扰谱的激励下，轮重减载率最大值为 0.69，已经超出了规定的限度值，不能满足安全行车要求。可见，高速行车对运行线路的几何状态提出了更高要求。

3. 机车直线运行平稳性

图 18.18(a)及(b)分别是 160～250km/h 速度范围内机车司机室垂向、横向运行平稳性指标的计算结果（计算中输入了郑武线高速试验段轨道谱）。由图 18.18(a)可见，在整个速度范围内，天梭号机车垂向平稳性指标均为"优"级；由图 18.18(b)可见，当运行速度为 200km/h 及以下时，天梭号机车横向平稳性属"优"等级，而当运行速度在 200～250km/h 范围时，其横向平稳性指标将降为"良好"级。

18.2.3　天梭号机车对线路动力作用分析评估

随着机车运行速度的日益提高，机车对线路的动力影响不断增强，特别是当机车运行速度提高到 200km/h 以后，这种影响成为不容忽视的问题。在天梭号机车的研制过程中,特别注意了机车高速运行对线路可能带来的动力作用问题。运用车辆—轨道耦合动力学理论及其 VICT 软件对最终设计方案预先进行了机车/轨道垂向动力作用分析评估,并与同类型 DJ 型电力机车进行了对比。

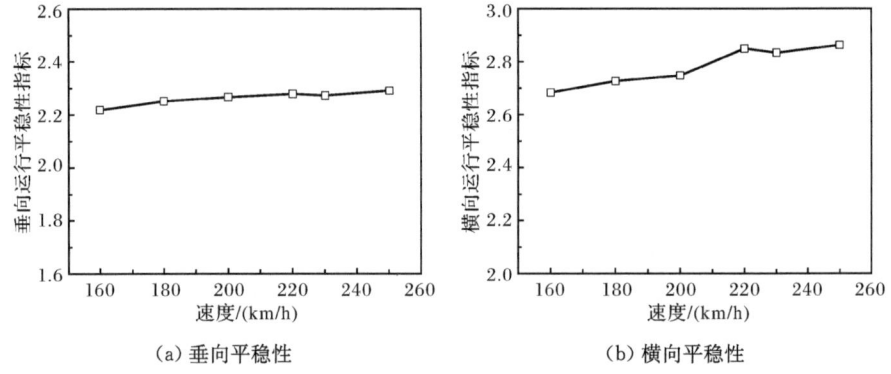

(a) 垂向平稳性　　　　　　　　(b) 横向平稳性

图 18.18　天梭号机车直线运行平稳性指标随速度的变化关系

以我国新建第一条快速客运专线——秦沈线轨道结构为条件,分别计算了天梭号机车以 200km/h 速度在无缝线路上运行,以及通过钢轨焊接接头、道岔时引起的轮轨垂向动作用力。作为示例,图 18.19 给出了钢轨焊接接头(短波不平顺形式见第十二章 12.4 节)处的轮轨垂向动作用力响应及道床振动加速度响应,图 18.20 则是天梭号机车在高速铁路轨道随机不平顺激扰下的轮轨垂向力响应。

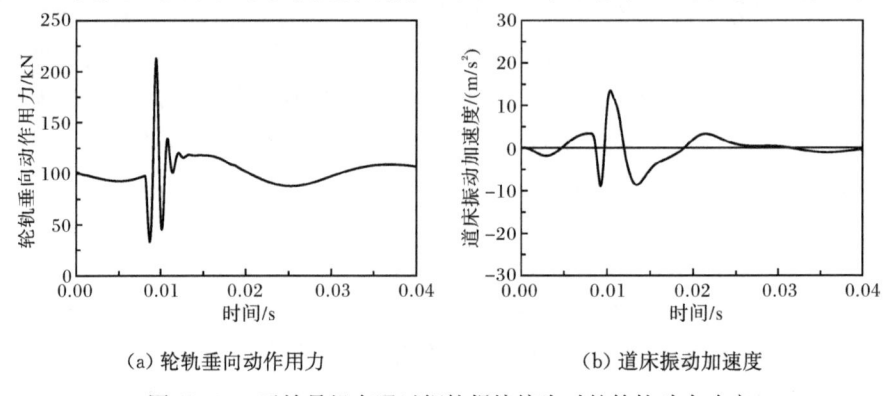

(a) 轮轨垂向动作用力　　　　　　　　(b) 道床振动加速度

图 18.19　天梭号机车通过钢轨焊接接头时的轮轨动力响应

表 18.3 全面对比了天梭号机车和 DJ 机车在三类典型激扰下对线路垂向动力作用主要指标。可见,轮轨力最大值远小于其许用值 $[P_2]=340$kN(此处轮轨力作用性质类同于中低频力 P_2),也小于秦沈客运专线无砟轨道设计荷载 300kN,轮轨接触应力小于其许用值 $[\sigma_2]=1280$MPa(对磨耗型踏面车轮),道床加速度则更小,说明天梭号机车对线路的动力作用性能良好。对比天梭号机车和 DJ 机车

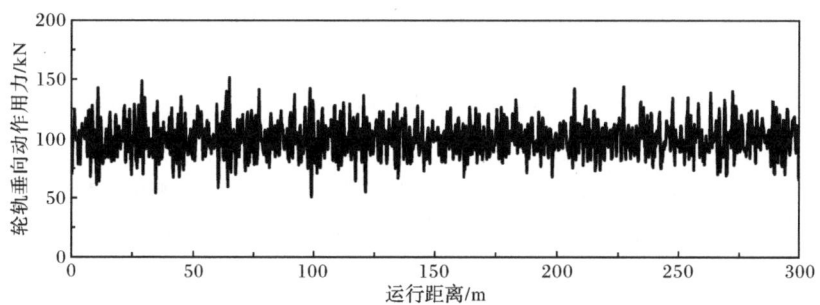

图 18.20 天梭号机车在高速铁路轨道随机不平顺激扰下的轮轨垂向力响应

各项动力作用指标可知,两者对线路的动力影响大致相当。

表 18.3 天梭号机车和 DJ 机车对线路垂向动力作用主要指标的比较

计算条件	车型	轮轨垂向力/kN	轮轨动态接触应力/MPa	道床振动加速度/(m/s²)
接头激扰	天梭号机车	211.4	1059.2	13.4
	DJ 机车	212.5	1061.0	13.5
道岔激扰	天梭号机车	219.6	1072.8	19.4
	DJ 机车	221.6	1076.0	22.5
随机激扰	天梭号机车	151.2	947.3	15.3
	DJ 机车	156.3	957.8	15.2

18.2.4 天梭号机车实车运行试验考核结果

2002 年,大同电力机车公司生产出天梭号机车样车,如图 18.21 所示。2003 年 11 月在北京东郊环形试验线进行了线路运行试验。

图 18.21 时速 200 km 天梭号交流传动电力机车

鉴于环行线的最大曲线半径仅为 1432m，允许通过曲线的最高速度在 160km/h 左右，而且直线段很短，因此本次试验速度范围为 80~160km/h。试验分别测试了天梭号机车在直线段和曲线段的行车安全性指标及舒适性指标，结果如表 18.4 和表 18.5 所示[3]。

表 18.4　天梭号机车在环形试验线直线段的动力学性能测试结果

速度/(km/h)	脱轨系数	轮重减载率	轮轴横向力/kN	垂向平稳性指标	横向平稳性指标
80	0.38	0.29	29.2	2.11	2.02
100	0.42	0.33	33.6	2.12	2.02
120	0.43	0.35	39.2	2.24	2.26
140	0.55	0.49	51.2	2.33	2.35

表 18.5　天梭号机车在环形试验线曲线段的动力学性能测试结果

速度/(km/h)	脱轨系数	轮重减载率	轮轴横向力/kN	垂向平稳性指标	横向平稳性指标
100	0.48	0.37	32.4	2.09	1.94
120	0.50	0.47	40.7	2.21	2.05
140	0.75	0.60	63.4	2.38	2.46
160	0.77	0.63	65.1	2.51	2.91

可见，天梭号机车在环行线试验条件下呈现出优良的动力学性能，机车脱轨系数、轮重减载率、轮轴横向力等安全性指标均满足行车安全标准，机车垂向、横向平稳性指标分别达到机车动力性能评定标准的"优"级和"良好"级。后来天梭号机车在陇海铁路等投入了试运行考核，实际线路运行考核结果同样证明其动力性能良好。

18.3　新一代重载货运机车 HX_D2C 动力学性能改进设计

18.3.1　工程背景

为了满足我国铁路既有干线货运进一步提速的需要，加快交直交电力机车的应用发展，中国北方机车车辆集团自主研制了新一代 120km/h 交流传动货运电力机车，车型定为 HX_D2C，机车采用 C_0-C_0 轴式，轴重 25t。HX_D2C 型机车第一台样车于 2010 年在郑州铁路局管内进行了第一次动力学性能试验，其中小半径曲线($R300m$)运行试验在太焦线月山至晋城北间进行，最高通过速度为 70km/h。首次试验完成后发现，在小半径曲线地段，该机车的轮轨横向力偏大，脱轨系数有时超出安全限值，不能保证机车在多弯道地区长期安全使用。因此，在正式投入批量生产之前，机车的曲线通过性能必须改进。

受生产单位的委托,我们采用机车车辆—轨道耦合动力学理论和动力学仿真计算软件 TTISIM,研究了 HX_D2C 机车悬挂参数对整车动力学性能的影响关系,发现了原设计的轴箱纵向与横向定位刚度存在问题,以改善 HX_D2C 机车在小半径曲线地段的动力学性能为目的,通过参数优化设计提出了一系悬挂的合理刚度取值,最终成功解决了这一实际问题[4]。

18.3.2 HX_D2C 原型机车通过小半径曲线的运行安全性分析

依据实际试验线路条件,计算工况设置如下:曲线半径 $R300m$,曲线外轨超高 120mm;轨道结构是既有铁路普通有砟轨道,60kg/m 钢轨,混凝土轨枕;轨道激励为我国提速干线轨道不平顺谱;机车运行速度为 70km/h。

图 18.22 给出了 HX_D2C 机车通过曲线时轮轨横向力和脱轨系数的时间历程。机车进入缓和曲线后,轮轨横向动态相互作用逐渐加剧,在圆曲线上及缓圆点、圆缓点附近,反映曲线通过安全性的动力学指标均达到较大量值,其中轮轨横向力平均值已达到 90kN 左右、最大值为 123kN,脱轨系数最大值达到 0.91,已超过 TB/T2360—93 标准[5]中规定的合格限值 0.9。

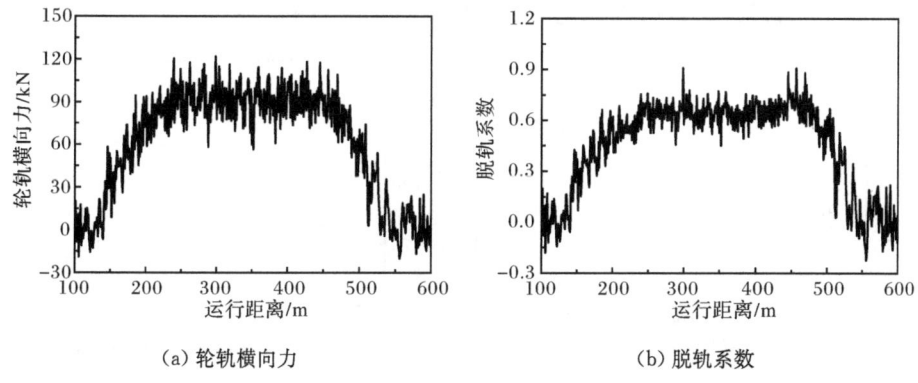

(a) 轮轨横向力   (b) 脱轨系数

图 18.22 HX_D2C 机车以 70km/h 速度通过 $R300m$ 曲线时轮轨动态安全性指标的计算结果

事实上,在 HX_D2C 样车的线路运行试验中发现,当机车以 70km/h 速度通过 $R300m$ 半径曲线时,导向轮对外侧轮轨横向力最大值超过 110kN,脱轨系数部分超标(虽然普遍在 0.9 以下)。

理论计算与现场试验结果均表明,HX_D2C 机车样车通过小半径曲线时轮轨横向动态相互作用强烈,不利于机车安全运用,必须设法减轻轮轨横向作用。

18.3.3 改善 HX_D2C 重载机车曲线通过性能的优化方案研究

提高机车曲线通过性能的措施有多种,课题组针对该机车的实际情况,通过理论分析发现,HX_D2C 机车一系轴箱定位刚度原设计值偏大,降低轴箱纵向和横向定位刚度对减少轮轨横向动态相互作用很有作用,因此把改进轴箱定位刚度作为优化设计的关键环节。

HX_D2C 原型机车一系纵向和横向刚度设计值分别为 199kN/mm 和 6.89kN/mm,生产单位对轴箱拉杆进行了实测复核,表 18.6 给出了轴箱定位刚度的设计值和测试值。实测结果表明,实际的轴箱纵向刚度和横向刚度均较设计值明显偏大,分别是设计值的 1.19 倍和 1.45 倍。

表 18.6 HX_D2C 机车轴箱定位刚度的设计值和测试值

定位刚度	垂向/(kN/mm)	横向/(kN/mm)	纵向/(kN/mm)
设计值	1.71	6.89	199
测试值	1.41	10.01	236

图 18.23 给出了采用机车车辆—轨道耦合动力学理论模拟得到的上述曲线通过工况下 HX_D2C 机车一系悬挂刚度变化对轮轨横向力的影响关系。结果表明,降低该机车一系悬挂纵向刚度和横向刚度均可减缓机车通过小半径曲线时的轮轨横向动态相互作用,其中,横向刚度的改变对轮轨力的影响效果更为明显。因此,减小轮轨横向力,可以优化一系悬挂横向刚度为主。

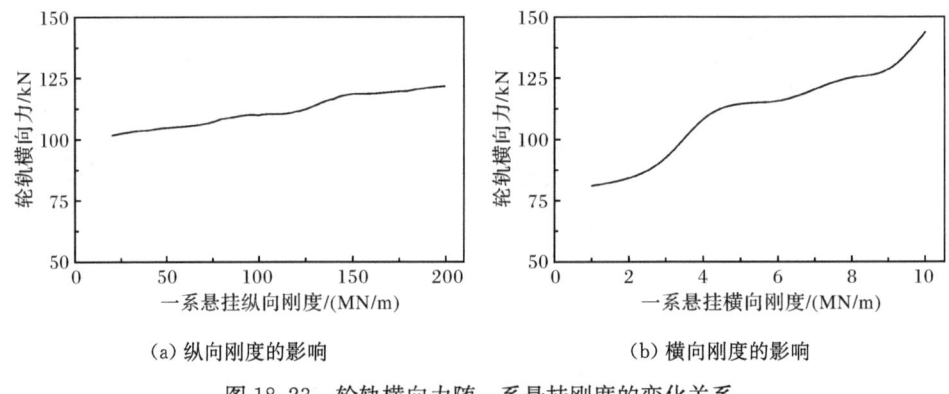

(a) 纵向刚度的影响　　　　　　　(b) 横向刚度的影响

图 18.23　轮轨横向力随一系悬挂刚度的变化关系

由图 18.23(b)可见,一系悬挂横向刚度越小越有利于降低轮轨横向力,然而一系横向刚度减小将会导致机车横向稳定性的降低,因此,一系横向刚度的选取原则是在确保运动稳定性的前提下尽可能小。仔细研究图 18.23(b)还可发现,在低刚度区域,当横向刚度低于 2.65MN/m 时,轮轨横向力随横向刚度的变化平缓,进一步降低刚度值收效甚微;而当横向刚度超过 2.65MN/m 后,轮轨横向力迅速增大。因此,理论上 HX_D2C 机车一系横向刚度的合理值可取为 2.65MN/m。关于一系悬挂纵向刚度的选取,从图 18.23(a)可见,也是刚度值越低轮轨横向力越小,但其影响较弱。考虑到机车轮对需通过一系悬挂传递较大的牵引力,同时又要保证机车的运动稳定性,一系悬挂纵向刚度不宜太小。此外,在一系悬挂结构设计中,其关键部件橡胶关节作为一个独立的整体,其结构形状的改变会同时影响一系悬挂的纵向和横向刚度值,亦即一系横向刚度与纵向刚度存在相互依存关系。综合以上各因素,在横向刚度确定后,理论的机车一系纵向刚度值选取为 40MN/m 左右。由于橡胶关节制造工艺的复杂性,受橡胶弹簧生产条件的限制,最终确定的 HX_D2C 机车一系悬挂刚度实际参数为:纵向 52MN/m,横向 2.6MN/m。

为验证参数优化的合理性,比较分析了一系悬挂原始参数和优化参数条件下的机车动力学性能。图 18.24 给出了参数优化前、后机车以 70km/h 速度通过 $R300m$ 半径曲线轨道时轮轨横向力的时间历程。从图 18.24 中可以看出,悬挂参数优化后,轮轨横向力大幅度降低,最大降幅近 20%。脱轨系数的对比如图 18.25 所示,可见,悬挂参数优化后,脱轨系数也有了较大幅度的降低,其最大值的降幅为 18.7%。

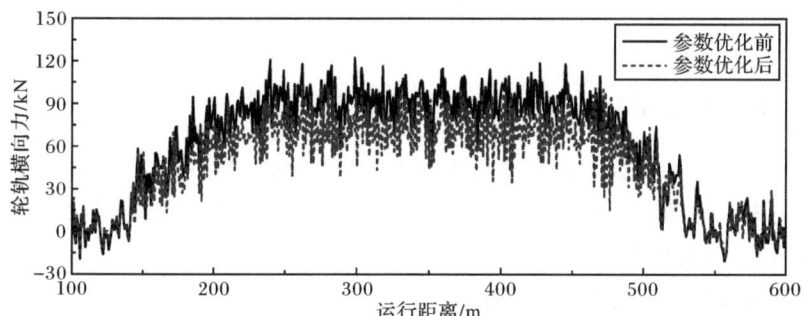

图 18.24 参数优化前、后 HX_D2C 机车曲线通过性能指标对比:轮轨横向力

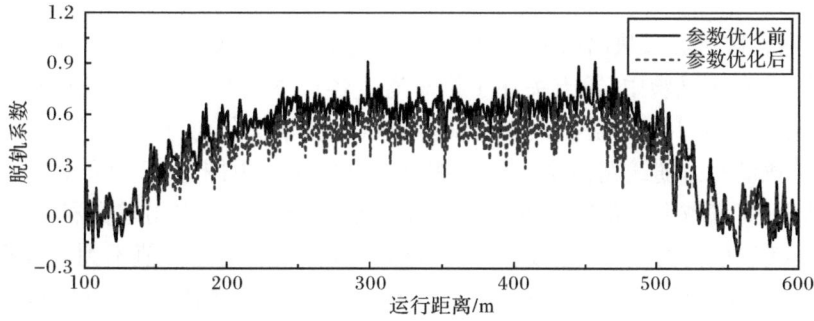

图 18.25 参数优化前、后 HX_D2C 机车曲线通过性能指标对比:脱轨系数

优化后的一系悬挂刚度较原设计值有所降低,这可能又会影响到机车的运动稳定性,为此,我们进一步校核了参数优化后 HX_D2C 机车在弹性轨道上的非线性

临界速度。当机车分别以 237km/h 和 238km/h 速度在直线轨道上运行时,第一位轮对的横向位移响应分别如图 18.26(a)和(b)所示。图 18.26 结果表明,参数优化后机车的非线性临界速度为 238km/h,远大于其构造速度 120km/h,完全能够满足运行稳定性要求。

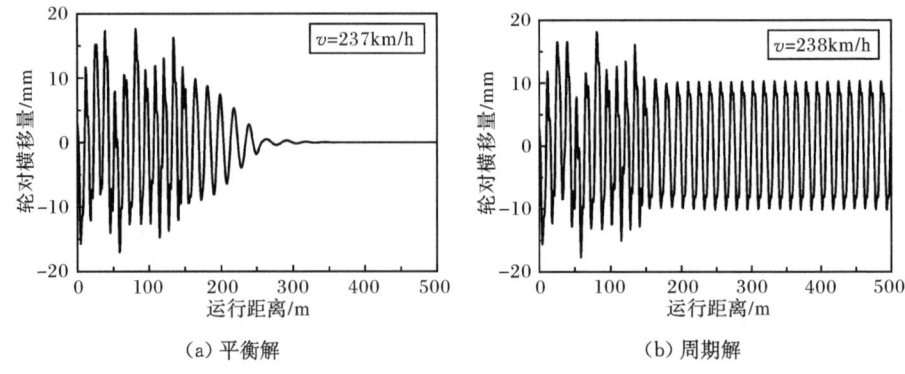

(a) 平衡解　　　　　　　　　　(b) 周期解

图 18.26　参数优化后 HX$_D$2C 机车非线性临界速度的确定

18.3.4　HX$_D$2C 重载机车改进设计后的实际运用效果

按照优化设计参数对机车进行改进后,为考核改进后的实际效果,该机车研制单位与中国铁道科学研究院于 2010 年 12 月在原试验线路相同区段上再次进行了实车试验,以对比考核参数优化前、后机车的运行品质。具体试验区间如下:曲线运行试验在太焦线月山至晋城北间进行;直线运行试验在京广线新乡至安阳间进行。最高试验速度为 132km/h。

1. HX$_D$2C 机车参数优化前、后动力学性能测试结果对比

针对首次试验反映出的 HX$_D$2C 机车通过小半径曲线地段时轮轨横向力偏大的问题,在本次试验中,重点关注了机车通过各种不同曲线半径线路时轮轨横向作用力指标。图 18.27 是在太焦线试验时机车参数优化前、后第一位轮对(导向轮)的轮轨横向力随线路曲率变化的测试统计结果。由图 18.27 可以看出,曲线半径越小(曲率越大),轮轨横向力越大,表明轮轨横向动力作用越剧烈;机车参数优化前,轮轨横向力最大值接近 100kN,而参数优化后的最大值不到 88kN,轮轨横向力有明显下降,且曲线半径越小,这种改善的效果就越明显。可见,HX$_D$2C 机车参数优化后,曲线(特别是小半径曲线)通过性能得到了显著提高。

为校验一系悬挂刚度的变化是否对机车的运行品质造成不利影响,课题组同时进行了机车运行平稳性的试验考核。图 18.28 和图 18.29 分别为直线段试验时机车的垂向和横向平稳性指标随速度变化的情况。由此可见,改进前、后机车的运行平

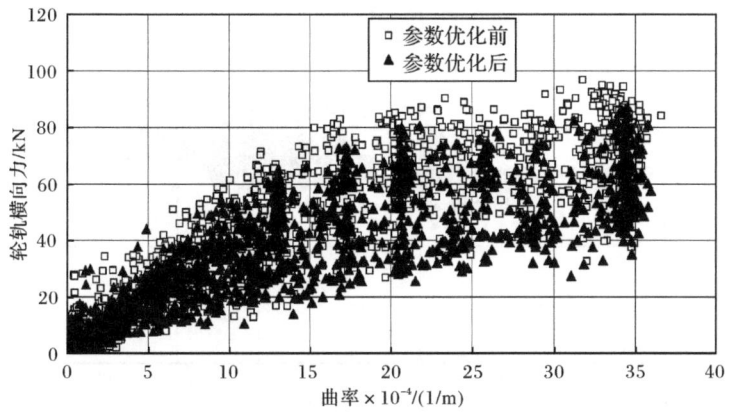

图 18.27 一系悬挂参数优化前、后机车通过曲线线路时轮轨横向力的比较

稳性大致相当,均处于良好状态。图 18.28 显示,垂向平稳性指标最大值约为 3.1,属"良好"等级。由图 18.29 可见,当机车运行速度为 120km/h 时,横向平稳性指标达到最大值 2.75,同为"良好"等级,而在其他速度范围内,平稳性指标均属"优"级。可见,一系悬挂刚度的改变并未引起 HX_D2C 机车平稳性发生明显变化。

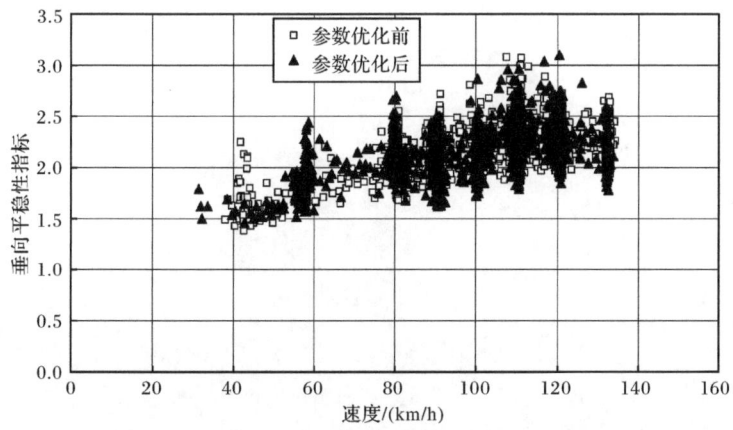

图 18.28 HX_D2C 机车参数优化前、后垂向平稳性的比较

上述实车线路试验结果表明,经过参数优化、改进设计后,HX_D2C 型重载机车的曲线通过性能得到了有效改善,轮轨横向力明显降低,与此同时,保证了机车具有良好的运行平稳性,有利于该型机车在小半径曲线地段的运用,达到了预期效果。

2. HX_D2C 重载机车的实际运用情况

改进设计后,HX_D2C 机车投入了大批量生产使用(图 18.30),到目前为止,已

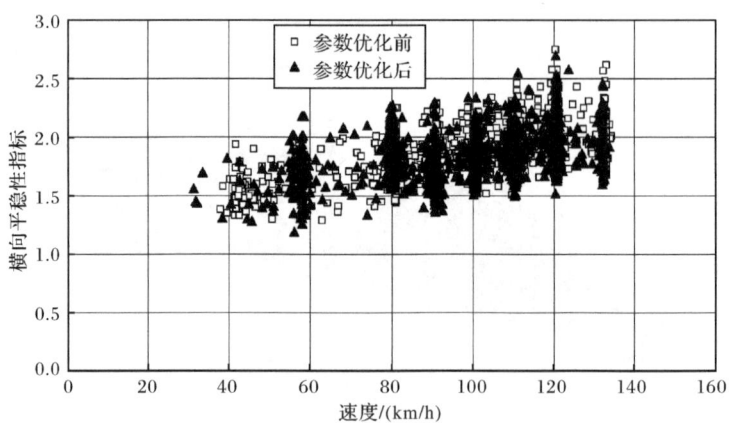

图 18.29 HX$_D$2C 机车参数优化前、后横向平稳性的比较

生产机车 250 台,配属新乡机务段。该重载机车现已成为侯月线、新菏线等铁路的主型货运机车,运营情况良好,满足了我国既有干线铁路货运扩能提速发展的需求。

图 18.30 投入运营后的 HX$_D$2C 重载货运电力机车

随着现代铁路列车提速、客运高速化、货运重载化发展,机车车辆动态运行环境日趋复杂,机车车辆与线路相互作用不断加剧,车辆—轨道耦合动力学理论在现代高性能机车车辆设计中必将发挥更为积极的作用[6]。一方面可以实现机车车辆的低轮轨动力作用设计,另一方面可以实现机车车辆在不同线路结构上运行安全性与平稳性的综合预测评估及匹配设计。

参 考 文 献

[1] 翟婉明,王开云. 改善 SS_{7E} 电力机车整车动力学性能参数优化. TTRI-2003-01. 成都：西南交通大学列车与线路研究所,2003
[2] 翟婉明,王开云. 大同机车厂 200km/h 交流传动电力机车动力学性能综合分析. TTRI-2002-01. 成都：西南交通大学列车与线路研究所,2002
[3] 孟宏,翟婉明,张志和,等."天梭"号交流传动电力机车转向架的研制. 机车电传动,2004,(11)：15～17
[4] 翟婉明,刘鹏飞,王开云,等. HX_D2C 重载机车一系参数调整前后的动力学性能分析. TTRI-2011-01. 成都：西南交通大学列车与线路研究所,2011
[5] TB/T2360-93. 铁道机车动力学性能试验鉴定方法及评定标准. 北京：中国铁道出版社,1993
[6] 翟婉明,王开云,杨永林,等. 车辆—轨道耦合动力学理论在现代机车车辆设计中的应用实践. 铁道学报,2004,26(4)：24～30

第十九章　车辆—轨道耦合动力学在铁路线路设计中的应用

迄今为止,车辆—轨道耦合动力学理论在我国既有铁路提速改造工程及新建高速铁路线路设计中已得到了较广泛的应用。本章选取有一定代表性的四个工程应用实例予以介绍,分别是:我国第一条快速客运专线(秦沈客运专线)无砟轨道工程应用,京秦铁路时速200km提速改造工程应用,我国第一条客货共线高速铁路(福厦铁路)线路设计应用,以及广深港高速铁路平纵断面设计应用。

19.1　秦沈客运专线无砟轨道建设工程应用与实践

本节拟以已经建成的我国第一条快速客运专线——秦沈(秦皇岛—沈阳)客运专线为例,介绍在该线设计阶段,车辆—轨道耦合动力学理论在无砟轨道动力性能分析设计与评估中的实际应用情况[①]。这也是我国首次在时速200km以上客运专线铁路开展无砟轨道的试铺与实践,而由于无砟轨道的整体刚度较传统的有砟轨道大,因此其动力学性能设计与评估成为研究的关键技术之一。

19.1.1　秦沈客运专线及其桥上无砟轨道结构概况

秦沈客运专线西起秦皇岛,东至沈阳北站,全长404.6km,设计速度200km/h,基础设施预留至250km/h,其中包括山海关—绥中北间66.8km最高时速250～300km的高速试验段,是我国第一条新建快速客运专线铁路。该线于1999年8月开工兴建,2002年6月全线铺通,2003年10月开通运营。秦沈线与提速后的京秦(北京—秦皇岛)线相连,构成了京沈(北京—沈阳)快速客运通道。

秦沈客运专线为双线铁路,采用一次性铺设60kg/m跨区间焊接长钢轨;铺设Ⅲ型钢筋混凝土轨枕,1 667根/km(轨枕间距0.6m);路基地段采用Ⅲ型弹条扣件,桥上采用Ⅱ型扣件;道床采用一级碎石道砟,土质路基和桥上采用30cm厚道砟,岩石路堑采用35cm厚道砟,道床砟肩宽度为45cm,道床边坡为1∶1.75;路基基床厚度3.0m,其中表层厚0.7m,底层厚2.3m,表层由10cm厚的沥青混凝土和60cm厚的级配碎石组成,地基系数$K_{30} \geqslant 190$MPa/m,底层采用A、B组填料或改

---

① 铁道部科技研究开发计划项目"秦沈客运专线桥上无砟轨道关键技术的研究"(99G06)和"秦沈客运专线桥涵关键技术的研究"(99G16)的一部分。

良土,$K_{30} \geqslant 110\mathrm{MPa/m}$。全线共有特大桥 29 座,大中桥 168 座,桥梁总延长为 59.18km,占线路总长度的 14.7%。沿线地形平坦,未设隧道。

无砟轨道作为高速铁路轨道结构的重要形式之一,在国外得到广泛应用,而此前并未在我国干线铁路中得到推广应用,因此,拟以我国修建第一条快速客运专线为契机,首先在秦沈线三座特大桥上进行试铺与实践。具体在沙河特大桥(中心里程K43+913)上铺设长轨枕埋入式无砟轨道,在狗河特大桥(中心里程K63+346)和双何特大桥(中心里程K202+341)上分别铺设板式无砟轨道。沙河和狗河特大桥均为简支梁桥,上部结构采用 24m 预应力混凝土双线整孔箱梁,均为明挖基础;双何特大桥则是单线无砟箱梁桥。

沙河桥上长轨枕埋入式无砟轨道结构在桥面混凝土垫层上构筑(图 19.1),包括钢筋混凝土底座、隔离层、钢筋混凝土道床板、WCK 型轨枕、60kg/m 钢轨及 WJ-2 型扣件。在纵平面内,每跨(24m)由 6 块道床板单元组成,梁跨端部的道床板单元长为 4.028m,其余单元长度为4.036m,单元之间伸缩缝宽度为 80mm。钢轨支承点间距除梁跨端部处为 592mm 外,其余均为 588mm。

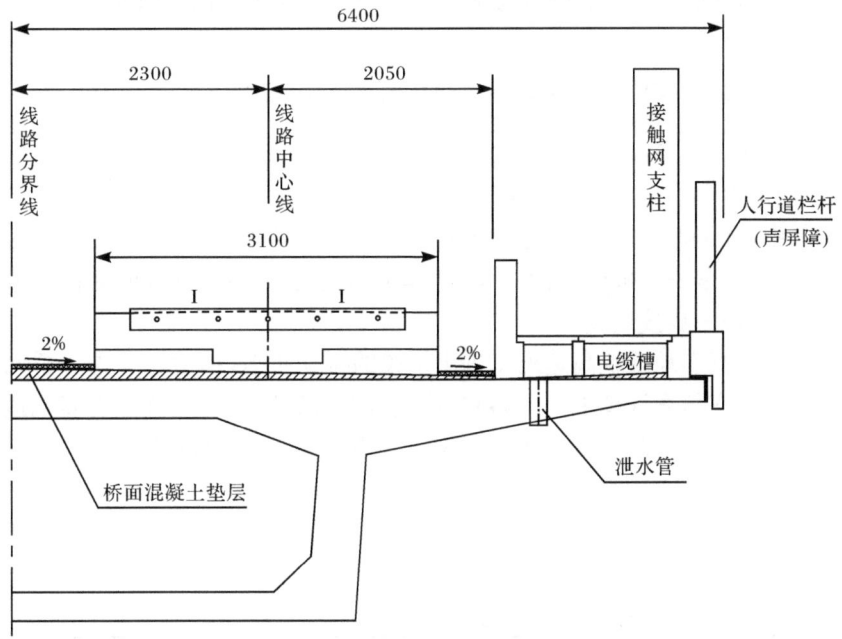

图 19.1 秦沈客运专线沙河特大桥上长轨枕埋入式无砟轨道桥面布置(单位:mm)

双何特大桥上板式轨道的桥面布置示意图如图 19.2 所示,板式轨道结构组成为 60kg/m 钢轨,WJ-2 型扣件,预制轨道板,乳化沥青砂浆层(CA 砂浆),混凝土基座。在纵平面内,每梁跨内由 5 块轨道板单元组成,布置成 B+A+A+A+B

形式。其中梁跨端部 B 型板单元长度为 4.765m,中部 A 型板长 4.93m,轨道板单元之间的缝隙宽度为 70mm。24m 梁跨内钢轨支承点间距为(以梁缝中心线计):
$2\times600-3\times605-2\times615-620-23\times625-620-2\times615-3\times605-2\times600$(mm)。狗河桥上板式轨道结构与此类似,只是桥面布置为双线型。

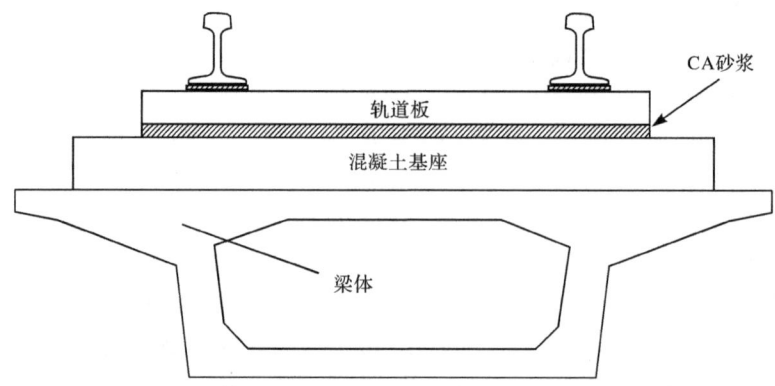

图 19.2　秦沈客运专线双何特大桥上板式轨道的桥面布置示意图

19.1.2　高速列车与桥上无砟轨道的动态相互作用模型

根据车辆—轨道耦合动力学的基本思想,为研究高速列车与桥上无砟轨道的动态相互作用问题,不仅应将高速列车与无砟轨道作为一个系统,而且应将桥梁也纳入其中,开展车—线—桥耦合动力学的研究。这实质上已涉及车桥振动领域,但与传统的车桥分析所不同的是,这里充分考虑了(无砟)轨道结构参振及轮轨关系,因而进一步接近实际。

为了较为真实地反映高速列车进出桥梁的振动状态,模型还考虑了桥两端的有砟轨道段。在仿真计算中,高速列车从左端的有砟轨道行经桥上无砟轨道再驶向右端有砟轨道。由此而建立的高速列车与桥上无砟轨道的相互作用分析模型如图 19.3 和图 19.4 所示(图中桥梁仅以三跨示意)。

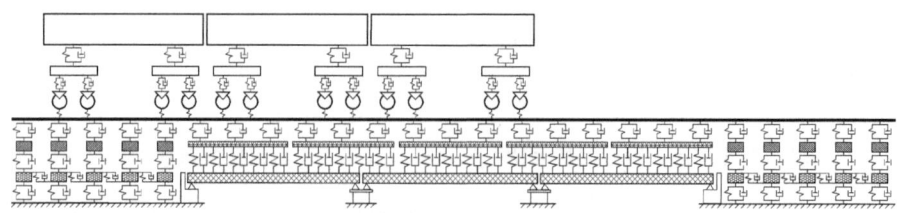

图 19.3　高速列车与桥上板式轨道的相互作用模型

图 19.3 中车辆与板式轨道的动力学分析方法同第二章,图 19.4 中长轨枕埋

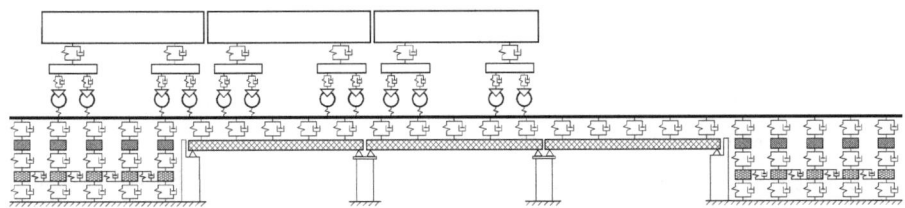

图 19.4　高速列车与桥上长轨枕埋入式无砟轨道的相互作用模型

入式无砟轨道除钢轨与轨枕之间有弹性垫层之外,没有其他的弹性环节,因此垫层以下结构重量被作为二期恒载作用于桥梁上。下面给出桥梁振动方程。

对于图 19.3 模型

$$E_\mathrm{b}I_\mathrm{b}\frac{\partial^4 z_\mathrm{b}(x_\mathrm{b},t)}{\partial x_\mathrm{b}^4}+\rho_\mathrm{b}\frac{\partial^2 z_\mathrm{b}(x_\mathrm{b},t)}{\partial t^2}+\eta_\mathrm{b}\frac{\partial z_\mathrm{b}(x_\mathrm{b},t)}{\partial t}=\sum_{i=1}^{N_\mathrm{s}}Q_{\mathrm{sb}_i}(x_\mathrm{b},t) \tag{19.1}$$

式中,z_b 是桥梁梁体振动位移;ρ_b 是桥梁梁体单位长度的质量;$E_\mathrm{b}I_\mathrm{b}$ 是梁体截面的垂向抗弯刚度;η_b 是桥梁的黏性阻尼;N_s 为一跨桥梁上轨道板的数目;Q_{sb_i} 为第 i 块轨道板与桥梁间的分布作用力,其求法为

$$Q_\mathrm{sb}(x,t)=c_\mathrm{s}\left[\frac{\partial z_\mathrm{s}(x,t)}{\partial t}-\frac{\partial z_\mathrm{b}(x,t)}{\partial t}\right]+k_\mathrm{s}\left[z_\mathrm{s}(x,t)-z_\mathrm{b}(x,t)\right] \tag{19.2}$$

式中,z_s 为轨道板振动位移。

对于图 19.4 模型

$$E_\mathrm{b}I_\mathrm{b}\frac{\partial^4 z_\mathrm{b}(x_\mathrm{b},t)}{\partial x_\mathrm{b}^4}+\rho_\mathrm{b}\frac{\partial^2 z_\mathrm{b}(x_\mathrm{b},t)}{\partial t^2}+\eta_\mathrm{b}\frac{\partial z_\mathrm{b}(x_\mathrm{b},t)}{\partial t}=\sum_{i=1}^{N_\mathrm{k}}F_{\mathrm{rs}i}(t)\delta(x_\mathrm{b}-x_i) \tag{19.3}$$

式中:N_k 是一跨桥梁上钢轨扣结点数目;$F_{\mathrm{rs}i}(t)$ 为钢轨扣结点作用力。

19.1.3　秦沈客运专线桥上无砟轨道动力特性及列车走行性能预测

运用上述分析模型,对无砟轨道结构关键动态参数进行了详细的动力学分析计算和优化比选,本小节简要介绍当时对最终设计方案进行的高速列车运行条件下动力性能预测情况。

1. 秦沈客运专线车、轨、桥设计计算参数

铺设板式轨道的无砟箱梁:跨度 24m,梁高 2.2m,梁体截面惯性矩 4.78m⁴,单位长度梁重 204.7kN/m,二期恒载 122.9kN/m,设计挠跨比 1/5025,允许挠跨

比 1/1800。

铺设长轨枕埋入式无砟轨道的无砟箱梁：跨度 24m，梁高 2.2m，梁体截面惯性矩 4.796m⁴，单位长度梁重 204.7kN/m，二期恒载 157.3kN/m，设计挠跨比 1/5042，允许挠跨比 1/1800。

无砟轨道：钢轨质量 60kg/m，轨下垫层刚度 6×10^7 N/m，轨下垫层阻尼 7.5×10^4 N·s/m，轨道板单位长度质量 1115.62kg/m，轨道板下 CA 砂浆的弹性模量 300MPa，扣件间距 0.588～0.625m（如第 19.1.1 节所述）。

高速列车选取我国当时正在研制过程中的动力集中式高速列车方案，高速列车编组模式为 1 动 6 拖，相关参数如表 19.1 所示。

表 19.1 高速列车的计算参数

车型	质量			点头惯量		刚度		阻尼	
	车体 /kg	构架 /kg	轮对 /kg	车体 /(kg·m²)	构架 /(kg·m²)	一系 /(N/m)	二系 /(N/m)	一系 /(N·s/m)	二系 /(N·s/m)
动力车	63807	4297	1900	1349328	4033	2339600	885800	21000	63750
车辆	47400	3500	1400	1288200	3470	550000	400000	12000	80000

在线路设计阶段，无法获取其轨道谱，故轨道随机不平顺暂引用德国高速铁路的低干扰轨道谱，经时频变换后可得到随里程变化的不平顺样本，从而输入到分析模型中。

2. 高速列车通过桥上无砟轨道时系统的动力学性能分析[1]

分别计算了高速列车以 200km/h、250km/h 和 300km/h 速度运行时机车车辆、无砟轨道及桥梁的动力学响应，主要包括：车体加速度及运行平稳性指标，轮轨作用力及轮重减载率，轨道板加速度，桥梁动挠度，梁体振动加速度。

图 19.5～图 19.8 给出了高速列车以 200km/h 速度通过桥上板式轨道时主要动力性能指标随列车运行距离 S 变化的响应曲线。表 19.2 则列出了不同速度下高速列车在桥上板式无砟轨道上的走行性能指标的计算值。

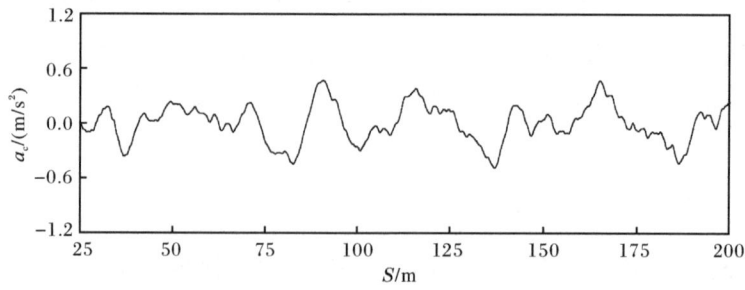

图 19.5 高速列车动力车车体加速度响应

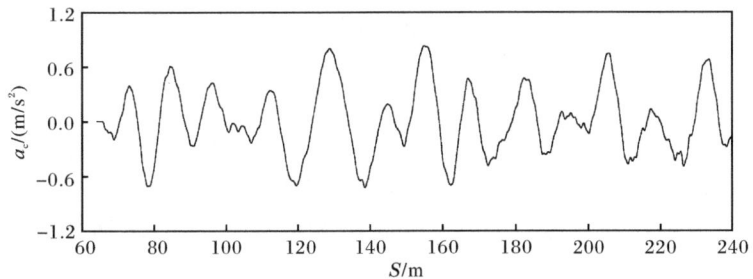

图 19.6　高速列车拖车车体加速度响应

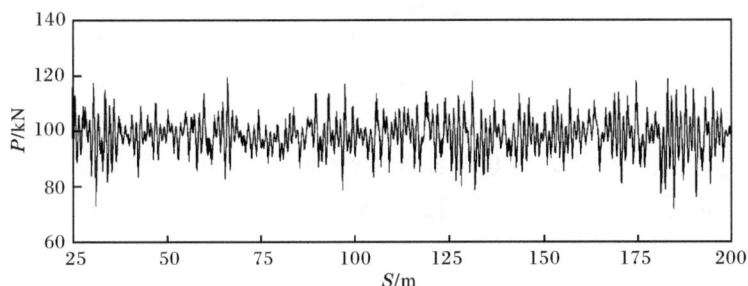

图 19.7　高速列车动力车轮轨作用力响应

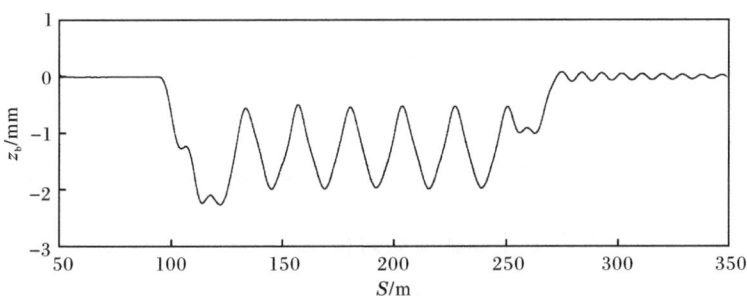

图 19.8　桥梁跨中动挠度响应

表 19.2　高速列车在桥上板式无砟轨道上的走行性能

速度/(km/h)	轮重减载率	轮轨力/kN	动力车车体		拖车车体	
			加速度/(m/s²)	Sperling 指标	加速度/(m/s²)	Sperling 指标
200	0.236	121.93	0.488	1.834	1.096	2.322
250	0.389	136.30	0.521	2.091	1.166	2.663
300	0.505	147.64	0.646	2.120	1.243	2.642

由图 19.5～图 19.8 及表 19.2 可见，在轨道随机不平顺激扰下，轮轨作用力的波动十分明显，且随车速提高，轮载变化加剧。例如，最大轮轨力从 200km/h 速

度时的 121.93kN 增至 300km/h 速度时的 147.64kN,增幅约 21%,但动力车和拖车的轮轨力变化范围一般仅在 50～150kN 之间,远小于无砟轨道设计荷载(300kN)。轮重减载率从 200km/h 速度时的 0.236 增至 300km/h 速度时的 0.505,增加一倍有余,但仍小于允许值 0.65。车体加速度随行车速度的提高而增大,但不论何种情况,最大值均不超过高速行车舒适性标准(1.25m/s²),平稳性指标均小于 2.75,运行平稳。此外,桥梁最大挠跨比和梁体加速度在车速为 300km/h 时也分别小于各自的容许值 1/1800 和 0.35g[1],从图 19.8 中可以清晰地看到高速列车通过时对桥梁所产生的动力冲击作用过程。

当桥梁上铺设长轨枕埋入式无砟轨道时,高速列车走行性能指标如表 19.3 所示。比较表 19.2 和表 19.3 可见,当桥上铺设板式轨道和铺设长轨枕埋入式无砟轨道时,轮轨作用力、机车车辆加速度、运行平稳性差别不大。然而,应该注意到,300km/h 速度运行时车辆加速度最大值已达到 1.29 m/s²,稍稍超出了其舒适度标准。对此,我们将梁体高度从 2.2m 增加到 2.4m 进行了计算,结果发现车辆加速度最大值降至 1.23 m/s²,可满足高速行车舒适性标准(1.25m/s²),但其他动力性能指标无明显改善。

表 19.3　高速列车在桥上长轨枕埋入式无砟轨道的走行性能

速度/(km/h)	轮重减载率	轮轨力/kN	动力车车体		拖车车体	
			加速度/(m/s²)	Sperling 指标	加速度/(m/s²)	Sperling 指标
200	0.237	121.34	0.515	1.832	1.107	2.327
250	0.378	135.17	0.545	2.085	1.125	2.634
300	0.501	147.29	0.670	2.123	1.290	2.695

19.1.4　秦沈客运专线桥上无砟轨道动力特性及列车走行性能预评估

根据以上仿真计算分析结果,可得以下评估结论:

① 高速列车以 200～250km/h 速度在秦沈客运专线 24m 双线整孔箱梁(梁高 2.2m)无砟桥上行驶时,在参考德国高速铁路低干扰轨道谱的情况下,所有动力性能指标均满足列车运行安全性和舒适性的要求,表明设计合理。

② 当列车以 300km/h 高速运行时,车辆垂向振动加速度最大值已接近或超过舒适性限值 1.25m/s²。若将梁体高度从 2.2m 增加到 2.4m,则可保证车体加速度最大值不超限,但其他动力性能指标无明显改善。考虑到梁高 2.2m 已满足时速 200～250km 运用要求,为降低工程造价,建议采用 2.2m 梁高。

③ 桥上铺设板式无砟轨道或长轨枕埋入式无砟轨道,机车车辆的加速度及运行平稳性、轮轨动作用力及桥梁动挠度差别均不大。因此,两种无砟轨道均能满足高速运用要求。

需要说明的是,为了在设计阶段能够对无砟轨道结构设计方案进行动力性能分析评估,当时只能采用高速列车方案参数和德国高速铁路有砟轨道谱作为输入,因而与建成后实际情况存在差异,但作为方案比选和安全评估具有重要意义。

19.1.5 秦沈客运专线桥上无砟轨道现场实际效果

2002年,沙河特大桥长轨枕埋入式无砟轨道、狗河特大桥板式无砟轨道和双何特大桥板式无砟轨道先后顺利铺设成功,如图19.9~图19.11所示。2002年8月和11月,铁道部组织进行了桥上无砟轨道高速行车综合试验,分别测试了先锋号高速动车组(动力分散型)和中华之星高速试验列车(动力集中型)通过这三座特大桥上无砟轨道时的系统动力性能,试验最高速度达到300km/h,创造了当时中国无砟轨道试验速度记录。试验结果表明,轮轨动力作用性能指标和列车运行安全性、平稳性指标均为优良,参见第六、七章及文献[2]。

图19.9　建成后的沙河特大桥长轨枕埋入式无砟轨道

图19.10　建成后的狗河特大桥板式无砟轨道

图 19.11　建成后的双何特大桥板式无砟轨道

2003 年 10 月,秦沈客运专线正式开通运营,至今已历经十个年头,充分表现出了良好的列车运行安全性和旅客乘车舒适性。随着京秦铁路提速改造工程(见第 19.2 节)的成功实施,秦沈客运专线延伸至北京,北京—沈阳之间的旅行时间,由以前的特快列车 9h 10min 缩短至 5h 左右,从而形成了便捷的京沈快速客运通道。

19.2　京秦铁路时速 200km 提速改造工程应用与实践

京秦(北京—秦皇岛)铁路与秦沈客运专线相连,构成京沈(北京—沈阳)客运通道。由于新建成的秦沈客运专线设计时速为 200km,而京秦铁路为既有线,通过前几次提速后列车最高运行速度为 160km/h,如能将京秦既有线运行速度也提高到 200km/h,这样便可构成北京—沈阳快速客运通道,其意义十分重大。

为此,铁道部决定对京秦铁路进行提速改造,主要对路基、桥梁作适当加固,使其适应 200km/h 运行速度要求。具体由铁道第三勘察设计院提出加固方案,由铁道科学研究院会同北京铁路局组织实车运行试验,由西南交通大学等五单位对加固方案进行列车—桥梁、列车—线路动力分析评价,作者具体负责最后一项工作。动力分析工作于 2000 年 11 月 25 日完成,线路提速改造试验段实车运行试验于 2000 年 12 月 5～10 日进行。

本节简要介绍我们运用车辆—轨道耦合动力学理论所进行的列车—轨道—路基动力分析结果。主要计算比较了神州号内燃动车组(2 动 3 拖)以 160～250km/h 速度通过路基段、路桥过渡段、路涵过渡段加固前、后状态下机车车辆运行安全舒适性指标、轨道及路基主要动力性能指标,在此基础上就京秦既有线的路基、路桥过渡段、路涵过渡段对时速 200km 提速的适应性及加固方案的可行性提出了相应评价意见与建议,为京秦铁路 200km/h 提速改造方案提供技术决策依据。

19.2.1 京秦铁路基本状况及提速改造初步方案

京秦既有线为 60kg/m 钢轨无缝线路，铺设 II 型轨枕，轨枕质量 258.66kg，轨枕平均底宽 0.275m，采用普通碎石道床，道床密度约为 1800kg/m³。由于长期捣固补砟作业而使道床变得很厚，一般为 45~60cm，计算地段的实际道床厚度分别为 0.60m（K113+200 路基段）、0.64m（K116+980 路桥段）和 0.57m（K113+740 路涵段）。计算地段的既有路基状态及加固方案如表 19.4 所列。

表 19.4 京秦铁路 200km/h 提速试验地段路基状态及加固方案

类别	公里标	地质状况		路堤高度/m	路基加固方案		
		路堤	基底		加固方式	桩深/m	过渡段长/m
路基地段	K113+200~ K113+400	人工填筑砂黏土	砂黏土,粉砂	2.5	布置直径 0.3m 的混凝土挤密桩,桩位布置:纵向间距 0.575m,横向间距 0.6m	1.0	—
路桥过渡段	K116+977.75~ K116+990.75	人工填筑砂黏土	砂黏土,中砂,细砂,圆砾土	4.0		2.5	13
路涵过渡段	K113+734.4~ K113+742.4	人工填筑砂黏土	砂黏土,粉砂	3.5		2.0	12

京秦铁路既有路堤为人工填筑砂黏土，基底根据路段不同分别由砂黏土、粉砂、中砂、细砂、圆砾土等组成。试验段路基采用水泥土挤密桩予以加固，具体方案如图 19.12 所示，在基床层均匀布置 0.3m 直径的水泥土挤密桩，纵向间距为轨枕间距 0.575m，横向间距为 0.6m。对路桥、路涵连接处也采用深度不同的挤密桩设置长度不同的过渡段，如表 19.4 所列，作为例子，图 19.13 给出了路桥过渡段加固简图。这种路基加固方式的优点是施工方便，可在不影响运输的前提下逐段逐步进行。

19.2.2 京秦铁路提速试验列车及其参数

京秦铁路时速 200km 提速试验列车为我国神州号内燃动车组，其中机车为大连机车厂生产的 6 轴内燃动车，轴重 22.5t；拖车为四方车辆厂生产的 4 轴双层客车，轴重 16.5t。列车编组方式为 2 动 3 拖，如图 19.14 所示。试验列车的计算参数如表 19.5 所示。

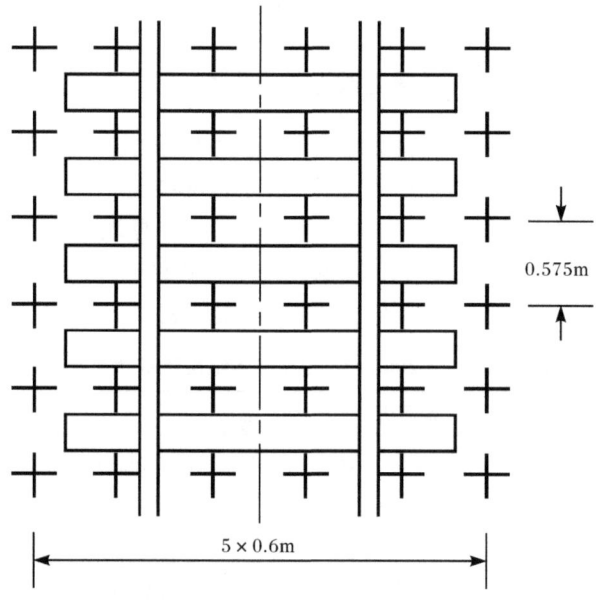

图 19.12　京秦铁路提速试验路基加固用挤密桩平面布置图

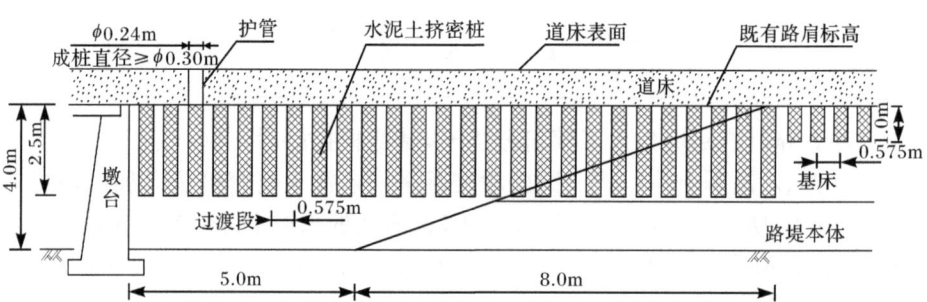

图 19.13　京秦铁路提速试验路桥过渡段挤密桩加固示意图

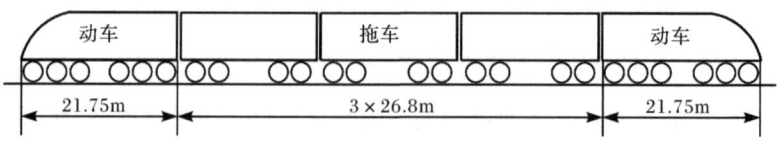

图 19.14　试验列车编组示意图

表 19.5 试验列车的计算参数

车型	质量			点头惯量		刚度		阻尼	
	车体 /kg	构架 /kg	轮对 /kg	车体 /(kg·m²)	构架 /(kg·m²)	一系 /(MN/m)	二系 /(MN/m)	一系 /(kN·s/m)	二系 /(kN·s/m)
动力车	87600	18828	1624	2884568	46017	4.43	3.0	160	220
车辆	54200	2100	1900	3316352	2100	2.28	0.9	20	120

19.2.3 试验区间轨道几何不平顺状态

整修后的螺山—丰润间200km/h试验段轨道几何状态良好，具有较高标准。在本次动力仿真计算中，由于尚无该段实测不平顺资料，故而选用了郑武（郑州—武昌）线高速试验段轨道垂向随机不平顺样本（图19.15），二者情况比较接近。

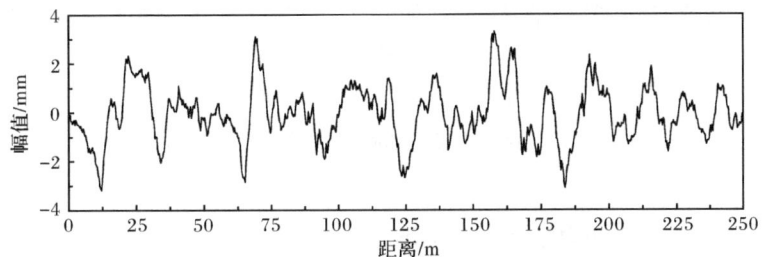

图 19.15 郑武线高速试验段轨道垂向随机不平顺样本

对于路桥、路涵过渡段，我们根据桥涵与路基相互之间的沉降差通过图19.16动力分析模型计算确定轨面几何变形形状。这里假定加固前（未设过渡段）路桥、路涵之间的地基沉降差在连接处突然变化，而加固后（设置轨道过渡段）使得轨道刚度和地基沉降在整个过渡段范围内均匀变化。作为例子，图19.17(a)及(b)分别给出了加固前后路桥过渡段钢轨的初始变形曲线计算结果。由此可见，若路桥连接处不设置过渡段，轨面高差起伏变化急剧[图19.17(a)]，而设置一定长度的过渡段后，轨面垂向不平顺变化较为平缓[图19.17(b)]。对比图19.17(b)和第十二章路桥过渡段折角模型图12.9可见，二者颇为一致，说明折角不平顺模型确能较好地近似路桥过渡段轨面几何状态的变化。

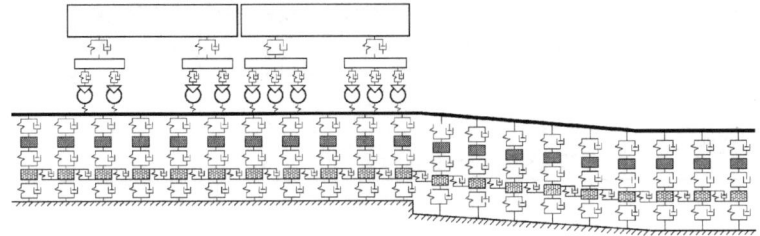

图 19.16 过渡段动力分析模型

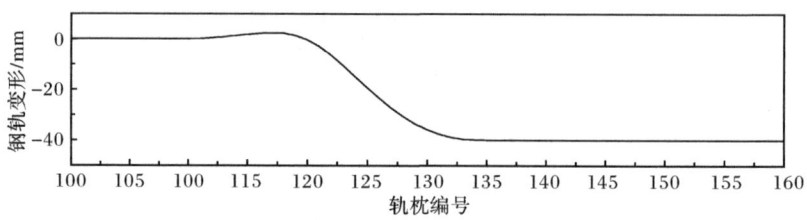

(a) 加固前(无过渡段,沉降差 4cm)

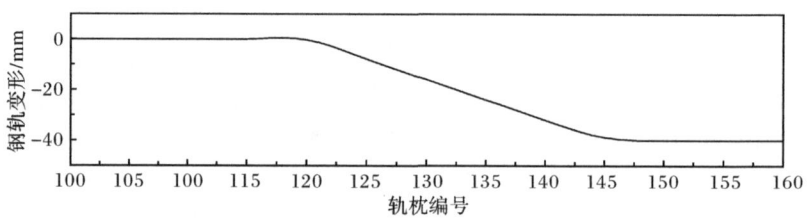

(b) 加固后(过渡段长 13m,沉降差 4cm)

图 19.17　路桥连接段加固前后钢轨几何变形曲线

19.2.4　列车与线路动力性能评定标准

机车车辆在直线轨道上的运行安全性和舒适性一般可采用轮重减载率 $\Delta P/\bar{P}$、车体垂向振动加速度 a_c、乘坐舒适度 Sperling 指标 W_z、轮轨垂向力 P_2、道床顶面应力 σ_b 和路基基床表面应力 σ_f 等指标来评定。本次仿真计算采用的评定标准如表 19.6 所示,其中车体垂向振动加速度限值 1.25m/s² 是舒适性标准而非安全性标准,沿用了秦沈线车/桥动力分析所用标准;乘坐舒适度 Sperling 指标执行 GB5599-85;轮重减载率区分为轮载缓慢变化的准静态减载率和极短时间内产生的动态减载率两类,引用了郑武线 200km/h 以上旅客列车提速试验中采用的标准;轮轨垂向力 P_2 引用英国铁路标准;道床顶面应力和路基基床表面应力限值取自《铁路工务技术手册——轨道》[3]。

表 19.6　京秦铁路提速改造工程动力仿真计算采用的安全性与舒适性标准

评价指标	车体垂向振动加速度 a_c/(m/s²)	乘坐舒适度 Sperling 指标 W_z	轮重减载率 $\Delta P/\bar{P}$	轮轨垂向力 P_2/kN	道床顶面应力 σ_b/MPa	路基基床表面应力 σ_f/MPa
评定标准	1.25 (舒适性标准)	0～2.5　优 2.5～2.75　良 2.75～3.0　合格	准静态 0.6 动　态 0.9	250	0.5	0.15 (既有线)

19.2.5 京秦铁路时速200km提速改造工程路基加固动力仿真计算结果

分别计算了神州号内燃动车组以160km/h、180km/h、200km/h、220km/h、250km/h五挡速度通过加固前、后的路桥、路涵过渡段及普通路基地段时系统各种动力响应。为简明起见,表19.7和表19.8汇总了路桥过渡段和普通路基段的车辆与线路主要动力性能指标最大值的计算结果,路涵过渡段的结果介于此二者之间,未予列出。

表19.7 列车通过路桥过渡段时系统动力响应计算结果汇总表

列车速度/(km/h)	路基情况	车辆响应				线路响应			
		车体垂向振动加速度/(m/s²)	乘坐舒适度Sperling指标	轮轨垂向作用力/kN	轮重减载率	钢轨位移/mm	枕上压力/kN	道床顶面应力/MPa	路基基床表面应力/MPa
160	加固前	1.926	2.508	136.70	0.604	3.377	111.87	0.554	0.113
	加固后	0.767	2.205	136.68	0.547	1.325	66.70	0.330	0.068
180	加固前	2.303	2.591	141.34	0.730	3.435	108.89	0.539	0.110
	加固后	0.962	2.278	142.34	0.621	1.336	66.82	0.331	0.068
200	加固前	2.721	2.673	148.43	0.830	3.401	106.97	0.530	0.108
	加固后	1.146	2.341	149.84	0.705	1.339	66.99	0.332	0.068
220	加固前	3.154	2.756	155.40	0.896	3.353	103.04	0.510	0.104
	加固后	1.335	2.398	156.47	0.775	1.343	67.25	0.333	0.068
250	加固前	3.729	3.272	164.45	0.987	3.314	101.02	0.500	0.102
	加固后	1.640	2.790	164.78	0.872	1.345	68.05	0.337	0.069

由表19.7可见,车体垂向振动加速度在路桥过渡段未加固条件下,160~250km/h速度范围内均已超出其舒适度限值1.25m/s²,且随着速度的提高,超限量迅速增大。路桥过渡段加固后,各种速度下的车体加速度均明显减小,200km/h时已小于舒适度限值。乘坐舒适度Sperling指标除250km/h速度时为合格以外,其他车速下均达到良好级以上。

加固后200km/h速度时轮轨垂向作用力最大值为149.84kN,250km/h速度时也仅为164.78kN,均满足动强度限值要求。而轮重减载率除250km/h速度外一般在0.5~0.8范围内变化,小于本研究采用的动态轮重减载率安全标准0.9。

关于表19.7的线路响应,无论何种情况,路基基床表面应力均远小于其允许值;过渡段加固后,道床顶面应力计算结果在0.35MPa以下,也都符合强度要求;钢轨位移加固前一般在3.5mm左右,加固后则降至1.5mm左右。此外,对枕上压力的计算结果显示,路桥过渡段未加固时,出桥台最后一根轨枕上的动反力往往很大，达 100kN 左右，加固后该处枕上压力显著降低，一般在 70kN 以下。

表 19.8 列车通过普通路基段时系统动力响应计算结果汇总表

列车速度 /(km/h)	路基情况	车辆响应					线路响应			
		车体垂向振动加速度/(m/s^2)	乘坐舒适度 Sperling 指标	轮轨垂向作用力/kN	轮重减载率	钢轨位移/mm	枕上压力/kN	道床顶面应力/MPa	路基基床表面应力/MPa
160	加固前	0.490	1.785	136.62	0.545	0.861	51.91	0.257	0.053
	加固后	0.491	1.785	137.39	0.568	0.810	51.75	0.256	0.052
180	加固前	0.563	1.856	142.06	0.605	0.880	53.45	0.265	0.054
	加固后	0.564	1.856	144.68	0.650	0.825	53.20	0.263	0.054
200	加固前	0.615	1.896	148.06	0.681	0.897	54.95	0.272	0.056
	加固后	0.616	1.896	149.55	0.708	0.840	54.86	0.272	0.056
220	加固前	0.638	1.915	154.15	0.742	0.909	56.02	0.277	0.057
	加固后	0.636	1.915	152.56	0.762	0.855	56.29	0.279	0.057
250	加固前	0.696	2.212	164.26	0.838	0.926	57.69	0.286	0.058
	加固后	0.695	2.212	162.58	0.806	0.885	57.99	0.287	0.059

由表 19.8 普通路基段的计算结果可知，路基加固与不加固条件下各主要动力性能指标相差极小，均能满足安全性和舒适性标准。例如，200km/h 速度时乘坐舒适度 Sperling 指标为优，路基基床表面应力仅 0.056MPa，远小于其允许值 0.15MPa。

关于路涵过渡段的计算结果，无论加固与否，列车均可以 160~180km/h 速度安全可靠地通过路涵过渡段，加固以后则可使列车通过速度提高至 200~220km/h。

为直观起见，图 19.18~图 19.23 以路桥过渡段为例给出了一些典型响应结果及其随车速变化的关系曲线。由图 19.18 可见，列车高速通过路桥过渡段时将激起很大的车体振动加速度，加固后则显著降低。图 19.19 显示，车辆高速运行时，由轨面短波不平顺引起的动态轮重减载率大且变化快，而且车速对轮重减载率影响很大（图 19.21）。图 19.22 表明，乘坐舒适性 Sperling 指标随车速提高而增大，且当车速大于 220km/h 以后增大很快。由图 19.23 可见，路基基床表面应力受车速的影响不明显。

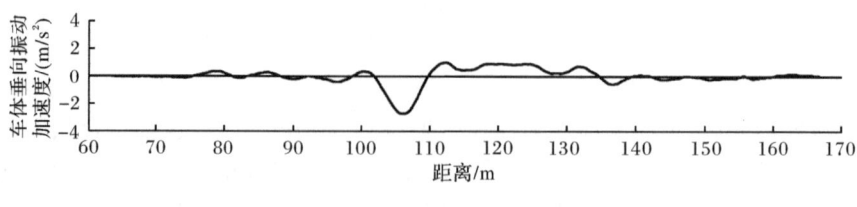

(a) 加固前

第十九章 车辆—轨道耦合动力学在铁路线路设计中的应用

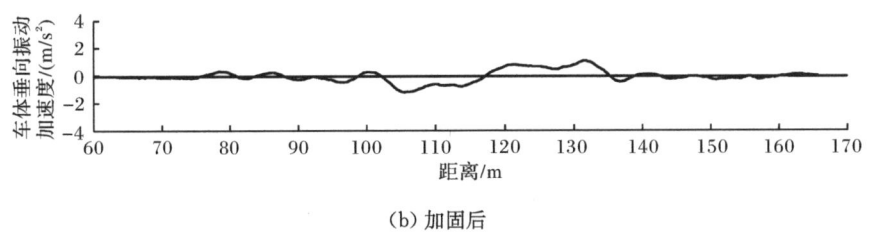

(b) 加固后

图 19.18 列车通过路桥过渡段时车体垂向振动加速度响应($v=200$km/h)

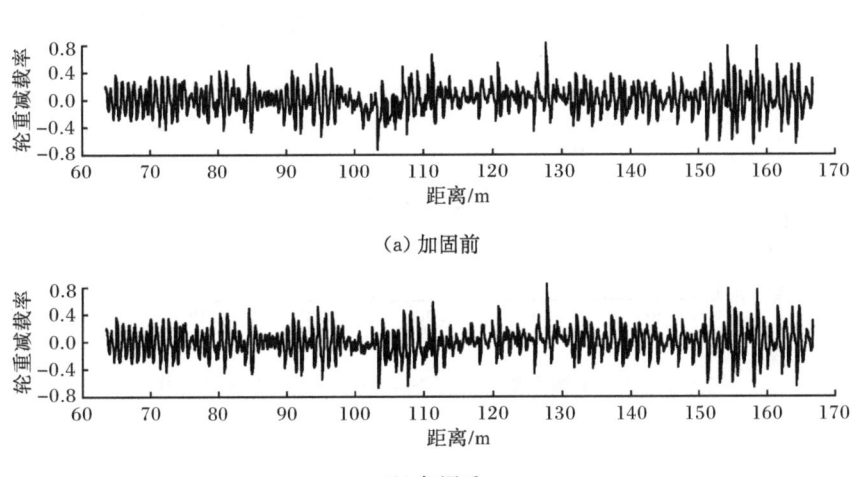

(b) 加固后

图 19.19 列车通过路桥过渡段时车辆的轮重减载率($v=200$km/h)

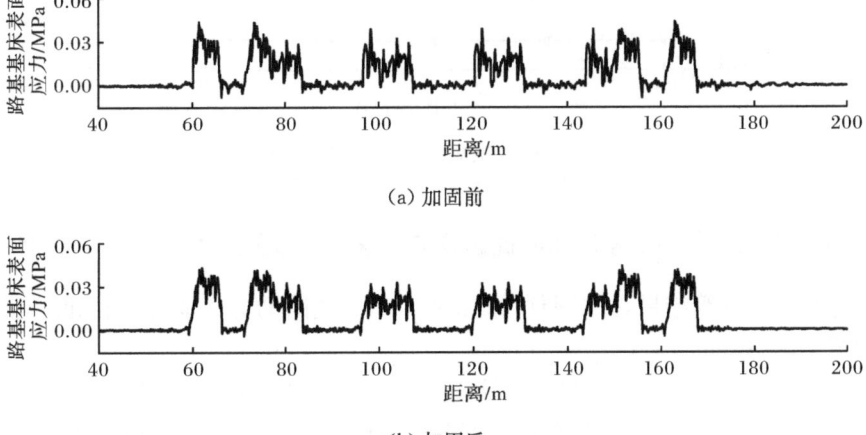

(b) 加固后

图 19.20 记录断面(距桥头 2.4m 处)的路基基床表面应力($v=200$km/h)

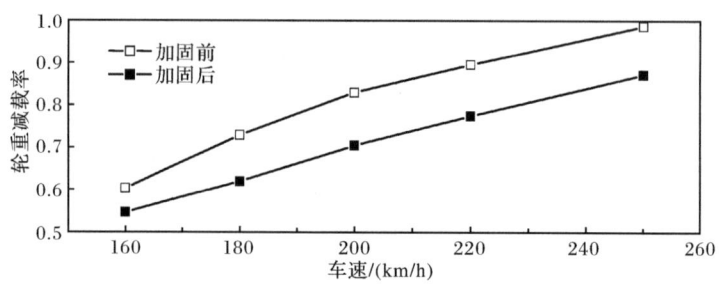

图 19.21　车辆轮重减载率随车速的变化

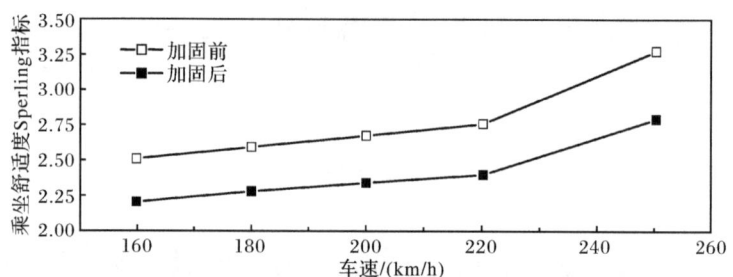

图 19.22　车辆乘坐舒适度 Sperling 指标随车速的变化

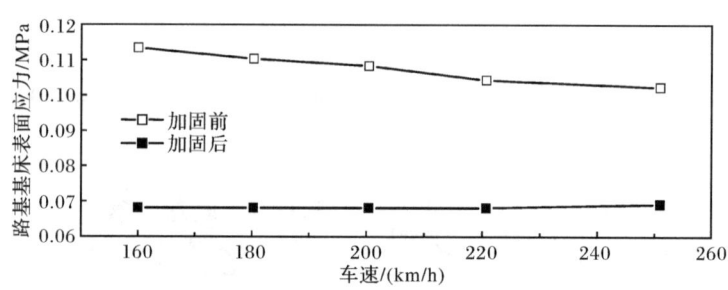

图 19.23　路基基床表面应力随车速的变化

19.2.6　对京秦铁路时速 200km 提速改造工程路基加固方案的预评估与建议

综合仿真计算结果,并对照所采用的列车与线路动力性能评判标准,可以得出如下结论与建议：

① 当试验列车以 200～220km/h 速度运行于京秦铁路被试路基段轨道时,无论路基加固与否,均能满足列车运行安全性、舒适性要求以及路基强度要求,且路基加固与不加固条件下各项动力响应指标差别很小。因此建议京秦铁路200km/h提速改造工程可不对路基作全线加固,仅对特殊地段(如路基病害段)作加固处理

即可,从而节省大量工程改造建设投资。

② 对于路涵过渡段,无论加固与否,列车可以 160～180km/h 速度安全、舒适运行;但当列车速度大于 200km/h 时,未经加固的过渡段将使车体加速度超过舒适度标准;而加固后车体加速度大幅度减小,能满足 200～220km/h 运行要求,表明现行试验采用的路涵过渡段加固方案是可行的。

③ 当列车以 160km/h 以上速度通过未经加固的路桥过渡段时,车体垂向振动加速度及道床顶面应力最大值将超出相应标准;对路桥过渡段加固以后,200km/h 速度条件下各项指标基本满足要求,但 220～250km/h 速度条件下车体加速度不满足舒适性标准。

④ 根据本次试验中路桥过渡段的加固方案,过渡段长度为 13m,当列车以 200km/h 以上速度运行时,动车车体加速度大于其舒适度限值,若将过渡段长度增大至 18m,则可使 200km/h 速度下的车体加速度小于舒适度限值,因此现行路桥过渡段加固方案应作适当调整。建议在最终加固方案中将路桥过渡段长度由目前方案的 13m 增至 18m 或以上。

值得一提的是,在本计算分析报告[4]提交铁道部科学技术司之后,于 2000 年 12 月 5～10 日铁道部组织进行了京秦铁路时速 200km 提速改造工程实车运行试验(图 19.24)[5],所测量的主要动力学性能指标与我们事先完成的计算分析结果总体吻合较好。例如,试验测得 200～210km/h 速度范围内车辆乘坐舒适度 Sperling 指标为 2.1～2.4(属优级),轮重减载率最大值约 0.6,均与本计算结果较为一致;又如,试验测量结果表明,路基试验段加固与未加固情形下基床表面应力无明显差别,本计算结果也完全如此。由此也体现出车辆—轨道耦合动力学理论在实际工程中的应用价值。

图 19.24　京秦铁路时速 200km 提速改造工程实车运行试验

2002年底,京秦铁路提速改造工程施工完成,从十年来的实际运营情况来看,效果良好,大大提高了路基稳定性及路桥过渡段行车条件,确保了提速行车安全。

19.3 福厦客货共线高速铁路设计应用与实践

19.3.1 工程与研究背景

福厦(福州—厦门)高速铁路(图 19.25)北起福州,经福清、莆田、泉州、晋江,到达厦门,全长 273km,是我国"四纵四横"高速铁路主通道之一杭福深(杭州—福州—深圳)客运专线的组成部分,是沿海纵向通道的重要组成部分,也是福州与厦门两大城市间便捷的城际铁路通道。福厦高速铁路对充分发挥闽东南经济带的区位优势、港口优势、开放优势、资源优势,带动和促进福建省经济的可持续发展,均具有重要意义。

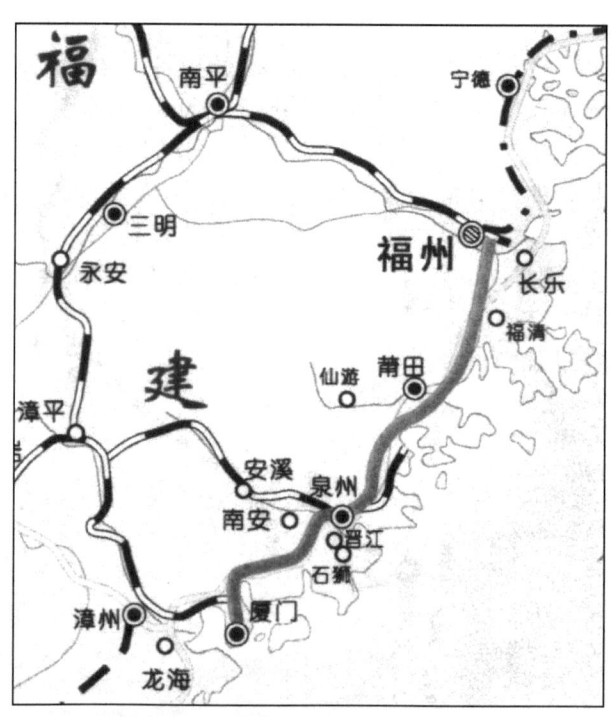

图 19.25 福厦高速铁路示意图

福厦高速铁路于 2002 年开始可行性研究,2004 年 7 月获国务院批准正式立项。当时的设计定位是:以客运为主,但必须兼顾货运,既要能够满足客车最高行车速度 200~250km/h 的要求,又要能够满足开行牵引质量为 3500t 普通货车的要求,属于我国第一条客货共线的高速铁路。

然而,由于高速铁路客货共线的模式在国外仅被德国、意大利等极少数铁路技术发达国家采用,在当时国内更是从无先例,该模式的设计无章可循,无标准可依。一方面,高、低速客货共线模式下线路平纵断面参数(最小曲线半径、超高、缓和曲线长度、纵坡等)的确定缺乏设计标准,线路平纵断面设计参数对高、低速行车安全性与平稳性的影响关系缺乏相应的理论依据;另一方面,由于高速旅客列车和低速货物列车对线路的动力影响不同,轴重较大的货物列车以较低速度运行与轴重较轻的高速列车以高速运行时,二者对轨道结构所造成的动力作用大小及程度如何?如何才能实现匹配设计?这些方面的研究当时均属空白。

针对这一实际工程问题,作者及课题组与福厦铁路设计单位——铁道第二勘察设计院合作,采用车辆—轨道耦合动力学理论及第十一章机车车辆与线路动态匹配设计原理与方法,将线路设计参数(标准)与机车车辆动态运行性能相结合,全方位地动态考虑高低速客货共线不同速度匹配下的行车安全性、运行平稳性(舒适度)[6]以及机车车辆对线路的动力作用影响[7],于2003年初完成研究设计工作,从而实现了福厦客货共线铁路线路优化设计及设计安全性的预评估,并为制订我国客货共线高速铁路线路设计标准提供必要的理论依据。

鉴于本工程应用研究内容多、涉及的速度匹配方案多①,作为应用示例,本书仅就200/120km/h速度匹配下高低速客货共线铁路的平面曲线参数确定、平纵断面参数匹配、机车车辆对轨道结构动力作用分析评估等方面的研究作一简要阐述,而其余速度匹配下的动力性能研究详见文献[6]和[7]。

基于当时的客观条件,分析中选取中华之星高速试验列车和120km/h提速货运列车分别作为高、低速运行条件。为表达方便,分别以ZH-D和ZH-T作为中华之星动车和拖车代号,以HJ-120与ZK4作为120km/h提速货运机车及货车代号。

19.3.2 平面曲线关键参数对高、低速行车动力性能的影响分析

研究表明,对高、低速行车动力性能起重要影响的平面曲线参数主要有最小曲线半径、超高及缓和曲线长度(简称"缓长")。根据本次设计要求[6],在每个速度匹配下,最小曲线半径均划分为四种不同等级,即"推荐半径(推荐使用值)"、"一般地段最小曲线半径(一般地段值)"、"困难地段最小曲线半径(困难地段值)"与"个别地段最小曲线半径(个别使用值)";对应于每个曲线半径下的缓和曲线长度,重点考察"困难"和"个别"两个等级;超高暂不变化,按已有设计规范取值。对于200/120km/h速度匹配,上述等级的参数如表19.9所示。

---

① 研究对比的速度匹配方案包括:250/120km/h、250/90km/h、200/120km/h、200/90km/h 和 200/70km/h。

表 19.9 200/120km/h 速度匹配下平面曲线参数设置

曲线半径/m		推荐使用值	一般地段值	困难地段值	个别使用值
		4000	2800	2200	1800
缓和曲线长度/m	"困难"等级	130	200	260	270
	"个别"等级	120	180	240	240
超高 /mm		70	110	145	150

在我国郑武线高速试验段轨道谱激扰下,中华之星列车以 200km/h 速度和提速货车以 120km/h 速度通过由四种不同等级曲线半径及两种不同等级缓长组合而成的曲线轨道时,行车安全性、运行平稳性和轮轨磨耗指数等各项动力性能指标的计算分析结果一并汇总于表 19.10,而各个曲线半径下的具体指标值见文献[6]。

表 19.10 200/120km/h 速度匹配方案下客、货列车通过曲线轨道时动力学性能分析结果

行车速度/(km/h)	客车 200				货车 120			
曲线半径/m	4000(推荐使用值)、2800(一般地段值)、2200(困难地段值)、1800(个别使用值)							
机车车辆类型	ZH-D		ZH-T		HJ-120		ZK$_4$	
缓和曲线长	困难	个别	困难	个别	困难	个别	困难	个别
轮轨横向力/kN	34.58~47.70	35.11~47.89	26.91~38.59	27.67~39.10	31.42~43.36	32.33~44.39	30.73~31.92	31.82~33.67
轮轨垂向力/kN	134.00~154.40	135.80~157.20	99.98~113.80	101.30~114.50	152.20~169.90	155.60~170.30	138.40~143.80	139.50~145.20
轮轴横向力/kN	35.39~42.49	36.27~43.07	28.52~37.19	29.22~38.81	41.01~54.83	42.21~54.92	29.74~34.92	31.28~35.03
倾覆系数	0.44~0.53	0.45~0.53	0.46~0.73	0.47~0.74	0.27~0.43	0.28~0.44	0.29~0.36	0.30~0.37
脱轨系数	0.27~0.34	0.28~0.35	0.27~0.44	0.27~0.45	0.25~0.27	0.26~0.28	0.26~0.29	0.27~0.30
轮重减载率	0.45~0.53	0.46~0.54	0.57~0.79	0.57~0.80	0.44~0.58	0.45~0.59	0.30~0.38	0.31~0.39
轮轨磨耗指数/(N·m/m)	108.80~158.40	109.30~164.30	89.18~144.90	92.20~147.30	99.21~227.90	102.30~230.10	106.20~128.70	107.90~131.60
车体横向振动加速度/g	0.11~0.15	0.11~0.15	0.08~0.13	0.09~0.13	0.10~0.24	0.10~0.24	0.23~0.24	0.23~0.24
车体垂向振动加速度/g	0.07~0.09	0.07~0.09	0.06~0.06	0.06~0.06	0.06~0.09	0.06~0.09	0.20~0.20	0.20~0.21
横向平稳性指标	2.36~2.45	2.36~2.45	1.88~2.08	1.90~2.09	2.09~2.48	2.10~2.49	2.47~2.65	2.48~2.68
垂向平稳性指标	1.98~2.11	2.00~2.12	1.76~1.85	1.76~1.85	1.66~1.92	1.67~1.93	2.32~2.43	2.33~2.45

由表 19.10 中计算结果可以看出：

(1) 各种工况的安全性指标均在合格允许值范围内，其中部分安全性指标，如：轮轨横向力、轮轨垂向力、脱轨系数等，还具有较大的安全裕量。绝大多数平稳性指标均属于优级。

(2) 在曲线半径、最高行车速度和机车车辆类型相同条件下，采用"困难"缓长得到的动力性能指标均略优于采用"个别"缓长得到的相应值，其差值很小，幅度在 5% 之内。

(3) 随着曲线半径的逐渐减小，各项动力性能指标均有不同程度的增加。例如，当曲线半径由 4000m 降至 1800m 时，轮轨横向力和轮轴横向力均增加了 10kN 左右；轮轨垂向力的增加幅度较小，最大增幅约为 11%。从安全性指标来看，除提速货运机车以 120km/h 速度通过"困难"缓长的工况下脱轨系数的增量不明显外，其余皆较大，如：倾覆系数和轮重减载率的增幅为 20%～35%；轮轨磨耗指数的增幅为 30%～220%；车体横向和垂向振动加速度的增幅约为 20%～40%。

(4) 对"中华之星"列车而言，动力车下的轮轨横向相互作用力、轮轨磨耗指数、车体横向与垂向振动加速度均较拖车作用下的大，而倾覆系数、脱轨系数和轮重减载率等安全性指标则小于拖车作用下的相应值。

(5) 当提速货物列车以 120km/h 速度通过曲线轨道时，机车作用下的安全性指标（除脱轨系数之外）和轮轨磨耗指数均较货车作用下的指标值大，而横向和垂向平稳性指标均较货车作用下的小。

(6) 提速货运机车的轮轨动作用力和轮轨磨耗指数大于"中华之星"动力车作用下的相应值，而倾覆系数和脱轨系数较"中华之星"动车作用下的小。在个别最小曲线半径轨道上，前者的车体横向振动加速度较后者的约大 60%，车体垂向振动加速度基本相当。

(7) 提速货车作用下的轮轨垂向力较"中华之星"拖车作用下的约大 30%，轮轨横向相互作用大体相当，倾覆系数、脱轨系数以及轮重减载率等安全性指标和轮轨磨耗指数要小于后者的相应值，车体横向和垂向振动加速度较后者的大 1～2 倍。

总体而言，货车的安全性指标值要小于客车的相应值，并均符合安全限值要求。旅客列车中机车的平稳性指标大于车辆的，货物列车中车辆平稳性指标大于机车的，并均属于优级。轮轨磨耗指数以 ZH-D 为最大，次为 HJ-120，再次为 ZH-D 与 ZK_4。

综上所述，从行车安全性及乘坐舒适性指标值来看，对于 200/120km/h 速度匹配的高、低速客货共线铁路，最小平面曲线半径可设置为 1800m（个别地段），相应的最小缓和曲线长可设置为 240m（个别地段）。

19.3.3 高低速客货共线铁路平纵面匹配设计

竖曲线和圆曲线能否重合是线路平纵断面匹配的一项重要研究内容,也是线路平纵断面设计的关键。竖曲线与平面曲线匹配设置的标准与规定已在此前铁道部颁发的有关规范及其说明中作了阐述,规定限制竖曲线和圆曲线重合,这些规定主要是考虑了线路测量工作量与养护维修工作难度,而没有深入考虑列车动态运行安全性及舒适性。实际上,在竖、圆曲线重合的情况下,如果各项动力学性能指标能够满足高低速客货共线时的安全及舒适要求,则这种设计将大大节省工程造价及成本,具有较好的经济效益。

本小节以福厦高速铁路某段平纵断面设计为例,分析竖曲线和平面曲线关键参数对高低速客货列车(200/120km/h 速度匹配)动力性能的影响,以期指导该线路平纵面合理匹配设计。计算时,仅以对线路动作用力较大的机车为研究对象[6],即,时速 200km 高速列车以 ZH-D 为代表,时速 120km 提速货物列车以 HJ-120 为代表。

线路平纵面组合示意图如图 19.26 所示,相关线路曲线参数如表 19.11 所示。主要参量说明如下:i 为竖曲线坡度;L_1 和 L_2 均为坡长;ΔL_1 和 ΔL_2 均为安全性与舒适性要求的最短距离;R_s 为竖曲线半径;l_s 为竖曲线长度;R 为平面曲线半径;l 为平面曲线缓长;h 为平面曲线超高;ZH 为直缓点;HY 为缓圆点;YH 为圆缓点;HZ 为缓直点。

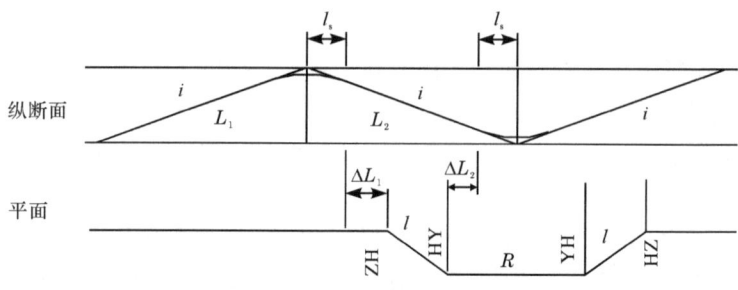

图 19.26 线路平纵面组合示意图

表 19.11 200/120km/h 速度匹配下平纵面参数表

竖曲线				平面曲线		
$i/‰$	L_1/m	L_2/m	R_s/m	R/m	l/m	h/mm
6	400	420	15000	1800	240	150

纵断面上竖曲线的起(终)点和平面曲线的缓圆(圆缓)点或直缓(缓直)点零距离衔接,即 $\Delta L_1 = \Delta L_2 = 0$,在轨道不平顺(我国郑武线高速试验段轨道谱)的激励下,高低速客货列车通过该组合断面时的动力性能指标列于表 19.12 中。

表 19.12 线路平纵断面零距离衔接时列车动力学性能的计算结果

		运行速度/(km/h)	200	120
		机车类型	ZH-D	HJ-120
		轮轨横向力/kN	44.89	49.03
		轮轨垂向力/kN	166.07	162.36
		轮轴横向力/kN	43.08	49.92
		倾覆系数	0.55	0.53
		脱轨系数	0.40	0.41
		轮重减载率	0.59	0.47
		磨耗指数/(N·m/m)	193.04	226.70
车体振动加速度/g		横向	0.17	0.19
		垂向	0.09	0.09
平稳性指标		横向	2.46	2.50
		垂向	2.14	2.12

表 19.12 中结果表明,若 $\Delta L_1 = \Delta L_2 = 0$,客货列车以 200/120km/h 速度匹配通过时,所有安全性指标均小于各自合格限值。如中华之星动车和提速货运机车作用下轮轨横向力最大值分别为 44.89kN 和 49.03kN,而各自的限值分别为 78kN 和 92kN;脱轨系数和轮重减载率最大值分别为 0.41 和 0.59,均小于合格限值。另外,垂向及横向振动加速度满足舒适性要求,所有平稳性指标属优级。

由此说明,在 200/120km/h 速度匹配条件下,本算例中平、纵断面搭接时高低速客货共线的行车安全性及舒适性指标能够满足行车要求。在福厦高速铁路工程中,采取该设计方案有效节省了工程造价。

19.3.4 高、低速列车对客货共线高速铁路轨道结构动力影响研究

本小节通过车辆—轨道耦合动力学计算,对比分析了福厦客货共线铁路高、低速机车车辆对线路的动力作用指标,并根据轨道动力作用评价标准进行安全评估。

1. 高、低速(客、货)列车在轨道随机不平顺激扰下的动力作用分析

在轨道随机不平顺激扰下,高、低速(客、货)列车对轨道的垂向动力作用计算结果如表 19.13 所示。

表 19.13 在轨道谱激扰下高、低速客货列车对轨道垂向动力作用指标的计算结果汇总表

行车速度/(km/h)	客车运行速度 200		货车运行速度 120	
机车车辆类型	ZH-D	ZH-T	HJ-120	ZK$_4$
轮轨垂向力/kN	164.9	130.6	191.5	125.3

续表

行车速度/(km/h)	客车运行速度 200		货车运行速度 120	
钢轨支点反力/kN	55.9	44.0	64.5	47.0
轮轨接触应力/MPa	1041.0	1014.4	1024.9	1033.0
道床顶面应力/MPa	0.275	0.216	0.317	0.231
路基表面应力/MPa	0.089	0.073	0.090	0.069
道床加速度/(m/s^2)	16.51	17.74	7.63	6.39
钢轨垂向位移/mm	1.44	1.12	1.67	1.23

可见,提速货运列车(HJ-120)以 120km/h 速度运行时所产生的轮轨垂向作用力、钢轨支点反力和道床顶面应力,将大于中华之星高速动力车以 200km/h 速度运行时的相应指标,例如,轮轨力的增幅在 15% 左右,道床顶面应力增幅为 10%,其他动力指标十分接近。提速货车 ZK$_4$ 以 120km/h 速度运行时,所产生的轮轨垂向力小于高速客车以 200km/h 运行时的轮轨动作用力;高、低速客货车辆引起的钢轨支点反力、道床顶面应力和钢轨振动位移均大致相当;而道床振动加速度和路基基床表面应力则是低速货运条件下的偏小。

对比轨道动力作用评价标准(参见第十章)可知,所有轮轨垂向动力响应最大值均在各自安全控制标准之内。

2. 高、低速(客、货)列车通过道岔时的动力作用比较

研究表明,机车通过道岔时的垂向动力作用较车辆的大。图 19.27 比较了高、低速(客、货)机车以不同速度通过 18 号可动心轨式道岔时轮轨动态作用力响应。由图可见,提速货运机车以 120km/h 速度通过岔时对轨道的动作用力明显大于中华之星高速动力车以 200km/h 过岔时的动作用力,增幅约为 20%,但满足安全运行标准。

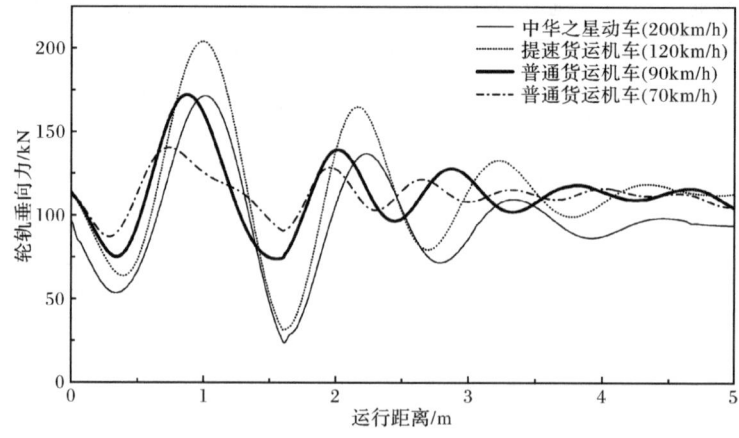

图 19.27 200km/h 高、低速机车通过道岔时的轮轨垂向动作用力比较

3. 高、低速(客、货)列车通过钢轨焊接接头时的动力效应分析

图 19.28 显示,高速列车动力车以 200km/h 速度通过钢轨焊接接头不平顺时所导致的轮轨冲击力,远大于货运机车以 120km/h 速度通过相同接头时的轮轨动作用力;相应地,钢轨支点动反力、轮轨动态接触应力和道床顶面动应力也具有相同规律[7]。这是因为轮轨冲击振动对列车运行速度极为敏感,车速提高将导致轮轨冲击力迅速增长。客、货车辆通过接头时的动力效应基本与机车情形相类似,如图 19.29 所示。

由于货运机车轴重(23t)较中华之星高速动力车轴重(19.5t)大,因此货运机车引起的钢轨变形及路基基床表面应力等指标要比高速客运机车的大,但结果显示其增长量并不太大,仅在 10%~20%之间[7]。

该速度匹配下各项轨道动力响应指标均能满足安全运用标准。

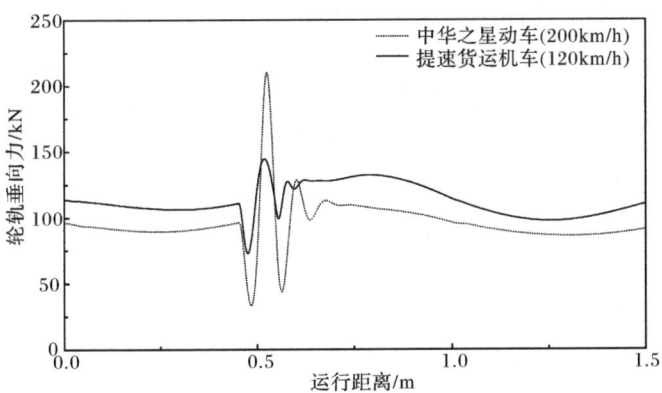

图 19.28 高、低速(客、货)机车通过钢轨焊接接头时轮轨垂向动作用力的比较

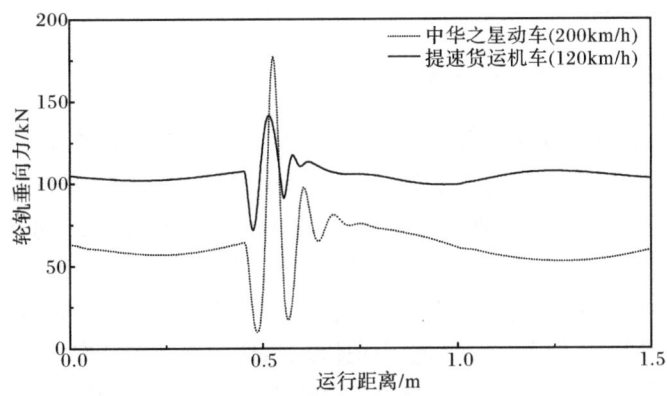

图 19.29 高、低速(客、货)车辆通过钢轨焊接接头时轮轨垂向动作用力的比较

19.3.5 减轻货物列车对客货共线铁路轨道动力作用的技术措施研究

以上结果显示,当提速货运机车以 120km/h 速度运行时对轨道的动力作用普遍大于高速动力车以 200km/h 速度运行时的动力影响。因此,有必要研究如何减轻提速货物列车对轨道的动力作用途径。本小节从经济可行的角度考虑,通过动力分析对比,给出了最简单易行的线路设计参数改进方案示例。

1. 线路平面曲线参数改进设计方案分析示例

表 19.14 的改进设计方案是用于说明减轻轮轨横向动力作用的例子,列出了福厦铁路在 200/120km/h 客货混运模式下原设计的平面曲线参数方案(最小曲线半径 $R=1800$m,缓长 $l=240$m,超高 $h=150$mm)和新改进的平面曲线参数方案($R=2800$m,$l=180$m,$h=110$mm)下提速货运机车与轨道横向相互作用之比较。由表中结果可以看出,当最小平面曲线半径由 1800m(个别)改为 2800m(一般),缓长均按各自的"个别"工况选取,轮轨横向力由 44.39kN 下降至 37.23kN,下降幅度达 16%,轮轴横向力的下降幅度达到 17%,脱轨系数由 0.28 降为 0.26,轮轨磨耗指数下降幅度达到 26%,钢轨横向位移亦由 1.42mm 降至 1.28mm。可见,改进设计后效果是明显的。

表 19.14　平面曲线参数改进前、后提速货运机车与轨道横向相互作用的比较

动力性能指标	轮轨横向力	轮轴横向力	脱轨系数	磨耗指数	钢轨横向位移
原平面曲线参数方案 ($R=1800$m,$l=240$m,$h=150$mm)	44.39kN	54.92kN	0.28	230.05 N·m/m	1.42mm
新平面曲线参数方案 ($R=2800$m,$l=180$m,$h=110$mm)	37.23kN	45.72kN	0.26	170.31 N·m/m	1.28mm
指标下降幅度	16%	17%	7%	26%	10%

2. 轨道结构参数改进设计方案分析示例

表 19.15 的改进设计方案是用于说明减轻轮轨垂向动力作用的例子,给出了福厦铁路原设计的轨下胶垫刚度($K_p=60\sim 80$MN/m)和新改进的轨下胶垫刚度($K_p=50\sim 60$MN/m)下,提速货运机车以 120km/h 速度通过 18 号道岔时对轨道结构垂向动力作用指标的对比。由表 19.15 可见,轨下胶垫刚度改变后,各项轮轨动力指标均有不同程度的下降,特别是轨下基础动力作用指标降低较明显,例如,钢轨支点动反力下降 8.2%,道床加速度、道床应力及路基应力也都降低 8%~10%。这对缓解客货混运线上货物列车对线路的动力作用具有积极意义。

表 19.15　轨下胶垫刚度参数改进前、后提速货运机车与轨道垂向动力作用的比较

动力性能指标	轮轨垂向力	钢轨支点反力	轮轨接触应力	道床顶面应力	路基表面应力	道床加速度	钢轨垂向位移
原胶垫刚度 ($K_p=60\sim80\mathrm{MN/m}$)	203.8kN	69.3kN	1046.5MPa	0.341MPa	0.096MPa	6.95g	1.81mm
新胶垫刚度 ($K_p=50\sim60\mathrm{MN/m}$)	198.1kN	63.6kN	1036.1MPa	0.313MPa	0.088MPa	6.35g	2.16mm
指标下降幅度	2.8%	8.2%	1.0%	8.2%	8.3%	8.6%	−19%

19.3.6　工程实施与运营实践效果

以上研究成果在时速 200~250km 福厦客货共线高速铁路设计中得到了直接应用,所提出的具体设计参数方案与技术标准均被实际工程采纳,有力地支撑了当时(2003年)缺乏设计标准的我国第一条客货共线高速铁路的设计与建设。研究成果为制订我国客货共线高速铁路线路设计标准提供了相应的理论依据,后来也在其他客货共线高速铁路设计中推广应用。

福厦高速铁路于 2005 年 9 月 30 日动工建设,2009 年 7 月 20 日全线贯通,2010 年 4 月 26 日正式通车运营(图 19.30),使福州与厦门之间的铁路运行时间从最初中转绕行所需的 13h,缩短到目前的 1h 40min 左右。运营实践证明,高、低速(客、货)列车运行安全、平稳,达到了预期效果。

图 19.30　建成通车后的福厦高速铁路

19.4 广深港高速铁路平纵断面设计应用与实践

19.4.1 工程与研究背景

广深港(广州—深圳—香港)高速铁路是连接广东省的广州、东莞和深圳以及香港的高速铁路,也是中国"四纵四横"高速铁路主网中京广(北京—广州)高速铁路至深圳、香港的延伸线,亦为珠三角城际快速轨道交通网的骨干部分。

广深港高速铁路需跨越珠江口内水域的狮子洋,如图 19.31 所示。广深港高速铁路狮子洋段位于珠江三角洲平原地区,地形平坦开阔,河床宽约 4km,地势起伏较大,有小虎岛、沙仔岛、海鸥岛等江中岛屿。针对狮子洋段的特殊地理条件,设计单位提出了途经沙仔岛和途经海鸥岛的两种选线方案,对每种选线方案又分别提出了采用长大隧道和采用桥隧结合(利用既有岛屿、一侧架桥、一侧修隧道)的两种设计方案(以下分别简称长隧方案和桥隧方案),如图 19.32 和图 19.33 所示,其中涉及 20‰、30‰ 和 34‰ 多种大坡度纵断面,这也是我国高速铁路首次涉及如此复杂大坡度线形。毫无疑问,狮子洋地段成为全线的关键控制性工程。

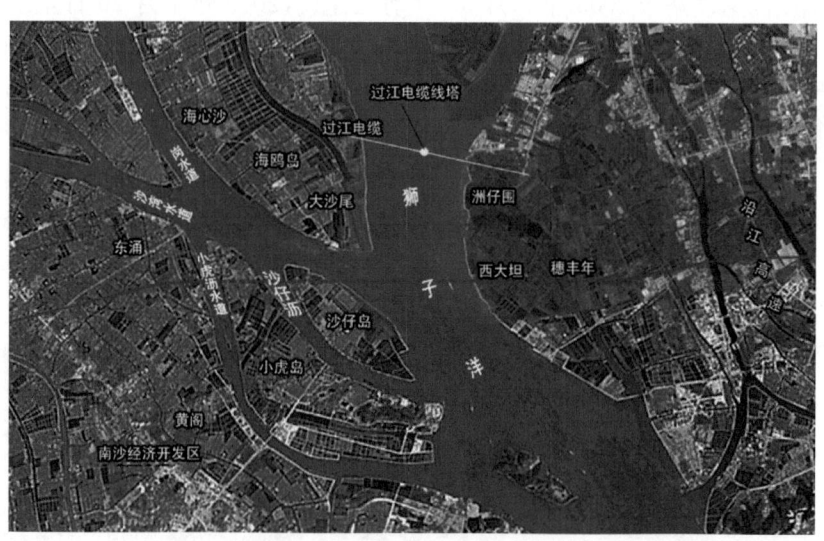

图 19.31　广深港高速铁路跨越珠江水域狮子洋平面示意图

第十九章 车辆—轨道耦合动力学在铁路线路设计中的应用

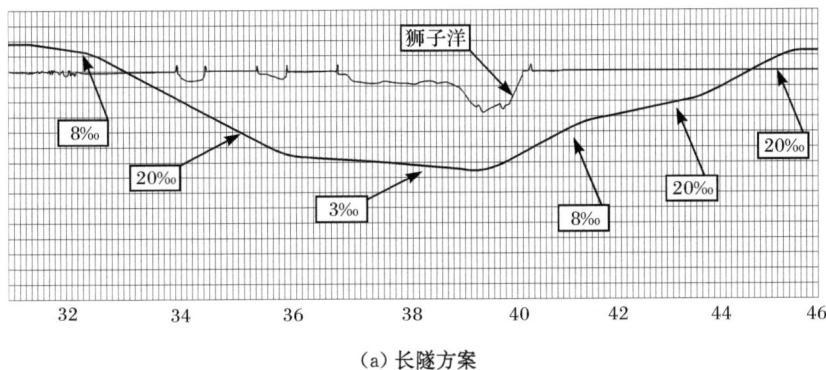

(a) 长隧方案

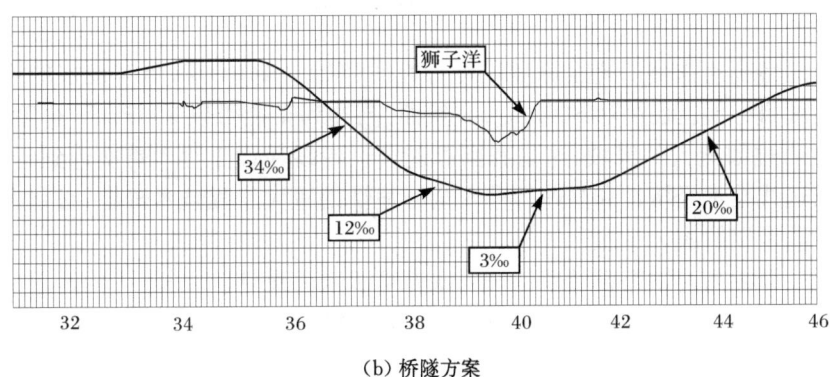

(b) 桥隧方案

图 19.32 沙仔岛 DK31～DK45 段两种设计方案平纵断面示意图

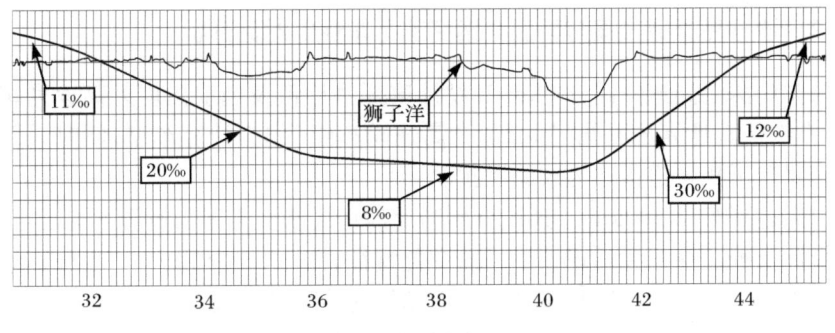

(a) 长隧方案

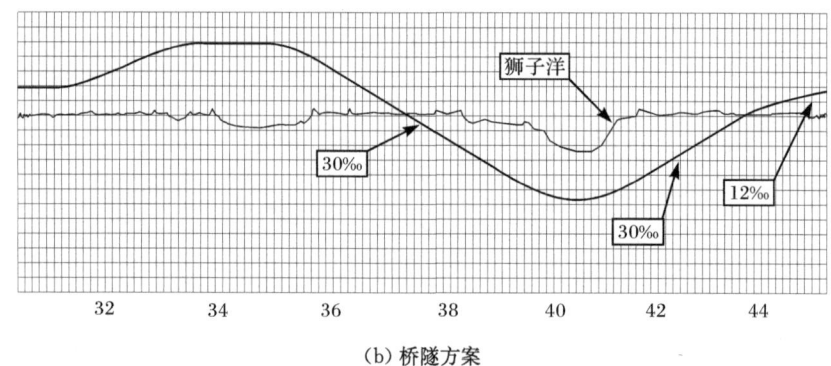

(b) 桥隧方案

图 19.33　海鸥岛 DK32～DK43 段两种设计方案平纵断面示意图

广深港高速铁路广州至深圳段可行性研究始于 2004 年,当时设定的广深段设计速度目标值就已高达 300km/h。然而,高速列车能否以 300km/h 速度安全、平稳地通过如此大的纵坡,这是我国高速客运专线建设工程中首次遇到的问题,是涉及选线技术经济性和高速行车安全舒适性的重大工程技术难题,必须在方案设计阶段予以解决。

受广深港高速铁路设计单位——铁道第四勘察设计院委托,我们运用机车车辆—轨道耦合动力学理论及匹配设计技术,对高速列车以 300km/h 速度通过狮子洋段四种选线方案线路平纵断面时的运行安全性及乘车舒适性进行了全程动力学模拟分析,并根据机车车辆动力学性能评定规范进行安全评估和方案比选,最终提出了最佳方案建议[8,9]。本节将对此予以阐述。

19.4.2　沙仔岛长隧方案与桥隧方案高速行车性能对比分析

根据广深港高速铁路 300km/h 设计速度目标值及当前国内外高速列车现实情况,本次仿真计算选取德国 ICE350 高速动车组*作为计算车型,同时采用德国高速铁路低干扰轨道谱作为线路激扰源。

当高速列车以 300km/h 速度分别通过沙仔岛长隧方案与桥隧方案时,运行安全性指标及舒适性指标出现了不同的变化特征,图 19.34 和图 19.35 分别给出了脱轨系数的全程变化曲线和车体横向振动加速度响应。由图 19.34 可见,在桥隧方案中,当高速列车运行至 DK36+390 位置(即 34‰ 下坡之变坡切点)时,在 34‰ 纵坡曲线与 R7 000m 平面曲线之缓和曲线的共同作用下,脱轨系数由正常状态突然增大,这个过程一直持续到 DK38+539 位置(即 12‰ 下坡与 3‰ 上坡之变坡切点),其中脱轨系数最大值达到 0.98,超出了高速行车动态安全限值(0.8),而长隧

---

* ICE350 高速动车组是 ICE3 高速列车的改进型,最高速度 350km/h,8 辆编组,总定员 431 人。

方案中脱轨系数值一直处于安全范围之内。由图 19.35 可见,桥隧结合方案中车体横向振动加速度也在 DK36+390~DK38+539 地段出现了异常波动,最大值达到 0.15g,超出了高速列车乘坐舒适度标准(0.1g),比长隧方案下的最大值增大66.7%,相应的横向平稳性指标也增大很多,长隧方案中其值为 2.46,属"优"级,而桥隧方案中此值为 3.0,已达到"合格"等级的边缘。此外,长隧方案和桥隧方案下的轮重减载率最大值分别为 0.47 和 0.64,前者小于合格限值 0.65,后者接近合格限值 0.65[8]。

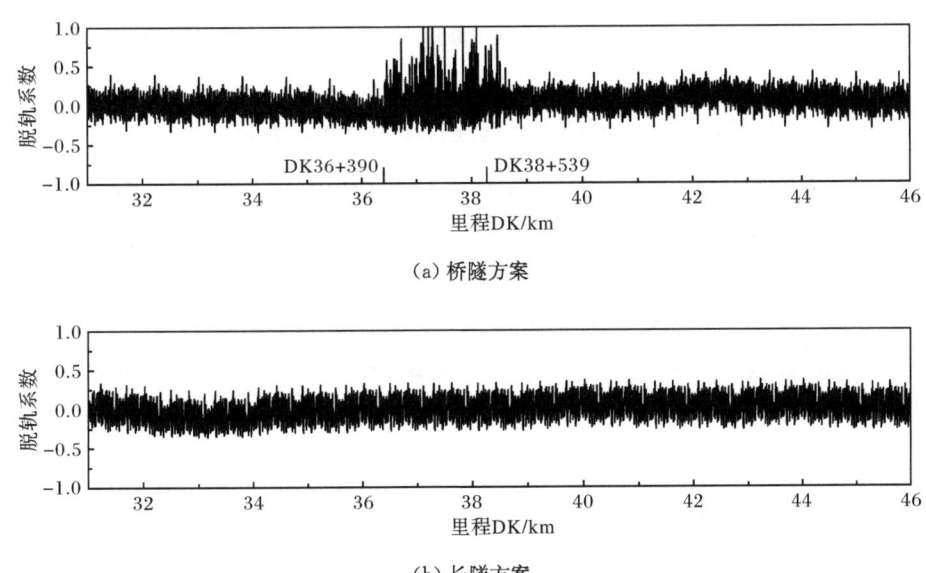

图 19.34 沙仔岛两种设计方案下高速列车脱轨系数的全程变化情况

由此可见,在沙仔岛长隧方案下,高速列车运行安全性指标及舒适性指标均能满足要求,并且具有较大的安全余量;而对于沙仔岛桥隧方案,高速列车的运行安全性及乘车舒适性得不到保障。

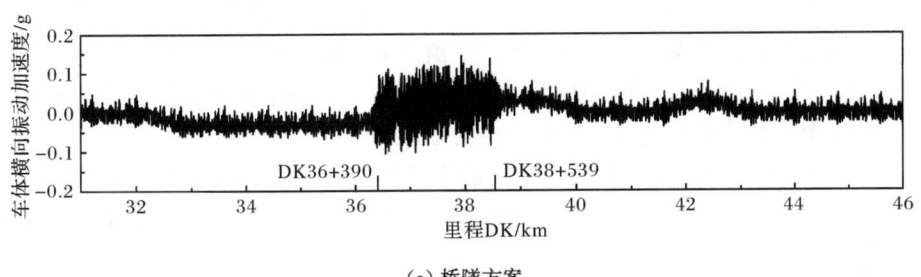

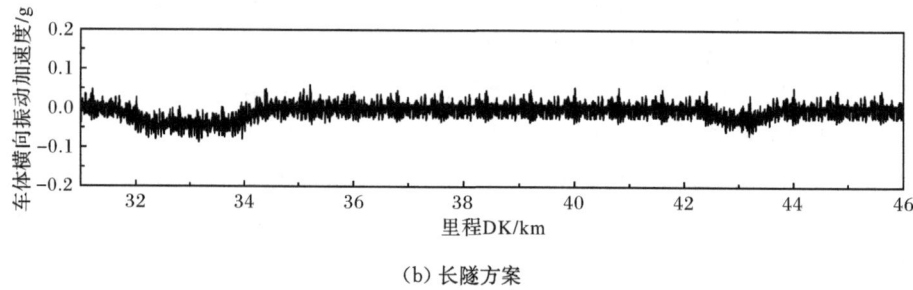

(b) 长隧方案

图 19.35　沙仔岛两种设计方案下高速列车车体横向振动加速度响应

19.4.3　海鸥岛长隧方案与桥隧方案高速行车性能对比分析

高速列车以 300km/h 速度通过海鸥岛长隧方案与桥隧方案时，列车动态行为出现了与沙仔岛设计方案中类似的变化特征，行车安全性及舒适性等各项动力性能指标最大值的理论计算结果汇总于表 19.16。

表 19.16　海鸥岛两种方案下全程动力性能指标最大值的计算结果

动力性能指标	长隧方案	桥隧方案
轮轨横向力/kN	27.89	30.97
脱轨系数	0.53	0.92
轮重减载率	0.41	0.98
倾覆系数	0.61	1.00
车体横向振动加速度/g	0.08	0.16
车体垂向振动加速度/g	0.05	0.07
横向平稳性指标	2.44	2.94
垂向平稳性指标	2.25	2.33

对比安全性指标可知，长隧方案下的脱轨系数最大值为 0.53，小于合格限值 0.8，桥隧方案下的脱轨系数最大值达到 0.92，超出了合格限值(0.8)；长隧方案下的轮重减载率最大值为 0.41，小于合格限值 0.65，桥隧方案下的最大峰值达到了 0.98，不合格；长隧方案下的倾覆系数最大值为 0.61，小于其合格限值 0.8，桥隧方案下的倾覆系数最大值为 1.00，大于合格限值。

对比平稳性指标可见，长隧方案下的车体横向平稳性指标为 2.44，属"优"级，桥隧方案下的相应值为 2.94，属合格等级；长隧方案及桥隧方案下的垂向平稳性指标均属"优"级。

由此可见，当高速列车以 300km/h 速度通过海鸥岛时，长隧方案下的所有安全性指标及舒适性指标均能满足高速行车要求，并且具有足够大的安全储备；而对于桥隧方案,在曲线半径为7000m的平面曲线与30‰的纵坡曲线共同作用下,列车的部分安全性指标值超出了允许限值,且乘坐舒适性大大下降,不能满足要求。

19.4.4　沙仔岛与海鸥岛长隧方案比选

根据上述分析结果可知,沙仔岛及海鸥岛桥隧方案的行车安全性及舒适性明显差于各自的长隧方案,且桥隧方案不能满足行车安全、舒适要求,而长隧方案均能满足行车安全、舒适要求,故推荐采用长隧方案。

为了达到优选出最佳设计方案之目的,我们进一步对比了能够满足高速行车要求的沙仔岛与海鸥岛长隧方案的动力学性能指标,如表19.17所示。

表19.17　沙仔岛与海鸥岛长隧方案高速行车性能指标比较(速度300km/h)

动力性能指标	沙仔岛	海鸥岛
轮轨横向力/kN	18.85	27.89
轮轨垂向力/kN	97.67	105.21
脱轨系数	0.37	0.53
轮重减载率	0.47	0.41
倾覆系数	0.69	0.61
车体横向振动加速度/g	0.09	0.08
车体垂向振动加速度/g	0.06	0.05
横向平稳性指标	2.46	2.44
垂向平稳性指标	2.24	2.25

对比表19.17中结果可知,列车高速通过沙仔岛长隧方案时,关键安全性指标(脱轨系数及轮轨横向力)均小于海鸥岛长隧设计方案值;而两种方案下的轮重减载率及倾覆系数等安全性指标非常接近;乘坐舒适度也无明显差别。因此,我们最终推荐的最佳线路设计方案是途经沙仔岛的长大隧道设计方案,从而为设计部门决策提供了科学依据。

19.4.5　工程实施与运营实践效果

以上推荐方案被广深港高速铁路狮子洋段实际工程所采用(图19.36),解决了当时我国高速铁路设计中首次遇到的复杂、大坡度选线难题。

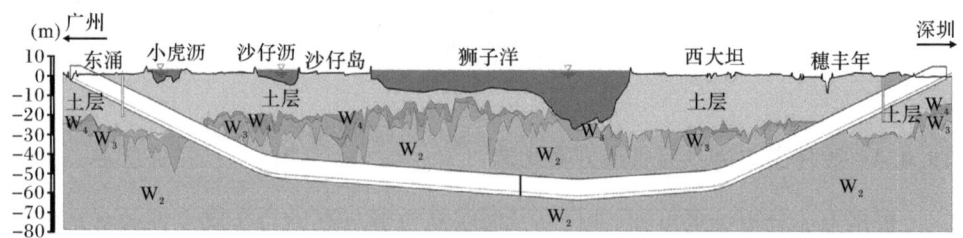

图 19.36　狮子洋隧道实际工程纵断面示意图

2005 年 12 月 18 日，广深港高速铁路广深段（广州南至深圳北）正式动工兴建，其中狮子洋隧道于 2007 年 11 月 9 日开工建设，并于 2011 年 3 月 12 日贯通。狮子洋隧道全长 10.8km，是目前世界上行车速度最高的水底铁路隧道。

2011 年 12 月 26 日，广深港高速铁路广深段正式开通运营。从开通前的线路运行试验结果及运营后的实际效果来看，高速动车组在狮子洋段的走行性能良好，完全满足高速行车安全性与乘车舒适性要求。从 2005 年设计方案的比选与推荐，到 2011 年开通运营，经过六年的工程实施时间，最终实践检验了推荐方案（途径沙仔岛长隧方案）的正确可靠性。

参 考 文 献

[1] 蔡成标，翟婉明，王其昌. 高速列车与高架桥上无砟轨道相互作用研究. 铁道工程学报，2000,(3):29～32

[2] 江成，翟婉明. 秦沈客运专线桥上无砟轨道综合试验研究报告. TY-1728. 北京：铁道科学研究院，2003

[3] 铁道部工务局. 铁路工务技术手册——轨道. 北京：中国铁道出版社，1998:235～239

[4] 西南交通大学，兰州铁道学院. 京秦客运通道提速改造工程动力仿真研究报告——路基及过渡段动力特性和列车走行性能分析. 成都：西南交通大学列车与线路研究所，2000

[5] 铁道科学研究院，北京铁路局. 京秦客运通道提速改造工程第一次实车运行试验研究报告. TY-1487. 北京：铁道科学研究院，2000

[6] 王开云. 福厦铁路高中速客车混跑与高低速客货混跑时的动力学性能研究. TTRI-2003-07. 成都：西南交通大学列车与线路研究所，2003

[7] 翟婉明. 福厦铁路高低速客货混运对轨道结构动力影响的研究. TTRI-2003-05. 成都：西南交通大学列车与线路研究所，2003

[8] 翟婉明，王开云. 广深港客运专线珠江段设计安全性与平稳性仿真评估. TTRI-2005-09. 成都：西南交通大学列车与线路研究所，2005

[9] 翟婉明. 机车车辆与线路最佳匹配设计原理、方法及工程实践. 中国铁道科学，2006,27(2):60～65

附　　录

附录1　轮轨接触椭圆参数表

附表1　接触椭圆各参数与 ρ/r 的关系

ρ/r	$\beta/(°)$	m	n	mn	a/b	a_e	b_e	$a_e b_e$
0.05	12.84	5.22	0.352	1.84	14.8	0.290	0.0195	5.66
0.06	14.07	5.00	0.361	1.81	13.9	0.295	0.0213	6.28
0.07	15.20	4.79	0.369	1.77	13.0	0.297	0.0229	6.80
0.08	16.26	4.57	0.378	1.73	12.1	0.297	0.0245	7.28
0.09	17.25	4.36	0.386	1.68	11.3	0.294	0.0261	7.67
0.10	18.20	4.14	0.395	1.64	10.5	0.289	0.0276	7.98
0.108	18.88	4.01	0.401	1.61	10.0	0.287	0.0287	8.25
0.12	19.95	3.80	0.412	1.57	9.22	0.282	0.0306	8.63
0.14	21.57	3.61	0.425	1.53	8.49	0.282	0.0332	9.36
0.16	23.07	3.41	0.438	1.49	7.79	0.278	0.0358	9.95
0.18	24.50	3.24	0.450	1.46	7.20	0.275	0.0383	10.5
0.20	25.84	3.06	0.462	1.41	6.62	0.269	0.0407	11.0
0.225	27.44	2.94	0.473	1.39	6.22	0.269	0.0433	11.7
0.25	28.96	2.82	0.485	1.37	5.81	0.265	0.0455	12.1
0.275	30.40	2.70	0.496	1.34	5.44	0.264	0.0486	12.8
0.30	31.79	2.57	0.509	1.31	5.05	0.259	0.0513	13.3
0.35	34.41	2.43	0.526	1.28	4.62	0.258	0.0558	14.4
0.40	36.87	2.30	0.545	1.25	4.22	0.255	0.0605	15.4
0.45	39.20	2.18	0.561	1.22	3.89	0.252	0.0647	16.3
0.50	41.41	2.07	0.577	1.20	3.59	0.241	0.0690	17.0
0.55	43.53	1.99	0.593	1.18	3.35	0.246	0.0732	18.0
0.60	45.57	1.91	0.608	1.16	3.14	0.243	0.0772	18.8
0.65	47.55	1.84	0.622	1.14	2.96	0.240	0.0811	19.5
0.70	49.46	1.77	0.637	1.13	2.78	0.237	0.0852	20.2
0.75	51.23	1.72	0.651	1.12	2.62	0.235	0.0891	20.9
0.80	53.13	1.66	0.664	1.10	2.50	0.232	0.0928	21.5
0.85	54.90	1.61	0.677	1.09	2.38	0.230	0.0966	22.2
0.90	56.63	1.57	0.691	1.09	2.27	0.228	0.101	23.0

续表

ρ/r	$\beta/(°)$	m	n	mn	a/b	a_e	b_e	$a_e b_e$
0.95	58.33	1.53	0.704	1.08	2.17	0.227	0.104	23.6
1.00	60.00	1.49	0.717	1.07	2.08	0.224	0.108	24.2
1.10	63.26	1.42	0.744	1.06	1.91	0.221	0.116	25.6
1.20	66.42	1.35	0.769	1.04	1.76	0.216	0.123	26.6
1.30	69.51	1.29	0.797	1.03	1.62	0.212	0.131	27.8
1.40	72.54	1.24	0.824	1.02	1.51	0.209	0.139	29.1
1.50	75.52	1.20	0.851	1.02	1.42	0.206	0.147	30.3
1.60	78.46	1.15	0.878	1.01	1.31	0.203	0.155	31.5
1.70	81.37	1.11	0.907	1.01	1.22	0.200	0.163	32.6
1.80	84.26	1.07	0.936	1.00	1.14	0.196	0.172	33.7
1.90	87.13	1.04	0.968	1.00	1.07	0.194	0.181	35.1
2.00	90.00	1.00	1.000	1.00	1.00	0.190	0.190	36.1
2.10	87.13	1.04	0.968	1.00	0.931	0.187	0.201	37.6
2.20	84.26	1.07	0.936	1.00	0.875	0.183	0.210	38.4
2.30	81.37	1.11	0.907	1.01	0.817	0.180	0.221	39.8
2.40	78.46	1.15	0.878	1.01	0.763	0.177	0.232	41.1
2.50	75.52	1.20	0.851	1.02	0.709	0.174	0.245	42.6
2.60	72.54	1.24	0.824	1.02	0.665	0.171	0.256	43.8
2.70	69.51	1.29	0.797	1.03	0.618	0.167	0.271	45.3
2.80	66.42	1.35	0.769	1.04	0.570	0.163	0.287	46.8
2.90	63.26	1.42	0.744	1.06	0.524	0.160	0.305	48.8
3.00	60.00	1.49	0.717	1.07	0.481	0.156	0.324	50.5
3.05	58.33	1.53	0.704	1.08	0.460	0.154	0.334	51.4
3.10	56.63	1.57	0.691	1.09	0.440	0.152	0.345	52.4
3.15	54.90	1.61	0.677	1.09	0.421	0.150	0.355	53.3
3.20	53.13	1.66	0.664	1.10	0.400	0.147	0.368	54.1
3.25	51.32	1.72	0.651	1.12	0.379	0.145	0.384	55.7
3.30	49.46	1.77	0.637	1.13	0.360	0.143	0.397	56.8
3.35	47.55	1.84	0.622	1.14	0.338	0.140	0.415	58.1
3.40	45.57	1.91	0.608	1.16	0.318	0.138	0.433	59.8
3.45	43.53	1.99	0.593	1.18	0.298	0.135	0.453	61.2
3.50	41.41	2.07	0.577	1.20	0.279	0.132	0.473	62.4
3.55	39.20	2.18	0.561	1.22	0.257	0.129	0.500	64.5
3.60	36.87	2.30	0.545	1.25	0.237	0.126	0.531	66.9

注：a_e、b_e 单位均为 $[\times 10^{-3} (m^2/N)^{1/3}]$，$a_e b_e$ 单位为 $[\times 10^{-9} (m^2/N)^{2/3}]$。

附录 2 Kalker 线性蠕滑理论之系数 C_{ij}

附表 2 适用于具有椭圆接触区线性理论的蠕滑系数 C_{ij}

	g	C_{11} $\nu=0$	C_{11} 1/4	C_{11} 1/2	C_{22} $\nu=0$	C_{22} 1/4	C_{22} 1/2	$C_{23}=-C_{32}$ $\nu=0$	$C_{23}=-C_{32}$ 1/4	$C_{23}=-C_{32}$ 1/2	C_{33} $\nu=0$	C_{33} 1/4	C_{33} 1/2
	↓0.0	\multicolumn{3}{c}{$\dfrac{\pi^2}{4(1-\nu)}$}			\multicolumn{3}{c}{$\dfrac{\pi^2}{4}$}		\multicolumn{3}{c}{$\dfrac{\pi\sqrt{g}}{3(1-\nu)}\left[1+\nu\left(\dfrac{1}{2}\Lambda+\ln4-5\right)\right]$}			\multicolumn{3}{c}{$\dfrac{\pi^2}{16(1-\nu)g}$}
$\dfrac{a}{b}$	0.1	2.51	3.31	4.85	2.51	2.52	2.53	0.334	0.473	0.731	6.24	8.28	11.7
	0.2	2.59	3.37	4.81	2.59	2.63	2.66	0.483	0.603	0.809	3.46	4.27	5.66
	0.3	2.68	3.44	4.80	2.68	2.75	2.81	0.607	0.715	0.889	2.49	2.96	3.72
	0.4	2.78	3.53	4.82	2.78	2.88	2.98	0.720	0.823	0.977	2.02	2.32	2.77
	0.5	2.88	3.62	4.83	2.88	3.01	3.14	0.827	0.929	1.07	1.74	1.93	2.22
	0.6	2.98	3.72	4.91	2.98	3.14	3.31	0.930	1.03	1.18	1.56	1.68	1.86
	0.7	3.09	3.81	4.97	3.09	3.28	3.48	1.03	1.14	1.29	1.43	1.50	1.60
	0.8	3.19	3.91	5.05	3.19	3.41	3.65	1.13	1.25	1.40	1.34	1.37	1.42
	0.9	3.29	4.01	5.12	3.29	3.54	3.82	1.23	1.36	1.51	1.27	1.27	1.27
	1.0	3.40	4.12	5.20	3.40	3.67	3.98	1.33	1.47	1.63	1.21	1.19	1.16
$\dfrac{b}{a}$	0.9	3.51	4.22	5.30	3.51	3.81	4.16	1.44	1.59	1.77	1.16	1.11	1.06
	0.8	3.65	4.36	5.42	3.65	3.99	4.39	1.58	1.75	1.94	1.10	1.04	0.954
	0.7	3.82	4.54	5.58	3.82	4.21	4.67	1.76	1.95	2.18	1.05	0.965	0.852
	0.6	4.06	4.78	5.80	4.06	4.50	5.04	2.01	2.23	2.50	1.01	0.892	0.751
	0.5	4.37	5.10	6.11	4.37	4.90	5.56	2.35	2.62	2.96	0.958	0.819	0.650
	0.4	4.84	5.57	6.57	4.84	5.48	6.31	2.88	3.24	3.70	0.912	0.747	0.549
	0.3	5.57	6.34	7.34	5.57	6.40	7.51	3.79	4.32	5.01	0.868	0.674	0.446
	0.2	6.96	7.78	8.82	6.96	8.14	9.79	5.72	6.63	7.89	0.828	0.601	0.341
	0.1	10.7	11.7	12.9	10.7	12.8	16.0	12.2	14.6	18.0	0.795	0.526	0.228
	↓0.0	\multicolumn{3}{c}{$\dfrac{2\pi}{(\Lambda-2\nu)g}\left(1+\dfrac{3-\ln4}{\Lambda-2\nu}\right)$}			\multicolumn{3}{c}{$\dfrac{\dfrac{2\pi}{g}\left[1+\dfrac{(1-\nu)(3-\ln4)}{(1-\nu)\Lambda+2\nu}\right]}{(1-\nu)\Lambda+2\nu}$}			\multicolumn{3}{c}{$\dfrac{2\pi}{3g\sqrt{g}}$ $(1-\nu)\Lambda-2+4\nu$}			\multicolumn{3}{c}{$\dfrac{\pi}{4}\left[1-\dfrac{\nu\Lambda-2}{(1-\nu)\Lambda-2+4\nu}\right]$}

注:$\Lambda=\ln(16/g^2)$,$g=\min(a/b;b/a)$,$\ln4=1.386$。

附录3 常见铁道机车车辆基本参数

本附录给出了书中运用车辆—轨道垂向统一模型和车辆—轨道空间耦合模型进行仿真计算分析所涉及的主要机车车辆模型参数，仅供参考。

附表3 常见铁道客车垂向模型参数一览表

符号	名称	单位	车型			
			普通客车 YZ$_{22}$	提速客车 QHSC	高速模型车 HSC	地铁车辆 M-B
M_c	车体质量	kg	38 500	39 500	52 000	36 805
M_t	构架质量	kg	2 980	2 200	3 200	2 533
M_w	轮对（簧下）质量	kg	1 350	1 900	1 400	1 488
J_c	车体点头惯量	kg·m^2	2.446×10^6	2.312×10^6	2.31×10^6	1.6×10^6
J_t	构架点头惯量	kg·m^2	3 605	2 200	3 120	2 320
K_{pz}	一系悬挂刚度（每轴）	N/m	2.14×10^6	2.13×10^6	1.87×10^6	2.768×10^6
K_{sz}	二系悬挂刚度	N/m	2.535×10^6	8×10^5	1.72×10^6	3.56×10^5
C_{pz}	一系悬挂阻尼（每轴）	N·s/m	4.9×10^4	1.2×10^5	5×10^5	1.5×10^4
C_{sz}	二系悬挂阻尼	N·s/m	1.96×10^5	2.174×10^5	1.96×10^5	2.5×10^4
l_c	车辆定距之半	m	8.4	9.0	9.0	6.3
l_t	转向架轴距之半	m	1.2	1.2	1.25	1.15
R	车轮滚动圆半径	m	0.4575	0.4575	0.4575	0.42

注：准高速客车参数可按160km/h提速客车选取。

附表4 常见铁道货车垂向模型参数一览表

符号	名称	单位	车型			
			普通货车 C$_{62A}$	大轴重货车 C$_{75}$	英国货车 LTF	大型货车 SWJ
M_c	车体质量	kg	77000	91800	93640	91100
M_t	构架质量	kg	1130	1510	1880	1950
M_w	轮对质量	kg	1200	1295	1150	1250

续表

符号	名称	单位	车型			
			普通货车 C_{62A}	大轴重货车 C_{75}	英国货车 LTF	大型货车 SWJ
J_c	车体点头惯量	kg·m²	1.2×10^6	4.22×10^6	4.41×10^6	4.28×10^6
J_t	构架点头惯量	kg·m²	760	1 560	1 710	1 800
K_{pz}	一系悬挂刚度(每轴)	N/m	—	—	1.3×10^7	5×10^6
K_{sz}	二系悬挂刚度	N/m	1.064×10^7	1.028×10^7	6.2×10^6	—
C_{pz}	一系悬挂阻尼(每轴)	N·s/m	—	—	9×10^4	3×10^4
C_{sz}	二系悬挂阻尼	N·s/m	1.4×10^5	1.0×10^5	1×10^5	—
l_c	车辆定距之半	m	4.25	4.35	4.039	4.35
l_t	转向架轴距之半	m	0.875	0.875	0.875	0.875
R	车轮滚动圆半径	m	0.42	0.42	0.42	0.42

附表 5　常见铁道机车垂向模型参数一览表

符号	名称	单位	车型		
			普通机车	提速机车	高速机车
M_c	车体质量	kg	72452	66800	60840
M_t	构架质量	kg	15293	22850	4680
M_w	轮对(簧下)质量	kg	5827	2750	1950
J_c	车体点头惯量	kg·m²	1.17×10^6	1.833×10^6	1.35×10^6
J_t	构架点头惯量	kg·m²	5910	49788	4033
K_{pz}	一系悬挂刚度(每轴)	N/m	1.92×10^6	3.4×10^6	4.8×10^6
K_{sz}	二系悬挂刚度	N/m	5.36×10^6	3.35×10^6	1.77×10^6
C_{pz}	一系悬挂阻尼(每轴)	N·s/m	2.0×10^5	1.2×10^5	6.0×10^4
C_{sz}	二系悬挂阻尼	N·s/m	2.0×10^5	8.0×10^4	9.0×10^4
l_c	车辆定距之半	m	5.642	6.0	5.73
l_t	转向架轴距之半	m	2.15	2.15	1.5
R	车轮滚动圆半径	m	0.625	0.625	0.52

附表 6 常见铁道客车空间模型参数一览表

符号	名称	单位	车型		
			普通客车	提速客车	高速客车
M_c	车体质量	kg	40560	29600	34000
M_t	构架质量	kg	3175	1700	3000
M_w	轮对质量	kg	1900	1900	1400
I_{cx}	车体绕 x 轴转动惯量	kg·m²	1.043×10^5	5.802×10^4	7.506×10^4
I_{cy}	车体绕 y 轴转动惯量	kg·m²	2.966×10^6	2.139×10^6	2.277×10^6
I_{cz}	车体绕 z 轴转动惯量	kg·m²	2.996×10^6	2.139×10^6	2.086×10^6
I_{tx}	构架绕 x 轴转动惯量	kg·m²	2040	1600	2260
I_{ty}	构架绕 y 轴转动惯量	kg·m²	2710	1700	2710
I_{tz}	构架绕 z 轴转动惯量	kg·m²	4650	1700	3160
I_{wx}	轮对绕 x 轴转动惯量	kg·m²	1120	1067	915
I_{wy}	轮对绕 y 轴转动惯量	kg·m²	160	140	140
I_{wz}	轮对绕 z 轴转动惯量	kg·m²	1120	1067	915
K_{px}	一系悬挂纵向刚度(每轴箱)	MN/m	9	24	10
K_{py}	一系悬挂横向刚度(每轴箱)	MN/m	4.6	5.1	5
K_{pz}	一系悬挂垂向刚度(每轴箱)	MN/m	0.805	0.873	0.55
K_{sx}	二系悬挂纵向刚度(转向架一侧)	MN/m	0.13	1.2	0.15
K_{sy}	二系悬挂横向刚度(转向架一侧)	MN/m	0.09	0.3	0.15
K_{sz}	二系悬挂垂向刚度(转向架一侧)	MN/m	0.309	0.41	0.4
C_{pz}	一系悬挂垂向阻尼(每轴箱)	kN·s/m	20	30	6
C_{sy}	二系悬挂横向阻尼(转向架一侧)	kN·s/m	35	25	60
C_{sz}	二系悬挂垂向阻尼(转向架一侧)	kN·s/m	40	108.7	80
l_c	车辆定距之半	m	9	9	9
l_t	转向架轴距之半	m	1.25	1.2	1.2
R_0	滚动圆半径	m	0.4575	0.4575	0.4575

注:表中所列参数并不针对某个特定车型。

附表7 常见铁道货车空间模型参数一览表

符号	名称	单位	车型 普通货车	车型 25吨轴重货车
M_c	车体质量	kg	重车77000,空车14600	90000
M_t	转向架侧架质量	kg	330	460
M_B	摇枕质量	kg	470	596
M_w	轮对质量	kg	1200	1145
I_{cx}	车体绕x轴转动惯量	kg·m²	重车1×10^5,空车2.66×10^4	1.148×10^5
I_{cy}	车体绕y轴转动惯量	kg·m²	重车1.2×10^6,空车2.66×10^5	1.381×10^6
I_{cz}	车体绕z轴转动惯量	kg·m²	重车1.07×10^6,空车2.84×10^5	1.4075×10^6
I_{Bz}	摇枕绕z轴转动惯量	kg·m²	190	244
I_{ty}	侧架绕y轴转动惯量	kg·m²	100	192
I_{tz}	侧架绕z轴转动惯量	kg·m²	80	175
I_{wx}	轮对绕x轴转动惯量	kg·m²	740	700
I_{wy}	轮对绕y轴转动惯量	kg·m²	100	100
I_{wz}	轮对绕z轴转动惯量	kg·m²	740	700
K_{px}	一系悬挂纵向刚度(每轴箱)	MN/m	—	3.6
K_{py}	一系悬挂横向刚度(每轴箱)	MN/m	—	3.6
K_{pz}	一系悬挂垂向刚度(每轴箱)	MN/m	—	17
K_{sx}	二系悬挂纵向刚度(摇枕一端)	MN/m	4.14	6.5
K_{sy}	二系悬挂横向刚度(摇枕一端)	MN/m	4.14	6.5
K_{sz}	二系悬挂垂向刚度(摇枕一端)	MN/m	5.32	5.9
K_{sz1}	楔块弹簧垂向刚度	MN/m	0.769	0.769
C_{pz}	一系悬挂垂向阻尼(每轴箱)	kN·s/m	—	3
C_{sz}	二系悬挂垂向阻尼(摇枕一端)	kN·s/m	—	3
l_c	车辆定距之半	m	4.25	4.6
l_t	转向架轴距之半	m	0.875	0.915
R_0	车轮滚动圆半径	m	0.42	0.42

注:表中所列参数并不针对某个特定车型。

附表 8　常见铁道机车空间模型参数一览表

符号	名称	单位	车型		
			普通机车	提速机车	高速机车
M_c	车体质量	kg	72452	63400	59364.2
M_t	构架质量	kg	15293	20563	5630.8
M_w	轮对质量	kg	5827	3239	1843.5
I_{cx}	车体绕 x 轴转动惯量	kg·m²	1.604×10^5	1.435×10^5	1.305×10^5
I_{cy}	车体绕 y 轴转动惯量	kg·m²	1.71×10^6	1.521×10^6	1.723×10^6
I_{cz}	车体绕 z 轴转动惯量	kg·m²	1.92×10^6	1.718×10^6	1.796×10^6
I_{tx}	构架绕 x 轴转动惯量	kg·m²	6263.7	7370	2202
I_{ty}	构架绕 y 轴转动惯量	kg·m²	59091	73274	9487
I_{tz}	构架绕 z 轴转动惯量	kg·m²	39699	78243	11233
I_{wx}	轮对绕 x 轴转动惯量	kg·m²	2913	2450	1263
I_{wy}	轮对绕 y 轴转动惯量	kg·m²	408	405	219
I_{wz}	轮对绕 z 轴转动惯量	kg·m²	4126	2450	1285
K_{px}	一系悬挂纵向刚度（每轴箱）	MN/m	54.55	20.0	30.8
K_{py}	一系悬挂横向刚度（每轴箱）	MN/m	4.74	5.5	4.878
K_{pz}	一系悬挂垂向刚度（每轴箱）	MN/m	9.615	2.15	2.3996
K_{sx}	二系悬挂纵向刚度（转向架一侧）	MN/m	0.522	0.426	0.3156
K_{sy}	二系悬挂横向刚度（转向架一侧）	MN/m	0.46	0.426	0.3156
K_{sz}	二系悬挂垂向刚度（转向架一侧）	MN/m	2.679	1.596	0.8858
C_{pz}	一系悬挂垂向阻尼（每轴箱）	kN·s/m	100	80	30
C_{sy}	二系悬挂横向阻尼（转向架一侧）	kN·s/m	60	90	50
C_{sz}	二系悬挂垂向阻尼（转向架一侧）	kN·s/m	80	120	45
l_c	车辆定距之半	m	5.642	5.39	5.73
l_t	转向架轴距之半	m	2.15	2.15	1.5
R_0	滚动圆半径	m	0.625	0.625	0.525

注：表中所列参数并不针对某个特定车型。

附录4　常用轨道结构基本参数

一、轨道各部件基本参数

1. 钢轨

钢轨弹性模量 $E=2.059\times10^{11}\text{N/m}^2$,截面惯量与单位长质量如附表9所示。我国传统既有线大多铺设50kg/m钢轨(T50),提速改造线路一般换为60kg/m钢轨(T60),新修干线及高速铁路均铺设60kg/m钢轨,而某些重载铁路专线还铺设了75kg/m重型钢轨(T75)。

附表9　钢轨基本参数表

类型	T38	T43	T50	T60	T75
m_r/(kg/m)	38.73	44.65	51.5	60.64	74.414
$I/(\times10^{-5}\text{ m}^4)$	1.2044	1.489	2.037	3.217	4.49

2. 轨枕

我国有代表性的轨枕基本参数如附表10所示。对于一般线路,轨枕配置1760根/km或1840根/km,相应的轨枕间距 $l_s=0.568\text{m}$ 或 $l_s=0.545\text{m}$;对于新建时速200km以上高速铁路,轨枕配置为1667根/km,其轨枕间距 $l_s=0.6\text{m}$。

附表10　我国常用轨枕基本参数

主要类型	轨枕质量 M_s/kg	轨枕长度 L_s/m	底面平均宽度 l_b/m	有效支承长度(半枕)l_e/m
普通木轨枕	100	2.5	0.19~0.22	1.1
既有线混凝土轨枕(Ⅰ型)	237	2.5	0.267	0.95
混凝土宽轨枕(弦76型)	520	2.5	0.55	0.95
提速线路轨枕(Ⅱ型)	251	2.5	0.273	0.95
提速干线、客运专线轨枕(Ⅲ型)	340	2.6	0.29	1.175

3. 扣件

我国铁路钢轨弹条扣件及胶垫的基本性能参数分别如附表11、附表12所示。对于既有线上不同使用条件和不同使用期限的轨下胶垫的实际刚度,原上海铁道大学土木建筑学院曾于1999年进行过抽样测试,得到的刚度总范围是45.57~

173.01MN/m。轨下垫层的垂向阻尼系数可取为 $C_p=75$kN·s/m。

关于扣件的横向刚度和横向阻尼,根据国内外文献资料,$K_{ph}=19.6\sim 39.2$MN/m,$C_{ph}\approx 60$kN·s/m。

附表 11 弹条性能参数

弹条型号	扣压力/kN	弹程/mm
Ⅰ型弹条	8.5	9
Ⅱ型弹条	10.8	11
Ⅲ型弹条	11	13

附表 12 轨下胶垫静刚度

| 线路类型 | 普通既有铁路 | 提速干线铁路 | 高速铁路 | |
			有砟轨道	无砟轨道
静刚度值/(MN/m)	90～120	55～80	50～70	20～30

4. 道床

对于不同密实状态下普通碎石道床的密度范围一般是 $\rho_b=1700\sim 2000$kg/m³,道床内压力扩散角 $\alpha=35°$。既有线道床厚度因长期养护维修作业变得较厚,$h_b=40\sim 60$cm;而新建高速或快速客运专线,土质路基上 $h_b=30$cm,硬质岩石路堑上 $h_b=35$cm。

关于道床刚度,本书中是由道床弹性模量根据道床锥体受荷模型而计算确定的,因此我们关心的是道床弹性模量 E_b 的分析范围。就新建铁路道床弹性模量而言,德国 $E_b=120$MPa,美国 $E_b=207\sim 276$MPa,日本、法国则要求 $E_b\geqslant 100$MPa。我国对此未作明确规定,根据有关资料,相应于我国既有线普通道砟道床(不含道床板结地段),E_b 范围为 70～170MPa,换算出既有线道床刚度范围是 116～281MN/m(半根轨枕下支承刚度)。原上海铁道大学土木建筑学院在室内轨道足尺模型上测得的厚度为 40～50cm、密度为 1.76～1.90g/cm³ 的道床刚度范围是 110～185MN/m。

5. 路基

路基刚度在本书分析模型中同样是由地基系数 E_f(K_{30}值)换算出来的。对于普通路基条件,计算中 E_f 的范围是 27.7～138.4MPa/m,相应于既有线轨道的路基支承刚度为 45.3～226MN/m(半轨枕下)。对于一般的中强土,取 $E_f=90$MPa/m。高速铁路对路基模量有很高要求,一般要求基床表层 K_{30} 模量不小于

190MPa/m。

二、常用轨道模型参数

为方便起见,附表13给出了本书中采用VICT仿真系统进行模拟计算时常用的轨道模型参数。

附表13 VICT仿真系统中常用的轨道模型参数

符号	名称	单位	轨道类型		
			既有普通线 T50	提速干线 T60	高速线路 HST60
E	钢轨弹性模量	N/m²	2.059×10^{11}	2.059×10^{11}	2.059×10^{11}
I	钢轨截面惯量	m⁴	2.037×10^{-5}	3.217×10^{-5}	3.217×10^{-5}
m_r	钢轨单位长质量	kg/m	51.5	60.64	60.64
m_s	轨枕质量(半根)	kg	118.5	125.5	170
K_p	轨下胶垫刚度	N/m	1.2×10^8	1.0×10^8	6.0×10^7
C_p	轨下胶垫阻尼	N·s/m	7.5×10^4	7.5×10^4	7.5×10^4
l_s	轨枕间距	m	0.545	0.545	0.6
l_e	半轨枕有效支承长度	m	0.95	0.95	1.175
l_b	轨枕底面平均宽度	m	0.267	0.273	0.277
ρ_b	道床密度	kg/m³	1.8×10^3	1.8×10^3	1.9×10^3
E_b	道床弹性模量	Pa	1.1×10^8	1.1×10^8	1.2×10^8
C_b	道床阻尼	N·s/m	5.88×10^4	5.88×10^4	6.0×10^4
K_w	道床剪切刚度	N/m	7.84×10^7	7.84×10^7	7.84×10^7
C_w	道床剪切阻尼	N·s/m	8.0×10^4	8.0×10^4	8.0×10^4
α	道床压力扩散角	°	35	35	35
h_b	道床厚度	m	0.45	0.45	0.35
E_f	路基K_{30}模量	Pa/m	8.0×10^7	9.0×10^7	1.9×10^8
C_f	路基阻尼	N·s/m	3.115×10^4	3.115×10^4	1.0×10^5

注:表中数值均对应于单股钢轨一个支点单元。

三、我国大秦重载铁路轨道基本动力参数

根据我们在大秦铁路轮轨相互作用试验地段所测取的轨道结构基础数据,并运用第二章图2.12道床模型及式(2.1)~式(2.9)计算而得的大秦重载铁路轨道基本参数如附表14所示。

附表 14　大秦重载铁路轨道基本参数

符号	单位	数值	符号	单位	数值
m_r	kg/m	60.64	K_b	N/m	1.5×10^8
EI	N·m²	6.62×10^6	C_b	N·s/m	5.88×10^4
m_s	kg	125.5	K_f	N/m	1.7×10^8
M_b	kg	660	C_f	N·s/m	3.1×10^4
K_p	N/m	7.8×10^7	K_w	N/m	7.8×10^7
C_p	N·s/m	5.0×10^4	C_w	N·s/m	8.0×10^4

注：表中数值均对应于单股钢轨一个支点单元。

索　引

A

安全可靠性　9,165,255
安全性指标　199,217,257,258,359,407,412,415,423,425,440,462,466,505
鞍结分叉　209

B

板式轨道　25,180,306,475,476
板式无砟轨道动力学模型　51
板式无砟轨道结构振动方程　39

C

擦伤长度　279
侧架运动方程　63
侧向过岔　105,222,426
测力轮对　166,245,443
长大列车　317
长枕埋入式轨道　50,306
长枕埋入式无砟轨道动力学模型　50
长枕埋入式无砟轨道结构振动方程　38,72
常接触弹性旁承　328,329,332
超高　54,187,199,202,213,299,341,358,407,409,412,462
车钩自由摆角　446,448,449,450
车钩纵向力　446,448,449
车辆定距　27,53,322,512,513,514,515,516
车辆动力学　1,3,5,6,77,80,82,165,208,216,217,243,246,251,419,420
车辆—轨道垂向耦合动力学　3,6,10,20,90,133,148,192
车辆—轨道垂向耦合关系　41
车辆—轨道垂向系统统一模型　11,20,41
车辆—轨道横向耦合动力学　6,148
车辆—轨道空间耦合系统动力学模型　11,20,41
车辆—轨道耦合动力学　1,3,11,95,133,153,165,192,208,219,241,257,265,
　　285,317,352,369,417,453,474

车辆蛇行失稳　441,442
车辆与轨道动态作用　165,166,179,241,244,250
车辆与轨道动态作用现场试验　165
车轮扁疤　97,196,250,332
车轮扁疤冲击模型　97
车轮不圆　110,224,291
车轮擦伤　95,97,271,279
车轮冲击荷载　280
车轮多边形化　110,111
车轮减载　228,277,443
车轮静荷载　251
车轮轮缘　105,240,339,353,355,428,433,442,462
车轮偏心　95,291
车轮踏面几何不圆　95
车轮踏面局部凹陷　110
车轮抬升量　428,433,436,438,439,440
车体垂向振动加速度　173,193,213,277,304,307,311,420,486
车体横向振动加速度　172,178,212,223,227,231,236,238,300,311,323,457,495,505
车体运动方程　55,63
车—线—桥耦合动力学　476
城际快速客运系统　287,288
成渝线　186,205,357,364
乘坐舒适度　173,241,249,307,487,488,507
乘坐舒适性　241,296,457,495
传统车辆动力学模型　208,217

D

大功率交流传动电力机车　318
大秦重载铁路　184,318,519
大轴重货车　193,318,321,512
单层点支承梁模型　16
单轮对脱轨仿真　434,439,442
单元式重载列车　317
道岔冲击模型　103
道床板结　116,120,229

道床残余变形　243
道床弹性　23,120,229,265,518,519
道床顶面应力　242,244,252,265,486,498
道床动应力　242
道床密度　9,195,263,519
道床模型　23,24,519
道床下沉　321
道床振动方程　37,71
道床振动加速度　17,25,170,194,224,229,234,264,276,327,464
道床振动位移　321,326,333
德国高速低干扰轨道谱　211
德国轨道谱　122,126,461
等效簧下质量　301,302
等效锥度　356
低动力作用　7,256,259,300,322,327
低动力作用重载货车转向架　324
地铁轨道　369,378,382
地铁线路　369,371,381
掉道脱轨　446
定点激振　1,18,95,150
动车组　165,171,244,249,270,281,294,310,483,487
动力型激扰　95,96,116
动力性能改进设计　158,453
动力性能优化设计　7,165,256,453
动力学性能评价　240,244,309,418
动态轮重减载率　245,432,445,487,488
动态匹配设计　493
多层点支承梁模型　16

E

Euler梁钢轨模型　19
二级刚度弹簧　325,328
二系悬挂垂向刚度　514,515
二系悬挂垂向力　54,65
二系悬挂垂向阻尼　514,515
二系悬挂横向刚度　456,514,515,516

二系悬挂横向力 54,65
二系悬挂横向阻尼 514,516
二系悬挂纵向刚度 514,515,516
二系悬挂纵向力 53,65
二系悬挂纵向阻尼 44

F

非对称打磨 337,338,339,341,342,344,346,349
非确定性激扰 95
复曲线 407,412,416
福厦高速铁路 492,496,501

G

钢弹簧浮置板轨道 381,383,386,392,397,415
钢轨波浪形磨耗 107,112,226,293
钢轨侧磨 335,337,340,353,355,382
钢轨垂向位移 68,82,184,188,349,365
钢轨错牙接头 101
钢轨错牙接头模型 101
钢轨打磨 337,340,344,346,349
钢轨非对称打磨型面 337,339,341
钢轨轨面剥离 309
钢轨轨面压溃 309
钢轨焊接接头 106,271,398,399,404,464,499
钢轨焊接区不平顺 274
钢轨横向位移 5,184,188,206,349,361,365
钢轨接头焊缝凹凸不平顺 289
钢轨接头焊缝凸台不平顺模型 106
钢轨接头焊接区 271
钢轨宽轨缝接头 106
钢轨磨耗 125,335,336,346,349,382
钢轨模态阶数 150,153
钢轨扭转变形 216
钢轨扭转角 69,79,358
钢轨倾翻 251,418,450
钢轨压溃 353
钢轨振动加速度 169,228,233,263,294,364,401

索　引

钢轨支点反力　67,402,404,498
钢轨质量　15,219,242,263
高速试验车　285
高速试验段轨道谱　463,494
高速铁路　108,123,124,165,171,247,249,285,287,291,293,300,305,306,
　　　　307,310,314,474,492,496,502,508,517,518
高速铁路养护维修　296,308
高速行车综合试验　179,288,481
高性能货车转向架　322
功率谱密度　120,125,214,230,235,248
构架运动方程　55
固定型辙叉　103,222
广深港高速铁路　502,508
轨道不平顺　114,120,125,128,199,202,230,235,280,309,314,357,403,418
轨道不平顺功率谱密度　121,122,125
轨道低接头　102,196,219,320
轨道低接头模型　102
轨道动力不平顺　304,305
轨道动力学　1,3,5,50,51,206
轨道短波不平顺功率谱　125
轨道方向不平顺　121,126,127,129,227,238,311,315,418,422
轨道复合不平顺　422,423,424
轨道刚度不平顺　116,118
轨道高低不平顺　121,126,127,129,235,236,310,311,314,420
轨道过渡段　96
轨道几何不平顺　192
轨道计算长度　31,149,150,153
轨道结构的横向稳定性　296
轨道结构动力性能　158,206,359
轨道结构动态变形测试　166
轨道结构减振设计　262
轨道结构振动测试　166
轨道扭曲不平顺　313,314,315,422
轨道谱　120,121,122,123,124,125,126,127,128,129,130,157,158,204,231,
　　　　357,440,461,478,481,494,504

轨道强化　359,360
轨道三角坑　421,422
轨道水平不平顺　121,235,238,312,315,420
轨道折角　271,277,278,308
轨距不平顺　114,121,123,158,235,238,314,419
轨距动态扩大量　5,158,168,179,191,205,216,244,265,297,358
轨面剥离模型　106
轨面短波不平顺　238,488
轨排横移　242,251,252,418
轨下基础结构　16,96,116,119,219,228,300,381,407
轨下基础结构缺陷　119
轨下胶垫　9,26,44,50,263,276,399,400,403,501,517,518,519
轨下胶垫垂向刚度　264
轨枕垂向位移　68,188,206,365
轨枕横向位移　68,188,361
轨枕空吊　6,14,119,155,229
轨枕振动方程　37,39,70
轨枕振动加速度　149,206,229,233,243,263,327,363
轨枕质量　15,263,483,517,519
过渡段长度　304,306,307,491
过渡段折角　158,304,307,308,485

H

Hertz 非线性弹性接触理论　26
Höpf 分叉　209
HX_D2C 机车　467,470
焊缝区短波不平顺　475
横向非线性振动　454
横向谐波激扰　226
环境振动　14,381,387,392
缓和曲线　157,250,258,299,357,412,467,493,504
簧下质量　12,31,49,125,219,242,259,300,324,328,330,331,426,453,459
回转阻力　324,332
混凝土轨枕线路　5,189,205,251,252
货车—轨道空间耦合模型　44,45,46
货车系统振动方程　27,56

货车转向架　45,62,319,320,324,331,332

J

Janeway 指标　241
JNR 准则　430
机车车辆运行品质　255
机车车辆的模型化　18
机车—轨道空间耦合模型　47
机车系统振动方程　28,30,64
迹线法　79,339,355
基于 Euler 梁模型的钢轨振动微分方程　31,66
基于 Timoshenko 梁模型的钢轨振动微分方程　34,69
极限环　208,209
既有铁路提速　7,124,270,474
集总参数轨道模型　14,19
尖轨磨耗量　273
接触斑　83,85,353
接触椭圆参数　509
静轮重　166,245,250,301,302,432,437
静轴重　251
京秦铁路　474,482,487,490,491,492
均衡超高　299

K

Kalker 线性蠕滑理论　88
抗侧滚刚度　44
抗菱刚度　46,62,328,329,332
抗蛇行减振器　44,51,53,453,455,456,459
可动心轨式辙叉提速道岔　272,273
可视化仿真　160
客车—轨道空间耦合模型　42,44
客车系统振动方程　51
客货共线　2,299,474,492,495,496,500,501
扣件横向刚度　265,266
扣件失效　6,96,119,228
扣件松脱　15,116,155,228

L

连续弹性基础梁轨道模型　15
连续弹性离散点支承梁轨道模型　15,16
列车提速　116,198,268,271,272,277,279,444
列车与线路动力性能评判标准　490
临界速度　98,101,179,208,211,262,266,459,461,470
路涵过渡段　482,485,487,488,491
路基刚度　9,118,195,264,266,305,518
路基应力　253,500
路基K_{30}模量　519
路桥过渡段　96,116,118,155,195,277,304,306,482,484,487,489,491
路隧过渡段　116,305,307
轮对冲角　338,340,344,345,439
轮对横移量　339,343,358
轮对加速度　291,292,401
轮对运动方程　28,54,63
轮轨冲击振动　226,276,289,499
轮轨冲击作用　11,155,271
轮轨垂向动态相互作用　6
轮轨垂向力　154,158,166,179,187,199,205,215,226,232,235,244,250,292,
　　　　　　311,349,365,408,443,465,495,498
轮轨低频作用力　244
轮轨动力分析模型　12,18
轮轨动力性能评价　324
轮轨动态安全性指标　257,359,407,412,463,467
轮轨动态相互作用　3,89,186,217,285,338,344,352,356,369,448
轮轨动态作用力的测试　166
轮轨法向力　4,81
轮轨法向压缩量　81,82
轮轨高频冲击力　244,264
轮轨关系　4,5,77,89,156,289,339,356,383
轮轨横向动态相互作用　188,259,296,357,467,468
轮轨横向力　5,168,184,188,200,201,203,204,214,217,223,227,232,235,
　　　　　　236,238,242,244,251,260,297,298,311,312,313,349,365,425,
　　　　　　426,428,443,446,462,463,466,467,468,469,471,494,497,500,

　　　　　　　　　506,507
轮轨接触几何　4,81,89,158,338,339,340,343,344,355,356,433
轮轨接触应力　41,154,242,244,252,261,326,327,338,498
轮轨空间动态耦合模型　77,79,81,89,340
轮轨空间接触几何关系　79,81,218,368
轮轨摩擦系数　429,430
轮轨磨耗指数　494,495,500
轮轨蠕滑力　4,82,88
轮轨蠕滑率　4,82,227
轮轨瞬时脱离　81,89,204,293,295
轮轨脱离　41,293,401,404,439
轮轨相互作用　1,3,7,11,158,256,271,337,352,353,364,428
轮轨型面　337,338,340,343,355,356
轮重减载率　166,203,217,244,245,281,283,313,360,403,404,409,413,415,
　　　　　　419,420,421,422,423,425,426,432,438,439,440,441,443,462,
　　　　　　466,479,480,487,488,490,494,497,506,507
轮轴横向力　158,203,217,242,244,251,365,407,408,410,412,419,425,426,
　　　　　　449,450,466,494,497,500

M

脉冲型激扰　95,97,196,219,289
每延米重量　317,318
美国轨道谱　121
美国六级谱　126,127,231
敏感波长　282,310,311,312,313,314,315,422
名义滚动圆　86,357
磨耗型踏面　41,261,329,464
木枕线路　5,187,189,251,252,364

N

Nadal 公式　428,429,430,431
Newmark-β 法　8,133,139,140,145

P

P_1 力　15,17,219,224,242,263,264,266,274,321,327,332
P_2 力　15,17,219,224,229,242,259,263,264,266,277,292,300,301,302,321,
　　　　327

爬轨脱轨　434,435,436,437,439
偏心轮　27,116,227,289,291
平均静轮重　245,432
平稳性指标　158,166,177,202,212,241,244,248,249,299,457,458,464,466,
　　　　　　470,471,478,480,481,495,497,506,507
平纵断面　1,6,149,158,494,496,502,503
评价标准　240,241,243,246,250,256,427,496,497
评价指标体系　240,244

Q

牵引电机　22,31,47,49,213,301,452,458,459
桥梁动挠度　477,479
桥梁最大挠跨比　479
秦沈客运专线　179,180,198,202,475,480,481
倾覆系数　166,241,244,246,298,299,425,494,506
曲线轨道　4,53,187,199,202,205,213,216,217,250,294,296,297,299,338,
　　　　　340,350,353,361,364,367,368,409,410,412,413,461,462,463,
　　　　　468,494,495
曲线通过性能　1,6,199,208,213,257,261,297,300,330,338,340,344,466,
　　　　　　467,469,471
确定性激扰　95

R

容许限度　251,322,430

S

Sperling 指标　241,248,486,487,488
SS_{7E} 机车　453,454,455,456,457,458
三大件式转向架　22,324,328,329,330,332,340
山区铁路　10,112,186,187,191,198,205,207,255,352,355,359,364,367,368
蛇行运动　6,158,176,179,204,205,266,328,418,437,441
蛇形失稳　209
时间步长　134,146,147
试验鉴定规范　165,191,243,246,251,253,416,430,452
试验验证　9,165,192,198,202,204,205,206
舒适性指标　249,466,482,495,497,506
竖曲线　496

数值积分步长　148

数值积分方法　135

瞬态冲击振动　219

朔黄重载铁路　335,341,342,346,347,348

"四纵四横"高速客运专线　287

随机不平顺　95,120,125,128,230,235,281,310,464,478,485,497

随机型激扰　95

随机振动响应　231

T

弹性支承块轨道　306

弹性支承块式无砟轨道动力学模型　50

弹性支承块式无砟轨道结构振动方程　39,73

Timoshenko 梁钢轨模型　15,34,69

TTISIM 系统　157,158

提速客运机车　453,462

提速线路　7,91,268,270,271,272,274,275,276,277,278,279,280,282,283,287,398

天梭号电力机车　453,459

跳轨脱轨　240,241,430,433,437,438,439

铁道车辆动力学性能　165,191,243,246,251,253,416,430,452

铁道机车动力学性能　165,191,242,243,247,250,253,449,452,473

铁路提速　7,9,192,206,245,255,269

脱轨临界状态　434

脱轨评判指标　241

脱轨评判准则　428,442,445

脱轨系数　158,166,180,199,201,202,203,217,223,241,243,296,309,311,327,360,407,408,412,418,425,427,449,462,467,494,500,504

脱轨系数超限时间　434,436,441,445

V

VICT 系统　153,193

W

Weinstock 标准　429

危险限度　243,245,251,403,427,430

稳态脱轨评价准则　431

无缝线路稳定性　251

X

小半径曲线　5,6,112,198,205,213,335,337,352,355,364,382,383,407,412,
　　　　　432,462,467,468,470,471
下交叉支撑式转向架　328,330
显式积分法　134,135
现场试验　7,9,165,166,171,176,179,184,186,192,198,352,359,364,366,
　　　　　432,467
现场试验方法　165,166
线路横向稳定性系数　242,244,252,425
线路几何不平顺安全限值　417,424
线路几何不平顺变化率　306
线路强化改造　318
线路提速改造试验　483
线路纵向阻力　251
相轨迹　209
相平图　209,210
楔块式摩擦减振器　59,60
谐波型激扰　95,107,196,219,224
新型快速显式积分法　135
新型预测—校正积分法　140
悬挂参数　256,453,455,468

Y

摇枕运动方程　63
一系悬挂垂向刚度　515,516,517
一系悬挂垂向力　53,58,65
一系悬挂垂向阻尼　260,515,516,517
一系悬挂横向刚度　259,261,262,461,469,515,516,517
一系悬挂横向力　53,58,65,436
一系悬挂横向阻尼　44
一系悬挂纵向刚度　461,469,470,515,516,517
一系悬挂纵向力　53,58,65
一系悬挂纵向阻尼　44
移动车辆激励　95,96
隐式积分法　139

有砟轨道结构振动方程　31,66
圆曲线　188,200,215,300,356,358,470,499
允许限度　244,246,405,429,446
运动稳定性　6,166,172,176,209,258,262,458,463,471
运行平稳性　6,166,172,177,203,212,244,246,248,258,456,466,481,496
运行安全性　1,6,166,217,240,244,256,259,297,420,425,435,449,470,489,499

Z

翟方法　135,138,140,141,143,148,157
辙叉磨耗　105,274
折角不平顺　272,278,488
振型函数　33,35,67,74,76
整车脱轨仿真　440
整体道床轨道　306,443
中长期铁路网规划　288
中国高速铁路无砟轨道谱　124,125,126,127,128,288,443
中国普通干线铁路轨道谱　123
重载货车　45,318,320,321,324,328,331,333
重载机车　449,453,455,470
重载列车　185,318,319,330,419,448,451,453
重载铁路　185,257,317,330,336,338,342,347,348,349
轴箱非线性作用模型　58
轴箱振动加速度　172,177,194
转辙区　109,110,223
转向架轴距　463,464,516,517,518,519,520
锥形踏面　41,262,437
准静态减载率　413,489
最高试验速度　179,246,270,286,289
最高运行速度　123,175,245,250,251,286,304
最佳匹配设计原理　255,256,257